이해와 공감

김병익 비평집
이해와 공감

펴 낸 날 2012년 11월 9일
지 은 이 김병익
펴 낸 이 홍정선
펴 낸 곳 ㈜문학과지성사
등록번호 제10-918호(1993. 12. 16)
주   소 121-840 서울 마포구 서교동 395-2
전   화 02)338-7224
팩 ． 스 02)323-4180(편집) 02)338-7221(영업)
전자우편 moonji@moonji.com
홈페이지 www.moonji.com

ⓒ 김병익, 2012. Printed in Seoul, Korea

ISBN 978-89-320-2361-8

* 이 책의 판권은 지은이와 ㈜문학과지성사에 있습니다.
양측의 서면 동의 없는 무단 전재 및 복제를 금합니다.

:: **김병익** 비평집

이해와 공감

문학과지성사
2012

책머리에

대견스러움과 고마움으로

문단이나 출판 작업의 현장에서 물러나 나 자신을 조용하고 편안하게 풀어놓을 수 있게 된 지 5년이 지났다. 그동안을 일 없는 한가로움으로 즐기며 나이가 안기는 안락에 무척 고마움을 느끼지 않을 수 없었다. 게으름을 피워도 재촉받지 않았고 무슨 일에서 물러나도 양해되었으며 생각이나 글이 낡고 잔말이 되어도, 무슨 책을 읽고 어떤 생각을 드러내도 심하게 핀잔당하지 않았으며 심지어 못 하고 몰라도 으레 그러려니 하고 넘어가주었다. 말 그대로 자유롭고 편했다. 물론 내가 나이답게 지혜로워져서도 아니고 무애의 경지에 다다라서는 더욱 아니었다. 정직하게 고백하자면, 나의 그 여유로움이 철 지난 찬거리처럼 쓰임받을 만한 일이 없어져 생겨난 것이 분명하지만 바로 그 능력의 유효 기간이 지났다는 데서 내가 얻게 된 해방감, 풀어짐이 즐거워진 것이다. 그건 우선 세상이 일곱 번 바뀌는 세월로 닦인 사람에 대한 이 세상의 안쓰러운 후의 덕분이기도 하고, 또 그만큼 자신의 한갓진 자리를 섭섭함 없이 받아들인 자기 확인에서 우러난 것이기도 할 것이다. 이런 덕분을 입고 그런 확인을 길어낼 수 있는 것이야말로 지하철을 공짜로 탈 수 있는 세대에게 허용된, 오히려 반가운 특권이 아닐까. 나로서는 어떻든 내 생애 처음으로 내적으로나 일상적으로 자유로움을 즐기고 있음을 자부하는 것이며 그것이 결국 '쓸쓸한' 특권임에도 '따뜻한' 관용으로 바꾸어 받아들여 호사스럽게 자랑하고 있는 것이다.

　이 책을 엮기로 마음먹고 글들을 모으고 꾸리며 그런 안식에의 감사를 느끼는 가운데 내 스스로에 대해 참 대견스러움을 느낀 것도 사실이었다. 앞의 비평집 『기억의 타작』으로부터 꼭 세 해 만에 또 한 권의 분량에 이르는 글들을 마련할 수 있다는 사실이 새삼스레 기특한 느낌으로 다가왔던 것이다. 요즘은 너무 흔해져 그 뜻이 엷어지긴 했지만 그래도 옛날에는 아주 드물었을 나이를 넘긴 지 여러 해 지나서도, 비록 보기 편한 책을 읽고 여전히 뜻은 익지 않은 대로나마 적어본 글들을 한자리에 모아볼 수 있다는 것이, 단순한 정리이기를 넘어, 헤퍼진 꼴을 진득한 모양새로 새로 여며볼 좋은 기회로 여겨졌기에 내 자신에게도 다행스러운 일로 여겨진 것이었다.
　그러나 그 대견스러움에도 '불편한 진실'이 스며 있다는 것을, 짜임새를 마름질하고, 밀 것인지 두드릴 것인지 다시 가늠하며 글들을 보아가는 동안에 피할 수 없는 부끄러움으로 다가왔음을 고백하지 않을 수 없다. 이즈음에 이르러서도 새로운 인식과 더 큰 전망으로 넓히거나 깊게 파지 못하고 여전한 관점에 더 맥빠진 손길로 이른바 비평이란 자판을 치고 있다는 것을 깨닫게 된 것이 먼저였고, 거기에 문학평론집이란 이름을 가진 차례에 넣기 민망한 산문들과, 글 아닌

말로 한 대담들로 뒷자리를 채웠다는 것이 그다음이었다. 그러나 어차피, 글이란 것은 원천적으로 부끄러움의 표현이란 젊은 시절의 내 자의식이 아직껏 내 마음 바닥에 깔려 있는 탓에, 묵어지면서 무지근해진 자신의 정직한 실제들의 스스럼없는 드러냄이란 명분으로 이 책을 묶는 용기를 낸 것이다. 그러니 대견스러움은 결국 민망함으로 옮겨지고 말았다.

『기억의 타작』을 만들 때는 문학과 예술, 학문과 지식 등 모든 지적, 정서적 작업들이 우리의 기억들을 기리기 위한 작업이 아닐까 하는 생각에 깊이 젖어 있었다. 그리고 난 이제 이 책을 묶을 즈음에는 그 기억 위에 '댓글'이란 말이 들러붙었다. 세계와 자연은 그 자체가 침묵이고 무념한 것인데 인간들은 인식과 사유의 덧붙임 작업을 통해 거기에 어떤 의미화 작업을 가하고 있는 것이며 그럼으로써 세계와 세상에 비로소 일과 뜻을 생성시키는 것이 아닐까. 그 의미화 작업이란, 쉽게 말하면 그 의미 없는 세계에 대한 '댓글 달기'로써 의미와 가치를 부여하려는 일이 아닐까 하는 생각이 새로이 들어왔던 것이다. 근본적으로는, 세상에 대한 댓글이 사상이며 예술이고 그 사상과 예술 들에 대해 댓글을 달아보는 것이 학문이며 비평일 수 있겠다는 것이 그렇다. 이건 아마도 요즘의 내가 책을 보며 내 머리와 가슴에 와 닿는 대목에 대한 생각과 느낌을 '댓글 marginalia'로 달기 시작하면서 그 숱한 문장들이며 예술 작품들이 무의미한 세계에 어떤 의미라도 붙여보고 싶어 하는 인간의 안타까운 열망의 표현일지도 모르겠다는 짐작을 하면서 든 생각이다. 그래, 인간이란 것, 세계라는 것들 그 자체에 무상함, 무의미함을 느껴갈 때 그 절망적인 상황에서 스스로를 구원할 수 있는 방법이란 그 무의미, 무상함에 무언가 의미 있음을 건져내고 혹은 생명 있음으로 덧붙임으로써 스스로를 위안하는 것 말고 따로 더 무엇이 있을 것인가.

이 책의 제목 '이해와 공감'은 요즘의 그런 까다로운 심사들을 드러낼 말들을 찾다가 문득 내가 가장 아끼면서 그만큼 자주 쓰는 두 마디를 편하게 이어 정한 것인데, 이 두 낱말들을 통해 나의 그 서운하고 그래서 민망해진 마음속을 삭여주기를 바랐던 것 같다. 서러운 생각들로 문득 외로워짐을 느낄수록 그 사연들이 다소곳이 이해되고, 무거운 정감들로 짓눌려 답답해질 때 그 섭섭해지는 심사들이 담담하게 공감받기를 나는 그만큼 원하고 있음이 분명한 듯하다.

어떻든, 그래서, 이렇게 부끄러움과 민망함으로 감싸인 책을 낼 계기와 용기를 주신 데 대해 내가 깊은 고마움으로 인사드릴 분들이 많아졌다. '기조 강연'이란 이름으로 다시 공부할 기회를 준 황순원 선생과 박경리 선생의 두 기념 사업회, 초청 강연이란 명분으로 우리 문학을 소개할 자리를 마련해준 중국 난징대학 한국어문학과의 윤해연, 서여명 교수와 그 동료들께 각별한 감사를 드린다. 나는 그 청탁들 덕분에 묵은 생각들을 다시 고쳐 하며 그 강연의 원고들을 마련할 수 있었던 것이다. '대작 에세이'란 이름으로 네 차례의 산문 연재 자리를 베푼 계간 『대산문화』와 그 따분한 글들을 잘 처리해준 이정화 씨, '대담'이란 형식을 통해 내가 해온 일과 써온 글들에 과분한 평을 열어준 홍정선, 우찬제 선생과 일본의 문예비평가 신후네 가이사부로(新船海三朗) 선생께 고마운 인사의 말씀을 보낸다. 문학 비평이란 좁은 틀 안에는 들지 못하겠지만 이 산문과 대담 들은 내 비평 작업의 옆에서 혹은 뒤에서 내 글쓰기를 받쳐준 것들이다. 댓글달기로 이어진 「우리 소설 읽기」에 발췌를 허락해준 여러 작가들에게도 충심으로 감사의 인사를 드린다. 누구보다, 힘든 시절의 어려운 출판사임에도 이 어설픈 비평집을 또 내준 문학과지성사와 거기에 멋진 모양새를 갖춰준 편집부의 이근혜 씨를 비롯한 여러분들, 특히 글을 다듬고 잘못된 많은 곳을 바로잡아준 이정미 씨에게 비록 맨손에나마 고마운 마음을 가득 얹어 드리고 싶다. 매주 목요일마다 어울려, 바둑 두고 저녁하며 세상일들을 긴 눈으로 이야기 나누는 '목요모임' 친구들 모두의 두터운 우정에도 인사를 보낸다. 그들은 괴롭고 안타깝고 그래서 뜨거울 수밖에 없던 젊은 시절부터 이제껏 서로의 속을 다독이며 보다 깊은 생각들과 더욱 따뜻해진 글들로 삶의 의미를 돋우어가는 우리 시대의 지적 양심들로서, 자주 주춤거리는 내게 어깨를 겯고 걸음을 함께하도록 밀고 이끌어주는, 마음과 뜻이 진한 정신들이다.

나이 들어 달라지고 있는 내 모습을 멀리서 안쓰럽게 지켜볼 우경이와 운자, 가까이서 내 글을 짚어볼 정훈과 예령, 권수와 예림, 그리고 예란, 언젠가 내 글들을 지켜주길 바라는 윤서, 그 자식들을 다독거리며 아비로서의 내 얼굴을 세워주는 지영에게 간곡한 고마움의 정을 밝힌다. 그들이야말로 내 쓸쓸한 마음들을 조심스레 가려주며 살뜰한 마음으로 위로해줄 내 피붙이들인 것이다.

그러고 보니, 두루두루 숱한 분들께 고맙고 그런 세상에 살 수 있게 된 행운이 반갑다.

창밖으로 하늘이 참으로 크고 넓게 많고, 그 풍성한 푸른 대기 속으로 햇살이 더 밝은 빛을 내며 다사롭게 쏟아져 들어온다. 아, 이 환한 시간들, 이 아름다운 공간들!

2012년 가을
김병익

차례

책머리에 5

I 이해들

시대 인식과 삶의 방식——황순원 장편소설의 주인공들 15
총체소설의 의미——『토지』의 문학적 성격에 대한 덧붙임 38
텍스트의 진화와 그 의미의 확장——최인훈 전집 제3판을 보며 53
거짓된 세상을 아프게 껴안다——박완서의 문학 40년 69
현실 변화와 문학의 대응——현대 한국의 전개와 그 문학적 반영 88
한글 쓰기의 진화——모국어 문화의 정치적 의미 102

II 공감들

'심연'에서 솟는 연민, 그 '메아 쿨파'——정연희 소설집 『빌려온 시간』 121
시련의 시대를 증언하다——박완서 자전소설 『그 산이 정말 거기 있었을까』 136
삶의 외로움 견디기——현길언 소설집 『유리 벽』 152
경계인의 정처를 위하여——박찬순 소설집 『발해풍의 정원』 170
범속한 삶으로의 트임——우영창 장편소설 『성자 셰익스피어』 185
우리 소설 읽기——배수아·김주영·하창수·이신조·신경숙·정미경·고종석·김애란·윤후명 197

III 생각들

노벨상과 카뮈, 그리고 우리나라의 문학상 243
책의 진화와 그 불만 254
스마트폰과 그 불안 265
변화에 대한 생각들——나의 세대를 되돌아보며 278

IV 대화들

출판인 같지 않은 진정한 출판인——홍정선과의 대담 293
문학적 지성의 열린 성찰과 부드러운 진정성——우찬제와의 대담 335
36년간의 수난이 있었기에 지금이 있다——일본 문예비평가 신후네 씨와의 대담 362

Ⅰ 이해들

* 이 글에서 주로 논의하는 '황순원 전집' 제6권 『별과 같이 살다/카인의 後裔』, 제7권 『人間接木/나무들 비탈에 서다』, 제8권 『日月』, 제9권 『움직이는 城』, 제10권 『神들의 주사위』, 제12권 『黃順元硏究』의 제목은 본문에서 일괄 한글로 표기하였다.

시대 인식과 삶의 방식[1]
— 황순원 장편소설의 주인공들

30여 년 전 황순원 선생의 고희를 맞아 간행한 황순원 전집 전 12권을 편집 발행하면서 읽는 가운데 그의 장편 『나무들 비탈에 서다』와 『움직이는 성』에서 세 인물이 주인공으로 등장하여 병행하여 서술되는 데 흥미를 느꼈다. 여러 주인공들이 병렬적으로 묘사되어 소설적 사건의 진행을 맡고 있는 방법론은 물론 그의 독창도 아니고 우리 소설에서 드문 일도 아니었다. 그럼에도 그의 대표작 두 편이 거의 비슷한 구조로 세 주인공의 병치로 구성되어 전개되고 있다는 것은 황순원의 내면적 낭만주의적 소설 기법에서 좀 의외의 일이었고 그것이 작가의 현실 인식에 대한 중요한 실마리를 보여주는 것이 아닐까 하는 생각이 들었다. 그러나 그 주제를 검토하는 데까지 나의 의식은 발전하지 못했다. 황순원 선생의 12주기 추모를 위한 문학 세미나에 기조 발제의 청을 받으면서 나는 이 한 세대 전의 과제를 떠올렸고

---

[1] 이 글은 제9회 황순원문학제(2012. 9. 14)의 '황순원문학세미나'에서 기조 발제를 위해 씌어진 것이다. 실제 발표는 시간 제한 때문에 요약, 발췌되었다.

이번 기회에 세 사람을 주인공으로 병렬 전개하는 황순원 장편소설의 구조가 갖는 의미를 검토해보고 싶었다. 그래서 나는 먼저 세 주인공이 친구 관계로 등장하고 있는 『나무들 비탈에 서다』와 『움직이는 성』을 읽었고, 오래전의 기억들을 되살리며 다른 작품에서는 그 주인공들이 어떻게 구성되었는지를 확인하기 위해 나의 황순원 읽기는 더욱 연장되어야 할 것이어서 첫 장편 『별과 같이 살다』로부터 마지막 장편 『신들의 주사위』에 이르기까지 일곱 편의 장편소설들[2]로 넓게 확장되었다. 한여름의 무더위와 올림픽의 열기 속에서 두 세대 전의 현대문학을 읽는 기분은 각별한 것이었다. 식민지 시대 말기로부터 산업화 초기 사이의 근 반세기의 역사를 배경으로 한 황순원 문학을 21세기 10년대의, 경제적 풍요로움과 정신적 자유로움에 첨단 문명의 세례를 의식하며 음미하는 일은 급격한 사회적 변화를 실감하고 세대적 전환을 확인시켜주면서 그럼에도 인간에 대한 신뢰와 고통과 사랑의 의미에 대한 작가의 변함없는 의지 속에서 현실 사회에 대한 관찰의 더해가는 증폭을 발견하는 느낌은 유다른 것이 아닐 수 없었다.

  이미 '고전'이라 불러 조금도 과찬일 수 없는 황순원 문학, 그중에도 그의 장편소설을 모아 한꺼번에 읽는 일은 늙어 낡아버린 머릿속이 건망과 혼란으로 수선스럽기도 했지만, 가령 술자리가 끊임없이

---

[2] 문학과지성사판 황순원 전집 제2판. 1985년에 간행된 문지판 전집 초판은 세로쓰기로 조판되었지만, 1989~90년 이태 동안 제작된 제2판은 가로쓰기로 바뀌었다. 이 전집에서 황순원의 장편소설들은 제6권 『별과 같이 살다/카인의 후예』, 제7권 『인간접목/나무들 비탈에 서다』, 제8권 『일월』, 제9권 『움직이는 성』, 제10권 『신들의 주사위』로 편성되었고 제12권이 『황순원 연구』이다. 이 글에 인용된 쪽수는 모두 이 제2판의 것으로 괄호 안의 앞의 숫자는 전집의 권을, 뒤의 숫자는 페이지를, 가령 '(10:27)'은 전집 제10권 27쪽을 가리킨다.

등장하여 소품의 효과를 발휘하는 것부터 기독교회에 대한 비판은 강경하지만 작가 자신의 내면이 보이는 인물들의 자세를 통해 기독교적 윤리가 깊이 작용하고 있다는 것, 작품 전개에 꿈의 역할이 의외로 크다는 것, 전통적 설화나 옛이야기들이 적지 않은 기능을 발휘하고 있다는 것, 가령 무속 신앙이나 백정의 풍속에 이르기까지 작가로서의 취재 작업이 왕성하게 이루어졌다는 것을 거듭 살펴보며 젊은 주인공들이 미혼이거나 결혼 상태가 불안정하다는 것, 그들의 이성에 대한 심리가 미묘하다는 것 등을 새로 보게 된 것은 황순원에 대해 새삼스러운 이해를 이끌었고 무엇보다 그의 아름다운 장인 정신과 문체 미학 가운데 장편문학들이 현실에 대한 깊은 인식 속에서 전개되고 있다는 것을 다시 확인한 것은 그의 문학적 성과에 대한 경의를 더욱 높이 환기시켜주었다. 나는 그의 문학의 갖가지 모습들과 주제와 문체로부터 상징과 비유에 이르기까지 많은 분석과 평가가 계속되어왔음을 보며[3] 이번의 나의 발표는 그의 장편문학이 보여주고 있는 시대적 인식의 표명과 그것을 드러내기 위한 방법론으로서 주인공들의 태도를 관찰하는 것에 그치기로 한다. 그에 관한 많은 연구들 가운데 등장인물들의 구성과 소설적 구조가 함의하고 있는 황순원의 문학적 사유에 대한 고찰은 그리 활발하지 않은 것 같다. 그렇다고 해서 나는 황순원이 이른바 참여주의적 작가 혹은 리얼리즘의 소설가라

---

3) 황순원 전집 제12권 『황순원 연구』(오생근 엮음)는 작가 황순원에 대한 종합적인 접근과 함께 80여 편의 참고 서지와 작가 자신이 정리한 상세한 연보가 수록되었고 노승욱의 『황순원 문학의 수사학과 서사학』(어문학사, 2010)의 「문제 제기와 연구사」는 그간의 황순원에 대한 연구 성과와 그 경향을 개괄하고 있으며 장현숙의 『황순원 문학연구』(푸른사상, 2005)는 2005년까지 발표된 '황순원 연구 논저' 5백여 편의 제목을 발표순으로 수집하고 있다.

고 규정하는 것이 아니며 오히려 여전히 순수주의적 미학가이며 뛰어난 소설 문체의 개발이란 기왕의 평가를 더욱 강조하고 있음을 미리 밝히고 싶다. 그에게 붙은 장인적 작가이며 낭만적 순수문학가라는 평가는 그가 체험해온 당대의 시대적 성격 혹은 의미와의 더욱 치열한 긴장 관계 속에서 얻은 이름이었기 때문에 보다 강조되어야 할 것이고 그 같은 현실 인식을 그는 소설문학의 방법론으로 재구성했기 때문에 그 평가는 더욱 확실한 인증으로 받아들여야 할 것이다.

황순원의 미학주의에 대해 동의하면서 그럼에도 그가 결코 현실로부터 도피하거나 외면하지 않았다는 점을 나는 오래전에 지적한 바[4] 있다. 그 글에서 나는 "황순원의 주요 작품 연보를 그 제작 시기와 연관시켜볼 때 그가 항상 당대의 역사와 더불어 살아왔고 그 상황의 시대적 의미를 탐구해왔음을 규지할 수 있다"(12:22)고 썼다. 이번의 황순원 장편소설 다시 읽기에서 나는 이 점을 거듭 강조하지 않을 수 없다. 중복을 무릅쓰고 이 관점을 거듭하는 것은 황순원이야말로 자신의 시대에 가장 깊은 인식을 가지고 그 의미를 천착해왔음을 다시 확인하는 동시에 주인공들의 구성과 그들의 삶의 형태를 재조명함으로써 황순원의 문학 세계와 인간에 대한 존재론적 관계를 검토해보기 위해서이다.

『별과 같이 살다』는 1946년 11월에 탈고[5]된 그의 첫 장편소설이

---

4) 「순수문학과 그 역사성」, 『한국문학』(한국문학사, 1976). 이 글은 나의 책 『상황과 상상력』(문학과지성사, 1979)과 『황순원 연구』(문학과지성사, 1985)에 재수록되었다.
5) 황순원은 서문이나 후기를 일절 쓰지 않는 대신 작품 말미에 그 작품의 탈고 시기를 밝히고 있다. 연유를 밝힌 바는 없지만, 그것은 그 작품의 제작 시기를 통해 독자로 하여금 그 당시의 시대적 관련성을 고려하게 만든다.

다. 연보에 따르면 그는 1946년 5월에 자신이 살아온 평안도에서 월남했고 9월에 서울중고등학교 교사로 부임했는데 그로부터 두 달 후에 이 작품을 완결한 것이다. 이 소설이 발표된 것은 1947년 1월부터 1949년 7월 사이 여러 잡지의 분재를 통해서였지만, 주인공 곰녀가 해방된 뒤 만주에서 귀국하는 동포들의 구호를 위한 '민호단'에 참여하기로 결심하는 장면으로 끝나는 것으로 보아, 이 작품은 빨라도 1945년 가을 이후에 착상되었을 것이다. 해방 직후의 급격한 시대적 움직임과 작가 자신의 월남 그리고 서울에서의 그의 첫 취직으로 매우 착잡하고 혼란스러운 시절이었음에도 이처럼 빨리 쓰여진 것은 황순원으로서는 예외적으로 보인다. 그것이 예외라는 것은 훗날 그의 장편들이 발표된 시기가 대체로 4, 5년의 간극이 있고 연재를 통해 집필의 시간 여유를 더 많이 가질 수 있었던 것에 비해 이 소설은 전작으로 쓰여지고 있다는 점 때문에 더욱 그렇다.

김현으로부터 "황순원이 창조한 인물들 중에서 희귀하게 타인과 현실 앞에서 자기를 열어놓은 인물"(「소박한 수락」, 12:102)로 적극적인 평가를 받는 주인공 '곰녀'는 무식하고 못생기고 무엇보다 가난한 소녀였다. 그녀는 대구 부근 농촌에서 태어났고 지주 집에 하녀로 들어가 주인과 그 아들에게 몸을 버렸으며 쫓겨나 서울의 유흥가에 끌려갔다가 다시 평양의 유곽으로 흘러갔고 그 거친 생활 속에 뒤늦게 늙은 '하르반'의 첩이 되어 비로소 안온한 생활을 누릴 수 있었지만 해방되면서 그나마의 자리에서 버림당한다. 그러는 동안 못생기고 곰처럼 우직하다 해서 붙은 '곰녀'라는 그녀의 이름은 부모를 잃고 지주 집에 들면서부터 사는 자리를 옮겨 가며 삼월이, 유월이, 복실이, 후꾸꼬로 바뀐다. '곰'으로 불린 건장한 아버지로부터 물려받은 그녀의 이름을 듣고 "곰녀라? 그럼 곰 웅짜, 계집 녀짜, 웅녀로군"(6:125) 이란 '하르반'의 설명이 없다 하더라도 그녀는 곧 우리 민족의 화신임을 어렵지 않게 짐작하게 한다. 그녀는 일본의 광산에 취업해 간 아버지의 죽음과 재취한 어머니의 죽음으로 고아가 되었고 평양의 창녀로까지 몰락했지만 그럼에도 한결같이 온순하고 헌신적이며 이타적이었다. 그 인성은 전통적인 한민족의 전형을 보는 듯하다. 그러나 해방이 되면서 "모든 횡포를 그냥 받는 수밖에 다른 도리가 없었"던 그녀의 생각은 혁신적으로 깨우치게 된다: "독립했다던 말이, 사실은 독립된 게 아니고 해방이 된 것이라고, 해방이라는 말로 바뀌어졌다. 해방! 그러면 다른 모든 것이 그래야만 하듯이 곰녀에게도 해방이 돼야 했다. 해방이 돼도 다른 모든 것에 앞서 돼야만 했다"(6:133). 일본의 항복과 8·15를 '독립'에 앞서 '해방'으로 인식했다는 것은 무식한 곰녀를 통해 보인 황순원의 인식일 것이다. 그것은 독립에 앞서 우리 민족이 식민 통치로부터의 벗어남인 동시에 착취당해온 가난과 억압의 굴레의 벗겨냄을 의미하는 것이었다. 이 깨달음이 곰녀로 하여금 하르반의 더부살이에서 벗어나 "그저 아지못할 어떤 바람으로 해 가슴만이 두근거"리건만 자신의 살림거리를 들고 "자기보다 굶주리고 헐벗은 사람들을 위해"(6:170) 주심이 언니가 일하는 민호단으로 가기로 작정한다.

곰녀의 이 헌신성은 황순원의 다음 장편소설 『카인의 후예』에서 '오작녀'의 잔영으로, 그러나 그 인간적 매력은 전혀 상반된 모습으로 남는다. 더욱이 오작녀는 주인공이 아니라 그녀가 지성으로 돌보는 박훈의 말하자면 가정부였다. 1953년 9월 한국전쟁이 휴전된 지 불과 두 달 후부터 연재되어 이듬해 5월에 완성된 이 소설은 해방 직후 북한의 실상에 대한 매우 드문 증언의 문학으로서 공산군 통치하에서 토지 개혁과 인민재판의 실제를 들어볼 수 있는 귀중한 자료가 될 것이다. 왜냐하면, 그 세부는 물론 다르겠지만 주인공 박훈의 성격과 그의 수난, 그리고 38선 이남으로의 월남은 바로 작가 황순원의 개인적 이력을 밟고 있기 때문이다. 주인공은 지주의 아들이었고 서울에서 교육받은 지식인이었으며 야학을 열어 무식한 농민들에게 글을 가르친 계몽주의자였다. 그러나 그는 새로 들어선 정권 아래 반동분자로 찍혔고 믿고 땅을 맡겨오던 마름에게 배반을 당하여 스스로 내놓을 작정이었던 토지를 강탈당할 처지에 놓였으며 땅을 빼앗긴 그의 숙부는 심혈을 기울여 조성하던 저수지에 투신하고 만다. 해방과 더불어 닥친 시대 변화의 이 격렬한 충격은 내향적인 지식인 박훈의 진단보다 마을 소작인 탄실이 아버지의 솔직한 탄식에서 확연히 표명된다: "이런 일도 세상에 있을 수 있는가. 정말 세상만사가 확 뒤집히는 판이로구나. 〔……〕 어쨌든 난생 처음 보는 구경을 오늘 해본다"(6:275). 이 뒤바뀐 세상에 대한 주인공의 행동적 참여는 일어날 뻔했다. 그는 미쳐 날뛰는 마름 도섭 영감을 사촌동생 대신 처리함으로써 현실의 왜곡으로 말미암은 반인간적 행태에 대한 징벌을 결심하지만, 삼득이로부터 제지되고 만다. 대신 "다시는 이놈의 피를 묻히디 않"(6:353)기를 바라는 삼득이의 간절한 당부를 받으며 그의 누이이자 서로 깊은 사랑과 신뢰를 가지고 있는 오작녀를 데리고 월남할 것을 결심하게 된다.

『별과 같이 살다』는 주인공이 불행한 사람들 속으로 들어가 함께할 결심을 하는 데서 끝나고 『카인의 후예』는 참여적 행동이 억제된 대신 남쪽으로의 피신을 작정하는 것에 비해 네번째 장편소설『나무들 비탈에 서다』는 이후 장편의 주인공들처럼 오히려 행동을 포기하는 모습을 보이고 있다. 자기를 열어놓지 않고 있다는 김현의 지적은 이런 점에서 정확한 판단이다. 그러나 다시 보고 평가하자면, 『나무들 비탈에 서다』는 행동을 자제하기보다 더 이상 행동마저 불가능해진 상황에서 스스로를 포기할 수밖에 없는 정황을 그리고 있다. 그 정황은 이 소설의 시작에서 동호가 전투 속으로 끼어들기 시작한 공간이 '유릿속'으로 비유되고 있는 유명한 내면 의식의 서술로 예고되고 있다: "이건 마치 두꺼운 유릿속을 뚫고 간신히 걸음을 옮기는 것같은 느낌이로군. 〔……〕 이 고요하고 거칠새없이 투명한 공간이 왜 이다지도 숨막히게 앞을 막아서는 것일까. 〔……〕 한 발자국씩 조심조심 걸음을 내어디딜 때마다 그 거창한 유리는 꼭 동호 자신의 순간순간 짓는 몸 자세만큼씩만 겨우 자리를 내어줄 뿐, 한결같이 몸에 밀착된 위치에서 앞을 막아서는 것이었다"(7:189). 이 꽉 막힌 세계, 조금도 틈을 열어주지 않고 투명하게 보이면서도 한없이 억제하고 있는 공간 속에서 주인공들은 조금씩 몸을 움직이고 있을 뿐이었다. 한국전쟁, 그리고 그 전쟁의 트라우마는 매우 극적인 상황으로 전개되면서 '비탈에 선' 나무처럼 위기에 던져진 인물들의 운명을 죄고 있었다. 4·19 직후인 1960년 5월에 탈고된 이 소설은 이럼으로써 그 학생 혁명의 성취에도 불구하고 장래에 대한 암울한 전망을 보여준다.[6] 수색대로 나선 동호의 그 유리벽 속에서 그는 결국 자살하고 현태는 유학을 포기하고 방만한 생활 속에서 자살 방조 혐의로 유죄 선고를 받는다.[7]

---

[6] 황순원은 4·19 혁명에 앞서 이 작품의 구상을 이미 마치고 있었다. 소설의 끝을 왜 학생 혁명으로까지 끌고 가지 않았느냐는 비평가 백철의 힐난에, 소설 외에 '잡문'을 쓰지 않던 작가는 이례적으로 반박문 「비평에 앞서 이해를」을 발표하면서 "금년 정월 『사상계』

유릿속에서 참으로 답답하게 운신하는 듯한 꽉 막힌 시대 속에서, 그리고 전쟁과 죽음과 절망의 세계 속에서 그것들의 희생자가 될 수밖에 없는 젊은이들이 무엇을 할 수 있겠는가. 그 진단은 가장 요령 있게 사태를 잘 피해온 윤구가 자기도 "남모를 피해를 받아온 사람"이라고 하자 현태의 아기를 가진 숙이의, "이번 동란에 젊은 사람치구 어느 모로나 상처를 받지 않은 사람이 있을까요"(7:393)란 반문에 고통스럽게 요약되고 있다. 모두에게 피해를 준 전쟁, 모두가 상처를 입은 시대란 인식이 이 소설의 주인공들에게 미만해 있고 작가는 이 소설이 씌어진 1950년대의 6·25전쟁과 전후의 무모한 혼란을 피해의 시대, 그래서 아무도 책임을 물을 수 없는 시대로 규정하고 있는 것이다.

『나무들 비탈에 서다』에서 유일하게 긍정적인 미래를 비춰주는 인물이 숙이다. 그녀는 동호의 애인이었으며 그의 자살 동기를 물으러 간 현태에게 능욕당하고 임신했지만, 이 소설의 결말에서는 자신의 임신을 스스로 책임지겠다는 의지를 천명하고 있다: "모르겠어요. ……어쨌든 제가 이 일을 마지막까지 감당해야 한다는 것 외에는"(7:394)이라고 다른 이들이 책임을 회피 혹은 포기하는 가운데 홀로 '감당'의 의지를 피력하고 있다. 숙이와 같은 인간적인 책임 의식이 적극적으로 드러난 것이『나무들 비탈에 서다』보다 5년 앞선 1955년

에 발표되기 시작했을 때는 이미 작품 전체의 구상이 완료돼 있었던 것이다. 따라서 처음부터 이 작품은 4·19와는 관계없는 하나의 독립된 작품인 것"(12:325)임을 밝히고 있다.
7) 1960년『사상계』에 연재될 때 나는 현태가 '사형'을 언도받았던 것으로 기억하는데 그해 말 단행본으로 나왔을 때는 '무기징역'으로 바뀌어 있었다. 이렇게 수정되었다는 내 기억이 맞는다면, 자살 방조로는 사형을 받을 수 없으리란 법리적 판단에 앞서 사형에 이르는 결말의 비관적 처리가 지나치게 암울하기에 장래에 대한 일말의 희망을 남겨주기 위한 작가적 의지가 작용된 것이 아니었을까 짐작된다. 그의 다른 장편소설도 치열한 비관주의에도 불구하고 마지막에는 늘 '일말의' 희망을 남겨두고 있다.

12월에 탈고되어 한 해 동안의 연재 후 1957년에 상자된 『인간접목』이다. 연재 시의 원제가 '천사'였던 이 소설은 그 제목처럼 소년원에 수용된 고아들의 본성이 "아주 눈같이 하아얀 날개"(7:183)를 단 천사일 수 있음을 그려주고 있다. 의대생으로 투입된 전쟁에서 한 팔을 잃고 불구가 된 최종호는 기업인이며 교회 장로인 한 원장이 운영하는 갱생원의 교사로 부임하여 외롭기도 하고 못되기도 한 많은 고아들을 상대하며 고아원도 '기업'으로 여기는 운영자와 그 고아들을 이용하려는 '왕초'와도 대결해야 한다. 어쩌면 숙이가 출산한 아기들일 수 있는 이 아이들은 경위는 제각각이지만 그 모두가 전쟁의 피해자들, 한국전쟁이 만들어놓은 사생아들이다. 그럼에도 전투의 파편 때문에 팔을 잘라 외과 의사의 직업을 버리게 된 그의 의식은 분명하다: "지금 천막 주위에 서성대는 애들을 보는 순간, 그것은 자기와 동떨어진 세계의 일이 아니요 그대로 자기 자신의 일로 느낀 것이다. [……] 지금 눈앞에 보는 이 애들과 자기의 사이에는 아무런 거리도 없다는 느낌이었다"(7:24). 종호의 이 느낌은 카뮈의 '같은 배를 탔다'는 공동 운명체의 책임을 연상시킨다. 그러나 황순원은 이 세계의 부조리를 증언하기보다 전쟁으로 말미암아 "때가 낀 거울"(7:113) 혹은 전쟁의 상처로 병균이 옮은 "전염병 환자"(7:174)로 시대의 질병에 희생당하고 있는 존재들로 인식하고 그들의 인간됨을 신뢰한다. 종호는 이 아이들이야말로 한없이 선량을 믿어줄 수 있는 인간으로 확신하고 장차 왕초가 되는 것이 소망이라는 '짱구대가리'와의 약속을 확신시킴으로써 인간 회복의 길을 열어놓는다. 그는 동료 유 선생에게 말한다: "이만큼 사람과 사람 사이에 뿌려진 애정의 씨앗이란 결코 허망한 것이 아니고 얼마든지 귀중한 것"(7:119)이라고. 이 시대에 대한 작가의 의식은 지극히 절망적이지만 인간에 대한 신뢰는 동화 이상으로 순진하고 아름답다.

한국전쟁이 휴전으로 진정된 지 10년 후, 그리고 작가 자신도 사십대 후반의 원숙한 세대로 들어서면서 그의 장편소설들은 해방-분단-전쟁이란 역사적 사건의 긴장에서 여유를 가져가며 근대화로 진입하는 한국 사회의 구조적 양상으로 관심을 돌린다. 1964년에 완성된 『일월』은 백정 집안을 중심으로 한 사회 신분 변화를 주제로 제기하고 이보다 8년 후에 탈고된 『움직이는 성』은 한국 기독교와 지식인 사회의 내면적 정황을 추적하며 그로부터 10년 후에 출판된 『신들의 주사위』는 수원 근교의 농촌 사회에서 근대화의 추세 속에 진행된 가족 해체의 과정을 묘사하고 있다. 그는 사건에서 구조로 관점을 확장했고 참여에서 관찰로 진정시켰다. 나는 이 같은 일련의 변화를 '비켜섬'으로 이해한 바 있다. 이 비켜섬은 "역사의 내면과 실제를 드러내려는 방법적인 자세가 된다. 그것은 경색된 관념으로 역사를 말하기보다 더 확실하고 개방된 태도로 역사 그 자체를 보여주는 것"(12:30)일 것이다. 그것은 주인공이 역사의 현장으로 뛰어드는 것이 아니라 바로 그 역사를 옆에서 정확하게 관찰하고 혹은 그 인물들을 그들의 역사 속으로 내면화함으로써 역사 자체로 그 현실을 체화하고 있음을 가리킨다. 황순원 후기의 세 장편소설은 앞서의 작품들을 통해 묘사하며 동기화했던 역사적 사건을 뒤로 물리고 그 후에 이루어지는 근대화의 과정 속으로 내면화된 인물들을 통해 한국적 현실 구조의 증상을 해부하고 있다. 그 첫번이 『일월』에서 묘사되고 있는 백정 집안의 신분 전환 의지이고 두번째가 한민족의 근원적 심성에 대한 해부이며 세번째가 농촌의 해체에 대한 불길한 전망이다.

나는 황순원의 소설을 잇달아 읽어가면서 그 주제의 확산과 더불어 그의 주인공들의 설정이 변모하고 있음을 여기서 발견한다. 초기작들, 그러니까 『별과 같이 살다』와 『카인의 후예』 그리고 『인간접목』은 곰녀, 박훈, 최종호라는 한 인물이 뚜렷한 주역으로 기동하며 서사를 이끌어가는 중심인물이 되지만, 그 이후의 『나무들 비탈에 서다』와 『움직이는 성』은 세 명의 젊은 지식인들이 병렬적으로 서술되면서 이야기를 이끌어가고 있고, 후기작으로 모을 수 있는 『일월』과 『신들의 주사위』는 건축학도 인철과 그 집안, 혹은 사법고시생인 한수와 그 가족을 중심으로 한 가족으로 확대되어 등장하는 변화를 보이고 있는 것이다. 이 변화가 무엇을 의미하는 것일까. 한 개인에서 셋이라는 여러 인간으로, 그리고 한 가정이라는 구성체를 통해 바라보는 이 세계는 하나의 사건에서 일반적인 사태로, 그리고 전반적 구조로 확산되는 작가의 시선을 시사하는 것이 아닐까 하는 짐작을 나는 갖는다. 대체로 주인공이 하나일 때는 그의 영웅적 서사를 추적할 것이며 둘일 때는 인간과 인간의 대면적 관계를 분석할 것이고 셋 이상일 때는 그것이 사회를 구성함으로써 그들이 존재하는 세계의 구조적 성격을 해부하는 데 집중하는 경향이 있다. 어떻든 셋 또는 그들이 속한 한 가족이라는 집단적 구성체를 주인공으로 설정한다는 것은 황순원이 개인적 행위나 '나와 너'의 인간적 관계에 멈추어 단순한 현실 노피적인, 탈현실 작가로 그친다는 비판에 대한 반론이 될 것이며 혹은 순수 미학적인, 문체적 낭만주의자의 장인주의 작가라는 제한적 평가의 한계를 벗겨낼 단초를 제공할 것이다.

당초 내게 관심의 계기가 된 세 주인공의 병치된 전개를 들여다본다. 『나무들 비탈에 서다』는 같은 분대의 세 사병 현태와 동호, 윤구가 주인공으로 등장한다. 그들은 가장 가까운 동료이며 함께 어울리는 친구들이다. 그러나 셋의 성격은 매우 다르다. 현태로부터 '시인'이란 별명을 받는 동호는 입대 전날 애인 숙이와 호텔에 한방에 들면서도 순결을 지켜준 극히 순진한 젊은이다. 반면 그 셋의 중심인 현태는 호탕하고 유능하며 전방에 숨은 여인을 능욕한 후 죽이고도 태연할 수 있는 의연한 사내이다. 윤구는 담배도 아끼기 위해 반으로 잘라 피우는 요령 좋은 전직 은행원이다. 그 셋은 각각 자기 나름대로의 행동 양식을 보이며 전쟁을 치르고 제대 후의 삶을 산다. 아니, '산다'고 말할 수 있는 사람은 교외에서 닭을 치는 윤구뿐이다. 문학소년처럼 순진했던 동호는 어쩌다 전방의 술집 아가씨에게 순결을 바치고는 그녀를 받치다가 결국 쏘아 죽이고 자신도 자살함으로써 후반부의 서사에서는 탈락되어버리고 만다. 현태는 부유한 아버지 회사에서 일을 하다 문득 전날 능욕한 여자를 죽인 전투 중의 사건을 불쑥 떠올리면서 의욕을 잃고 방심하며 부모의 권으로 유학을 예정하고도 자포자기의 권태와 무력함으로 빠진다. 무기력하게 나날을 낭비하던 현태가 유일하게 행동한 것은 동호의 수수께끼 같은 자살의 동기를 추궁하는 숙이를 능욕하는 것과 피부가 도자기처럼 차고 매끄럽지만 말없이 우수에 젖어, 죽고 싶다고 말하는 술집 여인 계향에게 칼을 쥐여 준 것뿐이다. 이 세 젊은이의 삶의 길과 거기에 숨겨둔 마음의 아픔을 작가는 되도록 냉연한 자세로 이렇게 병치해서 그리고 있다. 거기에는 르네 지라르가 말하는 주체와 대상과 이상형이라는 '욕망의 삼각형'이 개입된 것도 아니고 나와 너와 그라는 삼각의 인격적 만남을 설정한 마르틴 부버의 인간관계도 얽혀 있지 않으며 셋이 길을 가면 반드시 스승이 있다(三人行 必有我師)는 윤리적 성찰에도 매이지 않는다. 다만 세 사람의 제각각의 길만 있을 뿐이다. 소설은 절망으로 말미암은 자살과 마음의 상처로 말미암은 파탄, 그리고 좀스러운 생활인의 지탱이란 세 형태의 삶만을 보일 뿐이다. 황순원은 왜 저항하며 대담하게 자신의 미래를 열어가는 긍정적 인간상을 제시하지 않았(혹은 못했)을까. 아마 이 작품을 쓸 당시의 황순원은 가장 희망을 잃고 미래를 부정적으로 바라보지 않았을까 짐작만 할 뿐이다. 작가는 다만 "도대체 책임이란 말부터 당신네들과는 상관없는 말이 아닌가요?"(7:364)라고 참전했던 남자들을 비난한 숙이에게 아기를 낳겠다는 단호한 책임을 안겨줌으로써 앞으로에 일말의 희망을 걸게 할 뿐이다.

그 섬세한 희망은 한국인의 종교적 심성을 분석하고 있는『움직이는 성』에서 죽어가고 있는 준태를 바라보는 지연의 눈에서 "창조주의 눈"(9:347)을 찾는 데서, 그리고 성호의 판잣집 앞에서 장난감을 가지고 노는 어린아이들의 순진한 대화에서 다시 발견된다. 한국의 교회에 대해서는 매우 비판적이면서도 기독교적 정서에는 깊은 공감을 보임으로써 기독교에 대한 독특한 관점을 보이고 있는 황순원의 이 소설 역시 세 사람의 주인공이 병치되어 등장한다. 한국전쟁 중 실종된 목사의 부인 홍 여사를 위해 정성을 들이다가 애정으로 변해 사생아를 낙태하게 만든 과거를 참회하며 결국 목사직에서 파면당하고 가장 가난한 사람들의 '낮은 곳'으로 들어가 빈민 봉사에 몰두하는 성호, 그의 친구로 부유한 장로의 딸과 약혼하고도 민속학자로서 무당과 동성 관계를 맺다가 약혼녀의 주장을 따라 학문을 버리고 장인의 회사로 들어가는 민구, 그리고 분방한 생활에 젖은 아내와 무관심으로 헤어지고 지연의 사랑을 피해 강원도로 숨은 준태가 그들이다.[8] 이들은『나무들 비탈에 서다』에서의 전쟁이 안긴 상처의 대응에 대한 세 가지 유형의 태도와는 달리, 한국 기독교를 둘러싼 샤머니즘과 훗날의 민중주의적 기독교[9]로 불릴 빈민 선교 활동,[10] 그리고 수치스러운 삶에 대한 무력감을 대변한다. 이 소설이 씌어지던 1960년대 후반에 이르러 한국전쟁 이후의 왕성한 기독교 열광주의의 만연에 대한 작가의 응시와 교회의 관료화에 대한 비판을 통해 한국 지성인의 세 유형을 검증한 것으로 발전한 듯 보이는데, 여기서 황순원은 우리 민족의 근원적 심성을 '유랑민 근성'으로 파악하며 그에 대해 혹독하게 비판한다: 준태는 "신은 죽었다구 말할 때, 그전까지는 신이 살아있었다는 걸 전제하는 게 아니겠어요? 그런데 우리에겐 일찍이 니체가 말한 신이란 게 살아있어본 일이 없거든요"(9:51)라고 비판하고 신학을 공부한 성호는 "말하자면 유랑민근성을 면하지 못한 신앙"(9:52)을 지적한다. 황순원은 속물주의와 진보적 기독교주의 그리고 허무주

---

8) 황순원 소설의 주인공들이 가진 이름들에 대한 흥미로운 발견:『나무들 비탈에 서다』와『신들의 주사위』에 등장하는 인물들로서 순수주의적인 인간형인 동호-성호(그리고『인간접목』의 종호), 허무주의적 무력감에 빠지는 현태-준태, 요령 있게 현실을 잘 헤쳐나가는 윤구-민구의 돌림자들. 작가는 그 이름들의 돌림자들의 어떤 이미지에 매여 있던 것은 아닐까.
9) 나는「한국 소설과 한국 기독교」(『신학사상』, 1976)란 오래전의 글에서 한국 기독교의 양상을 검토하며『움직이는 성』에서 성호가 추구하고 있는 민중주의적 선교 운동에 대해 논의한 바 있다. 그 글은 나의 책『상황과 상상력』(1979)에 수록되었고『한국 기독교 문학 연구 총서 2』(2010) 등 몇 책에 재수록되었다.
10)『일월』에서의 인철의 동생 인문이 어머니가 열광적인 기독교에 빠져 '산기도'에 헌신하는 것을 보고 예수가 산에서 내려와 설교하며 "기독교 정신은 산으로 도피하는 데 있는 것이 아니고 사람들 속으로 들어가야 한다는 것이다. 그렇다면 어머니도 이 산에서 거리로 돌아가야 하지 않을까"(8:338)라고 생각하는데, 그 실제의 행동은『움직이는 성』의 성호를 통해 실현되고 있다.

의를 당시의 우리 사회에 깔린 심리의 근원적 양상으로 관찰하면서 그 심성을 감싸고 있는 샤머니즘을 폭로하고 있는 것이다. '움직이는 성'이란 정처를 잡지 못하고 그렇게 떠도는 한국인의 심성을 가리키는 것이며 황순원은 여기서 한국인의 미래를 역시 비관적으로 바라보는 듯하다. 그러나 홍 여사와의 사건으로 겪은 진한 고통으로 내적 정화를 얻은 성호와, 그가 바라보는 허무주의자 준태에게서 "어떤 문제로 심한 투쟁을 하고 있는 사람"(9:53)임을 알아보며 공감하고 있는 것, 지연이도 "몇 차례나 참기 어려운 굴욕을 겪어왔다. 이제 또 새로운 굴욕이 내 앞에 도사리고 있다"(9:54)는 준태의 뼈아픈 메모를 보고 그에게 마음을 기울이는 모습에서 작가는 진정한 고통에의 공감들을 주목한다. 그들은 그뤼네발트의 그림 「십자가에 못 박힌 예수」에서 묘사되고 있는 "온 괴로움의 중량이 그리로 몰린 듯 앞으로 불거져나온 가슴, 이 세상 고통이란 다 압축돼있는 성싶은"(9:61) 예수의 모습을 통해 그 공감하는 고통으로써 인간 간의 진심을 모아들이게 되고 부버적인 '나와 너'의 관계가 성립할 수 있음을 예시하고 있다. 그러나 이 젊은 세 남자들 간에 상호 교류나 영향 관계는 오히려 소원한 편이어서 공감 이상으로 발전하지 않는다.

중년기의 황순원은 『나무들 비탈에 서다』와 『움직이는 성』의 세 주인공들이 수평적 관계에서 각각의 삶들을 병렬시키며 앞의 소설의 동호와 현태, 윤구가 각각 좌절한 순결주의, 무책임한 허무주의, 속물적 현실주의의 삶을 통해 역사적 사건에 대한 태도의 선택을 보여주고 있는 반면, 뒤의 작품에서의 성호와 준태, 민구를 통해 속죄를 통한 빈민촌으로의 투신, 허망에 젖은 자기 포기, 안정을 위한 현실주의적 삶의 선택이라는 대조를 시대적 사태에 대한 개인들의 각각 세

가지 반응으로 드러내고 있다. 그러나 장년기를 넘어선 그는 사회적 변화를 관찰하고 그 구조의 변화에 대응하는 방식을 한 가족 구성원들의 다양한 선택을 통해 묘사하고 있다. 신분 문제를 다룬 『일월』[11]의 김인철 집안이 그렇고 농촌의 자본 투기화를 그리는 『신들의 주사위』의 한수 집안이 그렇다. 이 두 장편문학의 주인공은 건축학도 김인철과 법학도 최한수로 초점이 맞춰지고 있지만 그를 둘러싼 조부모와 형제들이 함께 그 사회 구조적 변화에 대응하고 있고, 그 방식은 앞 시대의 세 주인공 소설들처럼 세 가지 태도로 대조되고 있다.

백정은 우리 전통의 역사에서 가장 천민으로 치부되어왔지만 식민 통치와 해방, 전쟁과 산업화의 거대한 변혁 과정을 통해 전통적 신분관이 크게 동요되고 백정 스스로도 직업을 바꾸고 위상을 달리하거나 형평 운동으로 자신의 정체성을 높여왔다. 이 폐쇄적이며 도외시된 천민 집단의 풍속과 의식, 도살의 현장과 그들의 언어까지 세심하게 취재하여 활용하고 있는 이 소설의 김인철 집안은 이 같은 천민 신분 탈출에 대해 세 가지 길을 보여준다. 하나는 주인공 인철의 큰아버지 본돌 영감과 그의 아들 기룡이 택하는 전승받은 직종에 대한 말 없는 순종이다. 본돌 영감은 "온갖 천대와 멸시도 칼잽이의 세계를 지켜가는 도로서 달게 여겼고 이런 자기를 보호해주는 소뿔이며 소꼬리털을 이 세상 잡것을 물리치는 한 부적으로 신성시"(8:139)할 정도였고 기룡이도 역시 "어떤 꺾을 수 없는 외로운 의지"(8:222)를 보이면서도 서울의 도살장에서 시골의 아버지가 해온 칼잽이 일을 지켜 하고 있다. 그 두 부자와 상반되어 철저히 자신들의 신분을 감추고 전래의

---

11) 『일월』은 1964년 11월에 탈고되어 집필 순서로는 『움직이는 성』보다 빠르다. 이 글은 그 순서에 매이지 않고 작품의 성격으로 정리했다.

가문에서 탈출하려는 모습이 인철의 아버지 김상진과 그의 형 인호에서 적극적으로 나타난다. 서울에서 큰 기업을 경영하는 김상진은 비록 아들들에게 자기 형 본돌영감의 위신을 지켜주고는 있지만 "칼잽이에 대한 수모가 어떻다는 걸 느희들은 꿈에두 생각지 못할 거"라면서 "나중에 어떤 가슴 아픈 경울 당하드래두 숨기구 살 수 있는 데까진 숨기구 살아야"(8:90) 할 것을 당부한다. 실제로 그는 자신의 이름을 바꾸고 과거를 감추며 형과의 거래를 끊고 "어떻게든 거길 벗어나야"(8:91) 할 것에 진력한다. 정치적인 야심을 가진 그의 큰아들 인호는 국회로 진출하기 위해 고향의 군수로 자원해 갔지만 거기서 자신의 출생 신분을 알고 "아주 헤어날 수 없는 깊은 구렁텅이 속으로 빠져들구"(8:85) 마는 절망감을 느끼며 종국에는 자신만이 아니라 자기 "식구들에게 미칠 파멸을 사전에 막기 위하여 이곳을 떠나기로 결심"(8:181)하는 편지를 남기고 사라진다. 이 두 대립된 선택 사이에 인철의 고민과 이해가 서 있다. 그는 자기 집안의 진실을 알고는 "그 다시없는 천민 취급을 받아온 백정 세계가. 인철은 검은 그늘이 온몸을 휩싸는"(8:86) 느낌을 가지며 꿈속에서까지 "자기가 밟은 맑고 푸른 잎사귀에 찍혀있는 커다란 소발통 자국"(8:108)을 본다. 그럼에도 그는 칼잡이인 사촌 기룡을 찾아가 "어느 틈새론가 스며 내배는 외로움"(8:222)을 확인하며 형제의 정으로 공감하고 지 교수에게 자신의 집안 내력을 고백하기에 이른다. 그의 이 지양(止揚)의 태도는 다혜를 통해 지 교수로부터 "당사자루선 그렇게 나오기가 쉬운 일이 아니라구 하시면서 구김없는 태돌"(8:244) 칭찬받고 그 자신도 "가슴속 선인장의 독가시가 하나하나 꺾여져 나"(8:245)가는 승화의 정서를 느낀다. 이 소설은 한없는 외로움에 젖은 인철이가 "서로 부딪칠 수 있는 데까지 부딪쳐본 다음에 처리돼야만 할 문제가 아닌가. 기룡을 만나야 한다. 만나 얘기해야 한다"고 다짐하며 파티 때문에 쓴 "고깔모자를 벗어 뜰에 서있는 한 나뭇가지에다 걸었다"(8:343)는 행위로 대단원을 이루는데 그의 '고깔모자 벗기'는 삶의 피에로다움을 던져버리는 선택을 암시함으로써 바로 그 시간에 약을 먹고 자살을 하는 아버지 김상진과 대조적인 삶의 태도를 상징적으로 보여준다.

황순원의 마지막 장편소설인 『신들의 주사위』는 그가 67세이던 1982년 3월에 탈고된 것으로 표기되어 있다. 1978년 계간 『문학과지성』 봄호에 연재되기 시작한 이 작품은 가장 긴 시간 동안 집필되고 또 오랜 기간 발표되었다. 그사이에는 광주민주화운동과 발표지의 강제 폐간 사태가 끼어 있고 그 앞뒤에는 대통령의 시해와 신군부의 집권이 막아서 있다. 그리고 1970년대의 개발 성장이 1980년대의 정착기로 들어서면서 부동산 붐과 생태 파괴, 공해 문제 등이 제기되면서 사회 구조 전반이 농업 경제에서 공업 경제로 산업화가 적극화되고 농촌의 해체가 진행되고 있는 중이었다. 이 사회적 변화는 1930년대 식민지 체제하에서의 자본주의적 근대화의 초기 경험을 회고시키는 동시에, 『신들의 주사위』도 바로 50년 전 염상섭의 『삼대』를 상기시킨다. 염상섭의 이 대표작이 조의관-조상훈-조덕기의 3대에 걸쳐 진행되듯이, 이 소설 역시 한수의 집안이 할아버지와 아버지 그리고 한영·한수의 3대로 구성되었고 "토지에 집착은 보통이 아"(10:24)닌 두식 영감과 『삼대』의 조의관은 비슷한 재산과 고집을 가진 할아버지이고 두 사람은 함께, 그러나 그 이유는 다르지만, 아들을 젖혀놓고 손자에게 기대를 갖는다. 그 손자는 똑같은 사법학도이지만 『신들의 주사위』에는 그 손자 한수 위로 큰손자 한영을 더 두고 있다. 그러니까 두 장편소설은 자본주의의 원시적 단계와 산업화 단계로의 사회적 변화 속에서 한 집안의 조부와 그 아래 아들과 손자들의 3대에 이르는 대조적 대응 태도를 보여준다는 공통성을 가지고 있다. 반세기 전의 제2대는 위선적인 기독교로 말미암아 자멸하고 마는 것에 비해 1980년대의 제2대는 무력감으로 이 소설에서 차지하는 비중이 매우 약하다는 차이만 있을 뿐 가족들에게 할당된 소설 속의 위상도 비슷하다. 그 외양의 유사성에도 불구하고 『삼대』는 재산을 둘러싼 가족 내부의 음모와 살인이 작동하고 있지만 『신들의 주사위』는 산업화와 그에 따른 부동산 투기로 농촌의 해체가 이루어지는 가운데 그 변화에 제대로 대처하지 못해 부닥치게 된 한수 집안의 파탄이 그 주제를 이룬다. 조부 두식영감은 "하나 있는 아들에 실망하자 두 손자에게 기대를 걸고 어려서부터 착실하고 양순한 맏손자 한영인 초등학교만 마치게 한 후 가업을 잇도록 하고 둘째손자 한수는 공부를 시켜 출세의 방향으로 가게"(10:30) 했다. 그러나 그 결과는 물론 그 바람대로 일 수 없었다. 한영은 할아버지의 재산으로 아버지의 재혼을 주선한 일로 진 빚에 책임을 지고 자살을 하고 한수는 세미와 진희 두 여인으로부터 떠날 것을 결심하면서 오토바이 사고를 일으키고 중상을 당했다가 몇 달 동안의 혼수에서 겨우 깨어나게 되며 두식영감 자신은 손자들의 잇단 죽음과 사고를 당하면서 망령으로 정신을 버리게 된다. 두식영감이 한사코 지키려던 땅은 송 영감에게 팔려 심각한 공해 문제를 유발할 염색 공장이 들어서게 되었고 향수를 일으켜주던 전래의 '고향'이란 "자기 마음속에 미화시켜 간직하구 있으면 되는 거 아녜요?"(10:131)라고 반문당하는 위치로 후퇴한다. 이 살벌해지는 사회적 변화 속에서 진희는 "짙은 눈썹 밑의 조금 깊어뵈는 눈"을 가진 한수를 바라보며 "한 사람을 진정으로 사랑한다는 건 그사람 전부를 사랑하는 거야. 그사람의 허물까지"(10:259) 사랑해야 한다는 것으로 절정에 이르지만 그와의 외출에서 사고로 목숨을 잃게 되며 한수의 치료에 헌신적으로 노력하던 세미도 결국 브라질로 떠나고 만다. 산업화에서 비롯된 농촌의 투기와 공해 기업의 건설이라는 근대화의 과정 속에서 한수 일가는 파탄에 이르게 되고 인간관계도 벗겨져버리는, 이 시대의 이 땅에 대한 황순원의 부정적 인식에도 불구하고, 『별과 같이 살다』로부터 그의 모든 장편소설의 마지막에 지펴주는 희미한 희망의 빛을 그는 여기서도 살려두고 있다: 죽음 막바지에서 벗어나 건강을 회복하고 병원에서 퇴원길로 나와 "천천히 걸어가던 한수는 문득 한 곳에서 발길을 멈추었다. 그리고 발아래를 내려다본다. 함께 가던 일행도 멈추었다./콘크리트 포장길에 가느다란 금이 나있고, 그 틈새기로 풀잎들이 돋아나있었다. 제법 파랬다. 어쩌면 이런 데서?"(10:305). 그는 콘크리트로 상징되는 산업화의 틈새기로 비죽이 돋아나는 푸른 생명의 풀잎을 바라보며 내일에의 희망을 발견하고 있는지도 모른다.

일곱 편의 장편소설을 더듬으면서 나는 그 작품들의 주인공들의 성격과 구성을 통해 황순원 문학에서의 진지한 시대 인식의 표현 방법론을 찾아보려 했다. 어쩌면 무리한 해석일지도 모르지만, 나는 전기의 소설 세 편에서는 한 사람의 주인공을 통해 시대적 격랑에 대한 개인적 선택을 확인했고(자살과 자포자기의 부정적 행위도 하나의 선택일 것이다), 중기의 두 편에서는 세 사람의 주인공을 통해 시대적 사태 변화에 대한 세 가지 반응 형식을 발견했으며 후기의 두 편에서는 한 가족을 중심으로 순종과 탈출과 지양, 혹은 파탄과 자결과 회생 등 각각 사회 구조에 대한 세 가지의 대응 태도를 관찰했다. 물론 우리는 변혁의 충격이나 변화의 자극에서 세 가지 것만으로 정리할 수는 없겠지만 정-반-합의 논리로 보면 그 선택의 양식은 이 세 가지 범주를 크게 벗어나지 않을 것이다. 황순원의 인물들은 그러니까 해방으로부터 근대화에 이르기까지 우리 민족의 급격한 변동 속에서 순종과 반발과 지양의 큰 범주 속에서의 여러 움직임들을 보이고 있다. 그렇다는 것은 황순원이 현실을 떠난 도피주의적 작가라든가 비역사적인 문학인이라는 인식으로부터 오히려 역사와 사회 변화에 대해 면밀하게 대응해왔음을 확인해주고 있다는 결론에 이른다. 실제 그의 작품은 현실을 벗어나지 않았고 역사와의 대결을 회피하지도 않았다. 다만 그는 그 역사적 사건과 현실적 변화를 객관적으로 묘사하고 인물들로 하여금 그 역사와 현실에 투기시킨 것이 아니라 그 변화 자체를 작품 속으로 내면화했고 그 인물들의 선택과 반응 그리고 대응을 통해 그 역사와 현실에 대한 관찰과 내적 움직임을 형상화한 것이다. 이 같은 창작의 방법론과 태도, 그리고 응시하는 작가적 시선이 현실로부터 비켜나고 혹은 도피하는 듯한 인상을 주었을 것이다.

오래전의 「순수문학과 그 역사성」에서 제기한 황순원에 대한 관점을 35년이 지난 이제 와서 다시 반복하여 확인하는 나의 지적 형상은 그의 주인공들이 그런 것처럼 별로 변하거나 성장하지 못한 것 같다. 그럼에도 황순원 문학이 지닌 미학적 구성과 정제된 문체의 위력에 대한 감동이 여전한 것처럼 황순원 장편소설이 갖는 문학사적, 현실적 의미에 대한 신뢰가 전날과 다름없다는 점에 나는 오히려 안도감을 느낀다. 그것은 황순원을 위한 존경 어린 추모이면서 그분에 대한 나의 감사와 감동의 표현임을 감히 고백하는 것이기도 하다.

〔2012. 9〕

총체소설의 의미[1]
― 『토지』의 문학적 성격에 대한 덧붙임

생전의 박경리 선생님은 "내가 행복했다면 문학을 하지 않았을 것"이라고 여러 차례 말했다. 이승에서의 한평생을 외로움과 슬픔, 각박함과 고통으로 보내야 했던 박 선생님께는 가혹한 인사가 되겠지만, 그러나 박 선생님의 그 고난에 찬 생애 때문에 우리 문학은 보다 풍성해지고 한국에서 생산된 문학 작품을 세계 거장 문학의 반열에 올려놓는 행복을 누릴 수 있게 되었다. 이렇다는 것을 나는 이 발제를 맡으면서 거칠게 모아본 자료에서 다시 확인할 수 있었다. 25년 동안 3만 장의 원고지에 풀어낸 『토지』는 아홉 개의 잡지·신문에 발표되었고 여섯 개의 출판사에서 간행되었으며 영·독·불의 3개 국어로 역간되었다. 세 편의 TV 드라마와 영화, 음악극, 음악 CD, 그리고 청소년용의 『토지』 등으로 일곱 편의 2차 창작품이 생산되었고 박경리와 그의 『토지』를 기리는 문학관, 기념관, 공원, 체험장 등 다섯 개

---

1) 제1회 박경리문학제(2010. 12) '꿈꾸는 자가 창조한다' 기조 발제.

의 시설이 원주, 통영, 하동에 건설되었으며 이미 몇 차례의 『토지』 세미나와 문학제가 열렸다. 그러나 이런 문화 산업보다 내가 우선 주목한 것은 『토지』와 박경리에 대한 연구서들 및 『토지 사전』(임우기·정호웅 엮음, 솔, 1997)이었다. 외국에도 『셰익스피어 사전』『카프카 사전』『인간희곡』 등 작품 사전들이 아주 드물게 나왔지만 한 작품에 대한 사전은 어쩌면 이 책이 유일한 것이 아닐까 싶다. 못지 않게 감탄한 것은 『토지』가 완결된 지 겨우 반 세대밖에 되지 않았는데도 『토지』 비평집 네 권과 『토지』를 주제로 한 박사논문 다섯 권, 그리고 연구서 여덟 권이 간행되었다는 점이었다. 최유찬 박사의 집요한 『토지』 연구 저서가 우선 이 방면의 가장 큰 기여가 되겠지만, 이 일련의 연구 성과들은 한 작품에 대한 우리 문학인의 애정과 우리 학계의 진지한 노력, 그리고 호암문화상, 금관문화훈장 등 공적인 경의와 함께 박경리 선생님의 문학적 위업에 대한 행복한 보상일 것이다.

나는 이처럼 활발하고 방대하게 축적된 박경리 연구 속에서, '박경리 문학 포럼'을 위해 무엇을 새로이 발제할 수 있을지 난감해하지 않을 수 없었다. "꿈꾸는 자가 창조한다"라는 박경리 문학 50년의 주제를 정확히 적출한 이 포럼에서 내가 무엇을 이야기하든 그것은 한갓 췌언에 불과하다는 사실을 나 스스로 먼저 깨닫고 있음을 고백하는 것이다. 박경리 선생님과 그의 『토지』를 가장 존경하고 있다는 정성 때문에 의무감으로 쉽게 청탁을 수락한 나의 경솔을 탓하면서 이미 숱하게 발표된 글들의 속을 비집고 들어가 내 의견을 제시해야 하는 만용을, '『토지』의 문학적 성격에 대한 덧붙임'으로 버무리지 않을 수 없게 되었다. 너무나 거대한 작품에 대해 함부로 그 성격을 가르고 의미를 따진다는 것은 무모한 일임이 틀림없는데 내 만용을 그 무모함으로 지우고자 한다.

우선 내가 제기하고 싶은 점은 『토지』의 장르적 성격이다. 솔출판사판의 『토지』에는 '대하소설'이란 이름이 붙었고 김윤식의 『박경리와 토지』(강, 2009)가 이 '대하소설' 명칭을 고스란히 받아들이면서 시간적, 공간적 총체성과 더불어 인물의 총체성에 의미를 부여하고 있다(p. 335 이하). '로망 플뢰브roman fleuve'를 번역한 '대하소설'의 사전적 의미는 "한 세대 이상의 광대한 공간을 넘나들며 쓰어진 소설 형식으로, 통상적으로 장편소설보다 긴 분량이며 큰 강물이 흐르듯 서사가 이어진다고 해서 붙인 이름"[2]인데 우리에게 잘 알려진 것이 토마스 만의 『부덴브로크 가의 사람들』과 마르탱 뒤 가르의 『티보 가 사람들』이다. 우리 문학사에서도 '대하소설'의 이름을 붙인 작품들은 의외로 많아 가령 박경리 이전에도 홍명희의 『임꺽정』, 안수길의 『북간도』가 있었고 『토지』가 봇물을 터뜨린 이후 대하소설에 대한 작가들의 열정이 적극적으로 솟구쳐 홍성원의 『남과 북』과 『먼동』, 황석영의 『장길산』, 김주영의 『객주』, 김원일의 『불의 제전』, 조정래의 『태백산맥』, 이병주의 『지리산』, 최명희의 『혼불』 등이 잇달아 발표되었다. 그런데 서구의 대하소설은 한 가문의 연대기이고 우리나라 대하소설들 대부분은 전쟁 또는 반역이란 소재의 역사적 사건에 대한 장편소설적 서사였다. 그러기에 가문의 성쇠를 세대적 흐름으로 이야기하는 서구의 대하소설과는 좀 다른, 긴 장편소설을 이

---

[2] 한국문화예술위원회 엮음, 『100년의 문학용어 사전』, 도서출판 아시아, 2008.

루는 것이었다. 그러나 박경리의 『토지』는 여러 가문의 여러 세대가 겪는 연대기이며 그 서사도 착잡하게 많은 소재와 주제를 펼치고 있어 종래의 '대하소설'이란 명칭으로는 수용하기 참으로 버거운 것이었다. 아마 이 때문에 김진석과 그의 의견에 동의하는 최유찬은 '다하(多河)소설'이란 흥미로운 이름을 만들어내고 있는데 그것은 이 소설을 "하나의 흐름이 점점 굵어지며 통일되는 데로 오는 게 아니라 여러 흐름이 서로 겹치고 만나고 갈라지는 데서 온" 흐름[3]으로 포착함으로써 대하소설의 규모와 성격을 보다 넓히고 키운 것이다.

『토지』가 '대하소설' 또는 유사 개념으로서 '다하소설'의 어떤 것으로 불리든 이 작품의 '로망 플뢰브'로서의 성격과 의미는 달라지지 않는다. 이 용어들을 보면서 문득 회상되는 것이 내가 『토지』 제1부를 보고 쓴 기사에서 이 작품을 '총체소설'로 불렀던 일이었다. "한말 이후의 다난한 민족사를 수용한 『토지』는 그 자체가 최대한으로 종합된 하나의 '세계'이며 '시대'이고 사회사이자 인간사일 것"[4]으로 평가하면서 '총체소설'이란 말을 덧붙였다. 나의 이 '총체소설'론은 『토지』의 1, 2부를 평한 「『토지』의 세계와 갈등의 진상」(1977)에서 다시 반복되는데, 여기서는 "개인사와 전체사의 거대한 문학적 대종합" 즉 "'총체소설'의 효과를 얻고 있다"[5]고 설명되고 있다. 우리 문학사전에는 '총체소설'이란 용어가 나오지 않지만 '총체성'이 항목으로 나오기에 그 연장선에서 '총체성의 문학'이 허용된다면 '총체소설'도 마땅

---

3) 최유찬, 『『토지』를 읽는 방법』, 서정시학, 2008, p. 112.
4) 『동아일보』, 1973. 7. 9; 잃어버렸던 이 기사는 다행히 최유찬, 『토지의 문화지형학』, 소명출판사, 2004, pp. 402~03에 재수록되어 다시 볼 수 있었다.
5) 『상황과 상상력』, 문학과지성사, 1979, p. 140.

히 수용될 만한 것이고 김진석의 지적에 대한 최유찬의 설명[6]도 아마 내포는 다를 수 있겠지만 '총체소설'로 받아들이는 듯했다. 나는 '총체소설'이란 이름에서 대하(또는 다하)소설의 진폭을 좀더 넓히고 싶었고 개인과 집단, 당대성과 역사성, 사건 사태의 복합성을 두루 종합하는 소설로서 『토지』의 성격과 의미를 최대한으로 발전시키고 싶어 했던 것이고 여기에는 1970년대적 상황에서 강조된 민중론과 이념주의적 해석의 영향 속에서 이 소설의 포괄적 이해의 그물을 부여하고 싶은 소망도 들어 있을 것이다. 여하튼 나는 하나든 여럿이든 가족사로만 추적되는 대하소설의 개념을 뛰어넘고, 과거의 것으로 고착시키는 역사주의적 인간 해석을 벗어나 생생한 현존재로서 역동하는 인물들로 이루어진 로망, 혹은 시간성을 뛰어넘는 대서사의 범례로 보았고 그렇게 받아들이고 싶었던 것이다. 그러니까 나는 대하소설이란 개념이 품고 있는 가족사의 한계를 넘어 총체성의 내포로 확대하여 '대하총체소설' 혹은 그 비슷한 용어로 포괄될 수 있기를 바라는 것이다.

『토지』의 장르적 성격이 대하(또는 다하)소설이든 혹은 내가 거기에 덧붙이고 싶은 총체소설이든 그 소재가 우리 민족사에 있음은 모두가 알고 있고 동학혁명 즈음부터 시작하는 시대적 설정으로 그것이 '역사'소설이란 점에도 대부분의 논자들이 동의하고 있다. "『토지』는 역사소설이며 그것도 뛰어난 역사소설"이란 전제에서 「미시사적 관점에서 본 지식인의 유형」[7]을 분석한 이승하는 "당대의 역사적 현실과

---

6) 『『토지』를 읽는 방법』, p. 117.
7) 최유찬 외 지음, 『한국 근대문화와 박경리의 『토지』』, 소명출판, 2008.

대응을 이루도록 했다는 점에서, 또한 역사 속에 살고 있는 평범한 개인들의 생활과 감정을 통해서 역사를 드러냄"으로써 "한 시대의 '역사'를 '문학'적으로 부각시키는 데 성공한" 역사소설이란 염무웅의 평가와, "『토지』의 역사성은 개인과 무관한 제도사나 구조사 또는 사건사에 충실한 데서 찾아지는 것이 아니라 오히려 개인의 삶과 행동, 의식 속에 녹아 있는 역사성이 개인사와 생활사의 측면에서 찾아진다"고 지적한 사회사학자 박명규의 이해(p. 165)에서 『토지』의 '역사소설론'이 뒷받침되고 있다. 나는 이 소설이 역사소설의 장르에 들고 있다는 사실을 부인하는 것은 아니지만 우리가 통상적으로 말하는 역사소설의 구성과 박경리의 그것이 다르다는 점을 지적하고 싶다. 5부로 편성된 『토지』는 제1부의 19세기적 전통 사회로부터, 탈농업 사회와 초기 상공업의 도입, 근대식 제도와 사회로의 재편성, 세대적 근대 의식의 전개, 외래(특히 일본) 문명의 수입, 태평양전쟁에서 가혹해지는 일본의 수탈 등 근대 한국사의 전개 과정에 정확하게 대응하며 그 실상을 표출하고 있고 이런 역사적 사태 변화에 따라 하동 평사리에서 시작된 서사는 간도로 이주하고 진주와 하동으로 귀환하면서 서울과 지리산으로, 일본과 만주로 공간적인 확대를 이루고 있다. 역사적 사실과 소설적 진행이 염무웅의 말대로 역사소설이란 용어에 잘 부합하고 있어 역사소설로서의 『토지』의 성격 규정에 이의를 붙이기는 어려운 것이다. 그럼에도 모든 소설은 역사라는 명제를, 그리고 『토지』의 소설적 주조가 역사라는 사실을 인정하면서도 이 작품이 역사소설이란 논의에 약간의 단서를 붙이고 싶은 이유는 이렇다.

그 하나는 『토지』의 소설적 성격이 전반의 역사소설에서 중반 이후의 현대소설로 전이했다는 점[8]이다. '역사'소설과 '현대'소설의 분기를 이루는 시점을 무엇으로 잡느냐는 것은 분명치 않은데 나는 작품에서 진행되고 있는 시대가 현재와 단절된 시간대인가 현대의 공간인가로 우선 가름하면서 제1부와 2부는 전근대적 전통 사회의 무대 위에서 전통적 양식의 성격으로 인물들이 움직이지만 3부에서는 근대의 새로운 사회에서 전통인과 다른 소양의 인물들이 주연으로 나서고 있으며 이즈음을 다루는 데서부터는 현대소설로 보아야 하지 않을까 한 것이다. 한 소설이 앞과 뒤에 따라 역사소설, 현대소설로 나뉜다는 것은 억지임을 스스로 인정하고 있음에도 이런 궁색한 논리를 펴는 것은 『토지』가 '역사'라는 유한성을 뛰어넘는, 보편적인 인간상의 형상화를 추구한 문학적 성과가 역사소설론으로 제한되기를 바라지 않기 때문이다. 여기에 박경리가 『토지』의 소설 작법에 역사소설적 수법을 피하고 있다는 점이 강하게 지적되어야 할 것이다. 50년에 걸친 긴 세월을 다루는 『토지』의 시간대 속에는 동학농민전쟁, 국권 상실, 3·1운동, 광주학생운동, 태평양전쟁 발발 등 숱한 역사적 사건들이 담겨 있고 『토지』는 그 역사적 사실들을 매우 중요하게 수용하고 있다. 그럼에도 그의 소설 구조는, 농민혁명을 넘긴 후, 혹은 3·1운동의 실패를 겪은 후, 그리고 광주학생운동의 소용돌이가 진정된 후, 그러니까 그 역사적 획기의 사건들에 대한 정면적인 묘사와 기록은 뛰어넘은 채 제1부, 3부, 4부가 시작되는 것이다. 그 역사적 사건의 직접적인 대면은 피하면서 그 경위는 작가의 서술에서 간략한 설명으로 제공하고 그 성격과 의미, 진행과 영향 들에 대해서는 소설 속에 등장하는 지식인들의 대화와 논의에서 설명하며 역사적 변화와 사건

---

8) 김병익, 「식민지 시대의 사회 변화와 인간」, 『들린 시대의 문학』, 문학과지성사, 1985, p. 231.

들의 충격이 일으킨 심층적 효과는 평범한 민중들의 삶과 서러움을 통해 표출한다. 이렇다는 것은 박경리의 『토지』가 역사적 사건을 찾아 대면하는 것에 우선하기보다, 혹은 급박하게 전개되는 역사의 연대기적 전개를 고스란히 따르기보다는, 인간을 억압하는 역사와 그것에 정면으로 대결하는 인간 간의 팽팽한 긴장 관계를, 그래서 인간의 일상성 속으로 삼투된 역사 혹은 그 역사를 의식의 내면으로 이입시켜 인간 존재로서의 삶의 총체로 탐구·추적하고 있다는 점을 강조하는 것이다. 나는 여기서 "『토지』의 역사성이 개인사와 생활사의 측면에서 찾아진다"는 박명규의 말과 "그 어떤 역사적 상황 속에서 개인이 어떻게 대응했고 어떤 삶을 살았는가를 중시하는 미시사(微視史, micro-historic)적 관점"에 주목하는 이승하의 의견으로부터 든든한 뒷받침을 얻는다. 역사학과 문학의 다름은 앞의 것이 사건과 사태의 사실적 기록임에 비해 뒤의 것은 그 사건과 사태의 주체이자 구체(具體)인 인간의 추구이며 『토지』는 바로 그 인간을 역사의 실체적 얼굴로 재현하고 있는 것이다.

그것의 실증적인 첫 증거는 이 방대한 소설의 규모에 있는 것이기보다, 엄청 많은 등장인물들의 숫자이다. 이 소설의 인물들 분석에 집중한 이상진의 『『토지』 연구』에는 "1회 이상 등장하여 이름을 지닌 허구적 인물은 약 580명"[9]으로 셈하는데 임우기·정호웅이 엮은 『『토지』 사전』에는 총 등장인물을 700여 명으로 추산하고 있다(「일러두기」). 우리 문학에서 유일하게 한 작품에 대한 '사전'으로 편찬된 이 책이 "2,515개의 어휘와 방언, 438개의 속담·금기담·인사말·수수

---

9) 이상진, 『『토지』 연구』, 월인, 1999, p. 102. 같은 면의 각주에는 이름을 가지고 2회 이상 출현한 인물이 578명이고 이 중 여성 인물은 233명으로 40퍼센트 정도"라고 적고 있다.

께끼 등의 관용구, 179개의 유행·풍속, 130개의 국내외의 역사적 사건들"의 풀이와 함께 표제어로 등재된 인물은 내가 헤아려본 숫자로는 모두 220명인데 역사상 실존 인물이 그중 97명이고 소설 속의 허구 인물이 123명[10]이다. 이 많은 인물들은 『『토지』사전』을 비롯한 여러 연구서에도 부록으로 들어 있는 가계도[11]에서 보듯이 복잡하게 얽혀 있다. 우리의 어떤 소설에서도 볼 수 없이 숱하게 많은 인물들(말로만 들은 발자크의 『『인간 희극』인물 사전』의 등재 인물 숫자는 나로서도 알지 못한다)과 그들 간의 착잡하면서도 끈질기게 이어지는 관계는 아마도 한국인, 아니 모든 인간들의 갖가지 모습, 성격, 인품을 두루 대표할 것이다. 그것이 『토지』가 단순한 역사소설이기보다 더욱 폭넓은 인간 세계를 탐구하는 소설이라는 나의 생각을 굳혀주고 있는데, 이승하는 그중 "지식인으로 간주할 수 있는 50명"[12]을 통해 「미시적 관점에서 본 지식인 유형」을 검토하고 있고 이상진이 박사학위를 보완해서 출판한 『『토지』연구』는 이 소설에 등장하는 인물들을 세 개의 카테고리('존재에 대한 집착과 탐욕' '당위에 의한 갈등과 좌절' '생명을 위한 의지와 대자대비')로 분류하고 각각의 분류에는 다시 네 개씩의 인물 유형을 제시하고 있다. 내가 『토지』를 거대한 작품으로 평가하는 것은 등장인물의 숫자와 그들의 다양한 유형을 갖춘 서사의 방대함에만 기대는 것이 아니라 그 인물 하나하나가 독자적인 개성과 필연적인 운명 속에 생생한 존재로 우리 주변에 모두 살아 움

---

10) 『『토지』사전』에는 "중요 등장 인물이 104명"으로 적혀 있다.
11) 『『토지』사전』에 도표로 그려진 가계는 21개이지만 한 가계의 도표 안에도 결혼 등으로 맺어진 다른 가계가 여기에 여럿 부속되어 들어 있다.
12) 이승하, 『한국 근대문화와 박경리의 『토지』』, 소명출판, p. 169.

직이는 인간들로 창조되고 있다는 뛰어난 인간 이해 때문이다. 이처럼 방대한 인간사를 이루고 있는 소설에 대해 우리는 굳이 역사소설/현대소설이란 하위 장르 단위로 억제할 필요는 없을 듯하다.

이 많은 갖가지 인물들의 창조와 묘사에서 내가 감탄하는 가령 용이와 관계를 맺는 월선이와 강청댁의 성격이 극히 상반된 모습으로 묘사되는 데서 뚜렷이 볼 수 있듯이, 작가는 선한 인물과 모멸하는 인간의 모습들을 극히 대조적인 형태로 그림으로써 작가의 선악에 대한 분명한 호오의 선택으로 인물들을 묘사하고 있다. 『토지』의 경우 작가가 사랑하는 인물들에는 외로움, 슬픔, 설움, 순수함, 맑음과 같은 서정적인 아름다움의 형용사가 늘 따라다니면서 '한' '운명'과 같은 전통적인 우리의 서러운 감수성이 지닌 수식들로 강조되고 있지만 그가 경멸하는 인물들은 추악하고 탐욕스럽고 비루하며 일그러진 인간상으로 서술되고 있다. 흥미로운 것은 별당 아씨와 구천이, 혹은 그의 선대인 김개주와 윤씨 부인은 물론 주역들인 최서희와 김길상, 용이와 월선의 애틋한 사랑의 관계는 구체적인 현장과 관계의 실제적인 대면을 파스텔화처럼 아득한 거리로 혹은 안쓰러운 자리로 멀리 둠으로써 신비화하기도 하고 낭만화하기도 하는 반면 임이네와 조준구의 탐욕, 김거복과 김두수의 횡포와 악행 들은 치밀하고 극히 사실적으로 묘사함으로써(이 대목에서 나는 발자크에 대해 "경멸하는 것에 대한 정확한 사실주의적 관찰"을 지적하며 찬사를 보낸 엥겔스의 말을 떠올린다) 인물의 대조와 더불어 그 묘사에 대한 대조적 편애를 보여주고 있다는 점이다. 선한 인물과 악한 인간의 이처럼 뚜렷한 대조는 숱한 인간들의 착잡한 본성에 대한 이해에서 어떤 도식성을 느끼게도 하지만 그러나 내가 『토지』를 읽는 동안 이 대조적 묘사들은 인간 세상에 대한 한스러움을 피력하는 작가의 감수성에 젖어들어, 보다 더 절실한 진실된 모습으로 극히 사실적으로 인간을 파악하는 감동을 주며 저항감 없이 당연한 인간사로 받아들이게 했다. 그 감동은 작가가 안타깝게 풀어내는 한의 감정이라든가 운명에의 순종에 나 스스로 이의 없이 젖어들게 한 작가의 묘사적 박력 때문일 것이다. 숱한 예 중에서 가령 가장 서로를 사랑하는 연인인 용이와 월선이의 경우가 그렇다. 이들은 작가도 참으로 매혹되어 사랑하고 있는 인물인데 그럼에도 용이는 질투심이 강하고 게으르며 못된 강청댁과 결혼하고 숭고한 사랑을 지닌 월선이는 사랑하는 이를 떠나 그의 아들을 키우며 암으로 죽어야 하는 한스러운 생애로 그려짐으로써 가혹한 운명이란 것의 농간이 우리를 아프게 감동시킨다. 작가는 아름다운 것이 추한 것에 밀리고 착한 것이 악한 것에 착취당하고야 만다는 이 세계의 부당한 진실을 체득하고 있었고 『토지』는 작가의 그런 인생관을 지극한 사실주의적 수법으로 체현해 보이고 있는 것이다.

소설의 무대가 1930년대의 근대로 들어서면서도 박경리의 몸에 밴 한의 정서는 쉬 풀리지 않은 듯, 가령 유인실과 오가다의 사랑하면서도 결합할 수 없는 안타까움, 조찬하와 임명희의 맺어질 수 없는 인연, 봉순과 이동진 사이에 태어나 최서희의 의붓딸이 된 양현에 대한 김길상—최서희의 둘째 아들 윤국의 사모, 그리고 백정의 자손이란 이유로 현실에서 도피하는 송영광에 대한 양현의 사랑 등 2세대의 운명들도 아프고 안타깝고 설움에 차 있다. 나는 이런 소설적 정황과 그 뒤에 숨은 박경리의 페시미스틱한 인생관을 짐작하면서 『토지』는 식민지 시대의 근대화 과정에 대한 냉철한 사실주의적 비판을 가하고 있음에도 불구하고 작가 박경리는 '로맨티스트'라고 규정하면서 "그의 낭만주의는 타락하고 속물화되어가면서 반성 없는 일상에 우리가 안주하는 〔……〕 막힌 삶으로부터의 탈출"[13]을 꿈꾸는 '낭만주의자'(송관수의 "어디든 떠났으면 좋겠다"[14]는 외침은 이곳으로부터의 탈출을 열망하는 낭만주의자들의 전형적인 외침이다)라고 평했다. 이 대목에 즐겁게 공감해오던 박경리 선생의 화답을 듣고 자신감을 얻은 나는 『토지』야말로 우리의 역사적 진행을 냉철하게 관찰하고 그 사태를 사실주의적 수법으로 서술하면서 그 뒤에는 한과 운명을 사랑하며 순수하고 아름다운 삶을 낭만주의적 열정으로 안타까이 껴안으려는 로맨티시즘 정신의 소산이라는 생각에 확신을 가지게 되었다. 그러니까 사실주의적 시선으로 인간과 그 운명을 관찰하면서 순수에의 동경과 슬픔에의 사랑을 품은 낭만주의의 영혼이 『토지』의 세계관으로 구현되고 있는 것이다. 이렇다는 것은, 우리가 흔하게 가름하기 좋아하는 문학 사조적 시각을 이 거대한 작품에서 거부하면서 인성의 낭만주의적 성향에 대한 작가의 편향을 나는 아름다운 인간주의적 품성으로 받아들이고 싶다.

나는 마지막으로 『토지』에서 박경리가 구사하는 탁월한 어법에 대해 연구자들의 주목을 구하고 싶다. 그 주인공들이 대부분 경상도 출신이기에 영남, 그것도 진한 농촌의 활달한 방언으로 대화를 하고 있는 것은 자연스럽지만 그 방언은 그저 사투리만이 아니라 속담, 희

---

13) 김병익, 「문화와 문명: 능욕당한 삶의 전경」, 『열림과 일굼』, 문학과지성사, 1991, p. 266.
14) 박경리, 『토지』 13권, 솔, p. 72.

언, 수수께끼 등 전 시대적 관용 언어들을 활발하게 사용하는 것이어서 『『토지』 사전』에서 2천 5백여 어휘가 표제어로 수록되어 설명되어야 할 정도였다. 홍명희의 『임꺽정』 못지않게 풍부한 우리말의 보고를 이루는 이 소설에서 더욱 중시되어야 할 것은 신분, 성격, 교양에 따라 달라지는 화법에 대해서다. 숱한 상민들에게는 평범한 일상어로 그러나 푸짐한 토속어로 대화가 이루어지고 특히 주갑과 윤보의 한없이 통쾌하게 펼쳐지는 해학들, 임이네의 속악한 욕설들은 그 말씨로 그들의 존재 형태와 삶에의 태도를 드러내준다. 혹은 김길상과 최서희 사이에서처럼 작은 기미를 통해서야 서로의 심중을 엿보고 알아챌 정도로 자제와 절약으로 짜인 세련된 화법, 조찬하와 오가다 등 젊은 지식인들이 벌이는 열띤 논쟁 속으로 스며든 지적 언어, 우관 스님과 소지감, 서의돈의 불교적 함의로 이루어지는 선문답 같은 대화들, 최환국 형제와 이양현 등 반가의 예절 바른 화법들 등 숱하게 나오는 인물들의 말씨는 그 어휘와 어투로 화자의 신원과 내면 그 자체를 속절없이 보여준다. 인물에 따라 정교하게 적용하고 있는 이 화법과 어법 들은 소설의 현장감을 높여주면서 우리말의 섬세한 쓰임새를 들려줄 뿐 아니라 전통 시대의 고아한 언어 문화를 아름답게 표출한다.

다른 나라의 언어보다 현저하게, 경어법이 발달하고 문화어와 자연어, 지식인의 어법과 상민의 비속어가 또렷하게 어투와 어휘로 구별되는 우리말의 특성을 박경리는 십분 활용하고 있는데 작가의 이같이 뛰어난 어법은 우리 문학이 발휘할 수 있는 가장 풍성한 언어적 품위와 다양한 감각으로 전시되고 있다. 이 같은 우리말의 고전적인 준수한 화법은 앞으로는 더 이상 들을 수 없는, 이 작품으로써 마지막이 될 언어적 성찬이 아닐까 하는 안타까움을 그래서 느끼지 않을 수 없다. 전통 사회의 고아한 어법의 상실은 아마도 그것이 유통되던 시대의 고아한 세계의 상실이 될지도 모른다. 그렇다면 앞으로의 우리는 『토지』에 못지않을 대작을 가질 수는 있겠지만 『토지』를 통해 표현될 수 있었던 전통 사회의 고결한 덕성과 거기서 사용되는 어법과 그 인물들의 문화를 다시 만나기는 분명 어려울 것이다. 그것은 그래서 '도저한 작가 정신'으로서의 또 다른 박경리를 우리 소설 문학이 다시 만나는 일도 결코 쉽지 않겠다는 안타까움을 환기하는 것이기도 하다. 박경리는 이 세상으로부터 물러나면서 그가 높이 바라보아온 품위 있고 아름다운 고전적 세계도 함께 데려가버린 듯하다.

나는 우리 문학의 최대 걸작이며 세계 문학의 수준에서도 충분히 자부할 수 있다고 믿는 박경리의 『토지』에 대해, 기왕의 연구와 언급 사이로 몇 조각의 췌언을 덧붙였다. 그것은 대하소설 혹은 다하소설의 장르적 구분을 보다 확대함으로써 가족사의 소설이라기보다 우리 근대사의 사회와 인간, 전통과 변화, 문화와 문명의 모두를 싸안은 '총체소설'로서의 포괄적인 시선으로 평가되기를 우선 바라는 것이었다. 그러면서 『토지』에서 작가가 포착하고 상상하는 인간의 개성과 운명의 성찰을 역사소설이란 이름으로 한정할 수 없으며, 이 작품이 인간 세계의 보편적인 삶의 유형으로 재현한 사실주의적 정신 속에서 태어난 뛰어난 작품인 동시에 낭만적 세계관으로 운영되는 운명을 강조하는 로망이라는 점을 확인하고 싶은 것이었다. 그것은 숱한 등장인물의 모습들을 통해 확인될 수도 있지만 그의 리얼리스트적인 수법 뒤에 숨은 영원을 갈구하는 아름다운 낭만주의적 영혼의 아픔에 공감하게 되는 데서 다시 인식될 수 있는 것이다. 나의 이러한 소견은 지난 15년 동안 왕성하게 연구, 천착되고 비평과 평가 작업으로 우리 문학 사회에서 가장 많은 연구서와 비평서를 가지게 된 박경리와 그의 『토지』 논의의 한갓진 틈새에 비좁게 끼어든 수줍은 관점으로 표명되는 것이다. 앞으로 『토지』에 대한 활발한 기념 사업들과 함께 하나의 세계로 제시된 이 파노라마적 삶의 전경에 대한 연구 비평 작업을 더욱 왕성하게 전개함으로써 '『토지』의 세계'를 더욱 풍요롭게 열어나가기를 기대한다. 그러나 나는 무엇보다 우선, 박경리란 위대한 작가가 우리에게 모범으로 보여준 고결한 작가 정신을 다시 바라보고 우리 문학인들의 정신으로 익힐 수 있기를 바란다.

〔2010. 12〕

텍스트의 진화와 그 의미의 확장
— 최인훈 전집 제3판을 보며

김현을 비롯한 '문지' 친구들과 내가 다시 최인훈을 만난 것은 1976년의 아마 이른 봄이었을 것이다. 그는 미국 아이오와 국제창작 프로그램에 참가했다가 3년 만에 귀국했고 우리는 문학과지성사를 창업한 지 몇 달 안 되어 겨우 단행본 두어 권을 간행한 참이었다. 여전히 담담한 표정의 그는 원고 봉투 하나만 달랑 들고 있었다. 『광장』의 수정 원고였고 그것은 첫 장부터 이전의 텍스트와 문투가 아주 다른 모습으로 우리에게 다가왔다. 거의 모든 문장을 한글 문체로, 한자어를 가능한 한 토박이 우리말로 바꾼 것이었다. 우리는 이미 민음사판의 『광장』이 서점에서 유통되고 있음에도 작가와 신판의 출판을 합의했다. 작업은 빠르게 진행되었고 김현의 그 유명한 "정치사적인 측면에서 보자면 1960년은 학생들의 해였지만 소설사적인 측면에서 보자면 그것은 『광장』의 해였다"는 첫 문장으로 시작되는 해설을 덧붙인 이른바 문학과지성사판 『광장』이 간행된 것은 그해 8월이었다. 그리고 우리는 나서는 김에 아예 최인훈 전집의 기획으로 발전했다. 문지 '4K 동인들'은 그의 작품 모두를 열두 권으로 편집하고 해설자를 정하며 몇 해에 걸쳐 순차적으로 몇 권씩 발간하는 출판 계획을 세우고 작업을 시작했다. 그 기획이 과감했던 것은, 그 발행을 맡은 문학과지성사는 이제 막 걸음을 뗀 신생아 단계의 군소 출판사였고 그 작가는 문단에 데뷔한 지 15년 남짓의 아직도 삼십대 신진급이었기 때문이었다. 또한, 더욱이 그것이 모험적일 수밖에 없었던 것은 1960년대 넘어서까지 기승했던 외판용 전집 붐이 1970년대 전반기로 들면서 사그라지기 시작해서 전반적인 위축에 빠져 있는 가운데, 출판계에서 처음으로, 잔뜩 기죽어 있는 서점을 통해 유통할 단행본의 전집을 기획했기 때문이었다. 『광장』에 이어 그해에 단편집 『우상의 집』(후에 『웃음소리』로 제목이 바뀌었다)과 연작소설집 『소설가 구보씨의 일일』이 나오면서 차근차근 전집의 간행이 이어졌다. 그리고 드디어 1980년 1월, 산문집 『유토피아의 꿈』과 비평집 『문학과 이데올로기』로 만 4년에 걸친 열두 권의 전집 간행이 완성될 수 있었다.

그러고서 30년이 지났다. 1990년대 중반에 이 전집은 당초의 사륙(4×6) 판형에 세로쓰기에서 가로쓰기의 조판 편집으로 전면적인 개판을 하며 컴퓨터 조판으로 제작 과정을 바꾸는 제2판을 간행했고, 다시 반 세대를 겪어내면서 2008년 글자의 크기를 키우고 자전 장편소설 『화두』 두 권과 산문집 『길에 관한 명상』 등 새로운 작품을 추가한 전 15권에, 새 판의 새로운 글을 덧붙여 두 편의 해설을 싣는 제3판의 선집 간행이 이루어졌다. 우리의 취약한 출판계 구조 속에서 한 출판사에서 세번째 전집 편찬 작업이 이루어졌다는 사실은 획기적인 것으로 보아야 할 것으로, 이를 위한 발행사와 그 작가의 꾸준한 노력에 대해 각별한 인사를 보내야 할 것이다. 문학과지성사가 제공한 자료에 의하면 이번의 제3판 전집까지 총 발행 부수는 73만 5천 부로 예상보다 많은 것은 아니었지만 총 43판 344쇄로 판형과 인쇄 횟수는 우리나라의 어떤 전집보다 왕성한 것이다. 정확히 한 세대 상 거한 제1판과 제3판의 외형적인 변모를 보면, 1) 판형이 사륙판에서 신국판으로 커지면서 컴퓨터 작업에 의한 글자 급수도 높아졌으며; 2) 세로쓰기 조판에서 가로쓰기로 바뀌고 활판 인쇄에서 오프셋 인쇄 로 바뀌었고; 3) 초판의 표지화는 모두 소설가 김승옥의 그림으로 장 정되었지만 제3판에서는 그의 그림이 부분적으로 재활용되거나 유영 국, 유근택, 서용선 등 여러 화가의 그림으로 대체되었고; 4) 초판의 뒤표지는 김영태, 이제하, 김채원 등 문인 화가를 비롯한 여러 화가 들의 최인훈 소묘로 장식되었는데 그 그림들이 이제 앞날개로 옮겨졌 다; 5) 초판의 해설이 제3판에서도 유지되면서 새로운 세대의 비평 가들에 의한 새로운 해설이 씌어져 두 편의 해설이 게재됨으로써 한 세대 전과 현재의 관점을 대비할 수 있게 했다; 6) 뒤표지의 작품 논 평이 이 두 해설에서 인용된다. 새 판의 이러한 편집과 장정, 글자와 제작의 변화는 한편으로 활자 출판에서 컴퓨터 출판으로의 제작 기술 과정 변화와 독자들의 시력에 맞추는 외형상의 대비라는 측면도 있지 만, 기회가 닿는 대로 다시 수정하는 작가의 끝없는 손질과 시간의 흐름과 시대의 변화에 따라 함께 움직이는 텍스트에 대한 새로운 이 해와 의미를 반영하려는 편집자의 의지란 측면이 더욱 중시되어야 할 것이다.

    그 가운데 최인훈의 대표작이며 아마도 한국 소설사에서 가장 귀중 한 한 자리를 차지할『광장』의 개작과 서지적 개편 과정은 우리 문학 에서뿐 아니라 어쩌면 세계 문학사에서도 유례를 볼 수 없이 집요한 것이다. 자칫 '금서'로 단종될 뻔했던[1] 이 책의 판권란에 그 서지적 이력이 표시되고 있거니와, 정확히 지금으로부터 50년 전인 1960년 4·19 혁명이 발발한 지 반년 후 잡지『새벽』11월호에 중편소설로 발표된 원(原)『광장』은 1961년에 정향사판의 단행본으로 개작, 간행된 후 1968년에 신구문화사의『한국현대문학전집』의 제16권으로, 다시 1973년 민음사판의 단행본으로 출판되어, 1976년의 문학과지성사판 전집에 이르기까지 이미 네 개의 판 edition을 가지고 있었다. 외국어 번역판의 서문까지 포함해 여섯 편의 '서문'이 실려 있는『광장』은 공식적으로 열 번의 개작 또는 수정을 해왔고 그래서 그 판본도 2010년의 개정판까지 11판에 이른다. 이십대에 처음 발표하고 삼십대에 대폭적인 개작을 하며 칠십대 중반에 이르는 이제까지도 끝없이 계속해오고 있는 이 도저한(!) 고쳐 쓰기의 의욕은 작가의 이 젊은 소설에 대한 한없는 애정의 표현이면서 완성을 향한 결코 다할 수 없는 집념의 표현일 것이다. 거기에, 분단과 한국전쟁이라는 우리 민족의 가장 거대한 역사적 계기에 대한 인식과 해석의 끊임없는 환기, 그 의미의 변화와 확충에 대한 우리의 변함없이 지속적인 인식과 관심을 반세기에 걸친 이 작품의 역사는 등에 지고 있는 것이다.

---

[1] 1980년 신군부 시절, 계엄령 속에서 모든 책은 검열을 받아야 했다. 같은 판으로 인쇄만을 다시 한『광장』도 예외는 아니어서 군에서 파견된 검열관은 이 작품에서 북한의 내부가 묘사된다는 점, 남한의 실상을 비판적으로 지적하고 있다는 점을 들어 판금 조치를 내리겠다고 했다. 당시 문학과지성사의 대표로 있던 나는 문화부에 근무하며 이 검열단에도 고문역으로 파견 나왔던 친구 K형에게 항의와 호소를 했고 그가 어떻게 그 장교를 설득했는지 판금은 보류되었다. 그 후 나는 한동안 중쇄 숫자의 변화를 표기하지 않고 간행해야 했다.

앞서 알린 것처럼 최인훈은 2010년 5월에 간행된 새 판의 『광장』을 수정해서 제7판을 발행했다. 이번의 그 수정은 1976년의 문학과지성사 전집판의 개정에 버금갈 정도로 크고 중요한 것이어서 좀더 상세히 보고할 필요가 있을 것이다(2010년 5월에 간행된 이 7판은 판권란에만 새 판임을 밝히고 표지의 띠에 "작가 최인훈의 쉼 없는 열정/『광장』, 34년 만의 대폭 개작"으로만 알리면서, 웬일인지, 이 수정을 지목하면서 새로이 씌어져야 할 것인 서문이나 해설이 없다). 제7판에서 이루어진 그 수정은 이렇다:

i) 제6판 pp. 166~77, 이명준이 정치보위부원으로서, 전날의 친구이면서 적치하에서 반공 첩보 활동을 하다 체포된 태식을 불러 언쟁을 벌이고 폭력을 휘두를 뿐 아니라 그의 애인이었고 이제는 태식의 아내가 된 윤애를 능욕하는 장면의 245개 행을 삭제한다;

ii) 같은 판 pp. 177~79, 이명준이 태식 내외를 풀어주고, 낙동강 전선으로 명에 따라 배치받아 서울에서 행했던 고문 행위를 돌이켜 생각하는 42개 행을 삭제한다;

iii) 같은 판 pp. 179~80, 이명준이 태식에게 가한 고문을 회상하면서 보복적인 폭력 행사의 성격에 대한 소감의 19.5개 행을 지운다;

iv) 같은 판 p. 182, 능욕당하며 보인 윤애의 태도를 회상하는 10행 반을 지운다;

v) 제7판 pp. 176~82, 6판에서의 태식 부부에게 가한 명준의 폭력 장면을 되살리면서 그것을 전선에서 꾸는 악몽으로 옮겨놓는다;

vi) 제7판 p. 187 아랫부분의 새 문단 첫 줄에 "남북의 잔인한 포로 정책"이란 짧은 한 구절을 삽입한다;

vii) 이 삭제와 수정 때문에 4판의 총 218쪽은 209쪽으로 소설의 길이가 9쪽 줄었다.[2]

요컨대 이명준의 폭력 행위를 실제가 아니라 포로수용소에 수감된 가운데 꾸는 어지러운 꿈으로 자리 이동을 시킨 이 수정의 규모는 그리 크지 않고 국부적인 것으로 보일 수도 있다. 그러나 그 변화는 『광장』의 주인공에 대한 의외로 중요한 해석상의 변화를 이끌어온다. 이명준은 6·25 전쟁이 일어나고 인민군이 장악한 서울에 돌아와서 월북하기 전에 자신을 돌보아준 아버지 친구의 아들 태식이 첩보 활동을 한 죄목으로 체포되자 그를 심문한다. 그 과정에서 자신이 전날 서울의 경찰에게 고문당한 고통을 상기하며 사디스틱하게 그를 구타하고 남편의 구명을 위해 찾아온 윤애에게도 성폭행을 가한다. 나는 이 폭력의 장면을 보며 "이명준의 냉소 어린 보복과 자신의 자아와 육체 간의 균열, 그리고 본능적이고 기계적인 구타를 가하는 그 상태"의 "인간이 인간이기를, 인간적이기를 멈추게 하며 두 적대자 간에 폭력의 관계만을 개입시킨 야만적인 대결 상황"[3]에 주목하면서 전 시대의 자행되는 고문에 대한 비판을 한 바 있었다. 나의 이 지적은 그러나 이보다 앞선 이 장면에 대한 김현의 해석을 현장적인 비판으로 바꾼 것이다. 광주항쟁에 대한 고통과 분노를 속으로 앓고 있던 김현은 이 대목을 보며 "고문받던 이명준은 이제 고문하는 사람이 되

---

2) 6판과 7판의 이 수정을 대조하여 메모해준 문학과지성사 편집부의 이근혜, 김필균 씨에게 이 자리를 빌려 감사를 표한다. 이분들의 이 수고가 없었다면 그 까다로운 대조 작업으로 내 수고가 무척 컸을 것이다.
3) 김병익, 「고문의 소설적 드러냄」, 『전망을 위한 성찰』, 문학과지성사, 1987, p. 180.

어 있다. 고문하는 사람과 고문받는 사람이 바뀔 수 있다는 것이 뜻하는 것은, 인간이 실체로서가 아니라 기호로 존재한다는 것이리라. 사람은 자리에 따라 고문받는 사람도, 고문하는 사람도 될 수 있다. 중요한 것은 자리이지 사람이 아니다"[4]라고 분석하면서 고문의 행위를 보다 원천적이며 보편적인 양상으로 수용하고 있다. 실제에서 행해진 이명준의 보복과 폭력이란 이 문제의 광경을 최인훈은 포로에 대한 잔혹한 대우와 갈등에 시달리는 수용소에서 이명준이 꾸게 되는 "무서운 꿈"(7판, p. 176. 이후 『광장』의 인용은 모두 7판임)으로 그 맥락 자체를 바꾸어 구조적인 수정을 함으로써 삼중의 성과를 얻어낸다. 우리가 의례적인 이미지로 예상할 수 있는, 철학도이면서 시인인 이명준이 폭력을 휘두르며 전날의 우정과 은의 관계를 이루고 있던 친구 태식 부부에게 가혹하게 보복하는 어색한 장면을 제거함으로써 인문주의적 지식인으로서의 이명준다운 자연스러운 모습을 회복시켜 준 것이 우선 그 하나이다. 그 악몽에서 깨어난 후 "그것이 꿈인 것을 안 순간의 다행스러움. 행복. 이런 일은 없었다는 확실함에서 오는 행복. 이런 일은 없었다니 얼마나 좋은가"(p. 178)라며 안도하는 이명준의 태도에서 폭력을 마땅히 증오하며 평화를 꿈꾸어야 할 이명준 원래의 내면이 새로이 확인되는 것이다. 이 변화 못지않게 중요한 것은, 폭력과 보복의 현실적 장면들이 포로수용소에 수감된 이명준의 피할 수 없이 되풀이되는 악몽으로 변위됨으로써 그가 살고 처해 있는 자리가 폭력과 보복의 보편적 정황을 이룬다는 것과 그 꿈을 통해 "자기 처지의 허망함을 되새"(p. 181)기게 되는 매우 시사적인 효과

---

[4] 김현, 「인간이라는 기호의 모습」, 김현 문학전집 5 『책읽기의 괴로움』, 문학과지성사, 1992, p. 184.

를 획득하게 되는 점이다. 그가 꿈을 깨서 느끼는 '다행스러움' '행복'은 그 고통스러운 정황에서 벗어나는 순간의 안도감에서 빚어진 것이며, 그럼에도 여전히 그는 폭력과 보복의 고통으로 압도당하면서 "꿈인 줄 아는 꿈에서 깨어나는 순간에서 헤어나지 못하는 자기"(p. 182)의 어지럼증을 앓고 있는 것이다. 폭력의 자리에서 폭력의 꿈을 꾸는 것은 그 어지러운 정황 속에 던져진 인간의 자연스러운 무의식적 방어 기제가 될 것이며 거기서 작가는 "남북의 잔인한 포로 정책"이란 현실적 인과 관계를 당연히 삽입하게 되고, 그럼으로써 그가 제3국행의 길로 절망적인 선택을 하는 원인을 분명하게 드러내주는 것이 세번째 효과이다. 그가 남과 북을 모두 포기하고 중립국행의 배를 타는 데는 보다 강력한 동기가 필요했는데 이 수정으로 그의 행로가 더 잘 설득되는 것이다. 최인훈은 이 수정을 통해 주인공의 개성을 보다 확연히 만들고 시대와 상황의 고통스러움을 보편적 정황으로 확장하면서 "이 깰 수 없는 꿈"(p. 180)으로부터 벗어나기 위해, 그의 제3의 선택, 그리하여 바다로의 투신까지로 나아가는 그의 앞으로의 운명의 궤도에 그 필연성을 명확히 해주는 성과를 새로이 길어낸 것이다.

작가에 의한 수정 작업이 갖는 의미에 이어 나는 편집자들의 의도로 이루어진 제3판에 수록된 복수의 해설에 각별한 관심을 품는다. 한 권의 작품에는 한 편의 해설이 실리는 의례적인 관행을 깨뜨리고 다른 해설자에 의한 두 편 이상의 해설이 수록된 것은 상당히 음미해 보아야 할 대목이다. 그것은 한 작품에 대한 다양한 접근과 해석이 있을 수 있다는 당연한 이해와 더불어, 이 작품들이 한 세대의 시차를 둔 비평가들에게 어떻게 달리 읽힐 수 있는가, 어떤 대조적 측면으로 분석되는가, 시간의 격차 속에서 얼마나 다른 접근이 이루어질 수 있는가 하는 점들이 이 복수의 트랙 앞에서 잘 드러날 수 있기 때문이다. 이 해설들은 한 시기에 씌어진 다른 사람들의 접근이라기보다 시대를 달리하는 시기에 씌어진 다른 세대 비평가들의 글이란 점에서 더 깊이 음미될 수 있는 것이다. 그것은 이 전집이 텍스트 자체로서의 생명력을 가지고 있다는 의미와 함께 한 텍스트가 30년의 세월 속에서 어떤 다른 의미로 다가올 수 있는지, 지속성과 시대성을 동시에 대조할 수 있게 하기 때문이다. 그 30년은 빈곤에서 선진 수준으로 따라가는 경제 성장, 권력의 탐욕으로부터 그 해체와 다양한 욕망의 분출이 활발해진 포스트모던적 자유로의 사회적 진전, 치열한 대결과 대치에서 잦은 접촉을 통해 상대적으로 유연해진 남북 관계 등, 거의 모든 측면에서의 정치경제적, 사회문화적 변화를 안아온 역사이며 최인훈은 전후의 가장 왕성한 사색인답게 그 모든 변화의 현장들에 대해 섬세하게 사색해온 작가이다. 그런데 이 엄청난 변화를 끌어안고 이제는 칠십대 안팎이 된 비평가와, 인식과 서술에서 거의 아무런 제약 없이 사고할 수 있는 자식 세대들이 그 최인훈의 같은 텍스트를 앞에 놓고 일으킬 감회는 어떤 것일까. 나는 이런 점에 호기심이 발동했지만 그것들을 자상하게 비교 검토할 힘을 갖지는 못해, 다만 두어 권만 가볍게 일별하는 것으로 그칠 수밖에 없겠다.

가령 『회색인』: 연작 형태의 『서유기』와 함께 최인훈의 에세이적 사유가 가장 잘 드러나는 장편소설인데, 소설적 구조이면서도 성장기의 경험과 청년기의 회의가 작품 전반을 주도하고 있다. 1960년대 비평가 김치수는 1977년에 씌어진 이 소설의 해설 「자아와 현실의 변증

법」에서 먼저 "작가의 개성이 뚜렷하게 나타나는" 이 『회색인』에서 "주인공 독고준은 다른 주인공들과 마찬가지로 자기를 둘러싸고 있는 상황에 대해서 질문을 하고, 그 상황 속에서 살고 있는 '자아'에 대해서 질문을 하기도 하며, 자신의 모습을 자괴의 눈으로 바라보기도 한다"(3판, p. 386)며 작가 최인훈을 닮은 인물이 끊임없이 질문하고 사유하며 반성하는 존재임을 강조한다. 그는 최인훈의 주인공을 최인훈과 같은 세대로서 1958~59년, 그러니까 한국전쟁의 혼란이 미처 가라앉지 못한 가운데 근대적 자아의 정체성 수립을 고민하는 인물로 설정하고 그 인물이 무엇을 묻고 성찰하며 탐구하는가 하는 데서 이 작품의 성격을 검토하고 있다. 이 사유하는 존재가 집요하게 질문하며 현실 세계와 자신과의 관계가 어떤 것인지 따져보는 것으로 서사가 진행되기 때문에 김치수는 이 작품을 '에세이 스타일 소설'(p. 386)로 규정한다. 그래서 "사회적 현실 그 자체가 소설의 표층 구조를 형성하고 있는 것이 아니라 사회적 현실이 주인공이라는 개인과 어떤 관계에 놓여 있으며, 주인공이 어떤 방식으로 수용하고 있고 그 수용의 영향이 어떤 식으로 나타나고 있는가 하는 것이 소설의 전면에 나타나고 있다"(p. 387)고 설명한다. 그러니까 자아가 자신을 둘러싼 세계를 응시하고 반추하며 성찰하는 것으로 현실에 대한 진단을 내리고 있는 것이다. 이렇게, 나에서 밖으로, 내부에서 외부로 방사되는 독고준의 시선에 대해, 1990년대의 비평가 우찬제는 2008년에 쓴 해설「모나드의 창과 불안의 철학시(詩)」에서 그것을 '관념적 성찰'로 받아들인다. "한국 사회와 문명, 예술, 문학 전반에 걸친 폭넓은 성찰적 논변을 펼치고 있는" 그 관념성은 "이전의 소설에서는 좀처럼 보기 힘들었던 비판적 산문 정신의 소중한 열매이고 그만큼 새로운 소설의 가능성을 암시"(p. 396)한다고 평가하고 있다. 표현에서 약간의 차이가 있지만 독고준과 그의 '회색인'으로서의 성격에 대한 인식은 두 비평가가 비슷하게 하고 있다. 관점의 대체적인 유사성 속에서 그러나 김치수는 주인공의 사유가 근대적 세계와 자아를 향하고 있다는 데 초점을 모았다면 우찬제는 고독한 개인의 이 세계에 대한 전망으로 이해하고 있다는 은근한 차이를 보인다. 여기에는 최인훈과 비슷한 세대로서 근대화 과정을 함께 경험하며 근대로의 전이에 예민해 있는 김치수와, 이미 근대화 단계를 넘어 이 현실에 입사하여 보편적 인간과 개연적 세계 형상에 대한 접근에 더 익숙해 있는 우찬제와의 세대적 거리가 잠재해 있을지도 모른다. 물론 김치수와 우찬제의 개인적 개성이 먼저 자리하고 있겠지만, '에세이소설'로 보는 김치수의 관점과 '관념소설로서의 새로운 가능성'을 찾는 우찬제의 시선 사이에 어쩔 수 없이 끼어든 시대적 삶의 변화 영향도 감지될 수 있을 듯하다. 나는 여기서 김치수와 우찬제의 해석상의 적절성을 보려는 것이 아니라 훌륭한 텍스트의 생명력과 시대와 세대에 따른 접근의 변이를 주목하고 있는 것이다.

『소설가 구보씨의 일일』: 1970년대 초에 발표된 이 작품은 그즈음의 작가들에 의해 상당한 열정으로 씌어지고 있던 '악한소설' 중의 심리적 피카레스크이면서 많은 소설가와 시인들이 성과를 거두고 있던 '연작' 형태의 장편소설이다. 그러니까 기존의 사회와 구조는 와해되어가는데 새로운 가치와 풍속은 아직 정립되지 못하여 혼란스러운 사태를 그리는 가장 효과적인 방법이 『돈키호테』와 같은 피카레스크 수법이며 모든 것이 애매하고 끊임없이 제기되는 질문과 탐색의 문학적 반추가 연작인데 식민지 시대의 박태원 작품 제목을 따온 이 소설에서 최인훈은 바로 피카레스크적 정신의 모험과 되풀이하는 반성의 행위를 수행한 것이다. 작가와 같은 시절에 대학을 다닌 김우창은 이 책의 해설「남북조 시대의 예술가의 초상」(1976)에서 북에서 월남한 최인훈으로부터 남북의 분단 문제에 대한 깊은 성찰을 이어간 "우리 시대의 전형적인 지식인의 초상"(p. 415)을 발견하면서 "의식 작용의 정밀한 반사경이 되는 관념을 얻었다"(p. 416)고 보고 있는 데 반해 이 두 작가와 비평가보다 20년 늦게 태어난 김인호는 해설「비판 의식과 문학적 상상력」(2009)에서 최인훈은 "외형상 실험적인 성격을 보이지만 내용적으로는 철저하게 리얼리즘 정신을 지닌 작가"(p. 427)로 최인훈을 다르게 정리하고 있다. 석·박사 학위논문과 신춘문예 당선작이 모두 최인훈에 대한 연구와 비평으로 되어 있는 김인호가 최인훈에게서 지목하는 리얼리즘과, 최인훈과 같은 '남북조 시대적 지식인' 모습을 함께 가진 김우창이 그에게서 지적하는 관념성은 서로 엇갈린 접근 방법에서 나온 평가인 듯하다. 그 거리는 그러나 실제로 그리 먼 것은 아닐 것이어서 최인훈의 경우 관념을 현실로, 사유를 행위로 인식하고 있는 그 양면성의 표현일 수 있다. 다만 '구보씨'는 1970년대적 시선과 그로부터 30년 후의 2000년대적 시선의 교차 속에서 서울 거리를 거닐고 있는 것이다.

한 텍스트에 대한 이런 유사한, 혹은 엇갈린 접근이 보인다고 해서 어느 관점이 옳고 어느 비평이 어긋나는가 하고 따지는 것은 오히려 허세적인 낭비일 것이다. 한 작품 속에 상반된 접근도가 있는 것일 뿐 아니라 다른 여러 연구자―비평가들에 의해 한 문학 작품은 더욱 다양하고 풍요한 의미망을 거두어들일 수 있다. 나는 비평 작업의 의미를 이처럼 새로운 해석, 다시 부가되는 이해, 보다 확산되는 의미의 축적 과정으로 이해하고 있다. 그럼으로써 하나의 텍스트는 비평의 작업을 통해 진화하고 그 의미들이 다양하게 누적되어 그 작품의 용량은 더욱 커진다. 나는 그 뚜렷한 예를 최인훈의 대표작 『광장』에서 확인한다. 문학과지성사의 전집판 『광장』에는 이 전집의 다른 작품들보다 더 많은, 무려 네 편의 해설이 수록되어 있다. 그리고 그것들은 이 소설의 의미들을 보충하고 확대하며 고양시키고 있다. 김현의 해설 「사랑의 재확인」(1976)은 한글 문체로 개작된 전집판 초판본의 텍스트 비평을 통해 주인공 이명준의 연대기 수정을 통한 작품의 애매성 수정, 한자어의 한글 어휘로의 대체가 갖는 의미에 이어, 이 소설의 처음과 마지막에 등장하는 갈매기가 윤애와 은혜, 은혜 그리고 그녀가 자기와의 관계에서 태어날 수 있었을 딸로 이미지가 바뀜으로써 드러내는 작가의 사랑의 변증을 설명하고 그것은 "정말로 사랑이라는 것이 무엇인가를 투철하게 깨달은 자의 자기가 사랑한 여자와의 합일"(p. 361)로 해석함으로써 이 작품의 이데올로기적 독법을 사랑의 아가서로 방향을 바꾸는 데 성공한다. 그다음 나의 글은 당초 서평으로 쓰어진 것이 해설로 수록된 것인데 이 「다시 읽는 『광장』」(1994)에서 내가 밝히고자 한 것은 한글 문체로의 변환 효과, 이 작품의 6·25에 관한 '돌올한' 소설사적 성과, 그 주제의 현재성에 관한 것이었다. 세번째의 글인 김인호의 「사랑과 혁명의 미로」(2005)는 김현이 그 해설에서 결론을 대신해 『광장』과 함께 수록되었지만 별다른 해석 없이 몇 줄로만 인용되었고 내 글에서는 전혀 언급하지 않은 중편 「구운몽」에 대해 처음으로 본격적인 분석을 가한 해설이다. 그는 이 환상적인 소설을 『광장』이 태어난 이듬해 "5·16에 대한 정치적 반응으로 쓰어진 소설"(p. 387)로서 그것과 "너무 다름에도 불구하고 같은 정신을 추구하고 같은 사랑에 매달렸기 때문에 같은 효과를 지닌"(p. 399) 작품으로 평가하고 있다. 해설의 마지막 편인 이광호의 「'광장', 탈주의 정치학」(2008)은 남과 북, 윤애와 은혜, 남성과 여성, 몸과 마음, 그리고 광장과 밀실 등 미만해 있는 이항 대립적 세계로부터 탈주하여 "고고학적 심층을 사유하고 다른 역사를 꿈꾸는 힘으로서의 정치적 상상력을 보여주는"(p. 409) '탈존의 서사'(p. 418)를 이룬다고 해석하고 있다. 최인훈은 김인호와 이광호의 새로운 비평들을 통해 『광장/구운몽』의 의미망에 대한 새로운 진경을 획득하면서 그 텍스트 자체의 진화도 일구어내는 것이다.

최인훈 전집 제3판의 출간을 기념하는 심포지엄에서 나는 인사말을 통해 '최인훈학'이 이제 가능한 것이 아닌가, 그렇다면 그를 위한 연구 과제가 개발되어야 하지 않을까 하고 타진한 바 있었다. 내가 기이하게 생각하는 것은 우리나라에도 이미 괴테학회, 헤밍웨이학회, 카프카학회 같은 외국 문학인의 연구 모임이 있는데, 혹은 일본만 해도 '윤동주문학회'가 있는데, 갖가지 문학상과 추모 행사들이 활발하게 이루어지고 있는 우리에게 왜 정작 우리 작가에 대한 학회, 연구회, '사모'(사랑의 모임)는 없는가 하는 점이었다. 동인문학상을 비롯하여 우리 작가의 이름을 기리는 근 20종의 문학상이 제정되어 매년 시상되고 있지만 정작 그 작가들에 대한 공동 연구 단체가 없다는 것에 우리 문단의 기형성이 드러나고 있고, '소나기마을'과 '미당기념관'이 활발하게 운영되고 '황순원소설문학상' '미당시문학상'에 거액의 상금이 수여되고 있지만 '황순원문학회'나 '서정주연구회'가 없다는 것은 지방자치단체의 근시안적 문예 정책의 한계성과 문학상 시상

기관의 상업성을 보여줄 뿐이다. 그래서 근래 내가 생각하는 것은 이 제는 문학상이 아니라 연구회, 가령 이청준문학연구회 혹은 아직 생존해 있지만 최인훈문학연구회 같은 조직의 필요성이다. 부제 '최인훈과 그의 문학'이 가리키는 것처럼 최인훈과 그의 작품에 대한 연구와 비평의 글로 이루어진 김인호의 비평집 『해체와 저항의 서사』(문학과지성사, 2004) 권말에 실린 「최인훈 문학연구 현황」은 최인훈의 저작들에 관한 연구와 비평의 서지 목록이다. 김욱동의 『광장을 읽는 일곱 가지 방법』(문학과지성사, 1996) 등 단행본이 4권, 잡지와 학회지의 특집이 3종, 박사학위 논문 18편을 포함한 학위논문이 140여 편, 평론과 단편적인 글들이 320여 편이다. 이 목록이 6년 전의 것인 만큼 근래 더욱 왕성해지고 있는 연구 논문들, 잡지와 저널의 비평들을 수집하면 최인훈 관련의 글들은 위 숫자의 두 배에 육박할 수 있지 않을까 싶다.

그렇다면, 정말 그렇다면, 이제 '최인훈학회'가 구성될 만하고 '최인훈학'이 성립될 만하며 '광장 문학회'가 이루어질 수 있지 않을까. 이미 2001년과 2008년 두 차례에 걸쳐 열린 것과 같은 '최인훈 심포지엄'이 계속될 수 있지 않을까. 이런 가능성과 희망, 부탁과 기대가 모이면 할 일이 참 많을 것이다. 최인훈의 다양한 주제들, 어떤 모더니스트, 포스트모더니스트들에게도 주눅들 리 없다고 자신하는 그의 실험적 방법들, 연작과 피카레스크, 환상과 패러디 등 다양한 형식들, 희곡들과 이론들과 산문들, 그의 민족주의와 분단에 관한 사상들, 혹은 이전의 일어 세대 작가들의 소설 문체와 우리말 어휘로 전면 개작한 한글 문체의 대조와 그 효과, 서지 연구와 더불어 비평적 텍스트 연구, 영-독-불-일-러시아어에서 힌두어까지 8개국 언어로 옮겨진 번역본의 텍스트 연구 등 숱한 연구 과제와 접근 방법을 그는 제공하고 있다. 이제부터 우리 소설사를 공부하는 연구자들, 최인훈의 문학을 분석하는 비평가들의 할 일이 더 많아질 것인데 문학과지성사의 최인훈 전집 제3판은 바로 그런 작업의 밑자료로서 새로운 쓰임새를 가지게 될 것이다. 정말, 텍스트의 진화와 의미의 확장의 실례를 우리는 여기서 발견하게 된다.

〔2010. 가을〕

거짓된 세상을 아프게 껴안다
─ 박완서의 문학 40년

뜻밖의 부음을 받고 박완서 선생의 빈소로 가는 먼 길 지하철 속에서 내 회상은 당연히 처음 그를 만나 인터뷰하던 때로 돌아가고 있었다. 『동아일보』 문화부에서 문학을 담당하고 있던 나는 『여성동아』가 연례적으로 시행하던 여류 장편소설 공모의 제2회 수상자를 인터뷰했는데 당선자는 당시에 드물게 마흔 중년 나이의 주부였고 경기여고를 다니는 따님을 데리고 나왔었다. 전날 찾아본 당시의 그 취재 기사(『동아일보』, 1970. 10. 8)에서 "좀더 고단하고 수척해지겠다"는 당선자의 말이 인상적으로 다가왔는데 정말 그 후의 박완서는 가장 왕성한 작가로서 고단하게 살면서 상부와 참척의 신고 속에서 창작에 몰두하며 수척해지도록 이승의 삶과 그 시간을 견디어내야 했다. 이 인터뷰를 할 때 나는 당선자의 신원만 통지받았을 뿐 그 작품을 미처 읽을 수 없었기에 수상작의 내용을 묻자 이 중년의 신인은 아연한 표정으로 어떻게 작품을 읽지도 않고 인터뷰를 하느냐는 듯한 질책의 표정을 짓고 있었다. 사정은 어떻든 작품을 모르고 그 작가를 인터뷰를 한다는 것은 도리에 어긋난 일이어서 내심 억울하면서도 죄송스러운 심정이 되어 그와 헤어지자 『여성동아』 측에 부탁하여 받은 어수선한 교정지로 하루 내내 소설 읽기에 매달렸다. 그것이 『나목』이었고 거기서 "성인의 문턱에서 맞는 6·25의 고통 속에 결코 스스로를 가엾게 내버려둘 수 없는 자애(自愛)로 성숙해지는 과정"을 읽을 수 있었다. 그의 『친절한 복희씨』(문학과지성사, 2007)에 대한 나의 해설 「험한 세상, 그리움으로 돌아가기」의 서두는 읽지도 않고 작가를 인터뷰했던 기자로서의 무책임한 실책에 대한 고백으로 시작하는데, 칠십대의 내가 이런 회고를 했던 것은 근 40년 전 처음 만나는 당선자의 까다로운 눈매에 내가 얼마나 매섭게 찔리고 말았던가를 결코 잊지 못한 때문이었을 것이다.

박완서 선생의 빈소에 도착해 분향을 드리고 난 후에야 내가 그의 첫 작품 독자로서 그것을 공개적으로 소개한 사람이었으며 그리고 그의 마지막 창작집의 해설자였다는 점에 생각이 미쳤다. 그러니까 나는 그의 알파와 오메가가 되는 소설을 소개하거나 평가한 인연을 떠올린 것이다. 그러나 다시 돌이켜보니, 그와 나의 직접적인 인연은 거기까지였다. 당선작과 마지막 작품집에 이르는 37년 동안 나는 그와 그리 어울리지 못해왔다. 이런저런 모임에서 마주쳐 인사를 한 것 말고는 개인적으로 만나 이야기를 나누거나 식사를 같이한 일도 기억나지 않거니와 그의 소설들을 눈에 띄는 대로 보기는 했지만 열심히 읽지도 않았고 그에 대한 글을 쓴 적도 없었다. 그를 위한 문집 『우리 시대의 소설가 박완서를 찾아서』(웅진닷컴, 2002)에 수록된 '박완서 연구 자료' 중 「참고 문헌」에서 박완서에 대한 연구, 논문, 비평, 인터뷰 등 갖가지의 숱한 자료들 틈에 내 이름이 하나도 없다는 사실로 나의 대만은 분명히 확인되었다. 박완서에 대해서는 분명 그럴 사이는 아니었다. 몇 차례 공적인 관계가 있었고 그것은 그의 문학에 대한 적극적인 지지를 드러내는 것이었지만 어쩐 일인지 그와 직접적인 관계가 이루어진 것은 아니었다. 그 첫째가 계간 『문학과지성』이 데뷔한 지 3년 만인 박완서의 단편 「지렁이 울음소리」를 재수록한 일이었다. 동인 넷이 모두 동의하여 결정하는 이 재수록 작업에서 그 추천자가 나였는지 누구였는지는 기억나지 않지만 내가 적극 동의했던 것은 분명하고 그 리뷰는 김주연이 맡았다. 어떤 경로로 데뷔했든 간에, 이 잡지에 작품이 '재수록'된다는 것은 그 시인이나 소설가가 문단에 확실한 입지를 확보했다는 일종의 재추천과 같은 효과가 있었다. 박완서의 맏딸 호원숙도 어머니의 작품이 재수록된 일을 그렇게 회고하고 있다: "「지렁이 울음소리」가 『문학과지성』에 다시 실렸다. 그 당시에는 『문학과지성』에 실린다는 것은 큰 의미가 있었다. 〔……〕 어머니도 나도 모두 기뻐했다. 그 뒤 여러 평가와 많은 문학상을 받았지만 처음으로 인정받았을 때의 기쁨만 못했던 것 같다"(「모녀의 시간」, 『우리 시대의 소설가 박완서를 찾아서』, p. 96).

그다음은 문학과지성사가 주관한 이산문학상의 제3회 수상작이 박완서의 『미망』으로 결정될 때였다. 나는 심사에 참여하지도 않았고 그 시상자도 아니었지만(이 상의 시상자는 특별하게 '심사위원장'이 되었다), 개성 한 가문의 대하소설적 구성의 이 대작에 대해 매우 호의적이었고 은근히 그 수상을 바라고 있었다. 이때의 심사위원장인 이재선 교수가 『미망』에 대한 심사평에서 "송도 사람들의 특유한 생활양식으로서 정신사적인 원형과 연계가 있는 그 끈끈하고 집요한 장사의 사상을 흐트러짐 없이 시간적으로 광역화하고 있다"고 평가하면서 연대기적 가족사의 새로움을 통해서 이 땅의 역사적 변천의 시대사를 제시함은 물론 연쇄된 한 가족의 융성과 쇠잔을 그렸다는 점, 긍정적 의미에서 문화적, 사회적인 지방주의를 살려냄으로써 문학에 의한 또 하나의 삶의 지도를 작성했다는 점, 인간의 제시에 성공했다는 점을 짚어내는 데(『문학과지성』, 1991년 여름호)에 나는 전적으로 공감하고 있었다. 이해가 마침 박완서의 갑년이어서 『여성동아』의 여류문학상 수상자 후배들이 그의 회갑 창작집을 간행하겠다며 당시 문학과지성사의 대표였던 내게 상의를 해와 즐거이 동의했고 그래서 나온 것이 그의 다섯번째 창작집 『저문 날의 삽화』(문학과지성사, 1991)였다. 이 창작집의 해설은 같은 여성이면서 좋은 비평들을 쓰고 있는 박혜경이 맡았다. 6년 후인 1997년 『그 산이 거기 정말 있었을까』(웅진닷컴, 1995)로 박완서가 대산문학상을 받을 때 연단석의 그의 좌우로 시인 김춘수 선생과 함께 나도 자리하고 있었다. 물론 그때의 우리는 축하의 인사를 나누었지만 그 이상의 대화를 나눌 자리는 아니었다.

그가 가장 존경하는 박경리 선생이 돌아가셨을 때 빈소 일을 도우며 자리를 지키고 있던 나는 작가협회 이사장이면서 토지문화재단 상무이사임에도 완강히 장례위원장의 직책을 사양하는 소설가 최일남 선생께, 그렇다면, 하고 박완서의 이름을 추천했다. 다행히 모두 동의했을 뿐 아니라 박 선생도 서슴없이 그 까다로운 직책을 맡아주었다. 후에, 박경리 선생이 박완서 선생께 자신의 뒷날을 부탁하셨고 후배 박 선생도 엄숙하게 수락하셨다는 말을 들었다. 그런 사정을 전혀 모른 채 막다른 기분으로 나섰음에도 결과적으로 두 분의 안타까운 언약을 지킬 수 있도록 만들어드린 내 아이디어가 스스로에게도 참으로 다행스러웠다. 박완서 선생은 박경리 선생 문인장에서 조사를 읽었고 거기에 못다 한 말을 더 보태「신원의 문학」(『못 가본 곳이 더 아름답다』(현대문학사, 2010)]으로 발표되었다.

이렇게 잦은 접촉의 기회를 가졌고 그의 작품들을 부지런까지는 못 되어도 깜냥으로 손 닿는 대로 읽었음에도 왜 나는 인간적으로나 문학적으로 그에게 더 이상 접근하지 못했을까. 『친절한 복희씨』의 해설로 처음 박완서 작품론을 쓰면서 "그의 존재를 잊거나 그녀의 문학을 놓친 것은 아니었다. 그는 내가 의식하고 있는 오늘의 우리 소설 문학사에서, 물론 '여류'라는 한정사를 지운 전체의 한국 소설사에서, 생존하고 있는 대가로 박경리 다음의 자리를 차지하고 있었고 그의 소설들은 언제고 내가 다시 차례로 읽고 머릿속의 서랍에 정리해두어야 할 빚으로 얹혀 있었다"(p. 282)고 술회했지만, 나로서도 잘 납득되지 않을 정도로 나는 그와 거리를 두고 있었다. 실제로 내가 박완서와 사적인 사귐의 기회를 어째서인지 별로 갖지 못했다는 점이 있었고 거기에는 '깍쟁이 개성 사람'다운 면모와 말씨도 끼었을 것이지만 그 때문에 그의 작품에 성큼 다가가기를 피한 것은 아니었다. 다만 그의 작품에서 진저리친 기억은 강하게 남아 있다. 1982년 『한국일보』에 연재된 『그해 겨울은 따뜻했네』를 읽으면서 인간의 위선 혹은 위악이 참으로 섬뜩하게 내 안으로 질러오면서 결코 따뜻하게 안아들일 수 없는 이 세계에 대한 안타까운 원망을 느끼고 만 것이다. 이때 선의에의 냉혹함, 잔인한 이중성, 쾌감 젖은 가학성, 혐오감에 젖은 허위 등 그가 묘사하는 부정적인 인간의 정서들에 나는 동조할 수가 없었다. 그리고 스물몇 해 후, 그의 말년에 이르러 상자되는 『친절한 복희씨』에서도 이런 느낌은 여전하게 다가오고 있었지만 그럼에도 이번에는 그 양상이 많이 달라져 있었다. 박완서도 이때는 칠십대에 이르러 내가 말하는 바의 '노년문학'을 성취하고 있었고 그랬기에 표현은 비슷하고 "삶이란 존엄한 것인지 치사한 것인지 잘 모르겠다"(『못 가본 길이 더 아름답다』, 2010, p. 93)고 머뭇거리고 있지만 그 부정적인 어사에는 인간에 대한 숨은 성찰과 쉽게 발견될 수 없는 삶의 진실성에 대한 은근한 이해가 깊은 바닥에 깔리고 앞과 뒤로 둘러싸고 있음을 나는 발견할 수 있었다. 무엇보다 내가, 나도 늙고 있는 것을 깨달았던 것이다. 나는 인간이란 존재가 그처럼 대단한 것도 아니겠지만 그래도 의미있다고 우리가 믿어야 하는 것은 사람들의 그 참담한 실상을 정직하게 인식한 이후에야 진정 가능하다는 것을 생각하게 되었다. 뒤늦게, 그러니까 그의 최후의 창작집을 통해 박완서 문학의 진의를 비로소 인식하게 되는 만각이야 분명 내 탓이었다. 이 확인 위에서 나는 그의 문학적 위상과 인간적 생애를 다시 바라보지 않을 수 없게 된다.

그의 '문학적 위상과 인간적 생애'라는 까다로운 말을 나는 쓰고 있지만 거기서 내가 말하고 싶은 것은 자신이 살아온 시대를 자신의 체험대로 정직하게 소설 언어로 형상화하고 있다는 그의 문학적 성격을 가리키는 것이다. 작가들이라고 해서 그 단순한 뜻대로 집요하게 자신의 삶을 충실하게 재현하는 것은 아니다. 가령 그가 가장 존경하는 박경리도 자신의 1950년대와 1960년대의 삶을 쓰고 있지만 정작 그의 대표작 『토지』는 그가 살아보기 이전의 역사로 소급해서 한말부터 그가 아직 여학생 시절이었던 해방까지 쓰고 있어 1970년대 이후의 삶은 다루지 않고 있으며 그보다 먼저 등단했지만 나이는 그보다 반

세대 이상 아래인 오정희는 실존적 감수성에 젖은 뛰어난 작품을 발표했지만 '당대적 삶'이란 측면에서는 거리를 두고 있고 1980년대의 신경숙과 그 이후의 여성 작가들은 1970년대 이전의 사회와 역사에 대해 모르거나 관심을 두지 않고 있다. 1931년 개성 인근의 농촌에서 태어난 박완서는 세기를 넘은 2000년대까지 그가 생애로써 살아온 80년 동안의 현실을 말 그대로 구체적으로 재현하고 있다. 그 자신의 에세이와 자전소설 혹은 실제가 그대로 투영된 작품들을 훑으면, 일제 식민 통치 중기로부터 새로운 세기의 첫 10년에 이르는 긴 생애에서 그에게 극적인 시기가 세 번 충격을 가하고 있음을 볼 수 있다.

첫째는 대가족제의 농촌에서 남편을 잃은 그의 엄마가 자식들의 교육을 위해 결단을 내려 시집을 뿌리치고 비록 문밖의 현저동 가난한 동네지만 서울로 아들과 딸을 데리고 이사한 일이다. 여기서 엄마의 삯바느질로 감당되는 박완서의 교육과 개명이 시작된 것이다. 그다음이 6·25 전쟁이었다. 이 전쟁이야말로 모든 한국인들에게 치명적인 트라우마를 가했던 것처럼 박완서 개인사에도 침통한 비극이었다. 그것은 서울대 문리대에 합격하여 입학식을 치르고 수업을 시작한 지 며칠 되지 않은 그에게, "하필이면 왜 50년 6월이었을까"(『못 가본 길이 더 아름답다』, p. 21)라고 애절하게 탄식하게 만든 사태였고 이 전쟁 속에서 그는 오빠를 잃었고 엄마와 오빠의 남은 식구들 호구를 책임져야 했다. '자유에의 예감'이 홀연히 '무서운 재난'으로 닥쳐온 것이고 여기서 그는 훗날의 문학적 원천들을, 역설적이지만, 그 가난 속에서 풍성하게 쟁여둘 수 있었던 것이다. 셋째는 『미망』을 연재하고 있던 1988년 암으로 투병하던 부군의 죽음과 그로부터 석 달 후 느닷없이 찾아온 아들의 죽음이었다. 가장 사랑하는 가족, 가장 중요한 남편과 아들과의 돌연한 사별은 "그 와중에도 집필을 계속한 자신이 혐오스러워질 정도로 〔……〕 고난이 엎친 데 덮친"(「이산문학상 수상 소감」, 『문학과사회』, 1991년 여름호) 참혹한 사태였다. 그 참담한 고통 속에서도 대작을 완성한 소감에서 그는 "제가 가장 사랑하던 사람들이 없어진 이 세상에서나마 다시 사랑하기 시작한 징후"를 깨달으면서 그것이 "끔찍하고도 민망한 노릇이나 숨김없는 고백"(같은 글)임을 밝히고 있지만 그런 그의 삼엄한 모습을 보며 그의 딸 호원숙은 "운명을 온전히 받아들이고 나서 운명을 이겨낸 어머니의 모습과 작품은 말할 수 없는 겸허와 존엄에 차 있어 저리도록 아름다웠다"(「모녀의 시간」, 『우리 시대의 소설가 박완서를 찾아서』, p. 71)고 회상했다.

근현대사의 기복과 희비, 전쟁과 죽음, 변화와 성장, 이동과 부침 등 우리의 오늘의 역사 80년을 박완서는 고스란히 평범한 시정인과 더불어 살았고 그의 소설은 바로 그 더불어 산 시대의 현실과 삶의 구체를 대상으로 하고 있었다. 여기에 그다운 두 가지 문학적 특성이 발휘되고 있음이 확인된다. 하나는 그의 소설 대부분이 여성 화자라는 것. 여자이기에 역사와 현실의 표면에서는 뒤로 밀리고 있지만 아낙이고 어미이기에 그 역사와 현실의 내면과 속살에서는 더욱 실감나는 체험자이고 실제적인 주체이며 구체적인 관찰자이다. 그는 딸이어서 엄마와 오빠의 기구한 삶을, 주부이기에 같은 주부들의 행태를, 어미로서 자식들을 부양하고 가르치고 보듬어가면서 역사의 뒤편에서 깊은 역사의 진실을 살았고 현실의 뒷면에서 현실을 더욱 실감 있게 껴안는다. 또 하나는 그의 작품들이 대체로 자전적인 요소를 품고 있다는 점이다. 『그 많던 싱아는 누가 다 먹었을까』(웅진닷컴, 1992)

는 '장편소설'로 표기되어 있지만, 표지의 한쪽에 적힌 "소설로 그린 자화상"이란 글 이상으로 이 작품은 자전적이다. 여기서 그는 아무런 문학적 구성이나 수식을 가하지 않고 솔직하게 자신의 지나온 생애를 연대기적으로 술회하고 있을 뿐이다. 그의 장단편들은 더러 귓결로 듣거나 곁눈질한 에피소드를 소설로 형상화한 것이기도 하지만, 많고도 중요한 그의 작품들은 대개 그가 직접 겪고 치르고 본 실제의 일들이 주류로 흐르고 있으며 서술과 대화를 통해 그 사건들을 구체적인 사실로 재현하고 있다. 그런 점에서 그는 『삼국지』 등 옛이야기들을 들려주던 엄마를 두고 말한 것처럼 '타고난 이야기꾼'이며 소설이란 무엇이냐는 질문에 "내가 아직도 소설을 위한 권위 있고 엄숙한 정의를 못 얻어 가진 것도 '소설은 이야기다'라는 단순하고 소박한 생각이 뿌리 깊기 때문인지도 모르겠다"(「나에게 소설이란 무엇인가」, 『우리 시대의 소설가 박완서를 찾아서』, p. 47)고 한 대답에서도 그것은 확인된다. 다만 옛날이야기를 들려주던 그의 엄마하고는 달리 그가 자신의 실제 삶에서 얻은 일과 경험, 관찰과 느낌을 상상력으로 재조립해서 '이야기'로 재미있게 서술하고 있을 뿐이었다.

  이렇게, 오직 자기가 살고 있는 시대만을 소설의 대상으로 삼고 있다는 것, 그 화자가 작가의 신분과 일치하는 주부들이라는 것, 그리고 자서전적 성격으로 서술되고 있다는 것은 박완서 문학이 기본적으로 사실주의 범주 속에 들어 있다는 판단을 이끌어낸다. 이 사실은 식민지 시대에 태어나 전쟁과 분단을 겪고 근대 사회로 성장해온 우리의 역사를 돌이켜보면 매우 중요하다. 그것은 우리의 많은 작가들 중에 거의 유일하게 한민족의 근—현대사적 전개 과정을 그가 지속적으로 소설 작품에 반영하고 있다는 것을 의미하기 때문이다. 박완서에 대한 첫 비평인 「지렁이 울음소리」에 대한 김주연의 「순응과 탈출」(『문학과지성』, 1973년 여름호)에서 내가 볼 수 있었던 가장 젊은 평론가 권명아의 「미래의 해석을 향해 열린, 우리 시대의 고전」(『우리 시대의 소설가 박완서를 찾아서』)에 이르기까지 30년에 걸친 박완서와 그의 작품론들, 그 둘 사이에 낀, 앞서 소개한 『미망』 심사평에서의 이재선의 지적에서든 그의 회갑 기념으로 간행된 창작집 『저문 날의 삽화』의 해설(박혜경, 1991; 재판 김치수, 2002)에서든, 해석의 측면과 접근의 방법, 평가의 위도와 강조의 지점이 조금씩 다르겠지만, 한결같이 지적하고 있는 것은 박완서 문학의 성격이 6·25 전쟁, 중산층, 그리고 인간의 허위 등 세 가지에 집중해 정리되고 있는 점이다. 6·25는 민족사적으로나 가정사적으로 가장 비극적인 사태인 동시에 바로 그 때문에 '오늘의 한국사'가 시발하는 지점이며 그 한국사가 이룩한 경제 성장과 민주화 과정에서 가장 중추적인 역할을 이루는 동시에 한국인의 일반적인 이미지를 형성한 집단이 중간층이고 그 중간층이 으레 지니는 속물적인 위선은 곧 한국 현대사와 그 중심 세력인 중산층의 허위의식인 동시에 한국의 근대화에 속 깊이 스며 있는 천박함이며 그래서 그것들은 바로 우리 현대 한국인의 보편적인 인간상을 이루고 있는 것이다.

그 세 가지는 함께 어울려 서로 맺고 덩이지며 하나의 문학적 덩지를 만들고 있다. 중산층 이야기를 하면서 그 출발로서의 6·25가 회상되고 그 어울림에는 간교한 욕망과 이중성이 숨겨져 갖기지로 험오스러운 하나의 장면으로 연출되고 있는 것이다. 그렇다는 것은 박완서야말로 한국 현대사 혹은 오늘의 한국인상의 가장 평균적인 모습을 그려낸 작가이며 최후진국, 세계에서 가장 문제적인 나라가 선진국 단계로 오르기까지 각고의 노력을 다한 한국인에 대한 긍정적 승인 위에 혹은 비판적 야유로 증언을 해왔음을 뜻한다. 그럼에도 박완서의 문학적 미덕은 현장에서의 시대적 증언이란 거창한 의미를 전혀 의식하지 않고 자연스럽게, 일상적인 이야기나 회고로서 우리가 흔히 보는 실상으로 전개하고 있다는 점이다. 그는 가족을, 친구와 이웃을 이야기하고 그것도 같은 동네나 우리에게 익숙한 모임을 가지며 듣고 한 말들을 재미있게 진열해서 독자들을 그 자리로 함께 참여시켜 조금도 낯설지 않은 풍경에 젖도록 만들고 난 후 책을 덮으면서야 비로소, 이 작가가 우리에게 무엇을 보여주고 어떤 것을 깨닫게 했는가를 다시 생각하게 하는 것이다. 교과서에 실린 「청춘 예찬」에서 "그 글이 얼마나 허황된 미사여구의 나열이고 거짓말투성이라는 것과 우리의 감동이 실은 터무니없는 선전선동에 순간적으로 현혹당한 데 지나지 않는다는 걸 깨닫는 데는 별로 오래 걸리지 않았다"(「나에게 소설이란 무엇인가」, 『우리 시대의 소설가 박완서를 찾아서』, p. 20)고, 스스로 작가이기를 미처 꿈도 꾸지 못한 여학생 시절에 이미 깨달은 그에게서 소설이란 어떤 것이어야 하는가를 방법적으로 체현한 것이 바로 그 미덕으로 유도했을 것이다.

박완서의 6·25는 남성 작가들이라면 으레 그랬을 민족 분단이며 이데올로기와 같은 큰 명분으로 다가온 것이 아니라 처녀가 꾸는 자유에의 꿈과 그것의 비통한 좌절, 온 가족이 견디어야 할 가난, 곤욕스러운 피란, 그리고 오빠의 참혹한 죽음 등 실제 세계의 고통으로 덤벼들었다. 갓 스무 살의 그녀는 "어떤 일로도 감미로운 기대로 가슴이 두근거릴 수 있는 나이였다. 그러나 나는 무서웠다. 앞서 가는 사람이 행여 돌아다볼까 봐, 돌아다보는 그의 얼굴이 꼭 피투성이의 무너져 내린 살덩이일 것 같아 무서웠다. 나는 지독스러운 혐오감으로 몸을 떨며 온몸에 식은땀을 흘렸다. 〔……〕 무서운 게, 무서워하는 게 지긋지긋했다"(「나에게 소설이란 무엇인가」, p. 24)고 그는 회상하는데 그것은 "전쟁 중에 죽은 오빠의 죽음도 나에게 불치의 상처를 남겼다"면서 "어떡하든 진상을 규명해보려는 집요하고도 고약한 나의 성미가 훗날 나의 문학정신의 뼈대가 되지 않았나 싶다"(같은 글, p. 22)고 스스로를 진단한다. 그 6·25가 얼마나 지독한 상흔을 남겼는지, "6·25가 없었으면 내가 소설가가 되지 않았을지도 모른다고 나도 느끼고 남들도 그렇게 알아줄 정도로 나는 전쟁 경험을 줄기차게 울궈먹었고 앞으로도 할 말이 얼마든지 더 남아 있는 것처럼 느끼곤 한다"(「못 가본 길이 더 아름답다」, p. 24). 그의 데뷔작 『나목』은 그러니까 차라리 전쟁 중의 외진 땅 벌거벗은 나무에서 가냘픈 새가 울음 운 한 편의 아가(雅歌)일 것이다. 이어 잇달아 발표된 「지렁이 울음소리」와 「부처님 근처」 「엄마의 말뚝」 그리고 신문연재소설 『그해 겨울은 따뜻했네』 등 초기작들은 그 전쟁 속에서, 그 고난의 뒤꼍에서 겪어야 했던 우리네 여성상들을 망라하고 있다. 그리고 그 적치(赤治) 속의 분란을 치른 후 부역 혐의로 조사를 받으며 카프카나 혹은 김영현이 느껴야 했던 것처럼, '벌레나 짐승처럼' 지극히 초라해진 자신을 발견한다: "그들은 나를 짐승이나 벌레처럼 바라다보았다. 나는 그들이 원하는 대로 돼주었다. 벌레처럼 기었다. 정말로 그들에겐 징그러운 벌레를 기지고 오락거리를 삼을 수 있는 어린애 같은 단순성이 있었다"(『그 많던 싱아는 누가 다 먹었을까』, p. 255). 여기서 박완서는 우리의 전쟁작가 누구도 깨닫지 못한 뛰어난 경구를 발한다: "승리의 시간은 있어도 관용의 시간은 있어선 안 되는 게 이데올로기 싸움의 특성인 것 같다"(같은 책, p. 301). 진실로 그는 '관용'을 소망한 것이었다.

그러나 그가 정작 '관용'을 허용하지 않은 것은 중산층에 대한 삶의 태도와 심리에 대한 것이었다. 대부분의 박완서 논자들에 따르면 중산층의 허위의식이며 위선, 이중성과 교만에 대한 그의 폭로는 치열하기를 넘어, 누구든 가져볼 수 있는 지독한 자기반성도 결코 미치지 못할 만큼 지긋지긋할 정도이다. 내가 박완서를 뜨악하게 여긴 것도 『그해 겨울은 따뜻했네』에서 묘사되고 있는 인간의 '속 보이는 교만과 위선'에서였다는 것을 이미 밝혔거니와 초기 소설에서 은근히 비추던 그 시선은 갈수록 격렬해진다. 중산층적 삶의 허구와 태도의 위선에 대한 그의 냉소적인 감수성은 어디서 발원되었을까. 나는 그 점이 무척 궁금했다. 그의 자서전 『그 많던 싱아는 누가 다 먹었을까』에서 그 실마리가 발견되기는 했다. 아들과 딸을 서울에서 교육시키기 위해 서울로 이사 온 엄마는 현저동 언덕 꼭대기의 허름한 셋집 살이를 하며 삯바느질로 호구를 채우면서도 학교에 등재된 주소는 '문안'의 사직동으로 하면서 이웃이며 학교에 기죽지 않도록 자식들을 훈련시킨다. 동네 아이들이 그런 그를 보며 "시골때기 꼴때기"라고 놀리지만 그는 "현재 살고 있는 형편을 비교하면서 참 별꼴 다 본다고 생각했다." 그러면서 그는 고백한다: "나도 어느 틈에 엄마의 속들여다보이는 교만을 그대로 닮아가고 있었다"(p. 73). 사람들의, 심지어 엄마의, '속들여다보이는 교만'을 열 살도 채 되지 않았을 어린 소녀 때 그는 읽어내고 있었다.

나는 끈질기게 그의 작품 속 인물들 사이를 교직하는 그 교만과 위선에 대한 투시력을 그 어린 나이에 이미 확보하고 있었다는 것이 어떻게 가능한지를 뒤져보았다. 그것이 그의 천성인지, 아니면 시골에서 갓 서울로 이사 온 "시골때기"의 예민한 감수성 탓인지, 젊어서 좌절당한 영혼의 매서운 눈길인지, 진상을 향한 철저한 시선인지, 확실하지는 않았다. 물론 그 여러 가지가 다 합해진 것이고 그것이 박완서의 뛰어난 문학적 자질을 구성해주는 것이지만 어느 것이 보다 원천적인 것인지를 나로서는 끝내 헤아릴 수 없었다. 그 자신 전쟁 중의 한때 외에는 가난한 적이 없는 중간층이었고 이른 나이에 결혼한 후에는 모범적인 중산층적 삶을 누려가며 "몸서리를 치면서 자꾸 아이를 낳"(「나에게 소설이란 무엇인가」, p. 26)고 기르는 충실한 주부며 엄마로 살면서도 "사는 게 매가리가 없고 시들시들하고 구질구질하고 답답하고 넌더리가 나"(같은 곳)도록, 스스로를, 그리고 이웃한 또래의 중산층 사람들을 냉소적으로 매도하게 된 원인은 어디 있을까. 그는 가령 채만식류의 풍자도 아니고 최인훈식의 사유도 아니고 김주영처럼 마당놀이풍도 아니며 다만 박완서다운 야유, 인간의 이중성에 대한 심리적 까발림이다. "내가 망령을 가둔 것이 아니라 실상은 내가 망령에게 갇힌 꼴이라는 것을. 나는 망령에게 갇힘으로써 온갖 사는 즐거움을, 세상의 아름다움으로부터 완전히 격리당하고 있음을" 자학하게 된 것은 그 망령을 직시하며 대결하려는 치열한 퇴박질 때문일까.

내가 그 근원을 헤아리지 못한다 해서 그의 문학을 오해할 것은 아니다. 교과서적인 평가를 해주는 권영민 편의 『한국현대문학대사전』(서울대 출판부, 2004)은 박완서가 『도시의 흉년』『휘청거리는 오후』『목마른 계절』의 초기 장편에서 "중산층 가정을 무대로 그들의 생활 양식에 대한 비판과 풍자"를 가하고 있다고 소개하고 있고 내가 그 의견에 전적으로 동의하는 박혜경의 「저문 날의 삽화, 혹은 소시민적 삶의 풍속도」는 1980~90년 즈음의 『저문 날의 삽화』에 수록된 그의 중기 소설들에서 "변화와 지속을 동시에 보여주는" 성격을 지적하면서 "신랄한 특유의 문체로 6·25 전쟁의 체험과 그 체험으로부터 얻은 가족 내부의 정신적인 상흔 혹은 소시민적 삶의 불모성과 허위의식, 그중에서도 특히 소시민적 가정에서 여자들이 부당하게 겪는 고통받는 삶의 여러 모습들"(『저문 날의 삽화』, pp. 298~99)을 '냉소적'으로 묘사하고 있다고 분석한다. 그럼에도 박혜경은 이에 이어 중요한 시사점을 발견한다: "인생의 황혼기에 접어든 인물들을 중심으로 그들이 서로 부대끼며 살아가는 과정에서 일어나는 삶의 자질구레한 갈등들을 비교적 균형 잡힌 객관적 시각으로 드러냄으로써 이야기의 진행을 비판과 애정의 어느 한 극단으로 몰고 가지 않는 것이다"(pp. 302~03). 그래, 이제 그의 신랄함 속에는 관용이 숨어 있고 비판 속에는 애정이 도사리기 시작한 것이다. 그러고 보니 그는 이제 육십대로 넘어가고 있었고 그 환갑에 이르기 몇 해 전 남편과 외아들로 말미암은 절망적인 비극을 당하고 있었다. "이후의 삶은 사는 게 아니라 순전히 살아내는 거였습니다"(「『미망』 수상 소감」). 그는 그러니까 사랑하는 두 생명을 잃은 대신 "내가 만들어낸 작중인물들의 운명"에 대한 "책임감이랄까 작가 의식이랄까"라는 의무감을 느낀다. 그러고서 마침내 깨닫는다: "제가 사랑하던 사람들이 없어진 이 세상에서나마 다시 사랑하기 시작한 징후였습니다. 끔찍하고도 민망한 노릇이나 숨김없는 고백입니다"(같은 글).

내가 박완서 소설에서 '노년문학'을 발견하는 것은 여기서부터다. 그의 『친절한 복희씨』 해설을 「험한 세상, 그리움으로 돌아가기」란 다감한 제목으로 쓰면서 노년기의 작가가 쓴 것이란 이유도 아니고 노후의 인물이 등장해서 이루어질 수 있는 것도 아닌 '노년문학'에 대해 나는 "노인이기에 가능한 원숙한 세계 인식, 삶에 대한 중후한 감수성, 이것들에 따르는 지혜와 관용과 이해의 정서가 품어져 있는 작품 세계"(『친절한 복희씨』, p. 285)라고 규정했다. 그런 노년문학의 품격은 『친절한 복희씨』 곳곳에서 드러난다. 위선과 교만에 대한 신랄한 시선은 여전하지만 그럼에도 이제 와서는 그 시선에 증오나 경멸 대신 관용과 이해가 스며 있다. "누가 먼저 저승에 가면 거기서 너무 오래 기다리게 하지 않고 앞서거니 뒤서거니 이 세상 뜨고 싶다"고 말하는 은퇴한 노부부의 소망(「촛불 밝힌 식탁」, p. 187)이나 "우리에게 시가 사치라면 우리가 누린 물질의 사치는 시가 아니었을까. 그 암울하고 극빈하던 흉흉한 전시를 견디게 한 것은 내 꿥도 원한도 이념도 아니고 사치였다"(「그 남자네 집」, p. 72)는 관용이 그런 예이다. 또 다른 단편 「마흔아홉 살」에는 무의탁 노인을 목욕시키는 자원 봉사에 솔선수범하는 여인이 정작 자기 시아버지의 팬티만은 집게로 집어내는 장면을 화제로 그녀의 이중성에 대한 신랄한 비난들을 퍼붓는데 그걸 엿듣는 그녀는 그랬다는 사실을 부인하거나 해명하지 않고 "모든 인간관계 속엔 위선이 불가피하게 개입하게 돼 있어. 꼭 필요한 윤활유야"(p. 107)라고 정직하게 시인하고 그것이 삶의 진정한 양태임을 인정하는 인식의 융통성, 그리고 그 비슷하게, 「해산 바가지」에서 노망난 시모를 지성껏 모시는 화자에게 가정부가 효부상을 주어야 한다는 말을 듣고는 "나의 완벽한 위선에 절망했다"(『우리 시대의 소실가 박완서를 찾아서』, p. 165)는 참으로 격의 없는 솔직성을 보여주는 것도 그렇다.

그 노년문학의 가장 정다운 예로 내가 들고 싶은 것은 아들과 며느리가 비행기 사고로 죽고 손자 손녀 들을 위해 두 안팎의 사돈이 동거하는 이야기를 하고 있는 「대범한 밥상」이다(작가는 이 작품을 작품집 표제로 삼고 싶어 했는데 해설을 맡은 내가 제목의 재미 때문에 『친절한 복희씨』로 제안했었다. 그러나 박완서의 「대범한 밥상」에 대한 애정은 충분히 동의했었다). 친구가 두 번째 남편도 잃고 혼자서 시골 생활로 은거하고 있는 경실이를 찾아가 그간의 생활과 그에 이른 경위에 대한 의견을 나누며 발견하는 경실이의 자세가 보이는 자연스러움, 성실하면서도 허식이며 거짓이 없는 말과 태도의 의연함에 탄복하며 자기네 친구들이 오해하고 있음을, 그리고 사돈 간의 동거라는 기이한 형태의 결합에 대한 소문들이 무책임한 것임을 깨닫는다. 그러나 오해받은 경실이나 그 오해를 확인하는 친구 사이에는 말다툼도 없고 수선스러움도 떨지 않는다. 경실이는 그저 조용히 설명하고 친구는 속으로 동의한다. 경실이가 "영감이 느닷없이 아, 소리를 삼키며 가슴을 움켜쥘 적이 있었지. 〔……〕 나도 그럴 적이 있으니까. 무슨 생각이 가슴을 저미기에 그렇게 비명을 질러야 하는지. 그 통증이 영감이나 나나 유일한 존재감이었어"(p. 229)란 고백은 아마 작가 자신의 경험일 것이고, 아이들이 이끄는 대로 사돈이 한방을 쓰는 상식을 벗어난 일에 대해서 "아이들에게 설명할 수 없는 이 세상 상식은 무시해도 좋다는 식으로 생각이 단순하게 정리"(p. 226)되는 일은 별별 세상과 일들을 겪고 난 그 노후에 이른 박완서의 세상에 대한 초연한 이해일 것이다.

그가 마지막으로 이 세상과의 '교신'을 희구했다는 것은 노년문학의 한 절정으로 보아도 좋을 것이다. 혼자 사는 경실이는 이제 외국에 나가 있는 손주들이 살던 마당이며 가지고 놀던 장난감이며를 디지털카메라로 찍어 그 아이들에게 보낸다고 했다. "아이들이 같이 보면서 가슴을 울렁거린 추억이 있는 것만 보면 닥치는 대로 찍어서 즉시즉시 아이들에게 보내곤 하니까. 이 할미는 잊어도 너희들을 키운 이 고향 산천은 잊지 말라고"(p. 233). 멀리 떨어진 손주들과의 교신, 그리고 그들이 자란 땅과 교감하기를 바라는 노년의 소망. 팔십대에 다가간 박완서는 그 노년의 따뜻한 지혜로 생명과 그것을 품어 안는 땅과의 영원한 인연을 깨닫고 그것과의 따뜻한 교감을 소망한다. 이 춥고 아픈 세상을 그는 따뜻하게 껴안고 위로하게 되는 것이다. 자신의 생애를 돌아보는 아름다운 산문「못 가본 길이 더 아름답다」는 이렇게 끝맺는다: "스무 살에 성장을 멈춘 푸른 영혼이, 80년 된 고옥에 들어앉아 조용히 붕괴의 날만 기다리는 형국"(p. 26)이 되었다고. 그의 육체도 그리고 어김없이 '붕괴'되고야 말았지만 그의 정신은 죽음을 통해 새로운 생명의 씨앗으로 싹트고 있음을 예감케 하고 있다: "잔디밭에 등을 대고 누우면 부드럽고 편안하고 흙 속 저 깊은 곳에서 뭔가가 꼼지락대는 것 같은 탄력이 느껴진다. 살아 있는 것들만이 낼 수 있는 이런 기척은 흙에서 온 것일까, 씨앗들로부터 오는 것일까. 아니 둘 다일 것 같다. 흙과 씨는 분리해서 생각할 수 없을 적이 많다. 씨를 품은 흙의 기척은 부드럽고 따숩다. 내 몸이 그 안으로 스밀 생각을 하면 죽음조차 무섭지 않다"(같은 글, p. 15).

박완서는 '부드럽고 따스운' 흙 속으로 돌아갔다. 그리고 여성 노숙자들의 수용소를 위해 그가 큰돈을 기부했다는 그의 숨은 선행에 대한 신문 칼럼 「따뜻한 완서씨」(『조선일보』, 2011. 2. 1)를 읽었다. 그녀는 힘든 생애 80년이 겪어온 이 땅의 한과 설움을, 험한 나라의 살기와 포악을, 숱한 사람들의 거짓과 위선을, 모두 삭인 채 '부드럽고 편안한' 한 알의 씨앗이 되어, 그렇게, 이 세상과 교신을 이어갈 것이다. 삼가 그의 명복을 빈다.

〔2011. 2〕

현실 변화와 문학의 대응[1]
── 현대 한국의 전개와 그 문학적 반영

지금으로부터 정확히 50년 전인 1962년 한국 정부는 제1차 경제개발 5개년 계획을 수립하고 한국의 산업화에 착수했다. 텅스텐 같은 원광과 가발 등의 유치(幼稚) 상품을 수출하며 농업 인구 80퍼센트에 국민소득 100달러도 못 되는 세계 최빈국의 한국은 이후 산업화와 수출 정책을 통해 반세기가 지난 오늘날 반도체와 자동차를 비롯한 1조 달러의 10대 교역국이 되면서 개인 소득 2만 3천 달러의 수준으로 올라 선진국 그룹으로의 진입을 도모하고 있다. 이 같은 '한강의 기적'에 단초가 된 것은 집권한 박정희 정권의 개발 독재의 길을 열어준 바로 전해의 5·16 군사 쿠데타와 그보다 한 해 앞서 부패한 자유당 정권을 무너뜨린 4·19 학생 혁명이었다. 한국은 남북 대치 체제를 가져온 한국전쟁이 빌빌한 지 10년 만에 민주 혁명과 군사 쿠데타를 잇

---

1) 난징대 한국어문학과 특강(2012. 5)으로 쓰어진 이 글은 서여명(徐黎明) 교수의 번역으로 중국의 『世界文學』(中國社會科學院 外國文學硏究所 刊) 2012년 제4호(통권 343호)의 '韓國文學 特輯'에 「現實的變化與文學的對應」으로 수록되었다.

달아 치르면서 근대화로의 새로운 길을 추구하게 된 것이다. 그러나 1960년의 혁명과 1961년의 쿠데타는 그 주체가 대학생과 군부로 성분과 지향을 서로 달리했고 그래서 그 혁명의 성격도 다른 것이었다. 이승만 정권의 장기 집권을 향한 욕망에 대항해 분출된 4·19 혁명은 1950년대의 전후 상황을 극복하면서 일제로부터 해방된 이후 습득해온 민주주의와 자유주의를 체제의 근간과 현실의 제도로 정착할 것을 열망하는 것이었고, 학생 혁명 후의 혼란스러운 사회를 안정시키겠다는 의지를 드러낸 5·16 군사 정부는 반공주의의 토대 위에서 산업 근대화를 약속하며 강권 통치를 행사하고 있어 4·19의 정신과 충돌하며 그 이념과 실제가 길항하지 않을 수 없었다. 그 상반된 가치관 속에서 경제개발 5개년 계획이 발표되었고 이후의 역사는 이 같은 '이인삼각'의 갈등과 제휴의 기이한 모습 속에서 근대화로의 진행에 보조를 맞추면서 독특한 '압축 발전'으로 전개되는 과정을 보여준다.

1960년과 61년 그리고 62년, 3년의 시점에 대해 의미를 두고 이처럼 그것들의 상이성과 상통성 위에서 현대 한국의 건설이 가능했다는 점에 나는 각별한 주목을 하고 싶다. 20세기의 중반을 넘어서는 이 시기는 그 이전의 한국과 이후의 한국에 분명한 분수령을 이루고 있다. 그것은 여러 측면에서 고찰되어야 한다. 우선 이전의 20세기 한국사는 국권의 상실과 일제의 식민 통치, 해방과 동시에 맞은 분단과 한국전쟁으로 점철된 참혹하고 고통스러운 시대였다. 이럴 즈음 '미래'란 한국인에게 암울한 절망의 다른 말이고 낯선 미래로 향하는 '변화'라는 것은 재앙을 불러오는 계기가 될 뿐이었다. 한민족은 19세기 후반 나라의 문을 강제로 열어야 했을 때 전통적 가치관의 붕괴에 맞닥뜨려야 했고 20세기로 넘어오면서 야만이라 멸시해온 일본의 지배를 받아야 했으며 열망한 해방을 맞이했음에도 국토의 분단과 골육상쟁의 전쟁을 치러야 했다. '조용한 아침의 나라'는 국내외의 변화 속에서 상실과 간난, 억압과 분쟁을 당해야 했고 내일에의 희망이란 덧없는 꿈이었고 변화의 도정은 파멸로 가는 길을 가리키는 것일 뿐이었다. 그럼에도, 전례 없이 가혹한 역사적 고난을 당하고 결코 조용히 놓아두지 않는 사태들로 사회 전체가 근본적으로 뒤흔들리는 재난과 고통에서 오히려 오늘의 한국이 가능했다는 것은 분명한 아이러니이며 그 역설을 넘어 "죄 많은 곳에 구원이 있음"을 상기시켜주는 뛰어난 성공적 사례로 보지 않을 수 없다.

모든 것이 파괴되고 함몰하며 이동하고 뒤섞이며 생존을 위해 투쟁하는 가운데 한국은 전통적인 인습과 사회적 제도, 기존의 신분 계층 구조와 전통적 도덕성도 함께 무너짐으로써 총체적인 폐허로 던져져 있었기에 오히려 그 공백의 토대 위에서 새로운 진로를 열 수 있게 된 것이다. 그것은 말 그대로 무에서 새로운 의지와 의욕을 솟구치게 했다. 그 의지와 의욕을 발현시킨 힘이 4·19와 5·16이었다. 이승만의 자유당 정권에 깊이 박힌 부패와 장기 집권욕에 대항해서 일어난 4·19 혁명은 민주주의를 실현하고자 하는 시민들의 자유를 향한 의지의 표현이며 그 혁명의 성공은 무엇보다 전래의 무기력한 수동적 심성을 벗어나 우리에게도 역사의 개편이 가능하다는 것을 깨닫게 했고 변화란 우리에게 긍정적인 미래를 가져다줄 수 있는 것임을 체험케 했다. 그 체험은 따라서 미래란 꿈이 아니라 실제로 성취할 수 있는 것임을 분명하게 인식시켜주었고 몸부림치며 추구해야 할 변화는 바로 우리가 요구해야 할 것이고 그 결과는 우리가 소망하고 바라는 점을 분명히 각성시켜주었다. 그 혁명은 한국 역사에서 처음으로 이루어진 밑으로부터의 정권 전복이었고 그것도 실세를 갖추지 못한 학생들이 이룬 근대적 시민 혁명이라는 점에서 이전의 역사가 피할 수 없이 지녀왔던 패배주의를 극복하며 스스로에 대한 자신감을 껴안아 들일 수 있는 사태를 이룬 것이었다. 4·19에서 얻은 그 자신감은 변화에 대한 오랜 부정적 정서를 반전시켜 오히려 변화를 추구하고 세계와 미래를 향해 뛰쳐나갈 심리적 적극성을 심어주었고 그 자신감을 미래의 기획으로 발전시켜준 것이 쿠데타로 집권한 박정희 군부였다. 5·16 군사 쿠데타는 총을 잡은 자들의 정권 탈취였지만, 당시의 군부는 한국 사회에서 학생들보다 더 크고 강한 집단이었고 개혁의 의지로 과거에 집착한 한국의 역사를 새로이 힘찬 미래로 변화시키겠다는 의욕을 가지고 있었다. 이들은 지식 집단의 의혹 속에서 그러나 강력한 권력의 행사를 통해 경제 개발 작업을 다부지게 실행했다. 반세기 전에 시작한 한국사의 이 같은 극적인 요동은 한편으로 강압적인 군사 권력의 압박과 그것을 비판하는 지식 사회의 저항이 의식의 부면에서는 대립하면서 다른 한편 현실의 과정에서는 근대화라는 목표를 향해 다투며 동행하고 진전하는 과정을 보여준다.

  경제 개발을 집권의 어젠다로 제시한 박정희 정권은 그 실현을 명분으로 폐쇄적인 장기 독재 권력을 고집하며 1972년 유신 체제를 선포하여 항의 세력들을 억압했다. 심복의 반란으로 목숨을 잃은 박정희 대신 출현한 신군부는 전임자 못지않은 가혹한 철권 정치로 민주화 세력을 탄압했다. 그럼에도 농업에서 공업으로, 다시 경공업에서 중공업으로, 전통적인 제조업에서 전자와 IT의 새로운 정보 문화 산업 구조로 개편하고 식량 문제를 해결하는 동시에 수출 드라이브를 통한 소득 증가로 중산층을 형성하며 대외적인 개방 체제를 더욱 가

속시켰다. 그 결과는 농촌을 희생한 도시의 공업화였고 자유를 억압한 산업의 현대화였으며 경제 성장으로 한국의 민주주의를 실체적으로 감당할 중산 시민층을 구축한 사회 변화였다. 학생들과 지식인들, 문화계와 시민운동 들을 통해 전개된 1970년대 이후의 강렬한 민주화 요구와 평등주의적 주장들은 군사 정권의 탄압을 당하며 숱한 희생을 치러야 했지만 그럼에도 역설적으로 그 군사 정권이 재촉한 국민 소득의 성장으로 형성 증폭된 중산층 시민들의 열망과, 경제적 개방에 따라 함께 열리지 않을 수 없는 지적 개방으로 넓어진 사회 전반의 열린 체제의 추세에 힘입어 민주주의에의 열망은 더욱 가열해지지 않을 수 없었다. 이 진통을 통해 1990년대의 민간 정부 수립과 참여 정부의 성장으로 한국의 민주주의적 절차는 확실하게 정착되었고 표현과 비판의 자유를 통해 자유주의적 이념은 광범하게 현실화되었으며 물질적, 정신적 근대화가 오늘의 한국 사회에 또렷하게 실현될 수 있었다. 이런 역사의 전개 과정을 목격하고 체험하는 우리 세대의 감회는 남다른 자부심과 희망을 감출 수 없음을 지금 나는 고백하고 있는 것이다.

그러나 이 억압적인 권력과 자유주의적 비판, 경제적 물신주의와 문화적 인문주의, 자유경쟁 시장의 모순적 현실과 인간의 가치에 대한 근본주의적 이상이 대치하고 갈등하며 혹은 탄압하고 저항하는 근대화로의 반세기 역사는 결코 순조롭고 평온한 것일 수가 없있다. 숱한 강제와 저항, 충돌과 대결, 억압과 인내가 지배자와 그 비판자들 사이에서 점철되고 있었고 그것이 끝내 바른길을 잡고 근대화와 민주화로의 긍정적인 길로 이행하는 과정은 지식 사회 전반, 문화계 전체, 그리고 양식을 무기로 한 문학의 의식과 행동, 그들의 주장과 희생 위에서 가능했던 것이다. 나는 그 "즐거운 지옥"(홍성원) 같은 시대를 "고통의 축제"(정현종)로 상기하면서 그 급박한 움직임의 앞자리에서 지향의 길을 앞서서 모색하고 실천한 것이 한국 문학과 문학인들임을 강조하면서 그 역사를 점묘하고 싶다.

나로서 먼저 주목하는 것은 이른바 4·19 세대의 등장과 그들의 근대화로의 주축 세력 구성이다. 4월 혁명을 일으킨 세대는 해방되면서 교육을 받기 시작한 세대로서 모국어로 교육을 받고 한글로 글을 쓰기 시작한 첫 세대이고 그 교육을 통해 서구 문화를 직수입하며 민주주의를 배우고 현대의 학문을 학습한 세대들이다. 그러니까 4·19 세대는 민주화 세대이면서 한글 세대이고 근대화 세대를 겹쳐 그 능력을 발휘할 수 있는 희귀한 행운을 갖춘 세대였다. 그 가운데 정치적 4·19 세대는 구세대에 의한 허울만의 민주주의 정권을 무너뜨린 공헌을 세웠음에도 1년 만에 5·16 군부 쿠데타에 의해 좌절되었고 그 권력 집단에 소외되거나 흡수되어 그것의 현실 정치적 의미가 희소해지고 만 불운을 한 세대 후에야 회복할 수 있었다. 그러나 같은 세대의 다른 두 개의 4·19 집단은 매우 적극적으로 한국 근대화의 추진에 중심 세력을 이룬다. 그 하나인 실용주의적 4·19 세대는 과학 기술과 경제 및 경영학으로써 산업화의 어려운 실제 작업을 감당하여 공장과 건설의 현장에서 전례 없는 공사와 생산 작업을 맡아 세우고 만들었으며 혹은 기획하고 운영하며 유학과 해외 파견을 통해 선진 기술을 배워오고 스스로를 개발하며 오늘의 한국 산업을 일구어낸 것이다. 그 이름이 눈에 드러나지 않는 숱한 그들의 노력과 열정이 폐허의 한국은 물론 월남과 중동에서 그리고 지금은 세계 각국에서 기술 한국과 경영 한국의 성과를 고양시키고 있다.

　다른 하나는 문학적 4·19 세대로서 한국 문화사에서는 '한글 세대'로 지칭되는 집단이다. '최초의 모국어 집단'으로 자부하는 이들 한글 세대의 위상은 각별하게 강조되어도 좋을 것이다. 한국은 모두가 알다시피 중화 문화권에 소속되어 한자를 사용했고 문화와 교양은 한문으로 이루어졌으며 개화기 이후의 근대사는 일본어와 일본 문자를 통한 서구 문화의 간접 수입으로 지적 자산을 일구었다. 그것은 전통사회로부터 근대 사회로의 길을 열었으나 그럼에도 문화적 정체성을 상실한 본보기였고 무엇보다 시니피앙(記標, signifiant)과 시니피에(記意, signifié)의 상이성으로 문화적 동질성과 통일성을 상실한, 언문(言文) 사용이 왜곡된 상황이었다. 해방이 되면서 학교에 입학한 세대는 우리 역사상 처음으로 자기 나라 말로 된 글을 읽고 생각하며 느끼고 글을 쓴 집단으로서 모국어로 지적·정서적 표현을 하게 된 첫 세대였다. 한국의 진정한 독립은 이를 통해 문화적으로 가능하게 된 것이고 그럼으로써 자신의 지적 정체성을 비로소 확립할 수 있게 된 것이다. 1960년대 중반에 사회에 입사하게 된 이들이 우선 당면한 정신적 문제는 근대화란 무엇이며 그것은 어디를 지향해야 할 것인가와, 농업에서 공업으로 농촌에서 도시로 사회가 전반적인 이동을 하고 있는 산업화 사회에서 비롯되는 반인간적 갈등과 혼란 속에서 문학은 무엇을 할 수 있는가의 문제였다. 한 세대에 걸친 지식인들을 대표한 문학인들의 고민은 여기서 시작되고 있었다.

　근대화의 문제는 이청준과 이문구의 소설에서 제기되기도 하지만 그것의 본격적인 논의는 사회과학 쪽으로 넘겨야 할 것이고 문단에서 토론할 문제는 여기서의 문학의 역할이었다. 그 문제는 1967년부터 시작된 문학의 참여 논쟁으로부터 발단되었다. 사르트르의 참여론에서 제기된 이 주제는 사회 현실의 부정적 현상에 대해 문학이 고발하고 저항해야 한다는 참여에의 강한 요구와, 현실 참여의 직접적인 표현이 상상력의 자유를 잃게 됨으로써 현실의 모순은 오히려 심화될 수 있다며 창조적 자유의 순수한 발현을 주장하는 의지 간에 격렬한 논쟁이 전개되었다. 참여파의 '창비'와 순수파의 '문지'가 대립하며 시작된 이 논쟁은 그렇다면 문학은 어떻게 창작되어야 할 것인가로 발전하여 리얼리즘 혹은 사회주의 리얼리즘으로 소설이 제작되어야 한다는 주장과 그 문예사조적 방법론에 한정된 수법은 문학의 다양성을 상실한다는 모더니즘적 논리가 맞서게 된다. 1970년대 중반에 이르면 소설의 인물들이 뿌리 뽑힌 서민과 민중이며 그 관점으로 작품이 구성되어야 한다는 이른바 민중문학론이 광범하게 확산되고, 비사회과학적인 민중이란 용어보다 사회과학적으로 인정되며 우리가 지향해야 할 사회적 성격으로서 시민을 주인공으로 하며 지적이고 도시적인 문제로 우리의 인식이 확대되어야 한다는 주장이 이에 대립한다. 이른바 '창비파'의 평등주의적 의지와 '문지파'의 자유주의적 정신은 폐쇄적이고 독점적인 권력 속에서 근대화를 추진하면서 동시에 숱한 현실적 문제를 야기하고 있는 자본주의적 시장경제와 산업화에서 제기되는 모순들에 당면하여 어떻게 저항하고 타개해갈 것인가의 지적 탐색의 두 줄기 흐름으로 평가될 수 있을 것이다. 두 지식 집단은 문학 내적 논의에서는 대립하고 있었지만 권력의 탄압에 대해서는 공동으로 항의하고 있었고 상대의 논점에 비판을 가하면서도 그 의미와 지향의 타당성은 인정하고 있어 다만 우선성의 차이만을 강조하고 있는 셈이었다. 정부는 지식인과 문학인의 집단화에 우려하며 그들의 정치적 항의를 제재하기 위해 1980년 두 잡지를 강제 폐간하고 만다.

그러나 매체를 잃었다 해서 작가들의 정신이 사라진 것은 아니었다. 오히려 억압당하는 작가의 첨예한 인식과 모순이 심화된 현실에 대한 비판은 더욱 가열해졌다. 아마도 우리가 볼 수 있는 가장 심각한 '민중의, 민중을 위한, 민중에 의한 민중문학'에서 더 격화되어 '노동문학'의 제창이 이루어지고 출판계는 정부 수립 후 특히 한국전쟁 후 엄격하게 금지된 좌파 이론과 북한 문학을 소개하고 그들의 작품들을 간행하기 시작한다. 통치자들의 가혹한 탄압에도 불구하고 문단과 출판계의 왕성한 지적 저항과 정신적 개방 작업, 그것이 몰아온 표현과 창작의 자유를 향한 욕구, 그 때문에 피할 수 없었던 수난과 희생들은 정치적 시민 사회의 항의 분출과 함께 한국 사회에 거대한 민주화의 길을 여는 역동적인 힘이 되었다. 나는 '사회과학 도서'로 불리며 금지되고 그래서 지하도서화하며 마침내 군부 정권의 실권을 초래한 일련의 과정을 회고하면서 '철학서'로 마침내 대혁명에 이르는 18세기의 프랑스를 연상하곤 한다. 그것은 내가 알고 있는 한국 문화사에서 가장 의미있는 열정이면서 감동적인 성취를 이룬 획기적인 사건이었다.

물론 그 한 세대에 이르는 동안의 한국 문학이 논쟁으로 일관하고 비평으로 압도된 것은 아니었다. 그것은 우리 시대의 한 시절에 고민하며 모색한 지적 쟁점이며 한국 문학은 그 논의들을 받아들이고 혹은 이끌며 더욱 생산적인 창작의 성과를 올려왔다. 나는 지난 반세기 동안 한국 문학의 흐름을 크게 네 가지로 짚고 싶다. 첫째는 근대화로 말미암아 다시 천착되는 전통 사회에 대한 이해와 재해석이고 둘째는 한국전쟁과 그 이후 더욱 공고해신 분단에 대한 인식과 고민이며 셋째가 산업화에 따른 모순의 폭로와 그 지양의 모색이며 넷째가 인간의 존재론적 소외와 구원의 추구이다. 이런 인식과 모색은 시에서도 나타나지만 현실을 반영하는 소설에서 보다 적극적으로 표출되고 있다는 것, 그 때문에 단편소설이 주류를 이루던 한국 문학이 장편소설과 대하소설에 적극적인 성과를 이루고 있다는 것, 왕성한 출판계의 의욕 속에 그 작품들이, 때로는 금서로 말미암은 희생에도 불구하고 서슴없이 발표되었다는 지적 열기를 높이 평가하고 싶다. 그것들이 없었다면 현실은 모호한 상태로 지적 인식의 대상으로 떠오르지 못했을 것이고 창작과 표현의 자유로부터 의식 있는 집단들의 활발한 시민 운동에 이르기까지의 참여적 민주주의의 실현과 평등주의적 사회 운동은 그만큼 저조하고 지체되었을 것도 분명하지만 오늘날 우리가 회고하는 한국 문학의 역동적인 활기도 기대하기 힘들었을 것이다.

먼저 전통적인 삶의 재현: 대하소설의 규모로 발전하기 시작한 전통적 삶의 모습은 성격상 역사소설의 특성을 담게 되는 것이지만 1970년대의 이들 역사소설은 그 이전의 역사소설과 달랐다. 그것들은 영웅의 전기와 궁중의 비사를 소재로 다루던 것에서 평범한 민중과 소외된 서민들을 주인공으로 근대사 이전의 한국인의 고난스러운 삶과 그 저항을 그리고 있다는 점에서 보다 현재적 의미를 지니고 있었다. 가령 1970년대 황석영의 대하소설 『장길산』은 봉건 체제에 도전하는 하층민들의 집단적인 저항과 그 실패를 다루며 중세적 사회 구조의 모순을 재현하고 있고, 그에 이은 김주영의 『객주』는 떠돌이 보부상들의 서글픈 일상을 토속적인 언어로 묘사함으로써 전통 사회의 동요를 보여주며, 홍성원의 『먼동』은 개화기에 즈음한 역사적 전환을 독립지사와 중산층, 농민 등 다양한 계층들의 삶에서 관찰하고 있고 박완서의 『미망』은 자신의 생애를 통해 한국 현대사의 굴곡을 추적하고 있는데 26년에 걸쳐 5부작으로 완성된 박경리의 『토지』는 우리 문학에서 가장 장대한 대하소설일 뿐 아니라 그 명칭에 정확히 어울리게 한말로부터 일제 식민 통치를 거쳐 해방에 이르기까지 3대에 걸친 한국 근대사의 전모를 재구성한 총체소설을 이룬다. 이 역사소설들은 한국의 역사가 이름 모를 농민과 민중들에 의해 전개되었다는 것, 전통적 삶의 애환에는 모순과 미덕이 함께한다는 것, 한국인의 심성은 개방과 근대화의 역사를 통해 인간다움의 본질을 깨우쳐왔다는 것 등 민족주의적이면서도 다양한 인간사의 서사적 재현을 성취하고 있다.

한국 전쟁과 분단의 문제: 이 주제와 소재는 해방 이후 1980년대에 이르기까지 한국 문학에서 가장 왕성하고 집요한 흐름으로 지속되어 왔다. 염상섭, 김동리, 황순원 등 전전(前戰) 작가로부터 서기원, 하근찬 등 전후 작가들에 이르기까지 1950년대 문학은 가혹한 골육상쟁의 희생, 피난살이와 가족 이별의 아픔, 이념을 넘는 인간 이해가 주류를 이루고 있지만 1960년대 한글 세대의 6·25 문학은 김승옥, 이청준, 윤흥길, 전상국에서 보이는 바 소년기에 경험한 전쟁을 통해 깨우치게 된 성년으로의 각성, 그 전쟁으로 말미암은 우리 사회의 갈등과 고통을 주제로 다루고 있는데 홍성원의 『남과 북』, 김원일의 『불의 제전』, 조정래의 『태백산맥』 등 1970년대와 80년대에 발표된 대하소설들은 그 전쟁이 민족사적 근대화 과정으로서의 각성과 이념적 갈등의 제기, 가족사적 비극의 양상으로 확대되며 현대 한국사를 이해하는 가장 중요한 계기로 전쟁을 재평가한다. 여기서 강조된 남북 대치는 1960년에 처음 발표되어 여러 차례 개작되어온 최인훈의 『광장』이 제기한 남과 북의 이념적 대결과 그것을 뛰어넘어야 할 사랑의 문제로 세대를 달리해서도 꾸준히 읽히고 있어 전쟁이 반세기를 지나 여전히 한국인의 근원적 트라우마를 이루고 있음을 보여주는데, 현기영과 현길언의 작품들은 6·25 직전의 제주도 4·3 사태의 원한을 폭로하고 1980년대의 임철우는 신군부에 의한 광주 민주화 운동 진압 때 자행된 참혹을 고발함으로써 여전히 현재적 문제로 재현되고 있음을 시사하고 있다.

산업 근대화의 문제점: 1960년대부터 시작된 산업화로 농촌이 희생되고 농민들의 이농 현상이 빚어내는 문제점이 이문구의 『관촌수필』과 황석영의 『객지』로 제시된 이후 1970년대 후반 공장 노동자들의 소외와 노동 착취가 가혹해진 현실을 묘사한 조세희의 아름다운 노동소설 『난장이가 쏘아올린 작은 공』은 문학 독서층만이 아니라 중산층과 노동자층 시민들에게도 폭넓은 공감을 일으켰으며 노동자 시인 박노해의 『노동의 새벽』은 현장 노동의 참상으로 충격을 주었다. 한국 사회에서 민주화로의 약동 속에 진보적인 노동 운동이 함께 전개된 것은 이 같은 문학 작품의 영향이 컸을 것이다. 반세기에 걸쳐 금기로 억압하고 있는 북한의 소개와 통일 문제, 진보적 좌파 혹은 마르크시즘에 대한 이념적인 금기를 극복하려는 1980년대 후반 이후의 적극적인 의지와 실천 운동은 이 같은 노동문학과 같은 소설로 자극받고 이념적 개방을 요구하는 지적 욕구 속에서 북한의 문학 소개와 문헌 연구의 출판으로 발전하게 된다.

개인의 발견과 자유의 욕구: 한국전쟁으로 빚어진 삶의 부조리한 상황에 대한 증언은 손창섭, 장용학 등 아프레게르 작가들의 실존주의적 소설들로 우선 표출되고 그 피폐한 전후 상황을 극복할 수 있게한 4·19 세대의 1960년대 문학에 이르러 모국어로 교육받은 새로운 언어 감각과 현대적 감수성으로 한국의 현대 문학에 효시가 되는 김승옥의 단편집『서울, 1964년 겨울』과 이청준의『당신들의 천국』을 비롯한 박태순, 홍성원, 김원일에 의해 개인의 발견과 자아의 각성이라는 근대적 인식을 확인한다. 그것은 1970년대에 오정희의 존재론적 우수와 최인호의 도시적 인간형의 소외감, 이문열의 청년기의 고뇌로 다양하게 전개되고 1990년대의 신경숙의『풍금이 있던 자리』, 은희경의『새의 선물』은 여기에 이르기까지 안타까운 삶의 각성을 깨우치면서 1990년대 김영하, 한강, 김애란 소설로 예고되는 새로운 문화적 패러다임을 예고한다.

그 문화적 패러다임은 정치적으로는 군부 독재 권력의 와해, 경제적 소득 증가에 의한 중산층적 삶으로의 향상, 컴퓨터의 보급에 따라 확산되는 새로운 미디어의 출현 등 모든 분야에서 전개되는 정치-사회-문화의 구조적 변화를 의미한다. 문자 문화에서 텔레비전과 영화 등 이미지 문화로의 전환, 민족사적 거대 담론에서 여성, 환경, 사랑 등의 미세 담론으로의 이동, 자유가 촉구하는 발랄한 감성적 표현을 통해 드러나는 인간 내면의 공허와 혹은 파탄 등 요컨대 포스트모던적 상황과 그 문화가 1990년대 이후 한국의 사회적, 개인적 삶에 깊이 침윤되기 시작한 것이다. 작품은 내면화하고 언어는 섬세해지며 그 주제는 삶의 실제에서 내밀한 심리적 기미로 가라앉거나 혹은 환상으로 휘발하기도 하면서 문제적 인식을 잃고 있는 현대인적 상황을 반영하고 있다. 그것은 작가의 위상이 약화되고 문학은 변두리로 밀려가고 있는, 선진 사회 문화에서 이미 치르고 있는 문학적 퇴화의 예를 벌써부터 보이고 있는 듯하다.

    그럼에도 아직 한국 문학이 여전히 정력적이라는 점은 인정되어야 할 것이다. 끊임없이 새로운 작가들이 등장하고 창작 강의는 늘어나고 있으며 더욱 많은 문학 매체들이 발간되고 서울 중심 문화에서 지역 문화로 확산되며 한국 안에서만 읽히던 작품이 민과 관의 협동으로 번역을 통해 해외로 진출하고 있는데 김영하의 작품들과 최근 신경숙의 『엄마를 부탁해』가 미국을 비롯한 10여 개국 언어로 번역되어 높은 평가를 받고 있다는 것이 가장 대표적인 예일 것이다. 리얼리즘의 한 시대를 종단하며 관찰해온 나로서는 이러한 현상이 새로운 21세기적 삶의 현상 속에서도 여전히 문학의 권위를 유지하리라는 낙관적 희망을 담보해주는 것은 아닐 수도 있다는 우울한 진단을 내리고 있다. 나의 비관이 잘못이기를 바라는 마음으로 우리 현대 문학에 대해 진지한 접근과 창작에 매진할 젊은 세대 작가들과 비로소 한국 문학을 공부하는 신선한 문학도들에게 한국 문학의 미래를 기대하고 있다.

〔2012. 5〕

한글 쓰기의 진화[1]
―모국어 문화의 정치적 의미

    1990년대로 넘어오면서 펜으로 원고지에 글을 쓰던 일에서 컴퓨터의 '한글'로 글을 치는 방식으로 바꾼 후 내게 글쓰기에 관련된 생각들이 여러 가지로 잇달아 들기 시작했다. 그것은 글쓰기가 단순한 사유와 정서의 표현 이상으로 필기도구 등 물질적 조건과 용법으로부터 받는 영향에 대한 음미에서 시작되었다. 글쓰기가 단순한 정신적 작업의 소산으로만 결정되는 것이 아니라 그 도구와 쓰임새, 글을 만들기와 받아들이기의 환경 변화 등에도 깊은 간섭을 받는다는 것을 인식하게 되었고 그것은 새로운 문화 수용에서 글쓰기 행위의 의미에 대한 반성까지 이끌었으며 마침내 거창한 시대정신이란 말에까지 파급되는 문명 비판적 의식으로 말해도 좋을 정도로 확장되었다. 가령 붓으로 귀한 한지에 한자 한자 글을 쓸 때의 마음가짐과 볼펜으로 값

---

[1] 이 글은 2012년 5월 초 중국 난징대 한국문화연구소에서 행한 특강의 원고에 약간의 보충을 가한 것이다. 외국인을 대상으로 한 것이기에 우리에게 상식적인 부분이 많음에도 문맥의 유지를 위해 그리 고치지 않았다. 『문학과사회』(2012년 가을호)에 재수록.

싼 원고지에 몇 자 시작하다가 북 찢어버려도 조금도 아쉽지 않을 때의 생각 다듬기, 그리고 이제 글자를 쓰는 게 아니라 자판을 두드리며 글을 만들다가 쓱 지워도 흔적이 남지 않는 '글 치기'의 가벼운 변덕은 글에 대한 의식과 글쓰기 행위의 인식으로부터 글의 용도에 이르기까지, 그래서 더 나아가 글이란 존재의 깊은 의미로부터 이미지 문화로 말미암은 문학의 주변화 운명에 이르기까지 여러 문제를 성찰하게 만든 것이다. 그렇게 든 생각 중의 하나가 근대화 이후 한자 전용과 개화기 이후의 한자를 주로 한 한글 혼용, 해방 이후의 한글을 주로 한 문체에서의 한자 혼용, 그리고 지난 한 세대 전 이후의 세로쓰기에서 가로쓰기로의 변화와 더불어 한글 전용으로의 진화 과정에서 우리의 글쓰기 자세와 거기서 만들어진 문체는 어떻게 변화하였으며 그 의미는 무엇일까에 대한 의문이었다.

가령 이렇다. 동아시아의 문화권은 전통적으로 환경과 생활, 인식과 사고, 언어와 정서 등 일상적 삶의 형태만이 아니라 형이상학적 태도와 사유가 다름에도 그 모든 것들이 한자어로 표현되어왔고 또 그럴 수밖에 없었지만, 서구 문명이 들어오며 시작된 근대화 이후, 한자의 언어적 토대는 여전한 가운데에도 나라에 따라 그 화용(話用)과 표기에 적지 않은 변화가 일어나기 시작했다. 외국어에 무지한 내가 보기에도 그 변화는 나라마다 다양했다. 가령 일본은 신문, 도서의 매체들만이 아니라 문학의 모든 장르에서도 한자와 일본 문자를 혼용하고 있다. 몽골은 러시아의 영향권 아래 키릴 문자로 표기하고 있고 베트남은 프랑스 식민 통치의 역사 때문에 알파벳 문자를 이용하면서도 4성이 표기되고 있다. 중국도 백화문으로 문체 변화를 이루면서 간자로 전통 한자어 형태를 바꾸었다. 만주어는 멸종 상태에 이른 반면 북한은 남한보다 일찍 김일성 정권 수립과 동시에 전면적인 한글 전용을 실시하고 평양 말씨를 남한의 표준어에 해당하는 '문화어'로 설정했다. 반면, 남한에서의 한글의 진화는 서서히 이루어져, 전통 한자어를 보존하고 한글과 혼용하는 과정을 거쳐 점차적으로 한글 전용화로 옮겨왔고 이제는 신문, 잡지, 도서 등 문자 미디어가 거의 한글로 작성되고 있고 그 체제도 전날의 세로쓰기에서 가로쓰기로 바뀌었다. 해방되던 해 초등학교에 입학하여 우리 고유의 언어와 문자로 교육을 받은 한글 세대의 첫 학생이었던 나는 소년 시절 한문을 따로 공부하지 않은 채 일간지와 책에 끼어든 한자로 한문을 알게 되었다.

나는 문학 공부를 하며 우리 문자 체계와 그 교육이 점진적인 진화의 과정을 겪으며 발전해왔다는 사실에서 사소하다고만 볼 수 없는 또 한 가지 의문을 가지게 되었다. 개화기 이후 신문학이 도입되면서 시와 비평에는 한문이 혼용되는데도 불구하고 소설문학만은 초기부터 한글을 전용하는 독특한 전통을 지켜왔는데, 근대 문화의 수용에 압도적인 영향을 주어온 일본과도 달리 왜 한국에서만은 특이하게 소설만은 한글 전용으로 씌어졌을까. 중화 문화권의 한자로부터의 탈피가 가져온 변화, 특히 문학 언어의 스타일 변화는 어떤 것일까 하는 질문이 그것이었다. 내가 한자 문화권의 나라들이 근대화 이후 한문의 사용 방법이 어떻게 달라졌으며 한자로부터의 탈피 과정이 이루어진 이유와 효과는 무엇인지 공동으로 비교 토의할 심포지엄 같은 기회를 가지기를 바란 것은 이 때문이었다. 여기서 내가 지금 말하고 싶은 것은 그러한 토론이 이루어질 경우를 상정하여, 한국에서는 한자의 비중이 어떻게 쇠퇴하고 문화적 문자 언어로서 한글이 어떻게 발전 활용되있는가란 주세에 대한 나름의 생각들을 정리해본 것이다.

근래 한국 독서층에 소개되어 높은 평가를 받고 있는 책으로 일본인 학자 노마 히데키(野間秀樹)의 『한글의 탄생』(김진아·김기연·박수진 옮김, 돌베개, 2011)이란 한글 연구서가 있다. 미술가로 활동한 저자는 한글의 조형성에 강한 매력을 느껴 한글의 형태와 역사를 공부하고 그 결과로 내놓은 이 연구서로『마이니치신문(每日新聞)』이 주관하는 '제22회 아시아 태평양 대상'을 수상했는데 이 책에서 저자는 초-중-종성으로 구성된 한글의 구조적 특성과 제작 과정의 치밀성을 고찰하면서 그 서문에서 "한글이란 문자의 출현이 신비롭고 그 구조가 놀라움을 일으킨다"고 쓰고 있다. 나는 여기에서 더 나아가, 15세기에 제작된 한글의 출현에 감히 '기적'이란 말을 넣고 싶다. 한글은 그 창제자와 발표 일자를 밝힌 세계 유일의 문자일 뿐 아니라 사용하기에 앞서 그 용법을 설명하고 실제의 사용을 시험해보는, 극히 철저한 준비와 실용화 과정을 통해 이루어진 문자이다. 내가 한글의 '탄생'을 기적이라고 부르는 것은 그 창제의 분명한 역사적 기록을 두고 하는 것만은 아니다. 중화의 한자라는 상형성의 표의문자가 지배하던 시대와 지역에서 그 압도적인 영향력을 뚫고 어떻게 28자(현재는 4자가 줄어든 24자)의 자모음으로 구성되는 표음문자 체계를 구상하게 되었을까 하는 그 상상력의 거침없는 활력이 기적적이라는 발상으로 다가온 것이다. 국민 모두가 말을 적을 수 있는 글자를 알아야 한다는 국문자의 필요성에서 한글을 만들었기에 쉬운 표기법을 우선적으로 선택한 결과라 하더라도 그렇다. 파스파 문자를 비롯한 중국 주변 국가의 언어와, 어쩌면 실크로드를 통해 그 존재가 알려졌을 서양의 알파벳 등이 '표의문자에서 표음문자로'라는 비약적 발상에 도움을 줄 수 있긴 했겠지만[2] 기본 자모음과 그것을 기초로 한 중모음과 중자음의 확대 표기법을 만듦으로써 어떤 음가든 수용하여 표음 가능의 폭을 최대한으로 확장할 수 있는 문자 체계를 창안할 수 있었는지에 대해서는 오직 신기한 마음뿐이다. 이 문자는 어떤 다른 나라의 문자보다 가장 적은 숫자의 기호로 가장 많은 소리를 표기할 수 있고 특히 컴퓨터에 의한 표기의 기계화를 오늘날 가장 효율적으로 수용할 수 있는 문자가 되었다. 여기에 노마 히데키가 감탄한 초-중-성의 문자 합성과 그 구조의 음성학적 상형성에 대한 격찬은 더 보탤 필요가 없을 것이다.

한글의 형태적, 구조적 성격을 격찬하며 그 제작 과정을 상세히 살펴본 노마의 『한글의 탄생』은 그럼에도 창제 이후 오늘에 이르기까지 한글의 역사와 거기에 담긴 정치적, 문화적 의미에 대한 고찰에까지는 이르지 않고 있다. 지금 내가 관심을 가지고 있는 것은 그가 살피지 않은 한글의 진화의 역사와 그것이 이룬 한글 문장의 의미에 관한

---

[2] 이 글의 발표 후 한글 문자 조성에 대한 흥미로운 대목을 의외의 책에서 발견했다. 그것은 한글의 역사와 전혀 관계없는 제레드 다이아몬드의 『총 균 쇠』 제2판(김진준 옮김, 문학사상사, 2011. 8)의 한국어판 서문 「위대한 한글로 공유하게 된 공감대」의 다음 구절(p. 8)이다: "세종대왕은 한국어에 적합한 문자 체계를 고안하는 데 몽골 또는 티베트의 불교 문자의 예에서 착안한 표음문자의 개념과 중국 한자의 블록 형식의 문자 형태로부터 영감을 얻었지만, 몽골 문자나 중국의 블록형 문자 중 어느 것도 세부까지 차용하지는 않았던 것입니다. 그 대신 세종대왕은 표음문자와 블록형 문자 형태의 기존적인 개념만을 차용했습니다. 세종과 집현전 학자들은 문자의 운용 원칙과 형태 등 모든 세부 사항을 스스로 고안해냈습니다. 그리하여 그들은 세계의 어떠한 문자 체계에서도 유례가 없는 놀랍고도 새로운 원칙을 만들어냈습니다." 그리고 본문의 제12장에서 세계 문자들의 창안과 발전을 소개하는 가운데 한글에 관해 위와 같은 설명을 하고 있다(pp. 334~35). 그러나 한글에 대한 지식을 어디서 습득했는지는 참고 문헌에도 나오지 않아 알 수 없었다 ─ 2012. 7.

것이다. 세종대왕의 지시로 집현전 학자들이 한글을 제작해서 반포한 것이 1446년(세종 28년) 음력 9월 29일이었다. 양력으로 환산한 이 날은 10월 9일이어서 '한글날'이란 이름으로 국경일이 되었는데 그것은 한글이 지닌 문화사적 의미가 우리에게 얼마나 중시되고 있는가를 보여준다. 실제로 그럴 만했다. 당초 한국인의 발성을 살려 표음한 '훈민정음(訓民正音)'은 말 그대로 글자를 모르는 무식한 서민들과 아녀자들의 교육용 문자였다. 당시의 교양층을 대표한 최만리(崔萬理) 등의 격렬한 반대가 있었고 실제로도 이 문자는 '암클'이라는 아녀자들의 글, '언문'이란 이름으로 무식층이 사용하는 글자였다. 그러면서 식자층이 여기(餘技)로서의 소설과 시 등에 사용하기도 했고 부인들의 내간(內簡)과 상민들의 기록으로 잔존해왔다. 그것은 이른바 하위 문화층의 소통 도구였고 형이상학적 개념어를 표현할 수 있는 문화어의 위상으로까지는 미처 오르지 못한 수준이었다. 개화기 이후 한글이 보다 활성화되고 그 사용의 폭이 넓어졌음에도 한자가 혼용된 가장 큰 이유는 그것이 사상과 개념을 표현하는 이른바 문화어의 위상을 확보하지 못한 데 있었고 1950년대 이승만 정부에 의해 '한글 간소화안'이 제기되었을 때 그에 대한 강력한 반대가 일어난 것도 그 간소화가 한글의 과학성을 훼손함으로써 문화어적 성격이 더욱 위축된다는 논리에서 발상된 것이다.

   그럼에도 한글의 연구와 현대어로의 변화가 개화기 이후 활발하게 진행되었다는 점은 주목되어야 할 것이다. 한말의 관리였던 주시경(周時經)은 국문연구소를 만들어 한글을 보급하고 최현배, 이희승 등 한글학자들을 양성했으며 식민 통치가 강행된 이후 오히려 한글의 연구와 보급 운동은 더욱 활발해져 1926년 한글날의 전신인 '가갸날'을 제정하고 1931년에 민간 연구 단체로 조직된 조선어학회는 '한글 맞춤법'을 제정하며 1941년에는 『한글 큰사전』 편찬 작업에 착수했고 1930년대에 활발하게 전개된 학생들의 '브나로드' 농촌계몽운동에서 첫 과제로 내세운 것이 한글 깨우치기였다. 이런 일련의 연구와 운동은 한국 민족의 정체성 찾기와 이민족인 일본의 통치에 대한 저항이란 정치적 의미를 강하게 내포하고 있는 것이었다. 비록 국권을 상실했지만 우리말과 우리글은 우리 민족의 존재를 확인해주는 상징이자 실체였으며 그 고유의 말과 글을 지키고 발전시키는 것이 곧 한민족의 자존과 독립을 지향하는 길이었다. 한글 연구의 이러한 민족사적 의미를 알아챈 일본은 1942년 조선어학회 사건을 만들어 한글학자 30여 명을 체포하여 투옥했고 그중 이윤재(李允宰)와 한징(韓澄)은 옥사했다. 문자 문제로 재판을 받고 죽음까지 당해야 했던 역사는 아마도 처음일지 모른다. 일본은 태평양전쟁을 일으킬 즈음 '일조(日朝) 동화 정책'을 강행하여 한국인의 이름을 일본식 이름으로 바꿀 것을 강요하면서 한글과 한국어 사용을 금하고 일본의 말과 글을 상용하도록 교육하면서 한글 신문과 잡지도 폐간하고 한글 도서를 금지하여 한글 자체의 소멸을 도모했다.

 다행히 한국어와 한글을 생생히 기억하고 있을 때 해방이 되었고 국권을 회복한 한국 정부는 모든 교과서를 한글로 제작했고 한문은 영어 등 외국어처럼 별도의 교과서로 교육되었다. 역사적 추이로 보아 이 같은 한글의 공용화는 자연스러운 일이겠지만, 한자어를 혼용하지 않고 조금도 이의 없이 한글 전용의 문자 체계를 공교육 과정에 채택한 것도 또 하나의 기적처럼 여겨진다. 나는 초등학교에 입학한 첫 학기에 일어로, 해방을 맞은 2학기에 처음으로 한글을 공용어로 채택한 교육을 받았으며 이렇게 시작된 내 또래의 이른바 '한글 세대'는 유아기부터 외국어로 오염되지 않고 모국어로 책을 읽고 사유하고 글을 쓴 첫 세대가 되었다. 이 의미는 각별히 주목되어야 한다. 한국의 오랜 역사는 한자와 한문으로 구성된 문화사로 전통을 이어왔고 이두문으로 한자를 지역화하기도 했고, 한글 창제와 보급으로 우리 문자를 사용하기 시작했지만 그것은 아직 문화어로 발전하지 못한 토착 문자 수준을 벗어나지 못한 정도였다. 국권을 상실한 이후 한국인은 일본어를 공용어로 사용해야 했고 서구 문화도 한문에 이어 일본어를 통한 중역(重譯) 과정을 통해 수용해야 했다. 외국어로 교육받고 외국 문자로 독서하며 이국의 언어로 글을 써야 하며 국문자를 지역 문자, 그리고 금지된 문자로 받아들여야 할 국적 상실의 언어가 한국의 민족사와 언어사의 주류를 이루어온 것이다.

그런데 한글 세대의 등장으로 한자 세대와 일어 세대의 비정상적인 과정을 벗어나 비로소 한국 고유의 언문 일치, 곧 시니피앙(記標: signifiant)과 시니피에(記意: signifié)의 일치를 이룬 표기와 표현법을 가지게 된 것이다. 한국인은 처음으로 자신의 언어로 사물을 표현하고 문자화할 수 있게 된 것이고 이로써 민족의 독자적 정체성을 획득할 수 있었던 것이며 자기 이름 되찾기와 더불어 주권 회복의 실질적 내용인 '문화적 독립'의 참된 뜻을 실현하게 된 것이다. 이들이 4·19 혁명의 주체가 되어 '민주화 세대'의 이름을 겹쳐 가지게 된 것, 경제적·과학적·학문적 개방과 발전으로 '근대화의 주축'이 될 수 있는 행운도 한글 세대의 존재론적 의미를 드러내주는 것이다. 이들이 기성 세대로 편입하게 되는 1960년대만 해도 한글은 한자와 혼용되었지만 한글의 공용화와 상용화는 더욱 가속되어 1970년대에는 한글 문체에서 한자는 괄호 안에 묶이게 되고 1980년대에는 그 괄호 처리도 동음이의를 표현할 때의 혼란을 막기 위한 정도로 아주 최소화한다. 글쓰기도 세로쓰기에서 가로쓰기로 조판의 편제가 전반적으로 바뀌게 되었고 1990년대에 컴퓨터가 보급 활용되어 책과 신문 등 활자 매체 거의가 가로쓰기와 한글 사용으로 전환하면서 한자 사용은 극히 제한되며 공용 문서나 개인 문서의 거의 모든 글쓰기는 한글 전용으로 강화된다. 컴퓨터라는 첨단 문명의 이기를 신속하게 수용하고 글쓰기의 컴퓨터화가 전면화되면서 한글의 조직이 얼마나 오늘의 문화 체계에 스스럼없이 적응할 수 있는 것인가에 놀라고 감탄하지 않을 수 없게 되었고, 그 문자의 기적적인 출현에 새삼 더욱 큰 감사를 느끼게 되었다. 그러한 한글을 창제한 세종대왕의 창의적인 발상에 오직 경의만을 드릴 뿐이었다.

한글 세대에 소속된 역사적 행운에 무척 큰 자부심을 느끼면서 내게 떠오르는 관심은 우리 문학이 어떻게 한글을 문학 언어로 수용하게 되었는가 하는 것과 형이상학적 표현이 불가능하다고 지적된 한글이 어떻게 문화 언어의 위상을 획득하게 되었는가 하는 두 가지 점이었다. 이 주제에 대한 추적과 분석은 한글학자도 아니고 언어학에 대한 조예도 없는 나보다는, 전문적인 연구와 분석을 해온 젊은 연구자들에게 맡겨야 할 것이다.[3] 다만, 컴퓨터를 사용하면서 스스로 생각

---

3) 근간된 김영민 교수의 『문학제도 및 민족어의 형성과 한국 근대문학』(소명출판사, 2012. 9), 특히 제2장 제3절 「근대적 표기법의 다양화와 한글 소설의 정착 과정」이 이 주제와 관련된 검토를 하고 있다. 그러나 이 글을 너무 늦게 발견하여 여기에 참조하지 못한 것이 유감이다 ―2012. 10.

한 이 주제에 대한 나름의 관심을 보고함으로써 앞으로 보다 발전된 실질적 연구로 진전시켜야 할 과제로 제기하고 싶다.

첫번째 관심으로 제시한 문학 언어로 도입된 한글의 위상 변화는 이렇다. 앞에서 이미 말한 것처럼 시와 비평의 장르에서는 한자를 혼용하면서도 소설만은 근대문학의 효시로 공인되는 이광수가 1918년에 발표한 『무정』에서부터 한글 전용을 택하고 있다. 왜 소설만 한글로 표기했을까. 그것은 우리에게 문학이란 현대적, 서구적 문학 체계를 가르쳐준 일본에서도 한자 혼용을 하는 것에 비해 우리만의 독특한 선택이었다. 이 방면에 대한 연구 성과들에 대해 게으른 나로서는 근거 없는 짐작일 뿐인데, 나름으로 해본 추측은 그것이 여러 경로를 통해서 이루어졌으리라는 것이다. 먼저 한말에 전입된 기독교의 성서가 1880년대에 번역되기 시작하는데 존 로스와 매킨타이어 등 미국 선교사들과 한국 서북 지방 출신의 개신교 신도 서상륜(徐相崙) 등을 중심으로 한 번역자들이 한글을 사용했다는 것이 실마리가 된다. 기독교의 선교 첫 대상이 대체로 부녀자와 서민 들이었기에 그들이 성경을 읽기 쉽도록 한글을 선택했을 것이다. 1882년 중국에서 조판되어 한국에 반입된 국역 성서는 그래서 쉬운 한글로 평안도 방언이 많이 섞이게 되는데 초기 신문학의 개척자인 이광수와 김동인 등의 창조파가 평안도 출신이라는 것이 이와 무관하지 않을 것이다. 둘째는 1896년에 젊은 개화파들에 의해 한국 최초의 신문 『독립신문』이 간행되어 당시의 개화 운동에 적극적인 역할을 담당하는데 그 창간호는 "남녀 상하 귀천이 모두 보게 함이요 또 구절을 떼여 쓰기는 알아보기 쉽도록" '언문'을 사용한다고 사설에 명백히 밝히며 영어와 함께 한글 전용의 지면을 제작함으로써 한글이 새로운 문명과 제도의 도입에 긴요하게 사용될 수 있다는 의지를 적극적인 태도로 표명하고 있다. 신문학으로서의 소설이 기존의 한국 고전문학에도 있어온 '소설'의 전통을 이으면서도 새로운 문명의 새로운 문화 체계임을 한글 전용으로 강조하는 역할을 맡았을 것이다. 셋째는 20세기 초 한글로 이루어진 이른바 '육전(六錢)소설'의 유행을 이들 신문학이 수용했을 것이라는 점이다. 최남선이 설립한 최초의 근대적 출판사로서의 신문관(新文館)은 고전소설과 신소설도 대량 염가 판매하기 시작했는데 그 소설들은 서민과 부녀자가 쉽게 읽을 수 있도록 한글 전용으로 제작되었다. 소설가 이광수가 신문관을 통해 활동했고 최남선과 함께 신문화 운동을 전개했다는 것이 이러한 설명을 충분히 보완해줄 것이다. 소설은 이미 근대화 이전부터 한글로 표기되어왔지만 근대문학이 이를 계승하면서 한글이란 표기 문자 체제를 소설 문체로 수용함으로써 그것의 문화어적 위상을 높였던 것이다.

소설이 처음부터 한글 전용으로 창작된 것과는 달리 시와 비평 및 일반의 글쓰기는 한글과 한자의 혼용이었고 그 빈도는 조금씩 줄기는 했지만 그래도 오래 지속되었다. 그러나 한글 세대가 우리 기성 문화권에 진입하며 『창작과비평』『문학과지성』계간지를 발행하게 되는 1960년대 중반 이후 가로쓰기로 편집 체제를 전환하면서 한자 사용의 빈도도 대폭 줄어들게 되었고 머지않아 그것도 한글 표기 다음에 괄호 안에 한자를 처리하는 과정으로 진전했는데 월간 『뿌리깊은나무』는 여기서 한발 더 나아가 한글 전용만이 아니라 한자에 어원을 둔 우리말의 한글화와 한글 문체로의 전진을 촉구했다. 이 같은 한글화 추세는 갑작스레 문화계의 주도적 흐름으로 발전하여 기존의 보수적인 잡지들도 가로쓰기로 바꾸고 한글화를 재촉하며 1990년대에 이르러 모든 신문과 잡지, 일반 도서들도 가로쓰기와 한글 전용 체제로 바뀌었다. 갑작스레 이루어진 그 유행과 추세의 원인을 어떻게 설명해야 할지 당시 출판계에서 일한 나로서도 난감해진다. 가로쓰기의 도입은, 눈이 가로로 있기에 글줄도 가로로 늘어서야 독서의 효율성이 높아진다는 이유로부터 한 페이지에 수용되는 글자 수가 세로쓰기보다 더 많이 들어간다는 경제적 설명도 있지만 영어 등 한국 문화에 주입되어온 서구 언어가 가로쓰기로 되어 있다는 형태상의 조건도 큰 영향을 주었을 것이다. 그러나 그것을 곧 한글 전용과 굳이 등식화할 필요는 없을 것이다. 그럼에도 소설이 한글화되고 신문·잡지·도서 등 문자 미디어들에서 가로쓰기가 보편화되면서 시와 산문도 점차 한글 전용의 주도적 대세와 유행으로 흡수된 것이 자연스러운 추세로 되었을 것이다.

 한글 전용의 표기법과 함께 한글 문체로의 은근한 전환도 더불어 주목되어야 할 것이다. 식민지 시대만 해도, 그리고 1950년대에 이르러서도 소설을 제외한 글쓰기는 시와 비평의 문학까지 포함해 한글은 조사나 계사 정도로 이용되고 명사와 동사의 용언 등은 한자 내지 한자어가 주였다. 그것이 한글 세대에 이르러 조심스럽게 한글 문체로 변화한다. 한글 세대의 작가로서 맨 처음 문단에 등단하여 새로운 감수성의 출현으로 주목받은 김승옥에 대해 식민지 시대에 초등 교육을 받은 전후파 비평계의 맹장 이어령이 '제3세대'란 이름을 부여한 것은 단순한 한글 표기 차원에서만이 아니라, 젊은 4·19 민주화 세대의 생동하는 감수성을 표현하는 시니피앙과 시니피에의 일치가 일구어낸 아름답고 생동하는 문체와 그것이 빚는 새로운 역동적 표현력에 주목했기 때문이었다. 그것은 한자와 일본어 교육 속에서 서구 문체를 습득하며 이중 언어를 사용해야 했던 직전의 선배들과 사유와 표현의 방식에서 달랐고, 전래의 고유한 민족어 문체로 전통적인 삶과 그 정서를 그린 초기 근대문학 세대의 토속적인 정서와도 달랐다. 한글 세대는 대상과 그 인식, 상상력과 그 표현을 같은 언어 체계로 전개함으로써 앞 세대와 다른 신선한 한글 문체를 성숙시켰고 토착 언어를 한민족의 보편 언어로 발전시켰으며 현대 한국의 문화어와 문화 문자로서의 위상을 확보해준 것이다.

한글이 문화어로 진화되는 과정은 이렇게 역사의 진행과 더불어 이루어진 것이지만 여기서 그 흐름을 재촉한 요인을 좀더 관찰해야 할 것 같다. 그 하나는 한문 교육은 버리지 않았지만 한자와 한자어가 일상적인 생활과 글쓰기에서 위축된 것이 오히려 한국어의 개발에 적극 기여했다는 점이다. 대체로 1970년대 이후에 기성 사회에 진입한 세대는 한문과 한자 교육을 받지 않았는데 그들은 한자에서 연원된 어휘와 문장을 우리의 순수한 전래어와 토착어의 재활용 및 새로운 조어(造語) 등으로 한국적 어휘와 표현 수법을 개발 확대했다. 그들은 한자어를 모르기 때문에 한문식 표현법을 차용할 수 없었고 고식적인 한자 어휘를 기피하게 되면서 신선하고 아름다운 정감을 드러내는 우리말 어휘를 발굴하고 응용하기 시작했는데, 원래는 우리말이었지만 한자어 때문에 기피하면서 잊어버리고 있었던 말이기에 오히려 더욱 참신하고 멋진 말로 다가왔고 그 말의 맛을 깨닫고 즐기게 된 것이다. 이런 내면적 언어 감각 속에서 한국 전래의 토속적 어휘를 발굴하고 사용하면서 그 어사의 앞뒤로 오늘의 감수성에 어울리는 문장을 만들어내게 되었고 그것이 한글 문체를 고급 문체로 숙성시킨 것이다.

또 다른 요인으로 서구 언어의 문체 특히 우리말에서 드문 수동태와 동명사(動名詞)가 한국어에 도입된 것을 주목해야 할 것이다. 다소 남용되는 점이 없지 않지만, 그래서 바른 어법을 벗어나는 일이 흔하지만, 그 서구어의 한국적 수용은 한자어로 표기될 어휘와 문장 구성의 폭을 넓혀주고 개성화하면서 형이상학적 어휘의 개발을 재촉했다. 수동태 문체의 개발은 우리말의 수사법을 확장시켰고 동명사의 활용은 그것의 원래의 편법을 통해 오히려 개념어의 창출까지 발전시키는 결과를 가져왔다. 이러면서 한자어로 표기되는 관념적 어휘들이 토속어의 동명사화를 통한 관념적 인식 언어로 변모하게 된다. 철학자 이규호, 석기 시대 고고학을 개척한 손보기가 전문 용어의 한글화 작업에 크게 기여했거니와 소설문학에서는 가장 중요한 작업을 실행한 작가가 일본어 도서로 독서를 해온 최인훈인데 그는 1960년에 발표한 『광장』을 중편에서 장편으로 개작하면서 전면적인 한글 문체로 수정을 가했다. 1970년대 중반 미국에서 여러 해를 보낸 그는 모국어에 대해 깊이 성찰했고 그래서 기왕의 작품에 으레 사용된 표기는 한글이지만 원래는 한자어인 숱한 어휘들을 가능한 한 순수한 민족 토속어와 한글 문체로 바꾼 것이다. 『광장』에 이은 근 5년여에 걸친 전집 12권의 이 한글화 작업은 처음의 시도이기에 작위적인 모습도 있지만, 한자를 배우지 않고 한문과 일어를 모르는, 그러나 서구어에는 더욱 익숙해진 새로운 세대들의 글쓰기에 매우 의식적이며 광범한 한글화 작업의 움직임을 재촉했다. 그 작업은 무의식적인 사유와 정서적 움직임으로 확산되어 책의 제목부터 시 창작과 비평 쓰기, 형이상학적, 문화적 글쓰기에 폭넓게 번지고 다양하게 실행되었고 상점의 상호와 상품의 이름부터 일반적인 글쓰기에 이르기까지 이 한글화는 일상적인 미디어 언어로 보편화되었다. 이들은 이제 가령 주체적 민족의식이란 거창한 이유 때문이 아니라 한글 세대로서의 자유로운 상상력과 생생한 언어 감각으로 한글의 맛을 키우고 있는 것인데 이는 우리의 생각과 정서를 우리의 말과 글로 쓸 수 있게 된 자연스러운 사유와 표현 양식이 보편화되었음을 의미하는 것이다. 말과 글의 일치, 기표와 기의의 일치가 이룬 우리 문화의 역사에서 한글의 진화는 극도의 성과를 길어낸 것이다.

외국에서 한국 문화와 역사를 강의하고 있는 외교관 출신의 김준길 (金俊吉)은 그의 『외교관이 쓴 매크로 한국사』(기파랑, 2006)에서 이런 요지를 밝힌 바 있었다: "한국이 몽고나 만주족 등 다른 변방 민족과는 달리 중국을 침략하여 중원을 통치한 적이 없다. 그것이 결과적으로 오늘의 한국 민족의 정체성을 보존하는 길이 되었다. 변방 민족이 거대한 땅과 인구를 가진 중화를 통치하기 위해서는 중국의 언어와 문자를 통하지 않으면 안 되었고 그것은 결과적으로 자신들의 언어와 문화를 포기하고 중화 문화 속으로 용해되게끔 만든다. 그것이 그 민족의 정체성 상실을 초래하지 않을 수 없다. 한국은 다행히 이런 함정에 들지 않았다."[4] 나는 이 흥미로운 지적을 확인해주는 논리를 미국과 중국 간의 외교를 수립하는 데 결정적으로 기여함으로써

---

[4] 인용으로 실명된 부분은, "만일 5~7세기에 강성했던 고구려가 한반도를 통일하고 그 여세를 몰아 중원을 차지하고 동아시아의 종주국이 되었더라면 오늘날의 한국의 정체성은 어떻게 되었을까?"(p. 55)에 이은 서술과 "중국의 주변 세력이 일단 중원을 정복하고 칭제 건원이 이루어지면 어찌 되었는가? 예외 없이 중국 문화에 함몰되어 한화(漢化) 과정을 거치면서 자신들의 정체성을 모두 잃어버리고 말았을 것이다"(p. 63)라는 예상 등 몇 군데를 필자가 요약 정리한 것이다.

노벨 평화상을 수상한 닉슨 정부의 국무장관 헨리 키신저의 책에서 발견했다. 그의 최근 저서 『헨리 키신저의 중국 이야기 On China』(권기대 옮김, 민음사, 2012)의 다음 대목이 그렇다: "중국이 외부의 왕조에게 전쟁에서 패하는 경우, 중국의 엘리트 관료들은 정복자가 차지한 이 땅이 너무나도 방대하고 독특해서 중국 방식, 중국 언어, 중국의 기존 관료 체제 등을 사용하지 않고서는 도저히 통치할 수 없으리라는 논리로써 그들에게 봉사하겠노라고 나서거나 설득하려고 했다. 세대가 지나면서 중국을 정복한 민족들은 그들이 지배하려고 했던 체제와 질서에 조금씩 동화되어가는 스스로를 발견하곤 했던 것이다"(p. 44). 이 지적은 역설이다. 정복당한 민족이 정복한 민족을 오히려 문화적으로 정복함으로써 자신들의 내부로 용해해왔다는 것이다. 한국은 광대한 중국 대륙과 그 인구를 정복하지 않음으로써 오히려 수천 년 유지해온 독자적인 민족적 정체성과 전통을 지켜올 수 있었던 것이다. 그것은 중국의 거대함을 의미하면서 그 영향을 수용하되 거기에 용해되지 않고 자신의 문화와 제도, 언어와 문자를 오히려 건강하게 유지해올 수 있게 된 사연을 설명해준다. 한국의 문화와 역사는 정복자가 피정복자의 문화와 그 정체성에 용해당하는 역설을 비켜나면서 오히려 역동적인 발전을 통해 현대화를 이루고 첨단의 문명에 도전하며 더욱 적극적으로 세계 문화의 현장에 참여할 수 있게 된 것이다. 제2차 세계대전 이후 해방된 나라로서 유일하게 선진의 대열에 도전하며 전쟁과 분단, 쿠데타와 사회적 갈등의 반세기 역사 속에서도 그처럼 희망적인 도약이 가능했던 것은, 그 역사의 진행을 반영하면서 그 역사의 전진을 추동한 한글의 보존과 개발, 당초에는 그처럼 초라하게 보였던 한글의 역동적인 진화 속에서 이루어졌다는 사실도 큰 요인으로 작용했을 것이다. 그 시대를 함께 살아온 나로서도 한글의 진화의 역사와 그 의미에 감격하지 않을 수 없는 것은 한글의 존재가 우리의 자랑이며 한글을 소유한 우리 민족의 자부심을 이루기 때문이다.

〔2012. 5〕

II 공감들

'심연'에서 솟는 연민, 그 '메아 쿨파'
—정연희 소설집 『빌려온 시간』

　정연희는 나보다 두 살 위의 누이뻘이지만 그가 작가로 데뷔한 것은 어설프게 문단에 끼어든 나보다 10년을 더 앞선 선생님 항렬이다. 그분에게 처음 인사드린 것이 언제 어디서였는지 가물가물한, 40년은 더 된 오래전이었지만 여기저기 참으로 드문드문 얼굴을 뵙기도 하고 네 해 전 작고한 그분의 부군과 함께, 역시 같은 해 하직한 친구 홍성원에게 딸려 모두가 건강하던 더 여러 해 전 인사동의 한 식당에서 저녁을 함께 한 적도 있고, 그의 작품 보기도 더러더러였지만, 정작 비평가 행세를 하면서 그의 소설을 정색하고 대면하고 그에 대한 내 생각을 쓴 적은 의외로 없었다. 누이 같으면서도 선생 같은 애매한 거리 때문만도 아니었다. 여성 작가에 대한 내 소심스러움도 있었겠지만, 그의 초기 소설들에 대한 내 부적절한 소감이 큰 원인이었을 것이다. 대학 3학년생으로 동아일보 신춘문예 소설 부문으로 데뷔할 때의 그 화려함을 두려워했고, 그럼에도 수녀의 파계를 통해 "에고를 지키기 위한 정당방위"(김우종)를 그린 그의 문청다움에 쑥스러움을 느꼈기 때문이었을 것이다. 그가 각광을 받으며 우리 문단에 출현했을 때의 1950년대 후반은 전후의 황폐한 정서, 삶의 무력한 반항이 여전히 진하게 감돌던 때였고, 그런 심리적 정황에 실존주의적 감수성에 젖어 "관념적이고 사변적인"(권영민) 문체로 이루어진 소설들에 대해 나는 설익은 독서 심리로 짜증을 내곤 했었다. 오래 버틴 그 선입견 속에서 한참 전에 읽은 장편 『난지도』에서 전혀 달라진 정연희의 세계를 발견하면서 내 기대와 달리 밑바닥 삶에 대한 그의 참따란 참여에 오히려 의아해하다가, 몇 해 전 그의 새로운 창작집을 보면서 이제 원로의 자리에서 세상을 보고 쓰는 일에 대한 그의 원숙하고 다사로운 정성을 새삼 확인하고야 말았다. 칠십대 들어 두어 편의 작품론을 쓰게 된 박완서보다 나이는 아래지만 문단 경력은 13년이 빠른 정연희의 새 창작집을 위해 기다렸다는 듯 내가 칠십대 후반이 된 작가의 작품집 해설 쓰기를 받아들인 데는 이런 길고도 송구스러운 사연이 스며 있었다.

『빌려온 시간』을 메모를 해가며 비로소 정연희의 문학을 정면으로 마주해 읽어가면서, 나는 참으로 아름다운 정신을 발견했다는 따뜻한 마음을 먼저 고백해야겠다. 그 아름다움은 작품의 아름다움이기도 하지만 작가 정신의 아름다움이기도 하고 작가의 인간다움이 품은 마음의 아름다움이기도 하다. 그것들이 빚어낸 내 감동은 겉치레와 속마음, 화려함과 따뜻함을 뒤늦게나마 구별할 수 있게 된 늦은 나이에 목격하는 의외의 사태였다. 가령 「한나절」을 펼치며 첫눈에 밟히는 이런 문단을 보자: "재 하나를 더 넘자 대나무 숲이 청청했다. 볕발이 부끄럼을 타듯 따뜻했다. 한 이삼일 후면 뫼와 들에 물이 오른다는 물오름 달 삼월이라지만, 한겨울을 견딘 매화가지에 벌써 꽃눈이 맺혀 있었다. 봄이 문을 열어준 마을이던가, 재 하나를 사이에 두고 그 마을길은 그렇게 눈부셨다. 거쳐 온 등 뒤 마을은 산세가 높아서였던지, 아직 겨울 추위를 추스를 엄두도 못 내고 있던데, 그곳 마당 바자울 옆 장독에 머문 볕은 봄이었다. 봄볕에 알맞게 익은 듯 새소리도 달고 따스했다"(p. 111). 나는 이 대목을 보면서 연신 가람 이병기의 고전적인 자연 예찬의 아름다운 글을 떠올렸고 황순원의 틈새 없이 단단하면서도 품위 있는 문체를 연상했으며 참새와 대화를 나누고 있는 성 프란체스코의 세계를 상상했다. 나의 소감이 지나치게 장식된 것인가. 아마 그럴지도 모른다. 근래의 우리 소설들이 섬세해진 대신에 자잘해지고 멋을 부리는데 그 정신은 상투적인 것에 적잖이 식상해 있는 터였다. 그들의 공간이 도시적이고 그들의 삶이 분방해진 만큼, 자연의 따뜻한 풍경들을 자상하게 바라보고 그것들이 새록새록 다시 만들어내는 변화들을 티 없는 마음으로 받아들이며 여유있는 움직임에 마음도 함께 적셔가는 그 원숙이 일구어낸 정갈한 심성에, 내 나이 탓만도 아니게, 동감하고 그 경지에 참여하고 싶은 마음을 달래고 싶어진 탓일 게다. 이 새로운 창작집에 수록된 일곱 편의 중단편들을 나는 그런 마음으로 읽었고 그가 그린 삶의 모습들에 대한 연민의 시선에 동참했으며 거기서 작가가 '심연' 속에서 울려오는 듯한 '내 탓입니다'라고 참회하는 '메아 쿨파'의 목소리에 숙연해지곤 했다. 그것은 이 작품에 대한 비평적 분석보다는, 더불어 "세상 말로 '늙었다'고 할수록, 삶은 점점 불가해(不可解)의 늪으로 가라앉아가는"(「작가의 말」) 마음이 자연스레 빚어주는 정서적 공감을 끝내 숨기지 못한 때문일 것이다.

이 창작집에 수록된 일곱 편의 작품들은, 이제 소설 읽기도 접어야 하지 않을까 하며 지레 노티를 부리는 내게 큰 부끄러움을 안겨주듯, 다양한 주제들을 다루며 이 세계 속의 인간 존재가 살고 있는 삶의 여러 모습들을 생생하게 묘사하고 있다. 그렇게, 작가는 자신의 나이에 탓을 주면서도 자기의 창작열에는 오히려 더 젊고 활력에 넘치는 모습을 보이고 있었다. 그래서 그 작품들의 발표 연도를 짚어보았다. '고래희'의 나이를 이태 넘어선 2007년에 세 편, 그리고 세 해를 건너뛴 2010년에 세 편, 그리고 다음 해에 한 편이었다. 그의 정력이 그 사이 2년을 멈춘 일이 특이했다. 그래서 인터넷으로 들어가 검색해보았다. 아, 그랬구나! 2008년에 부군 김응삼 장로가 갑자기 별세하여 그의 생애의 가장 정다운 반려를 잃었고, 아마 그것이 일상적 현실에 가한 충격 때문에 허구 세계로 빠져듦을 허용할 수 없었겠구나. 그러나 그녀는 이십대 초에 이미 이름을 얻은 당당한 작가였고 숱한 기복을 겪으며 반세기를 넘는 이력으로 작가의 신분과 역할을 여전히 유지할 수 있어왔듯이, 칠십대 중반에도 다름없이 소설가로서의 열정, 아니 세상에 대한 깊은 이해와 세계를 향해 좀더 깊어지고 따뜻해진 문학적 발언의 굳은 의지를 회복해낸 것이고, 가장 신뢰하는 분과의 영원한 이별을 통해 새로이 갖춘 시선과 터득한 진실을 조용히 발설하고 있는 것이다. 그가 이 나이에, 그 같은 곡절의 정황 속에서 발견하며 건져내고 의지하고 있는 것은, 당겨 말하자면, 인간임을, 인간이기에 마땅히 동의해야 할 인간에 대한 연민을, 그리고 그 연민의 마음은 모든 고뇌와 불행의 원천이 자신에서 비롯되었다는 기독교의 가장 깊은 회오의 정신인 '메아 쿨파'에서 비롯되었음에 근거하고 있을 것이다.

그 작품들이 배열된 차례를 따라가면서 내 그런 독후감을 슬며시 다시 짚어본다. 맨 앞의 「빌려온 시간」(2010)은 뉴욕에 정착하고 혹은 경제적 여유까지 얻은 친구들의 모임에서 비롯되고 「날은 날에게 말하고」(2010)는 방송 드라마의 엑스트라로 거친 밤일을 하며 품삯을 받는 노역자의 하루를 좇고 있다. 「한나절」(2007)은 자리를 아주 바꾸어 시골의 한갓진 도요지에서 만난 옛 스승을 뵙는 한 나절의 이야기이고 「심연」(2010)은 다시 서울로 돌아오지만 여전히 쓸쓸한 홀몸의 여인이 음악실을 찾아 외로움으로 적셔드는 마음의 속깊은 정서에 젖어가는 모습 그리고 「섣달 열이레」(2007)는 도로 시골로 내려가, 후덕하지만 박복한 노친네의 아름다운 슬픔을 그린다. 자연으로 돌아와 그 풍경들에 젖어든 모습을 조용히 즐기는 「새들에게 야단맞고」(2011)는 시골로 은퇴하여 노후를 맑게 살고 있던 작가 부부의 푸근한 정경을 보여주는 듯한데 마지막에 수록된 「압살롬아! 내 아들, 압살롬아!」(2007)는 뜻밖에도 구약에서 아버지를 반역해 결국 죽음을 당한 압살롬을 애타게 부르는 다윗의 절규를 옮기고 있다. 자리도, 사람도, 일어난 일도 갖가지이지만, 그럼에도 이 작품들에서는 한결같이 작가의 본모습을 드러내고 있는 공통점이 있다. 그 하나는 종교적인 심성이다. 그 종교의 대부분은 기독교이고 그것도 그 자신은 개신교도임에도 소설의 종교적 심성은 구약에 많이 의존하는 가톨릭적 사유가 만연해 있는데, 작가는 여기에 그치지 않고 불교적 정서도 깊이 보이고 거기에는 노장적 인생관도 깔려 있는 듯하다. 그리고 여기에 등장하는 인물들이 거의 '루저'의 삶을 살고 있다는 점도 돋보인다. 그들이 특별히 실패한 것도 아니고 큰 곤란을 겪는 것도 아니지만, 반려를 잃은 싱글이 일상의 상심에 빠져들거나 나이 때문에 물러나 있고 실의로 방황하며 혹은 번잡한 나날에서 헤매기도 하며 그 초라한 삶을 겸손하게 받아들임으로써 작가는 패배자의 처지를 오히려 공감의 정서로 감정 이입을 하고 있다. 그 패배자들이 '한때의' 예술가였거나 그것들에 속절없이 젖어들고 있음도 눈여겨져 보인다. 인물들은 시인이거나 작가였고 고전음악에 탐닉하거나 다기를 만드는 고전적인 예술에 대한 작가의 취향을 드러낸다. 이런 종교적 사유와 삶에 대한 겸허한 시선, 그리고 내면적으로 누리는 문학적 감성에서 작가적 연민, 아니 보다 정확한 느낌대로 말하면 인간 정연희의 인간에 대한 연민, 그 연민의 마음을 불러주는 '내 탓'의 종교적 인간의 회오가 빚어지고 있는 것이다. 그 모습을 이야기해주는 맑고 순진한 목소리들이 정서적으로 아름다우면서도 인간적인 감동을, 메시지의 강고함 때문이 아니라 마음속으로 살며시 작고 조용한 동계(動悸)를 통해 일으키는 따뜻한 공감을 안겨준다.

   작가의 이런 시선과 그 모습에 대한 진심 어린 동정은 작품들마다에서 따로따로 혹은 한데 어울려 나타난다. 그 첫 감동을 나는「빌려온 시간」에서 만난다. 이야기는 뉴욕에서 안정된 생활을 하는 태주와 세연 부부가 친구 부부들을 초대하여 어울리는 데서 시작하지만 후반은 그 자리에 참석한 세훈과 나영의 괴로운 노후로 마감된다. 세연이 등단한 시인이었다는 것, 그녀가 당초 세훈과 연애를 하고 있었다는 것, 그 사이에 그녀의 가장 가까운 친구인 나영이가 세훈이를 새치기 했다는 갈등 어린 과거사들이 나직한 목소리로 서술되고 상당한 재력을 쌓은 세훈이가 나영이 몰래 다른 젊은 여자를 사귀었고 그 여인이 나영에게 남편을 양보해줄 것을 요구하는 사건에서 빚어졌을 회의와 충돌과 분노 들의 일련의 충격들에 대해서는 구차한 수식 없이 "십

년 전 어느 날 갑자기 쓰러져 뇌수술을 받은 뒤, 지금까지 전신을 쓰지 못하는 백치가 되었다"(p. 25)는 한마디로 압축하고는 심신에서 천치가 되어버린 그녀의 모습들과 그 괴롭고 번거로운 아내의 병시중을 자학적으로 감당해내는 세훈의 정성에 후반부를 바친다. 세훈은 "빌려온 시간을 잘못 써가며 살았지 싶어……"(p. 40)라고 탄식하고 "삶 속에 감미롭다고 느꼈던 것들이 모두 허상이었다. 〔……〕 목숨이라는 것이 얼마나 허망한 것인가"(p. 56) 하고 절망하며 도교적 무상함(이 무상감은 그녀가 신앙하는 기독교의 「잠언」에 못지않은 강렬함으로 토로되고 있거니와)을 고백하고 있지만, 삶의 현실적 '나날'을 '빌려온 시간'으로 치부하는 그 무상함과 허망함을 견뎌내며 자신의 자존과 생활은 물론 친구들의 야유를 참아가며 폐인이 된 아내를 지극한 정성으로 돌보는 그의 연민의 정서와 헌신적 인내는 깊은 무의식 속으로까지 잠재한 기독교에 의지하고 있다. 그는 나영이를 잠재우고 목공일을 하며 "십자가 위의 예수께 못질하듯 꽝꽝 못질"(p. 49)을 하고, 잠을 이루지 못하고 새벽에 일어나 "더듬더듬 성경을 펼치면 죄에 대한 대목만 낱낱이 칼이 되어 찔러"(p. 56)옴을 깨닫는다. 여기에 인용되고 있는 성경은 구약의 「시편」들이며 그는 "내가 지은 죄 때문에, 나의 뼈에도 성한 데가 없습니다. 내 죄의 벌이 나를 짓누르니, 이 무거운 짐을 내가 더는 견딜 수가 없습니다"(p. 57) 같은, 한밤에 읽는 구절에서 심하게 애통해한다. 이미 예상되듯이, 세훈의 자학적인 아내에의 헌신은 두 부부의 자살로 끝나는데 그것은 살아 있을 때의 세훈이 자기 발등에 아내의 발을 올려놓고 춤을 춰주던 안쓰러운 모습으로 재현된다: "겨울이 닥치고 호수가 비명을 지르기 전에, 그 소리를 기다릴 수 없어, 뜸북뜸북 뜸북새를 노래하며 안고 춤

추던 아내를 데리고 깊은 물속으로 내려갔다"(p. 67).
　세속에서는 성공했지만 내면으로는 황폐해진 세훈의 또 다른 모습은 「날은 날에게 말하고」의 '우씨'에게 나타난다. 소설을 썼고 자서전 대필 작업을 해온 그는 아내를 백혈병으로 잃고 드라마 제작의 엑스트라로 생계를 유지해야 하는 신세로 전락하고 함께 엑스트라로 출연을 기다리는 나이 든 여인들의 이야기를 귓결로 들으며 "등 뒤에까지 신산(辛酸)이 있구나. 그는 여인들의 대화에 가슴이 아렸다. 산다는 게 무언지―"(p. 81) 한탄한다. 그는 백혈병으로 다섯 번이나 수술을 받고 "검불처럼 가벼워진"(p. 83) 아내를 앞서의 세훈이처럼 안고 다니며 식물원 구경을 가서 "함께 살아온 사십 년이 이렇게 한 줌 재보다 가볍다니"(p. 83) 하고 애달파하며 구약 「욥기」를 기억하고는 "아내가 그처럼 애절하게 섬기던 주님은 어디 계신가"(p. 84) 탄식한다. 주인공의 이런 속마음의 아픔 속에서 아내의 죽음은 아름답게 회상되고 있다: "지나가는 바람에도 쓰러질 것만 같은 아내는 꽃구름 벚꽃 그늘, 아스팔트 길 옆으로 새파랗게 솟아오른 풀 위에 서서 아득한 시선을 멀리 던졌다. 아내가 바라보는 곳은 멀리 바라보이는 어마어마한 궁궐이었다"(pp. 84~85). 그 궁궐은 드라마 제작을 위해 만든 임시 건물이고 우씨는 그 궁궐처럼 허망한 이 세계의 모습과 그런 줄 미처 알지 못하고 그 안에서 주역(主役)의 연기로 신나게 살고 있는 '너스레'(p. 95)의 추태를 보며 삶의 쓰라린 진상을 되씹는다. "연극 속에서의 배역이 아니라 인생의 배역을 누가 정해주는지"(p. 97) 의아해하며 "도대체, 신이 계시다면 신이 지명한 진정한 주인공은 누구라는 말인가?"(p. 105) 하고 고통스러운 질문을 하며 이 세계의 제어되지 않는 불의에 대해 절망적인 질문을 던진다: "그러면 역사 속 전쟁에서 그 헤아릴 길 없는 병사들의 죽음은 누가 받아들이는가? 그들 모두는 정녕 신(神)의 엑스트라인가?"(p. 105).

구약 시대의 욥처럼 하나님 안에서의 이 절망을 토로하는 작품들이 2010년에 발표된 것은 이태 전에 부군을 잃은 작가의 고통과 슬픔을 보여주는 것이며 거기서 헤어나려는 시련의 의지를 감지시켜준다. 이 두 소설이 병든 아내를 향한 남편의 동정과 지성(至誠)을 그려준다면 같은 해에 나온 「심연」은 남편을 사별한 오십대 여인의 쓸쓸한 일상을 그리며 작가 자신의 심정에 가장 가까울 듯한 내면을 보여준다: "누구인가를 기다리고 있던 적요(寂寥). 사람 없음이 그리도 아늑하다. 〔……〕 사람이 없는 공간에서 그네 자신도 유령이 된 것처럼 소리 없이 움직"(pp. 150~51)이는 그 자리는 음악실 '브람스'이다. 그녀는 5년 전 남편을 보낸 후 홀로 살면서 회사에서 퇴근하면 자주 이 음악실에 들러 고전음악을 듣는데 흔히 자리를 비워두고 있는 그 주인 '요산'이나 또 거기서 만나게 되는 '데스마스크'는 "그 도시의 이방인"(p. 149)으로 요즘의 세상에서 이르는 바의 '루저'의 모습들이다. 그녀는 요산이 틀어주는 헨델의 「울게 하소서」를 들으며 "슬픔이 가시처럼 목에 걸려 나오지도 못하고 삼켜지지도 않는 인간"으로 스스로를 달래고 "슬픔만이 구원"(p. 154)임을 알고 있다는 것을 서로의 심기로 알아챈다. 정연희는 남편의 죽음에 얼마나 큰 슬픔을 안았을까. 그녀는 "세상에, 슬픔보다 더 순수한 생명 에너지가 없겠지요? 순수한 생존의 에너지에서 넘쳐나는 슬픔만이 인간을 구원합니다"라고 '데스마스크'가 한 말을 주저 없이 받아들이면서 "슬픔. 생명 에너지! 〔……〕 그네의 전신에 소름이 돋았다. 슬픔이 가장 순수한 생존의 에너지라고!"(p. 160) 하며 전적으로 공감한다. 작가가 이처럼 치열한 슬픔을 살면서도 2년 동안의 침묵을 지나서 마침내 다시 글쓰기를 시작한 것은 '데스마스크'가 「심연」의 여인에게 말한 것처럼 "아직 공포가 남아 있는 걸 보니 삶에 대한 의욕이 아주 바닥난 건 아니"(p. 167)어서일지도 모른다. 그러나 이후의 그는 슬픔을 대신하여 세계와 인간 속에 감추어진 '심연(深淵)'을 생각한다: "심연을 안고 태어났으면서도 그 심연에 자신을 변변히 비추어 보지도 못하고 인간은 스러져간다. 심연…… 심연…… 심연의 거울에 비추어진 자신을 볼 수 있을까. 그 마음 한 자락도 건넬 대상이 없는 사람은 또 얼마나 많은가"(p. 173). 세계와 자신에서 '심연'을 바라본다는 것은 이 세계의 끝과 자신의 내면 깊이 숨어 있는 허망의 바닥까지 들여다본 비극의 극(極)에까지 시선이 관철했음을 가리킴에 다름 아니다. 거기에는 두려움이나 위로도 없고 슬픔이랄 것도 새어 나올 아픔의 감정도 느끼지 못한다. 다만 "하나님을 찬양하는 합창곡이 그녀의 영혼에 날개를 달아줄 뿐"(p. 176). 그녀는 "음악은 인간의 마지막 기도입니다. 〔……〕 이 세상 마지막 기도는 음악입니다"(pp. 176~77)라는 요산의 말에 동의하면서 그럼에도 "정녕 하늘나라가 있다면, 그곳이 있기만 하다면…… 이 땅에서 겪는 지옥이 무에 그리 대수이랴"(p. 176)며 그 '마지막 기도'가 '임종 연습'(p. 177)이라고 생각한다. 이 한없는 절망의 심성을 그녀와 요산은 같이한다. 요산은 말한다: "우주 속에 내가 있고 내 속에 우주가 있다는 것 믿어집니까. 우주가 우리 고향이지요. 그 우주에 아주 아름다운 높은 음이 가득 차 있다고 합니다. 아름다운 고음(高音)으로 가득 차 있다는 거지요. 그것을 아무나 듣지는 못하겠지요. 그것을 듣는 영혼이 따로 있을 겁니다"(p. 177). 이 소설 속에서 "그것을 듣는 영혼"은 클라라 슈만의 사랑에 매혹당한, 슈만과 "심령의 탯줄을 잇고 있는"(p. 180) '데스마스크'이고 옥호를 '브람스'로 짓고 고전음악실을 열고 "이제는 끝나버렸을 19세기의 음악"(p. 178)에만 집중하고 있는 '요산'이며 때로 그 음악실의 텅 빈 자리에서 바흐와 브람스의 세계로 젖어들어 자신이 의식하지 못하는 속내의 아픔을 되새기는 그녀일 뿐이다. 이들을 이어주는 음악, 그 음악을 통해 찾는 '영혼의 고향', 그들이 함께하는, "영혼의 귀가 향기를 듣는 문향(聞香)"(p. 179)의 이 공간이야말로 '심연'의 슬픔을 살아가는, 혹은 노장적 허무주의를 담아두고 현대적 도시의 삶을 싸안으며 동시에 벗겨내는 한없이 깊은 내면의 공간이 될 것이다.

 2010년의 세 작품이 한쪽 반려와 사별한 싱글들의 슬픔으로 존재의 심연을 깨닫고 이 세계에서의 삶을 산상수훈의 8복 맨 첫마디로 게시되는 '가난한 마음'에 깊은 연민을 느끼는 마음들을 그리고 있다면 가장 사랑하고 의지하는 이를 잃기 전에 씌어진 작가의 몇 작품은 그들에 못지않은 깨끗한 영혼들을 떠올려주고 있다. 「섣달 열이레」의 아름답고 여린 도산댁은 그럼에도 "얼마나 여러 번 초상을 치렀으며 상여를 떠나보내"(p. 219)면서 '박복한' 일생을 주변의 수모 속에서 참으로 오래 견디어야 했던, 그러나 "억조 보살할머니"의 "아흔 살 삭정이 같은 몸에도 슬픔은 수액처럼 남아 있는"(p. 226) 삶을 이야기하고 있고, 「한나절」은 구경 간 지방의 도요지에서 막사발을 굽는데 그 화덕의 불을 때고 있는 "흰옷 입은 노인"이 "드물게 반듯한 지성"으로 학생 시절의 인기 있는 선생님임을 발견하며 그분으로부터 "우리들 인생살이가 한나절"이며 "산다는 게 꿈"(p. 140)이란 초속한 선승 같은 말씀을 귀담아듣는 내용이다. 이 인물들과 그들의 말이 앞서 읽은 세 편의 상실한 패배자들 이야기가 지니는 슬픔들과 함께,

우리에게 박진한 신실감으로 다가오는 것은 작가의 초기작들이 보인 아프레게르적 관념과 사변의 상상력에서 벗어나 반세기를 더 살아오면서 현실 세계의 부조리를 체험하고 인간의 죄를 구체적으로 성찰하고 그 안에서의 구원을 탐구하며 인간의 본성과 실재 세계의 구조를 사색하고 겪어온 체험을 재현하는 데서 얻어진 삶의 투시가 얻어낸 정신적 충일일 것이다. 그 실제 세계의 성찰에서 작가가 드러내고 있는 아름다운 성정을 나는 거듭 사용해온 어휘로 다시 쓰고 있는 '연민'으로 짚고 있는데 그것은 가장 최근에 발표되었던 「새들에게 야단맞고」(2011)에서 또렷하게 확인된다. 작가가 "살자고 먹어대는 것은 모두가 가짜 생명"(p. 256)으로 여기며 조용한 시골의 자연 속에서 다정한 남편과 함께 일상이 순수하고 마음이 풍요로운 생활을 살며, "행복했다. 행복이 세상에 가득 넘쳤다. 〔……〕 이승에서 누리는 더 할 수 없는 정복(淨福)"(p. 238)을 누리던 지난 시절의 실제 에피소드로 짐작되는 이 작품에서 작가 부부는 앗시시의 성자처럼 "새들의 지저귐은 신비"(p. 237)라고 느끼고 후에 조류 도감을 보고 희귀한 그 이름을 찾은 '청호반새'가 통유리창에 머리를 받히고 목숨을 잃을 뻔한 곡경을 치르며 "어떻게 알고 어떻게 만난 생명인가"(p. 243)라고 애잔해하며 그 새가 되살아나 공중으로 날아가는 신선한 모습에서 자연의 아름다움, 생명의 귀중함을 발견하는 과정을 섬세하게 묘사한다. 여기서 드러나는 것은 보잘것없는 풀이며 벌레며 고라니에서도 바라보이는 살아 있는 것들의 생명에의 의지이며 그것은 "인류는 지구라는 초록빛 별을 죽여가고 있구나"(p. 233)라는 탄식으로 자연 보호의 정신을 발전시키고 있다. 그러나 두 부부의 생태계에 대한 존중은 환경주의자들의 정치적 운동이 아니라 생명에 대한 천연스러운 연민의 정에서 빚어진 것이어서 아름답고 순수하다. 그럼에도 세상은 어찌하여 그 아름다움, 순수함을 잃어가며 구제역으로 가축이 죽어가고 생매장당하며 인간들은 패자가 되고 그들의 삶은 불행과 슬픔으로 감싸이는 것일까. 그것들은 "눈물의 선지자 예레미야"가 외치며 공격한 "인간의 탐욕이 불러온 재앙"(p. 259)이 아닐까.

인간의 탐욕에 대한 정연희의 성찰은 마지막에 수록된 「압살롬아! 내 아들, 압살롬아!」(2007)에서 "내 탓이다"라고 외치는 고통스러운 절규 속으로 압축되고 있다. 「섣달 열이레」에서 묘사되는 보살할머니 도산댁의 박복한 생애에 대해 막내 손녀는 "무슨 일이 생기면 무조건 당신 탓이라면서 누구도 원망을 못 하게 하셨다"(p. 215)는 해명을 하고 있는데, 우리나라의 가톨릭에서도 한동안 스티커를 붙여 "내 탓입니다"라는 자인을 구하는 구약의 '메아 쿨파'는 소설적 구조로 재현한 다윗의 자복에서 뜨겁게 복창된다. 압살롬은 골리앗을 돌팔매질로 물리친 다윗의 아들인데 그의 이복형이 자기 누이를 겁탈하고 버린 데 분노하여 그 형을 죽이고 마침내 아버지에게 반란을 일으켰다가 죽임을 당하는 열왕기 시대의 인물이다. 정연희의 이 소설은 8명의 아내와 10명의 후궁을 둔 다윗이 스스로의 죄 때문에, 그리고 탐욕과 모략으로, 형제간, 그러고는 이어 부자간에 죽임과 죽음의 상쟁들이 잇따른 비극을 당해 통곡하고 있는 것이다. 다윗은 그 죄상들을 모아 참회하며 "내 죄를 내 통곡으로 지울 수만 있다면"(p. 290) 통곡하고 "내 눈물로 내 죄를 녹여 씻을 수 있다면"(p. 292) 하고 눈물 흘리며 회개하며 "지긋지긋하게 이승에 살다가, 죽을 때까지, 내 죄의 쓰리고 아픈 칼날로 내 가슴을 찔러야 할 것이다"(p. 295)라고 자신의 가슴을 쓰라림으로 휘젓고 "악은 악을 부르고 죄는 죄를 손짓하여 짝짓는다는 것을 내가 몰랐겠느냐? 〔……〕 비겁하고 용렬하고 너절하고 누추한, 더는 인간이기를 포기한 자의 행동"(p. 297)을 스스로 탄핵한다. 다윗의 이 '메아 쿨파'를 우리 누구가 기피할 수 있겠는가. 인간이라는 원죄적 존재에서 누가 자유로울 수 있을 것인가. 그러나 그것은 생명 붙은 인간이라는 존재의 본질이고 그들이 이루고 있는 이 세상의 참모습이며 우리 모두가 치러야 할 세상살이이고 부조리이며 운명이다. 그러나, 그러나, 이순의 경지를 넘어 고종명(考終命)의 나이에 이르기까지 이 세상의 이런저런 달고 쓴 맛들을 두루 씹어보며 끝내 정복(淨福)을 향한 기도로 진정하는 정연희는 마침내 무릇 '내 탓'임을 고백하는 죄스러운 우리들에게 다윗의 입을 통해 마지막 한마디 구원의 말을 전해준다: "압살롬아! 내 아들 압살롬아! 나의 새 생명, 나의 거룩한 고통, 압살롬아, 내 아들 압살롬아!"(p. 302). 죄를 통해 새로운 생명이 태어나고 고통을 통해 구원의 길이 보이는 것이니, 비록 기독교 신자임을 스스로 버린 내게도, 이 '거룩한 고통'의 삶이 새로운 생명으로의 길로 열어주는 기도로 내 심중을 때린다.

나는 이른바 문학비평가로서 정연희 문학 읽기의 맨 처음을 가장 최근의 그의 소설로 끌어안았다. 그것도 그의 창작 시기의 순서를 밟기보다 거꾸로 되짚어 올라가며 그의 심중을 지금에서 먼저의 시절로 훑어갔다. 그래서 이 세상의 삶에 숨어 있는 깊은 심연들을 먼저 보고 그 밑으로 내려 들어가 그 심연에서 우러난 연민의 근거로 메아 쿨파의 기독교적 고백을 찾았다. 원인에서 결과를 찾기보다 결과에서 원인으로 역추적하는 과정에서 나는 인간들의 슬픔이 스스로 지은 죄에서 비롯된 것이라는 작가의 고통스러운, 그러나 정갈한 글로 흐르는 반추의 사유 과정을 밟아본다. 그것이 정연희가 '빌려온 시간'이란 매우 시사적인 제목을 찾아온 이 창작집에서 지핀 사상의 실제적 전개이든 내가 작가의 뜻과 관계없이 그의 작품에서 내 맞춤대로 길어 온 이 세계의 진상이든, 이 세상은 불행하고 그 가운데서 생명을 지켜야 하는 인간의 삶은 부질없다는 우리의 성찰에 벗어남이나 지나침은 없을 것이다. 이 지상의 구차한 삶을 피할 수 없는 현존의 물살로 이미 경험하고 그것을 결코 '기독교 문학'이라고 한정할 수 없는 그다운 아름다우면서도 서러운 언어의 소설로 재현하면서 한 경지에 도달한 정연희의 연민에의 정서는 혼탁한 오늘의 우리에게 가장 신실한 인간적 목소리로 다가온다. 그러면서 그는 우리에게 한 가닥 구원의 두레박줄을 내려준다. 나는 가슴속으로 깊이 울려오는 그 한 구절을 되풀이 속삭이며 외워둔다: "새로운 생명이여! 거룩한 고통이여!"

〔2012. 3〕

시련의 시대를 증언하다
— 박완서 자전소설 『그 산이 정말 거기 있었을까』

　박완서가 육십대 중반에 들면서 쓴 『그 산이 정말 거기 있었을까』(웅진닷컴, 1995)는 그보다 3년 앞서 발표한 『그 많던 싱아는 누가 다 먹었을까』에 붙인 '자전소설'의 속편으로, 꿈 많은 스무 살 젊음의 첫마디에 닥쳐온 6·25 적치(赤治)에서 요행 벗어나면서부터 시작하여 3년 못 미쳐의 짧지만 험한 시련을 거쳐 결혼의 행복한 결말에 이르기까지의 시절을 오히려 '기록'의 문체로 서술하고 있다. 앞의 책이 태어나면서부터 20년에 걸친 자서전임에 비해 비슷한 분량으로 20여 개월의 개인사를 기록한 것은 그 시기가 이후의 두 세대에 걸친 우리 역사에서도 그랬던 것처럼 세상이 얼마나 성급하게 변화했는지 그 시간적 밀도를 반영하고 있을 것이며 그 집약된 시기에 치러야 했던 박완서 생애의 벅찬 급박을 보여주는 것이기도 하다. 그의 작가 연보 [『모든 것에 따뜻함이 숨어 있다』(웅진지식하우스, 2011)]는 "1950년 서울대학교 문리대 국어국문학과 입학. 6월 하순에 입학식이 있어서 학교를 다닌 기간은 며칠 되지 않음. 전쟁으로 오빠와 숙부가 죽고 대가족의 생계를 책임지게 됨. 미군 부대에 취직, 미8군 PX의 초상화부에 근무. 거기서 박수근 화백을 알게 됨"으로 적혀 있고 그리고 이어, "1953년(23세) 4월 21일에 호영진과 결혼"(p. 346)으로 당시의 생애를 매듭짓고 있다. 이 간략한 보고의 구체적 전개가 『그 산이 정말 거기 있었을까』에서 진술되고 있는 개인사의 요지인데 작가는 이 회고를 마무리 지으면서 이 시련의 시기를 "엄마에게나 나에게나 온몸을 내던진 울음은 앞으로 부드럽게 살기 위해 꼭 필요한 통과 의례, 자신에게 가하는 무두질 같은 게 아니었을까"(『그 산이 정말 거기 있었을까』, p. 324)라고 아픈 마음으로 가다듬고 있었다.

그러나 그 '무두질'은 『그 산이 정말 거기 있었을까』에서 확인할 수 있듯이, 작가가 '자신에게 가하는' 것이 아니라, 그 고통과 혼란의 시대에 우리 민족 모두가 피할 수 없이 부닥친 고난이었을 뿐 아니라, 대학 신입의 어린 여학생이 품을 수 있었던 '자유에의 예감'으로 황홀해 있던 박완서 자신도 더불어 흠뻑 뒤집어쓴 역사적 수난에서 피할 수 없이 당해온 시련이었다. 전쟁과 죽음, 피난과 굶주림, 그리고 아무도 스스로 감당할 수도, 책임질 수도 없는 운명은 그 시대의 것인 동시에 그 시대의 한가운데에서 거대한 삶의 무게에 짓눌려야 했던 가냘픈 여성 박완서와 함께하는 것이기도 했다. 그녀가 결혼식을 마치고 근친으로 간 친정에서 엄마와 터트린 그 울음은 그러므로 그 시대 남북의 한민족 모두의 것일 뿐 아니라 바로 그 수난의 역사에 뚜렷한 전형이 된 박완서 모녀의 것이지 않을 수 없으리라. 이력에는 생략하지 않을 수 없지만 회고담에는 반드시 고백하지 않을 수 없었던, 그 짧은 시기의 기구한 운명의 시소를 짚어보면 그녀가 얼마나 절박한 상황에 매몰될 뻔했는지, 지금 읽어도, 그리고 단순한 픽션이라면 작가의 상상력에 의한 작위적 사태로 볼 수밖에 없을 만큼, 아찔할 정도이다. 그리고 그것이 '나'로 표기되는 박완서 자신의 기록으로 진행되기에 비록 '자전소설'이란 타이틀에도 불구하고 육십대의 저자가 회상하는 40여 년 전의 사태에 대한 증언적 진술로 읽지 않을 수 없다.

『그 산이 정말 거기에 있었을까』는 도민증을 얻기 위해 고양의 한 학교에서 자리를 잡고 있던 오빠가 군인의 오발로 다리에 총상을 입고 올케의 치료를 받는 데서 시작한다. 그리고 그녀 가족과 함께 전란의 시국에 남북의 채찍질로 우왕좌왕할 수밖에 없는 박완서의 소용돌이 같은 운명의 작희가 진행된다. 걸음을 옮길 수 없는 오빠 때문에 중공군이 남하해 들어오는 서울에서의 피란길을 포기하고 가족들은 현저동 전에 살던 동네로 옮겨 두번째 적치하에 숨어 지내야 했다. 거의 완벽하게 텅 빈 서울에서 그들 가족은 다시 공산당 치하에 갇히게 되고 이웃집을 뒤져가며 식량을 마련하는 참담을 감수한다. 그러나 인민위에 발각된 그녀는 그 사무실에서 일하게 되고 한겨울을 지내는 몇 달 후 인민군이 후퇴하면서 그녀도 올케와 함께 월북을 강요당한다. 두 여인은 짐 보따리를 싸 머리에 얹고 지고 하며 북행길에 나서 임진강 가에 이르렀지만 감시가 느슨한 문산의 한 시골에서 슬그머니 빠져나와 남행하여 다시 서울로 돌아오게 된다. 돈암동 집에서 숙부네와 함께 살게 된 그녀의 가족을 대신해서 그녀는 부역 혐의로 조사를 받다가 그녀의 앙칼진 항의에 면속되어 이번에는 향토방위대의 사무원으로 일하게 된다. 남북군의 전투가 여전히 진행되고 전선이 이동하면서 서울 철수령이 내려져 방위대는 후퇴하여 남하해야 했고, 그녀도 그들과 함께 온양까지 내려갔지만 그곳에서 방위대는 해산된다. 그녀는 다시 걸어 서울로 올라와 마침내 가족과 다시 합류하게 되지만 오빠는 피난으로 도진 병으로 결국 죽음을 맞는다. 그녀는 생계를 위해 다과점을 열었지만 곧바로 폐업을 하고 친구의 소개로 8군 PX에 취직하여 초상화부에 근무하며 화가 박수근을 알게 되기도 하고 잠시 동네의 유복한 청년과 연애 비슷한 데이트를 즐기기도 하지만 듬직한 남자를 사귄 끝에 마침내 결혼에 이른다.

요약해도 그 줄거리는 기구하지만 그 3년은 오빠의 다리를 치료하기 위해 총알이 관통한 상처 속으로 "소독한 심을 서리서리 한없이 집어넣는 것을 옆에서 지켜보면서 그 구멍이 지옥으로 통하는 나락만큼이나 어둡고 깊게 느껴지는" 듯, "하염없이 빠져들어가는 듯한 공포감"(『그 많던 싱아는 누가 다 먹었을까』(세계사, 2012, pp. 278~80)]의 시절이었고 믿음직한 호영진과의 결혼은 거기서 빠져나가 "나는 마모되고 싶지 않았다. 자유롭게 기를 펴고 싶었고, 성장도 하고 싶었다"(『그 산이 정말 거기 있었을까』)는 젊은 소망을 향한 탈출의 준비였다. 그리고 그녀는 그 탈출에 성공했다. 그녀는 왕성하게 출산했고, 그리고 "그 많던 싱아를 누가 다 먹었을까" 하고 돌이켜보는 가운데 그처럼 참담한 경험과 소회, "거대한 공허와 벌레의 시간"을 증언하기 위해 가지게 된, "언젠가 글을 쓸 것 같은 예감"(『그 많던 싱아는 누가 다 먹었을까』, p. 283)대로, 그녀는 40세 때늦은 나이로 등단하여 그녀 앞뒤의 어떤 작가들보다 왕성하게, 그리고 자신의 체험을 바탕으로 삶의 현실을 섬세하게 포착하는 소설들을 줄기차게 발표하기 시작한다.

그에게 글쓰기의 예감을 던져준 가장 직접적인 동인은 자신을 핍박한 시대를 향한 증언이었고 거기서 그가 선택한 증언의 주제는 그가 운명적으로 당면해야 했던 한국전쟁, 그것도 『그 산이 정말 거기 있었을까』에 설정된 1950년대 초 그 2년 동안의 사태였다. "고약한 우연에 대한 정당한 복수"(p. 283)로서의 '증언의 책무'를 안겨준 그 시기는 인민군의 치하와 수복한 국군의 치하(이는 낮에는 경찰, 밤에는 빨치산에 시달려야 했던 이청준의 소설 공간을 연상시킨다)가 번갈아 설치던 시절이었고 그에 따라 그는 그 적대적 치하의 기관에 사무원으로 일해야 했으며 양쪽의 기관에서 조사를 받아야 했고 드디어는 월북과 남하를 바꾸어가며 힘든 피난 걸음을 하게 된다. 그 두 차례 동원된 남북으로의 길에서 그나마 다행한 몸으로 돌아와 가족과 합류하고서는 오빠의 죽음을 보아야 했고 식구들의 생계를 위해, 그러나 이번에는 전혀 달리 남북한이 아닌 미군의 상가에 취직해서 살아야 했다. 1년 남짓 동안 이루어진 이 삶의 기구한 기행(紀行)은 이십대 초의 젊은 여인으로서는 도저히 감당하기 힘든 처절한 '인생 유전'이었다. 그리고 아주 다행히, 그를 위해서뿐 아니라 우리 한국 문학을 위해서 참으로 행복하게, '정당한 복수'의 감정을 일으킨 그 쓰디쓴 체험들은 문학적 증언으로 승화되어 현대 한국 소설사의 귀중한 자산을 이루게 된다. 나는 박완서의 문학적 생애를 돌이켜 보며 쓴 글(「거짓된 세상 아프게 껴안다」, 『모든 것에 따뜻함이 숨어 있다』)에서, 그의 소설은 그가 살았던 시대와 고스란히 함께하는 철저한 당대적 성격을 지니고 있다는 것, 그래서 그 문학의 주제가 한국전쟁과 그 이후의 근대화 과정의 사회적 변화로 집중되고 있다는 것, 그 화자가 여성임으로 해서 이 시대 변화 속에서 나날의 삶을 '맨살'을 만지듯 가장 구체적이고 물질적으로 살면서 그 성장의 주축을 이루는 중산층의 허위와 위선을 폭로하고 있다는 것 등으로 짚었다. 그것은 시대의 증언자로서의 작가적 직무에 그와 그의 문학이 최대한 충실했음을 확인하는 것이다.『그 산이 정말 거기 있었을까』는 그런 증언들 가운데 가장 처절하고 철저한 자기 진술로 읽힌다. 경험이 다르고 그래서 그 형태도 다르지만 그는 이청준처럼 '자기 진술서'를 쓰고 있었고 그가 감당해야 했던 이 증언들에서 지금의 우리는 1950년대 초의 잔인한 시절이 안겨준 그 숱한 아픔들을 다시 통감하지 않을 수 없다. 그러기에 그 증언의 의미는 좀더 되새겨보아야 할 것이다.

내가 우선 지목하고 싶은 것은 그가 다룬 시기에 대한 증언이 1950년대 초 한국전쟁 중의 서울살이에 대한 거의 유일한 기록이라는 점이다. 오빠의 상처 치료에서 받는 "어둡고 한없는 공포감"에서 연유된『그 산이 정말 거기 있었을까』가 대상으로 한 1950년 말부터 1953년 중반의 기간은 크게 세 부분으로 구성된다. 첫 부분은 인민군의 "깊이 모를 어둠에서 풀려 나오듯이 한없이 우울하고 조용하게 입성"(p. 18)하는 것을 목도하는 데서 시작하여 올케와 함께 파주로 북행하다가 교하의 구룡재 '호랑할멈' 집에서 머물다 만난 "하룻밤 새 감쪽같이 세상이 바뀌었"(p. 112)음을 알게 된 적치하의 세상이고, 두번째 부분은 전력이 탄로 나지 않도록 신촌으로 돌아 돈암동 집으로 귀가해서 부역 조사를 받고 '향토방위대'에 출근하고 다시 남향해서 온양까지 내려갔다가 다시 서울로 돌아와 그 방위대원의 신분증을 미끼로 하여 무사히 한강을 건넜고 마침내 "실망과 낙담과 노독이 겹쳐 폭삭 무너져 내리고 말"(p. 168) 듯이 쓰러지며 다시 돈암동 집으로 돌아와 가족과 재회하기까지이며, 세번째는 식구들의 생계를 위해 잠시 가게를 열었다가 실패하고 미군 PX 초상화부에 취직하여 생활 전선에 적응해가며 동네의 청년과 데이트도 하고 결국 듬직한 신랑감

을 만나 결혼식을 마치고 친정집에 들러 "온몸을 내던진 울음"(p. 324)
을 터트리기까지의 마지막 부분이다. 이 세 부분 모두가 '돈암동 집'
으로 돌아가는 것으로 단락을 짓는데 그 '귀가'가 남겨주는 상징성에
주목하면서 그것들에 보다 중요하게 다가오는 것은 그 세 번의 귀가
를 실제의 현실로 경험하게 되는 겨우 몇 달 동안이 세 세대의 긴 세
월 중에도 못다 치를 고통스럽고 잔인한 시절이었고 그 실상을 작가
로서보다는 삶의 실제 감당자로서의 모습으로 구체적이고 정직하게
술회하고 있고 그래서 그 충실성과 신뢰감에서 더욱 귀중한 자료가
된다는 점이다. 그가 여기서 피난을 못 가 치러야 했고 그 후에도 끈
질기게 그들의 삶에 어둡게 드리운 적치하, 그것도 나로서는 처음 대
하는 1·4 후퇴 당시의 두번째 인민군 치하의 서울과 그 겨울의 고통
스러운 삶들, 그리고 느슨한 감시 속에 이루어진 강제된 북행길에 대
한 증언이다. 6·25 당시 인민군 치하의 삶과 풍경은 염상섭의 『취우
(驟雨)』와 김원일의 『불의 제전』에서 소설적 재구성으로 더러 발견되
기도 하지만, 1·4 후퇴 당시의 춥고 먹을 것 하나 없는 텅 빈 서울살
이는, 적어도 소설로서는, 내가 볼 수 있는 한, 『그 산이 정말 거기
있었을까』에서 본 것이 유일하다.

그때의 서울은, 박완서의 '증언'에 의하면, 사람들은 모두 남으로
피난을 갔고 동네는 거의 비어 "한 동네 50명 미만"의 "완벽한 철수"
(p. 55)로 '공포스러운' 공백의 대도시가 되었고 그랬기에 작가 자신
이 실토하듯이 아무 집이나 열쇠를 부수고 들어가 살 수 있었고, 이
웃집 어디를 뒤져서라도 양식을 찾아내 가져가기도 하며 이불까지 들
고 갈 정도였다. "그들(인민군)이 몇 탕 거쳐 가고 나서 잠시 비었을
때 그런 집들을 들여다보면 그야말로 기둥뿌리만 남아 있대도 과언이

아니었다. 세간까지 부수어서 땔감으로 살았고 이부자리나 옷가지 등도 무슨 까닭에서인지 산산이 까발려놓고 갔다." 나라의 군대가 이 정도였으니 피난 못 간 민간인은 어땠을까. "그들이 전쟁을 하고 있는 것 못지않게 나도 식량과의 전쟁을 하고 있었다. 〔……〕 아기 베개 속의 좁쌀 따위 미미한 것을 위해 여자들 특유의 섬세한 감각을 총동원해야만 했다. 그건 할 짓이 아니었다"(p. 51). 인민위원회에서 나와 일해달라는 요구가 왔을 때 그녀는 "나중에 빨갱이로 몰릴까 봐 두렵다는 생각도 그닥 심각하지 않"게 생각하는데 그것은 "도둑질에 죄의식이 없어지고부터 후환을 근심하는 것까지 배부른 수작으로 여겨졌다. 오로지 배고픈 것만이 진실이고 그 밖의 것은 모조리 엄살이요 가짜라고 여겨질 정도로 나는 악에 받쳐 있었"(p. 54)기 때문이었다. 정말 굶주림과 죽음, 공포와 허망만이 미만해 있는 사태에 대해 우리는 뭐라고 문책할 수 있을까. 한국전쟁은 현대 세계에서의 첫 이념전으로 규정되고 있지만 정작 그 전쟁의 복판에서 하루하루의 삶을 두려움과 목숨의 본능 속에서만 살아내야 하는 사람들에게 그것은 "너무나 참혹한 인간이 저지른 미친 짓에 대한 경악"(p. 93)일 뿐이었다.

 여기, 이 '참혹한 미친 짓'에 대한 분노가 작가의 그 광기의 시대에 대한 인간적 감수성에서 터져 나온 증언들의 정서적 주류를 이룬다. 그는 자신이 치르고 보고 듣고 겪은 일들을 통해 이 시대, 이 전쟁, 거기서 빚어진 이 참혹한 사태들의 그 비인간성을 끊임없이 폭로하고 그것들을 받치고 있는 이념들을 비판하고 거기에 내건 국가의 존재성에 대해 비난한다. 그것이 어느 만큼이었는가 하면 '최고 수준의 방소예술단'이 여는 '위로 공연'을 보면서 "마치 공산주의가 벌거벗고서 있는 걸 바라보는 기분"(p. 63)을 느끼고 "이놈의 나라가 정녕 무서웠다"며 공포에 떨 정도였다.

인간은 먹어야 산다는 만고의 진리에 대해, 시민들이 당면한 굶주림의 공포 앞에 양식 대신 예술을 들이대며 즐기기를 강요하는 그들이 어찌 무섭지 않으랴. 차라리 독을 들이댔던들 그보다는 덜 무서웠을 것 같았다. (p. 63)

처절한 생존의 욕망 앞에서 치를 떨며 이데올로기의 허구를 탄핵하는 박완서의 인민군 체제에 대한 비판 못지않게 삶의 당연한 본능을 무시하고 무책임하게 처벌을 가하는 남쪽의 정권에 대해서도 그녀는 처연할 정도로 치열했다. 그녀의 부역을 조사하는 경찰에게 '애원' 아닌 절규를 퍼붓는 데서 그것은 두려움 없이 폭발한다.

국민들을 인민군 치하에다 팽개쳐두고 즈네들만 도망갔다 와 가지고 인민군 밥해준 것도 죄라고 사형시키는 이딴 나라에서 나도 살고 싶지 않아. 죽여라, 죽여. 〔……〕 이래 죽이고 저래 죽이고 여기서 빼가고 저기서 빼가고, 양쪽에서 쓸 만한 인재는 체질하고 키질해서 죽이지 않으면 데리고 가고 지금 서울엔 쭉정이밖에 더 남았냐? 그래도 뭐가 부족해 또 체질이냐? 그까짓 쭉정이들 한꺼번에 불 싸질러버리고 말지. (pp. 136~37)

이 절규는 논리보다 더욱 박력 있고 이념보다 더욱 절실하며 이성이 서늘해질 뜨거운 진실성으로 육박해오는 것이었다. 이 윽박지름이 그녀의 가족들을 구하고 그녀는 비록 월급 없는 '지역 방위대'의 사무직원으로 살아남을 빌미를 제공받고 있지만, 가혹한 이데올로기의 역사 속에서 수난당해온 그 시대의 이 처절한 외침은 한국전쟁기의 남북한 양쪽으로부터 시달려온 한국인 누구나가 함께해야 하고 또 하지 않을 수 없는 참담한 현실에의 적나라한 증언이 되지 않을 수 없다.

롤러코스터를 타듯 남북을 쫓기며 오간 가혹한 시련 속에서 터져나온 절규들 속에서 『그 산이 정말 거기 있었을까』의 곳곳에서는 그 시절의 참담함, 그 안에서 살 수밖에 없고 또 그렇게 살아야 하는 사람들의 비참함, 그 누추한 것들을 보고 들으며 느껴야 하는 박완서 자신의 속절없는 자의식이 집요하게 표출되고 있다. 거기에는 서러움, 억울함, 안타까움, 두려움, 지긋지긋함, 좌절감, 절망스러움의 안쓰러운 감정으로부터 혐오감, 증오감, 허위, 위선, 경멸감, 반감, 비난 등등 세상을 바라보며 다가오는 부정적 인식들까지 서슴없이 쏟아져 나오고 있다. 이십대 초반의 처녀가 그 참혹하고 비루한 모습들을 비로소 바라보며 피할 수 없이 가지게 되는 이 세계에 대한 처절한 부정적 인식들이 억제할 수 없는 소감들을 통해 자지러지게 표현되는 것이었다. 그녀는 그 젊은 나이에 이미, 이 세계의 저 끝을, 이 세상의 '똥구멍'을 보아버린 것이다. 그렇다는 것을, 우연히 두 차례 목련나무를 바라보며 그 아름다움에 취해가면서도 그러나 그 소녀적 감정에 완강히 저항하며 현실의 독살스러움을 그녀가 환기해내는 데서 확인할 수 있다. 북행하는 고된 길에서 그녀와 올케는 시골의 어느 집 앞에서 문득 "장독대 옆에 서 있는 바짝 마른 나뭇가지에서 꽃망울이 부푸는 것을" 본다. "목련나무였다." 그 "걷잡을 수 없이 부풀어 오를" 생명의 망울을 보는 순간 그녀는 "어머, 얘가 미쳤나 봐

하는 비명"을 지른다. 여기서 그녀의 비명은 꽃망울의 생기에 대한 경탄이 아니라 "너무나 참혹한 인간이 저지른 미친 짓에 대한 경악"(pp. 92~93)이었다. 다시 한 번 서울로 돌아오면서 "큰 목련나무가 빈틈이라곤 없이 피어 있는" 것을 "돌아보고 또 돌아보면서" 좀 늦게 피어난 꽃들의 "귀기랄까 요기 같은 걸 안개처럼 내뿜고 있는 [……] 순수한 백색, 그 처절한 백색"을 보며 "미쳤어!"란 외침 대신 겁을 먹고 "불길한 걸 피하듯이" 지나친다(p. 100). 그 불길함은 "마전하기를 원수지듯 되풀이해서 도달한, 마지막 빛깔로 해 입은 청상의 소복하고 똑같은 백색"(pp. 117~18)을 연상하고 가족이 당했을지도 모를 불행을 예감하는 것이었다. 세상은 그렇게 미치게 참혹했고 사람들은 아름다움에서 오히려 불길을 예감해야 하는 비정한 시대였다.

꽃다운 여대생의 이 처절한 자학은 그러나 역으로 그의 장래를 예비해주는 것이었다. 비록 오빠는 상처에서 회복되지 못하고 피난 갔다 돌아온 후 한없이 쇠약해진 몸에서 드디어 생명의 줄을 놓아버렸지만 그녀는 이제 눈앞의 힘든 삶을 살아내야 했고 다행히 가장 밑바닥을 치고 되솟아나듯이 새로운 생활의 길을 열어가기 시작한다. 그녀는 직장을 다니며 비록 어머니와 올케 사이에서 "군식구 같은 자격지심"(p. 258)을 느끼며 허사장의 '서울대생 타령'에 "손가락으로 후벼 파내고 싶은 충동"(p. 263)에 젖기도 하고 "양키한테 붙어먹고 사는 게 얼마나 치욕스러운 일인지"(p. 266) 자학하며 "발랑 까져버린 자신에 소스라치게 참담"(p. 272)해지기도 하지만, 그럼에도 그녀는 안정되고 풍족한 월급을 받으며 앞으로의 새로운 삶을 예비하기도 한다. 그녀는 마침내 또래의 대학생 청년과 시를 외우고 함께 젊음의 꿈을 말하며 가지는, 후일의 그의 단편과 장편 『그 남자네 집』(2004)

에서 아름다운 추억으로 되살리게 되는, 따뜻하고 소담스러운 데이트도 즐기며 미군에게 초상화를 그려주는 별 볼 일 없어 보이는 그림쟁이들 중 후에 한국의 대표적인 화가로 조명되는 화가와 친해지고 이 뛰어난 화가의 내면에 감동하여 소설로 재현함으로써 1970년 『여성동아』 장편소설 공모에 당선된 『나목』을 통해 그 애틋한 전후의 풍경을 아름답게 묘사한 작품의 주인공 박수근과 정서적 공감을 나누기도 한다. 이 첫 장편소설로 박완서는 마흔의 중년에 거물급 신인으로 탄생하지만 정작 그녀의 사랑의 결실은 건실한 기술직에 근무하는 '그'에게서 이루어진다. 같은 건물에서 일하지만 PX 요원은 아닌 '그'가 미군을 상대하면서도 영어 발음을 제대로 굴리지 못하는 "막무가내로 완고한 혀"까지 좋아 보이기 시작하면서 '그'에게서 "미군 부대에 붙어먹고 살지 않아도 되는 데서 오는 당당함"을 발견하고 "사교술 같은 것하고는 상관없이 천성적으로 남을 조금도 스스럽지 않게 하는" '그'의 은근한 접근을 허용해서 그의 청혼을 받아들여 결혼에 이르게 되는 것이다. 불과 3년도 못 되는 시간 속에서 이 세상의 끝까지를 경험해버린 그녀에게 이제 자기가 오르고 싶은 그 산이 거기 있음을 깨달았을 것이다. 그리고 여기서 박완서는 드디어 미래를 향한 소망을 품게 된다.

나는 마모되고 싶지 않았다. 자유롭게 기를 펴고 싶었고, 성장도 하고 싶었다. (p. 312)

그리고 다시 옮기지만, "부드럽게 살기 위해 꼭 필요한 통과 의례, 자신에게 가하는 무두질 같은"(p. 324) 생애의 한 시절에 대한 진술을 마친다.

박완서는 네 아이를 낳고 그 아이들이 잘 자라나는 것을 보면서 늦은 나이에 소설을 썼고 문단에 데뷔한 이후 가장 왕성한 작품 활동을 해왔으며 남편과 아들을 한 해에 거의 동시에 잃는 말할 수 없이 극렬한 불행을 당하면서도 여전히 창작 생활을 계속했다. 당연히 그 왕성한 정신과 창조적 작업에 합당한 문학상과 명예와 존경도 받아왔다. 그가 작고한 얼마 후, 그런 그의 생애를 뒤쫓아 보아가면서 품었던 두 개의 의문을 풀어볼 수 있을까 여전히 기대하며 나는 다시 『그 산이 정말 거기 있었을까』를 들여다보았다. 그럼에도 그 의문은 역시 풀리지 않았다. 그 의문 중 하나는 박완서라는 작가는 어떻게 어린 시절부터 인간의 허위와 세상의 이중성을 알아챘을까 하는 점이었다. 『그 많던 싱아는 누가 다 먹었을까』에서 그 원천은 여럿 발견할 수 있었지만 그가 그럴 수 있게 된 가장 깊은 근원은 여전히 아리송했다. 이번에 새로 본 『그 산이 정말 거기 있었을까』에서 그가 세계를 그처럼 그악스러운 존재상으로 바라보지 않을 수 없는 정황이 더욱 치열하게 다가왔고 그렇게 세계 이해의 본질을 비판적으로, 그러나 진심에서 우러나게 된 내면적 원한의 근거를 더욱 확실하게 확인해주는 삶의 경험은 확인되고 있지만 최종적인 심상의 뿌리는 여전히 짚이지 않는다.

또 하나의 의문은 대학에 입학하면서 며칠 만에 닥친 6·25로 피난 생활과 굶주림, 월북과 남행, 생계를 위한 일상의 투쟁, 그리고 결혼 후의 자식 생산과 양육으로 도대체 '문청 시절'을 즐길 수도 없었고 따라서 습작의 시절도 가질 수 없었던 그가 어떻게 돌연히 『나목』에서 시작하여 왕성한 창작의 성과를 올릴 수 있었던 것일까 하는 그의 창작의 재능 형성에 대한 물음이었다. 물론 어머니의 이야기 솜씨를 어렸을 적부터 즐겼고 전쟁 중에도 지섭과 시를 읽기도 했으며 박수근에 대한 이야기를 『신동아』의 논픽션 공모용으로 쓰다가 만 경험을 술회하고는 있지만, 그것으로는 도저히 설명될 수 없는 문학적 상상력과 소설적 구성력, 그리고 문체의 탄탄함으로 이루어진 그의 문학적 성취는 이미 그의 창작 생활 처음부터 나타나고 있는데 중년의 나이에 그런 유창한 능력을 보이기란, 더욱이 뒤늦게 글을 쓰기 시작한 여성의 경우 그것은 극히 드문 예외적 현상으로 보인다. 결국 그것은 박완서의 타고난 창조적 재능에 돌릴 수밖에 없겠다는 맥없는 결론을 내리면서도, 『그 산이 정말 거기 있었을까』에서 인간 박완서가 소설가 박완서로 비약할 수 있는 힘찬 계기를 발견하게 되는 것은 분명하다. 이십대 초의 그 잔인한 시절이 없었다면, 그래서 이 지긋지긋한 세상의 치사스러움을 체험하고 관찰할 수 없었더라면, 그리고 그 비루한 세계에 대한 증언을 약속하지 않았더라면, 박완서의 문학은 다른 모습을 가진 작품일 수는 있겠지만 이렇게 뛰어난 문학적 성과를 이룩하지는 못했을 것이다. 그래, 그는 어디에서 그 근원이 솟아났든, 그 서사적 자질이 무엇에서 일구어졌든, 이 무두질하는 시대와 싸우고 견디며 이겨냄으로써 정말 거기 있는 현실 세계의 저 앞에 문득 서 있는 그 산을, 바라보고, 오르고 또, 드디어 넘은 것이다.

나는 그의 소설 세계를 훑어가면서 그의 문학적 특징이 여성을 주어로 삼으면서 역사와 시대의 전면이 아니라 뒤편 혹은 그 아래와 속에서 역사라는 시대적 움직임의 실제를 맨살로 살아야 했던 여성의 삶을 통해 분단과 전쟁, 근대화와 중산층으로 진행되는 현대 한국사의 실체를 구체적으로 들여다보고 우리 자신의 맨모습으로 형상화했다고 지적한 바 있다. 그는 이데올로기며 정치, 역사와 시대 같은 거창한 주제를 말하지 않고 오히려 그것들에 혐오감을 표하면서 일상의 삶, 가족과 평범한 이웃들과의 관계, 그 세속의 사람살이에서 가지게 되는 감정의 기복과 표리, 내면의 기미와 갈등 등 인간사의 가장 구체적이고 실제적인 것들을 이야기하고 있다. 그것이 1950년대의 전쟁과 1960년대 이후 중산층의 형성, 1990년대부터 나타나기 시작하는 현대성의 비인간성, 그리고 그 전체를 싸안는 인간적 허위의식과 이중성을 '까발려'온 그의 소설문학의 정체를 구성하는 것이었다. 우리는 그의 이러한 잔인한 폭로를 오히려 현대화하는 한국 사회의 정직한 증언으로 받아들여야 할 것이다. 그는 정확하게 짚어내고 설득력 있게 묘사하며 진솔하게 진술하고 뜨거운 박진감으로 현대 한국 중산층 혹은 그보다 앞선 한국전쟁의 이데올로기적 위선을 폭로하고 있는 것이다. 그것은 어쩌면 문학에서 아름답고 평화로운 장면을 기대하는 사람들에게 가학적인 풍자로 읽힐지도 모른다.

그러나 역사는 겉이 아니라 속으로 겪는 것이고 시대는 껍질이 아니라 생살로 견뎌내야 하는 것이며 사실은 경험된 진실로써 검토되어야 할 것이다. 그의 증언은 바로 이 역사와 시대와 사실을 바르게 받아들이도록 권고하는 것이고 그의 문학은 그의 증언을 소설적으로 재구성함으로써 찾아낸 표현일 것이다. 그가 소설 속으로 투입한 이야기와 사건과 에피소드 들은 그가 경험하고 보고 들은 사실들이었고 그가 여기서 느끼고 토로하고 서술한 감정과 사유와 인식은 그가 여자였고 여성이었기에 가능한 것들이었다. 그의 소설 화자들은 거의 여자였고 거기서 풀려 나오는 사건들은 그가 어릴 적부터 늙어서까지 실제로 듣고 보고 알게 된 일이었다. 그런 점에서 그는 가장 리얼리즘적인 작가이고 그가 살아온 시대 곧 한국전쟁과 그 후의 한국 근대사에 지극히 충실한 당대주의적 소설가였다. 그런 세계 인식, 그것의 언어적 표현인 소설문학의 지향성, 그것들을 통해 드러내는 인간의 심리적 복합성에 대한 정직한 인식과 감각 등이 한국 문학사의 한 장을 차지할 박완서의 창조적 성과일 것인데 이 창조의 힘이 바로 『그 산이 정말 거기 있었을까』에서 치르고 있던 젊은 시절의 무두질에서 얻어진 결과였던 것이다. 그는 그 아픈 삶의 과정을 진술한 것이고 그 진술은 곧 한국 현대사의 거대한 줄기로 관통해온 역사에 대한 증언이 된 것이다. '그 산'은 바로 거기에 숨겨져 있었던 것이다.

[2012. 1]

삶의 외로움 견디기
── 현길언 소설집 『유리 벽』

1980년대 초 나는 무심코 처음 보는 이름의 작가 소설을 읽었다. 흥미로웠다. 그리고 이어 발표되는 그의 소설 두어 편을 더 읽고 처음 보는 그에게 작품집 발간을 제의했다. 그것이 현길언의 첫 작품집 『용마의 꿈』(문학과지성사, 1984)이었고 그의 왕성한 창작을 받쳐 이듬해 나온 『우리들의 스승님』에서 나는 해설 「왜곡된 역사 속의 부도덕한 삶」〔나의 『전망을 위한 성찰』(1985)에 재수록〕으로 '중년의 신인'으로서의 그의 소설 세계를 들여다보았다. 이때 나는 『현대문학』의 추천으로 1980년에 문단에 데뷔한 짧은 이력에도 불구하고, 그리고 한 해 만에 잇단 두 권의 창작집 간행이란 아주 가까운 시차에도 불구하고 작가는 그 둘 사이에서 '조심스러운 변화를 시도'한다고 썼다. 묘사보다는 진술을 택하며 주인공들의 시대적 삶의 궤적을 대상으로 서술하고 있는 점에서 공통되지만, 1인칭에서 3인칭으로 옮겨 가는 시점의 교체와 그의 고향인 제주도의 한정된 지역에서 우리나라 어디라도 좋을, 지역적 한계를 벗어나는 공간의 확대를 통해 시점의 객관화와 인식의 보편화로 조심스러운 변화를 이루고 있다고 본 것이다. 그 변화를 통해 현길언이 보여주고 있는 것은 "우리에게 진실이란 무엇이며 그것은 어떻게 감추어져 있는가 하는 근본적인 지성의 자유란 문제"(『전망을 위한 성찰』, p. 262)라고 짚으면서 거기서 드러나는 "도덕적 인식 능력의 빈약"이란 권력의 독점과 자본주의적 근대화가 진행되고 있던 당대적 사회 모순의 결과라고 보았다.

그러고서 거의 30년이 지났다. 정치는 상당한 민주화를 이룩했고 경제 성장도 괄목할 정도였으며 작가 현길언도 제주도 4·3 사태를 재구성하는 대작 『한라산』(미완)을 비롯한 장단편을 여전히 활발하게 발표하면서도 대학 교수직에서 정년 퇴임을 했고 평화 운동을 위한 연구소를 운영하며 종합 교양 계간지를 주재하는 칠십대가 되었다. 고희의 나이에 이르러서도 그의 조용한 열정은 여전하여, 2009년에는 『나의 집을 떠나며』(문학과지성사)를 상자했고 한 해를 겨우 넘기면서 이제 또 새로운 창작집 『유리 벽』(문학과지성사, 2011)을 간행하고 있다. 그리고 나는 처음의 두 창작집에서처럼 이번의 잇단 두 노년문학의 성과들에서도 다시 '조심스러운 변화'를 발견한다. 다섯 편의 연작 '관계'를 모은 『나의 집을 떠나며』는 갖가지 인간들의 사이 맺어짐이 겉보기와는 달리 참으로 미묘하고 착잡하며 어깃장을 놓는 심리적 기미들을 섬세하게 관찰하고 해부하는 시선으로 서술되고 있다. 그것은, 이 '관계' 연작들의 해설을 쓴 이재복의 말처럼, "'관계'의 역사 혹은 역사의 관계성을 탐색해야만 객관적이고 보편적인 진실에 도달할 수 있다면, 그것은 인간과 역사를 좀더 포괄적, 심층적으로 이해하려는 작가의 진지한 성찰"(『나의 집을 떠나며』, p. 270)의 대상으로서 이 세계에서의 구체적인 삶의 양상과 근원을 헤아리는 현상적 해석을 이루는 것이다.

'연작'의 이음새를 뗀 『유리 벽』은 기독교적 혹은 교회적 인간들을 제시하는 데서는 앞의 창작들과 다름없으면서도, 그 신앙으로도 결코 벗어날 수 없는, 아니 그럼에도 믿음의 태도로써 받아들여야 할 죽음의 문제를 제기하고 이에 이르기까지의 배신을 비롯한 삶의 부도덕한 양상을 관찰하면서 그 밑에, 보다 깊이 받치고 있는 인간 존재의 외로움을 도려내 보이고 있다는 점에서 작가는 또 다른 세계의 현존을 탐색하고 있는 것이다. 그 작업을 위해 그는 이 소설집에 수록된 일곱 편의 작품들에서 도전적이랄 것까지는 아니겠지만 보다 다양한 수법을 활용하여 자신의 주제를 활발하게 제시하고 있다. 가령 「방」과 「죽음에 대한 몇 개의 삽화」는 연쇄성을 갖지 않은 에피소드로 구성하면서도 그 주제는 '방' 또는 '죽음' 등의 한 가지로 모아가는 단락소설의 체통을 보이고 있고 「방문객」과 「유리 벽」은 전혀 다른 설정에도 불구하고 전통적인 단단한 단편의 구조 속에서 인간 사회의 배신과 그 때문에 자살을 감행하는, 흔히 그릴 수 있는 사건을 그 겉과 속으로 동전의 앞과 뒤처럼 모양을 달리하여 묘사하고 있다. 「고향에서 보낸 마지막 며칠」에도 배반은 나오지만 여기서는 배반당한 정치인의 죽음을 앞둔 회오와 성찰로 내면화되고 있는 반면 「짧은 혀 긴 혀」 역시 죽음에 앞선 기업인을 통해 배반으로 빚어진 역사의 오류를 벗기면서 진실을 밝히는 과정으로 재현하고 있고 「게스트하우스」는 몽골에서 선교 활동을 하는 목회자의 다정한 활동과 그럼에도 본인의 뜻과 관련 없이 그 자리를 떠나야 하는 안타까움을 담담히 고백하고 있다. 작가의 이 같은 창작 세계의 다양화 속에서 나는 과장도 흥분도 없이, 까다로운 언어적 희롱도 시도하지 않는 조용한 문체를 통해 한결같이 온유한 그의 인품을 떠올리며 대상을 향해 속을 열고 사심 없이 받아들이며 조용히 진실을 향해 사유하는 그의 진지한 내면을 읽는다. 이번의 그 사유는 삶을 공간적인 얽힘에서 시간적인 흐름으로 바꾸어 받아들이며 '인생'의 고통스러운 존재론적 물성을 '행복한 아픔'(p. 154)으로의 '깨어남'을 통해 "추상적 관념을 뛰어넘어 진정한 죽음의 실상에 다가가 얻어진" '정신적 평정'(p. 155)으로 맞아들이려는 품위 있는 소망을 지향하고 있다. 30여 년 전에 큰 수술을 받고 이제 고희를 넘어선 작가의 깊고 은은한 정신의 훈기가 이렇게 이 창작집 전반을 가로지르며 흐르고 있는 것이다.

다시 그의 최근작들을 따라가며 여전히 진지한, 그러나 노년의 회상과 성찰이 스며 있는 중후한 작품들의 문맥을 짚어 읽어본다. 첫 수록작인 「방」은 여섯 개의 에피소드를 통해 생활 공간으로서의 방들과의 인연을 회고함으로써 평생에 걸친 한 삶의 궤적을 그리고 있는데 그것은 내게 다리 위와 아래를 둘러싸고 벌어지는 집단적 사건들을 통해 민족의 아픈 역사를 그린 이보 안드리치의 장편 『드리나 강의 다리』를, 그 수법과 주제에 관계없이, 연상시켜준다. 어머니의 젖을 만지작거리며 자라던 아이는 다섯 살이 되면서 아버지와 함께 지내던 안방에서 쫓겨나 형의 방으로 옮겨가야 했고 그 형마저 대처로 진학해서 떠나고 혼자서 그 방에서 지내게 되면서 부담감과 두려움을 느끼고 여기서 "사람은 세상을 혼자 살아가야 한다는 희미한 깨달음"(p. 20)을 가지게 된다. 유아기의 이 때 이른 깨우침은 성년이 되어 결혼하고 새 아파트에 살게 되면서는 "부모 슬하를 완전히 떠나"(p. 41) "아주 딴 식구"(p. 42)가 되었음을 생각하게 되고, 변호사의 화려한 사무실을 사용하면서도 "그 공간은 내 방이 아니다"(p. 24)라는 낯섦을 지울 수 없어하면서 사무실에서 해야 할 일을 자기 집 서재에서 혼자 하게 되고 그래서 아내는 안방이 자기 방이 아니라 그저 '부부간의 성욕을 채우는 장소'가 될 뿐이라고 투정하고야 만다. 아버지는 옛날의 자기 방으로 돌아가 "내 방에서 죽고 싶다"(p. 43)는 소원대로 운명하고 '좁은 광중'에 묻힌다(p. 48). 이렇게, 그 모습과 기능은 달라도 한 세상에서 혼자서 차지하는 '방'이란 그 공간 속에서, 자라고 살고 그리고 "나만 아는 비밀들"(p. 46)에 애착을 느끼며 자신의 생명을 다하는 삶의 공간이 된다.

그럼에도 현길언은 한평생을 여러 형태와 내용으로 채우며 살아온 땅 위의 '방'이 영원한 자기 공간이 될 수 없는 것으로, 더 이상 미련을 두어서는 안 되는, 그래서 언젠가는 벗어나야 할 공간임을 알고 있다. 종내 그가 진정한 의미를 가진 '방'으로 꼽고 있는 곳은 이곳 지상에 서 있는 건물 속의 자리가 아니라 인간의 영혼이 자유로울 수 있는 우주적으로 확장된 또 다른 공간 세계이다. 그 다른 세계는 '영혼'이 아니라 '영'이란 어휘를 쓰며 모자가 나누는 다음의 대화를 통해 기독교적인 피안의 세계를 가리키는 것으로 보이지만, 무덤 앞에서 치러지는 하관의 행사 때문에 얼핏 동양의 대지적 사유일 수도 있겠다 싶어지기도 한다.

"온 세상이 할아버지의 방이라니요?"
아들이 물었다.
"그래 죽으면 육체는 땅에 묻히지만 영은 사람이 생각하는 시간과 공간을 초월하여 아주 자유롭게 돌아다니시지. 그 영의 방은 이 온 우

주가 된다. 사람들은 땅에서는 자기 방을 만들며 살아가지만, 죽어서
는 모든 공간이 영들이 살아갈 방이 된단다. 그렇게 되면 더 크고 아름
다운 집이나 방을 얻기 위해 싸우지 않아도 되겠지?"(p. 49)

「방」처럼 몇 개의 에피소드로 이루어진「죽음에 대한 몇 개의 삽
화」의 요지는 서두에 인용되는 조부의 "죽고 사는 것은 종이 한 장
차이"(p. 131)란 잠언투의 말로 요약된다. 화자는 어려서부터 시작되
는 죽음 혹은 주검으로부터 받은 몇 가지 느낌으로 인간의 피할 수
없는 이 운명을 감각적으로 받아들인다. 토벌대에게 총 맞고 죽은 동
네 청년의 죽음에서 그는 "무섭고 끔찍스러"(p. 137)움을 당했고 상
옛집에서의 친척 할머니의 장례와 유물들을 태우는 자리에서 "역겨운
냄새"(p. 139)를 맡으며 돌아가신 할머니가 묻힐 무덤의 광중을 보며
'좁고 캄캄함의 안타까움'(p. 141, p. 142)을 느끼고 자칫 잃게 될 이
웃의 생명을 인민군으로부터 살려준 동네 청년이 토벌대에게 오히려
죽음을 당하는 사태에서 배리감을 느낀다(p. 149). 주검과 죽음에 대
해 이처럼 무섭고 역겹고 안타까이 생각하던 화자는 큰 수술을 받고
사경을 헤매다 깨어난 후 '행복한 아픔' 속에서 '정신적 평정'을 얻으
며 "그렇다면 죽음을 그처럼 두려워할 필요도 없겠구나"(p. 156)라고
깨닫고 경주의 "황폐한 역사의 잔해만 남아 있는 그 현장에서 (······)
소멸해가는 역사"(p. 156)를 확인하는 데서 "삶과 죽음을 현상으로만
인식하는 데서 오는 그 허무를 뛰어넘을 수 있는 무기"(p. 157)를 얻
게 되고 드디어는 자살한 노파를 보며 '건방지게, 왜 죽기는 죽느냐'
고 비난하며 죽음의 철리를 설파하는 이웃 노인의 사생관을 옮겨 적
기에 이른다:

"늙어서는 누구라도 죽고 싶은 유혹을 얼마쯤은 갖지. 우선 늙어서 추하게 변하는 자기 육체에 대한 절망감과, 세상에서 소외되는 고독 때문이겠는데, 실은 이제 곧 자신은 죽게 된다는, 그것은 무엇으로도 해결할 수 없는 막다른 골목이라는 점이 더 큰 절망을 안겨주지. 그래서 사람들은 마지막까지 세상에서 자기 권한을 행사하기 위해, 자기 목숨을 끊으려고도 생각하겠지. 그러나 그것은 허욕이야. 그래도 주어진 명을 받고 무심히 살다가 어느 날 자기도 모르게 가는 것이 인간의 도리야. 제 마음대로 세상에 태어난 것이 아닌 것처럼……"(p. 167)

나는 현길언의 펜을 통해 언급되는 이웃 노인의 이 사생관이 앞에서도 그랬던 것처럼 그의 기독교관에서 비롯된 것인지 그가 태어난 동양의 전통적 생명관에서 연유된 것인지 가늠할 수 없다. 그러나 「죽음에 대한 몇 개의 삽화」의 직설적인 소묘가 아닌 그의 다른 작품들에서도 이 죽음의 문제는 끈질기게 이어지고 있음을 발견한다. 주제나 장면이 전혀 다름에도 그 서정성에서 스타인벡의 단편 「국화」를 연상시키는 「방문객」은 피로에 젖은 한 사내의 방문이 마침내 그의 자살로 맺어지기까지 일상 속으로 가까이 다가오는 죽음을 서정적인 터치로 몰아온다. 친구의 배신으로 재산을 사기당하고 쓸쓸한 마음으로 강원도 산골 마을로 들어와 산턱 낡은 집에 살고 있는 두 부부는 우연히 지나가는 초췌한 사내의 방문을 받고 그를 따뜻하게 맞아들인다. 그 부부는 산골 생활에서 남 보기에 "더없이 행복"(p. 57)해하고 있지만 "돈 때문에 사람 잃고 마음 멍든 것 생각하면 너무 억울"(p. 56)한 사람들이었고, 한눈에 궁색한 "절망적인 표정"(p. 59)을 짓고 있는 사내 역시 자기에게 사기를 친 친구에게 "실망"뿐 아니라 "봉변"(p. 72)까지 당하며 무언가 일을 도모하기 위해 혹은 산에서의 재기를 위해 피로에 젖도록 근방을 돌아다니고 있는 중이었다. 혼자 방에서 몇 날을 보내던 사내는 끝내 산에서 자살을 하고 마는데, 그의 죽음을 조사한 경찰은 부부에게 사내의 유언과 유물을 전하며 "하고 싶은 말이 많은 사내였는데 외로웠는가 봅니다"(p. 80)라고 말한다. 이 사건 후 부부도 결국 그 산골을 떠나 다시 도시로 돌아가는데, 작가는 "남편의 얼굴은 서울에서 떠날 때처럼 어두운 표정을 지우지 못했다"(p. 81)고 묘사함으로써 두 부부의 전도를 축하해주지 못하고 있다. 남편이 뱉는 "산도 제대로 모르고, 사람도 모르는 주제에 산과 더불어 산다고 했으니……"(p. 81)란 마지막 탄식은 자연으로의 귀의가 "이 넓은 산과 들과 하늘이 모두 우리 것"(p. 69)이 되리란 희망에도 불구하고 초췌한 사내에게서 확인한 것처럼 실망과 외로움을 이겨낼 수 없는 인간의 근원적인 고독 때문에 나온 좌절감일지도 모른다.

「방문객」에 이은 「유리 벽」은 앞 작품의 부부나 초췌한 사내처럼 배반과 실패를 당한 유능한 회사원의 이야기다. 화자인 나광식 목사는 함께 신학을 공부하다가 목회를 포기하고 기업체에 들어가 착실하게 일하여 재벌 기업의 경리부장이 된 채민의 죽음의 뒷일들을 처리하며 그의 자살 이유를 추적한다. 그래서 알아낸 것은 그가 오너인 회장의 아들들 간에 벌어지는 승계 다툼에 끼어 고민했고 윗사람의 지시로 마련한 비자금에서 친구의 부탁으로 일부 빌려준 것을 채워 넣기 위해 증권 투자를 했으며 그 투자가 더 큰 손실을 결과하게 되고 이런 짓궂은 소용돌이 속에서 닥쳐온 실패와 좌절로 말미암아 빚어진 외로움을 덜기 위해 카페 마담에게서 위로를 받는 등의 일련의 과정 끝에 막다른 골목에 이르러 결국 산에서 목을 매고 말았다는 사실이고 여기서 그가 확인한 것은 그런 그의 죽음에 착복, 탕진의 누명을 씌우는 이 세상의 악덕들과 거기에 치인 채민의 외로움에 대한 방치였다. 채민을 이렇게 죽음으로 몰아간 것은 카페의 미스 손이 말하듯이, 그리고 나 목사 자신과 그가 채민의 사연을 알기 위해 만난 사람들이 스스로 여기듯이, "모두들 자기가 채민의 죽음과 관계가 있다는 것이다. 그를 죽이는 데 자신들이 조금씩 가담했다는 것이구나./그 주일날 그의 청을 들어주지 못한 일이나, 그 부인의 결벽증에 가까운 어리석은 사랑 방법이나, 카페 여인의 눈물이 모두 나의 가슴을 울렸다"(p. 121)는 한탄은 인간이 더할 수 없는 고독이 둘러싸 죄어오는 고통스러운 존재임을 확인시켜주는 것이다. 그는 이 모진 세상에 발가벗겨 갇혀버린 고독한 존재가 되었고 자신이 그렇다는 것을 사인펜으로 갈겨쓴 유서에서 "유리 벽에 갇힌 외로움"으로 자인한 것이다:

유리 벽. 내가 유리 벽에 갇혀 있구나. 아니 내 모습이 유리로 되어 있다. 이제는 모두 환하게 드러난다. 정신이나 생각이나, 숨결까지도 확실한 형체로 드러난다. 〔……〕 승진, 돈, 섹스? 미스 손? 사랑? 사랑? 그것은 영롱한 오색 비눗방울처럼 내 주위를 떠돌다가 소리 없이 사라진다. (pp. 127~28)

배신과 죽음의 문제는 현길언의 근작들에서 더 계속된다. 「짧은 혀 긴 혀」는 4·3 사건으로 어린 시절을 공포에 절게 한 작가의 고향에서 멀찍이 떨어진 대전 근처의 작은 마을에서 6·25 때 자행되었던 양민

학살 사건의 진실을 밝혀가는 이야기이다. 전쟁 당시 인민군 장교였다가 포로가 되어 전향하여 사업가가 된 조원희에게 이 사건의 진상을 밝히기 위해 나선 경 목사가 알아내고자 하는 사실은 누가 30여 명의 부락민을 부역자 혐의로 처단하도록 했는가의 문제였다. 봉건 양반의 이상주의적 정신으로 일구어진 이 마을 공동체에서 판서댁 가족들을 처형한 것은 적치하의 인민재판이고 여기에 참여한 부락민이 부역자가 된 것인데 이 마을 사람들을 다시 처단토록 한 것은 누구였는가 하는 숨은 비밀을 밝히는 것이 경 목사가 알아야 할 역사적 진실이었다. 그런데 조원희가 경 목사의 집요한 질문을 당하며 내면적으로 부닥치는 회의는 과연 '역사의 진실 찾기는 가능할 것인가'(p. 243)란 것이었고 그런 회의가 일지 않을 수 없는 것은 "기억이라는 것이 자기에게 유익한 것만을 간직하게 마련"(p. 245)이기 때문이며 "역사를 만들어낸 그 언어는 저 바다에 깊숙이 가라앉아 그 모습을 드러내지 않"(p. 267)기 때문이다. 그럼에도 조금씩 입질만 하던 조원희는 죽음을 앞두고 마침내 진상을 자세히 밝히는 편지를 경 목사에게 보내, 양민과 인민군 사이를 오가며 이간질한, 그럼에도 후에 훌륭한 교육자 모습으로 나타나는 표인혁의 사주와 배반에서 그 학살이 일어났다는 사실을 알리며 자신의 이런 고백은 "단지 세상의 진실을 전해야 한다는 생각만이"(p. 294) 선명해지기 때문임을 밝힌다. 진실이 이렇게 증언되었음에도 현길언의 전망은 그리 밝지 않다. 경 목사는 조원희의 편지로 사실을 분명하게 알게 되었지만 "이제 나는 무엇을 해야 할 것인가. 내가 조사해서 알고 있는 사실들을 어떻게 처리할 것인가. 모든 것이 아득했다. 언어로 정리된 역사적 사실이 도대체 그 역사 안에 살았던 사람들의 진실을 얼마만큼 전할 수 있을까"(p. 294)

헷갈리고 마는 것이다.

「고향에서 보낸 마지막 며칠」은 후배에게 밀려 정치에서 패배하고 고향으로 물러나 투병하는 정치인의 말기를 묘사하고 있지만 그러나 「방문객」에서보다 밝은 조명 속에서 인간의 착잡한 관계를 순화하는 평화로운 희망을 보여준다. "하루만 더 그 밝고 투명한 햇살을 만날 수 있었으면, 그렇게 생각하면서 잠자리에 들었는데, 지금 그 환한 햇살이 내 방을 가득 채우고 있다"(p. 171)고 잠을 깨면서 만나게 된 그 밝은 아침을 즐거이 받아들이고 있는 화자는 6개월의 시한부를 받은 환자이지만 그 마감의 날을 어제로 지나며 "이제부터 내가 사는 시간은 덤이나 다름이 없다"(p. 173)는 초연한 기분에 젖는다. "내 몸이 이렇게 망가져가는데도 마음속에 비집고 들어와 앉은 그 분노는 사라지지 않는다. 죽음 앞에서도 버릴 수 없는 것이 미움이고 분노인가"(pp. 172~73)라고 안간힘 쓰던 그가 이렇게 '덤으로 사는 삶'을 환한 마음으로 받아들일 수 있는 것은 아마도 고향에 내려와 어머니의 뒷바라지를 받으며 죽음을 이제 현실로서 담담하게 받아들일 수 있는, 앞서 「죽음에 대한 몇 개의 삽화」에서 깨우쳐 얻은 '무기'로서의 관용과 달관에 이를 수 있었던 때문일 것이다. "이제 네가 어린아이로 돌아가면, 그동안 살면서 당했던 일들을 다 잊어버릴 수 있을 것이다. 미움도 분함도 털어버리고, 미운 사람도 용서하고 신세 진 사람들에게 감사하고, 즐거웠던 일만 기억하며 어린아이처럼 살아라. 그러면 우리가 인생을 두 번 사는 것이 안 되겠니?"(pp. 178~79)라는, 기독교적이기도 하지만 그 이상으로 삶의 끝에 이르러 깨닫게 되는 어머니의 아름다운 지혜는 그에게 큰 위로와 격려가 된다. 이렇게 '덤의 삶'을 손으로 잡으면서 그는 아내의 전화를 통해 '사랑의 방법'

을 확인한다:

"전 당신과 통화를 끝낸 다음, 당신의 부음을 생각하지요. 이 통화가 마지막이구나. 그런 데서 무슨 욕망이 끼어들겠어요. 오늘의 사랑만이, 다시 통화했다는 감사만이 있었지요. 그리고 하루가 지나고, 그 다음 날 다시 당신의 목소리를 듣게 되면, 그것은 당신이 새 아침을 맞이하는 환희와 감사와 같이 제게는 벅찬 일이었지요." (p. 209)

아내와의 이 통화를 하고 난 날 그에게 '편안한 졸음'이 몰려들었고 고향에 내려와서 만났던 얼굴들이 빠르게 스쳐 지나감을 보면서 가물가물 정신이 흐려진다. 다음 날 아침 아내는 남편의 부고를 받고 "약속대로 울지 않았다. 며칠이라도 남편을 진정으로 사랑할 수 있었던 것을 감사했다"(p. 210). 이 아름다운 죽음과 그것을 대하는 사랑의 약속이야말로 성스러운 기독교적 순명이 아닐까.

여기에 이르기까지 현길언의 소설들은 하나는 기독교에, 다른 하나는 죽음에 매어 있음을 발견하게 된다. 그의 기독교는 앞서 아름다운 덕성으로 본 사랑과 감사의 일상적인 삶의 지혜로 내면화된 기독교이거니와 많은 인물들이 일반 대학을 다니다 신학원을 졸업하고 목사가 되기도 하고 혹은 그의 어머니나 가족, 친구들 등 한국 소설에서는 드물게 기독교의 인물들이 소설의 전면으로 나오고 있다. 그러나 그의 기독교 목사들이 소설 속에서 행하는 것은 목회를 내세우기보다 목사여서 만나게 된 친구들의 내면적 고통이나 「짧은 혀 긴 혀」에서처럼 진실을 밝히는 사회 운동가의 역할이다. 그의 평신도들이 보이는 기독교는 보수적이거나 기복적 혹은 열광주의적인 모습이 아니라 삶의 지침으로서, 감사와 겸손을 몸으로 보이는 검소한 기독교이다. 자신을 속이고 재물을 떼어먹어 원한을 지녀야 할 사람들에 대해 "세상 사람 다 너희를 배반해도 주님만은 그러지 않으신다"며 "원한도 미움도 다 풀어라"고 권면하는 어머니(「방문객」, p. 54), "한국 교회 제도나 현실을 비판하는 까다로운 신자"임에도 "십일조 헌금은 거르지 않"는 "너무 순수한 것이 탈이라고 할까요, 남에게 피해를 안 주려는, 그 점에서 까다롭지요. 자신에게는 엄격하고 타인에게는 관대"한, 그래서 결국 자살하고야 마는 채민(「유리 벽」, p. 89, p. 90)의 참된 신자적 태도, 그리고 "몸은 저곳에 계시지만 영은 우리 곁에 함께하실 것이다. 이 세상은 온통 할아버지 영이 생활하실 아주 큰 방이다"(「방」, pp. 48~49)라는 인식, "하나님은 너무 멀리 계신다. 아니, 어쩌면 유리로 된 투명한 내 안에 와 계시기 때문에 나는 볼 수도 느낄 수도 없"(「유리 벽」, p. 128)는 존재론적 고독감, 성경에서 인용하여 "하루가 천년 같고, 천년이 하루 같다고. 그것은 신이 인식하는 시간 단위이다. 어쩌면 정확한 시간의 계량일 것이다"(「죽음에 대한 몇 개의 삽화」, p. 160)라는 화자의 사유, "신학 공부를 막다른 골목에서 뛰쳐나오려는 방편으로 생각했고, 성결하고 정의롭게 살고 싶어 하는 그것까지도 세속적인 치졸한 욕망이었"(「고향에서 보낸 마지막 며칠」, p. 203)다는 진실된 고백 등 현길언이 묘사하는 기독자의 태도는 오늘의 물신주의적 한국 교회가 다시 생각해야 할 참된 주제이다.

이런 점에서 현길언의 소설들은 본격적인 기독교소설로 보아 지나침이 없을 것인데 여기서 그가 최종적으로 추구하는 기독자의 덕성은 '화해'인 듯하다. 마지막 수록 작품 「게스트하우스」는 몽골에 파견 나가 즐겁게 선교하며 교육과 문화 사업을 펴고 있는 화자가 뜻밖의 전근을 지시받고 그 인사에 반발하면서도 마침내 그 요청을 받아들이기까지의 갈등을 서술하고 있다. 화자가 5층에 있는 숙소의 계단을 오르내릴 수 있는 것을 '복'으로 여기며 일부러 아침에 일어나면서 서너 번씩, 그리고 저녁이나 한밤중에도 그렇게 오르내리면서,

나는 나를 에워싼 모든 것들과 화해하는 방법을 배웠다. 낮이면 이 계단을 오르내리면서 창밖으로 펼쳐진 몽골의 산천을 보았고, 한밤중이면 창밖 하늘에 펼쳐진 별들을 보면서 그들과 대화를 시도했고, 그들끼리 하는 대화를 엿듣는 환상에 젖기도 했다. 광막한 몽골 들판의 밤을 바라노라면 무한한 공간 속에 매우 작은 자신을 보았다. (p. 315)

자연 속에서 자신의 왜소함을 깨닫는 것, 그런 자연과의 대화를 통해 그것들과 '화해'하는 정신이야말로 진정 기독교(어쩌면 범신론적일 수도 있겠지만)의 아름다운 정신이 아닐까. 그럴 수 있기에, 화자는 불교도 국가인 스리랑카로의 파송을 담담히 받아들일 수 있게 되고 이삿짐이 가벼운 것에 놀란 총장의 의아스러운 질문에 "나그네는 짐이 가벼워야 여행이 편하지요"(p. 336)라는 현자적인 대답을 할 수 있게 된 것이다.

현길언의 이번 소설에서 기독교 이상으로 집요하게 제기되고 있는 주제가 '죽음'이다. 그의 소설에서는 그가 개인적인 신앙으로 독실하게 가진 기독교가 오히려 개입의 정도에 그치는 반면 죽음의 소재는 그의 작품 제목들에서부터 분명하게 제시되거니와 「게스트하우스」를 제외한 모든 소설에서 빠짐없이 가장 중요한 동기로 등장한다. 「죽음

에 대한 몇 개의 삽화」는 당초부터 죽음의 사례들과 그에 대한 성찰을 모으고 있거니와,「방」에서는 친척 할머니와 친할머니의 장례와 아버지의 죽음이 한 단락씩으로 회고되고 있고「방문객」의 지친 사내와「유리 벽」의 채민은 자살하고「고향에서 보낸 마지막 며칠」의 정치인과「짧은 혀 긴 혀」의 기업인은 모두 죽음으로 작품을 끝맺는다. 자살이든 병사든 그 죽음들은 평화롭고 깨끗해서 품위 있는 기독교도의 마지막을 보는 듯하지만 그럴 수 있기까지, 그러나 화자들은「죽음에 대한 몇 개의 삽화」에서 관찰할 수 있듯이 두려움, 역겨움, 안타까움을 거쳐야 했고,

사실은 그 엄청난 난리가 끝나고 난 후에, 나는 다시 그 막연한 '죽음의 공포'에서 벗어나지 못하여 이따금 호되게 시달려야 했다. 〔……〕그 '죽음의 환영'은 소년기에 만났던 그 어둡고 좁은 죽음의 영상과는 약간 다른 것이었다. 마치 추상화처럼 나타나기도 하고, 구체적으로 펼쳐지기도 했다. 그러나 대부분 그것은 추상화의 그 복잡하고 아득한 환영 그대로였다.
　만물은 다 시작이 있으면 끝이 있게 마련인데, 설령 사후의 세계가 있다고 하더라도 그것은 그냥 그 상태로 영원까지 유지될 수 있을까? 영원. 그것은 얼마나 긴 시간인가. 정말 '끝없음'이란 것이 가능할까? 그런 생각이 한번 몰려오면 가슴이 서늘해지면서 온몸이 칭칭 무엇에 동여매어져 있는 듯이 불안하고, 허망하고, 힘이 빠졌다. (「죽음에 대한 몇 개의 삽화」, p. 151)

라는 죽음에 대한 고뇌를 치러야 했다. 현길언이 죽음에 대해 끈질긴

집념을 가지게 된 것은 그가 어렸을 적 직접 목격했고 주변의 희생을 감당해야 했으며 그래서 자신의 많은 작품에 주제로 끌어들이지 않을 수 없었던 제주 4·3 사건에 우선적인 원인이 있을 것이며「죽음에 대한 몇 개의 삽화」에서 "몇 근의 고깃덩어리로 의사들 손에서 놀아날 것"을 예상하며 "소생의 불가능성을 준비"(p. 154)하고 10시간 후 "어둑한 미명 속에서 견딜 수 없는 고통 때문에 잠이 깨"(p. 155)는 장면으로 회상되던, 아마 사십대의 그가 실제로 겪은 위암 수술이 보태졌을 것이다. 죽음을 이렇게 추상이나 관념이 아니라 구체이며 실제로서 체험해온 그는 죽음에 한발 가까워지는 현실과 맞부딪쳤을 때, 추상적 관념을 뛰어넘어 진정한 죽음의 실상에 다가가 얻어진 평정(p. 155)이 되기를 소망하게 된다.「방문객」과「유리 벽」의 인물들처럼 목을 매고 자살을 택한 죽음들도 마지막으로 따뜻한 감사의 유서를 남기고 병으로 조용히 운명하게 되는「고향에서 보낸 마지막 며칠」의 화자 원병규는 자기와 자별했던 사람들만이 아니라 그를 배반한 사람들까지 찾아가 화해의 인사를 나누고「짧은 혀 긴 혀」의 조원희는 양민 학살 사건의 전말에 얽힌 진실을 밝히는 긴 편지를 보내며 '평정한 죽음'을 맞이한다.

　죽음이란 생명의 종말과 그것의 극복을 위한 기독교의 믿음이란 두 개의 자장 사이에, 현길언은 일상적인 두 개의 상반된 인간 현상을 포진시키고 있다. 하나는 인간관계에서 가장 악덕이 될 '배신'이고 다른 하나는 그 관계들과의 소외감에서 비롯될 '외로움'이다. 이 소설집에서 자주 끼어드는 배신의 스캔들은「방문객」「유리 벽」에서 도입되는 금전적 사기와「고향에서 보낸 마지막 며칠」과「짧은 혀 긴 혀」의 정치적 배반으로 나타나는데 그것들은 이 세속의 사회에서 가장 치사스러운 우상의 가치들이다. 사람들은 흔히 이 배신 앞에서 환멸을 느끼고 거기서 그것들은 존재론적 고독감으로 발전한다. 일찍이 어머니의 방에서 밀려나 형의 방에서 혼자 자게 되면서 "세상을 혼자서 살아가야 한다는 희미한 깨달음"(「방」, p. 20)을 갖게 되고 할머니의 주검이 좁은 광중에 묻히는 것을 보며 "정말 할머니는 갑갑하겠다. 캄캄해서 어떻게 저기서 살지"(「죽음에 대한 몇 개의 삽화」, p. 142)라고 유아기적 감상에 젖게 되지만, 동업자에게 사기를 당하고 산골로 숨은 부부와 그들의 산장에 잠시 머문 초췌한 사내가 전날 남편이 지었을 것과 똑같은 "절망적인 표정"(「방」, p. 59)을 짓는 것은 바로 그 존재론적 고독감의 또 다른 모습일 것이다. 「유리 벽」의 채민에 이르러 그 고독감은 깊은 절규로 아프게 터져 나온다: "그 눈길이 섬뜩할 정도로 외롭게 보였다"(p. 117); "고독한 얼굴로 〔……〕 자기는 퍽 외롭다고"(p. 118); "절망적인 외로움을 이기려"(p. 120); 그의 아내는 그가 "외로워서 죽었을 것"(p. 119)이라고 말하고 그의 부하였던 장 과장도 죽은 그에 대해 이야기를 하면서 "사람들이 참 고독한 존재"라고 말하며 그 말을 듣는 나 목사도 엘리베이터로 내려가면서 "문득 '혼자'라는 것이 실감"(p. 98) 나게 된다. 그리고 채민 스스로 유품을 넣은 봉투의 표지에 "파란 사인펜으로 갈겨쓴 문장"의 유서를 통해 그 외로움을 다시 강조한다:

외롭다. 하나님은 너무 멀리 계신다. 〔……〕 눈에 보이지 않기에, 내 손을 잡아주지 않기에 외롭다. 〔……〕 사람들 생각이 각각 달라서 참 편리하긴 하지만, 그래서 외롭다. (p. 128)

자연의 절대적인 운명으로서의 죽음, 그 운명을 뛰어넘으려는 인간의 가장 치열한 정신을 보여주는 기독교, 그 사이에 끼어든 세속의 사람들에게 거의 필연적으로 작동하는 인간관계의 배반, 그리고 나는 이 세 자장에 '유리 벽'처럼 가려진 '외로움'의 밑그림을 바라본다. 그 외로움이 있어 교회가 있고, 사람들의 끊임없는 잇고 갈리고 어울리는 맺음으로부터 벗겨지는 고독에 버티며, 이렇게 돋우어진 외로움이 끝내 밀어대고 빚어내어, 마침내 죽음이 오는 것인가. 현길언의 창작집을 덮으며 이 보이지 않는 삶의 외로움 견디기의 그림이 다른 어떤 것보다 몸 닿는 친숙함으로 다가오는 것은 작가와 더불어 내가 '귀에 순하는(耳順)' 나이를 넘어서고 있기 때문일지도 모른다.

〔2011. 5〕

경계인의 정처를 위하여
─ 박찬순 소설집 『발해풍의 정원』

나는 '박찬순'이란 이름을 처음 들었다. 누구? 라는 재우침에 신인 작가라는 대답이 돌아왔다. 물론 나는 그의 작품을 만난 적도 없었다. 그의 처녀 소설집 해설 청탁을 수락하는 데는 그래서 용기가 필요했다. 이 나이에 교정지 원고를 꼼꼼히 읽고 아무런 사전 지식 없는 한 작가의 내부를 뒤척이며 그의 문학을 가늠한다는 것은 힘겹고 겁나는 일이 아닐 수 없었다. 어떤 작가? 라고 다시 묻자 2006년에 신춘문예로 등단한 신예인데 1946년생이라 했다. 뭐라고? 1946년? 2006년? 내 귀에 다시 들어온 숫자는 내가 잘못 들은 것이 아니었다. 그렇다면…… 환갑을 맞으면서 문단에 데뷔한 작가? 재작년에는 박완서 선생의 창작집 해설을 쓰면서 작가와 해설자의 합산한 나이 146은 우리 문단의 작가─해설자의 가장 높은 숫자 조합일 거라고 낄낄댔었고 작년에는 고희에 처녀 시집을 낸 친구의 발문을 썼더랬는데, 묵혀 쌓은 해가 두터워지니 이에 따라 희한한 일들도 겹쳐 나온다 싶어 때 아닌 나이 탓을 했다. 그러나 나는 뒤이어 솟아나는 호기심에 말려들지 않을 수 없었다. 육십대의 신인이라면, 그것도 나와 비슷한 궁핍한 시대의 세대가 2000년대 풍요한 세상의 신인으로 등장했다면 그 모습은 어떤 것일까. 세기말의 내가 새로운 바람으로 환영했던 포스트모던의 신선한 감수성일까 한 세대 전 우리의 한 많은 역사와 현실과 씨름했던 1960년대적 건강한 리얼리즘일까. 혹은 근래의 내가 식상해하기 시작한 이른바 21세기적 '치크릿'일까 지루한 상투어를 늘어놓는 전 세대의 낡은 사실주의 소설일까. 문학과지성사 편집위원회의 매운 검토를 거쳐 결정되었을 것이기에 나는 굳이 나쁜 쪽으로 예상할 필요는 없을 것이었다. 그러나 육십대의 신인이라는 것, 더구나 리얼리즘 시대에 성인이 되어 해체주의 시대에 문학의 길로 뛰어들어 엇갈린 시대 감각의 사례를 보여줄 처녀 소설들이 어떤 모습일 것인가는 자못 궁금하지 않을 수 없는 것이었다. 나는 그 궁금증을 못 이겨 해설 쓰기를 수락했고 그러고서 인터넷에 들어가 확인해보니, '박찬순'은 예상처럼 여자였고 대학 영문과의 정년이 몇 해 안 남은 전임강사였다. 며칠 후 입수된 원고를 읽기 시작하면서 나는 처음에는 데뷔한 지 미처 5년도 안 된 신인의 소설을 본다는 생소한 느낌을 앞세웠지만 넘긴 페이지가 많아지면서 곧 이순의 나이를 즐기는 작가와 더불어 내가 오늘의 우리 정황을 들여다보고 있다는 생각에 젖어들기 시작했다. 어떻든 나는 나이에서 비롯된 그에 대한 선입견을 잊어가고 있었고 그가 안내하는, 내게는 익숙지 않은 여행길을 두리번거리며 재미있는 걸음을 걷고 있었다.

두리번거리다, 란 내 고백이 맞는다. 나는 때로는 뒷걸음질치고 때로는 다시 꺼내보며 느릿느릿 그가 보여주는 자리와 거리들 속에서 찬찬히 들여다보기도 하고 다시 보기도 하다가 거기서 빠져나와 주변을 어슬렁거리며 내 기억들과 회상들을 맞춰보기도 했고 혹은 사전을 찾아 확인해보거나 앞뒤의 일들을 마주 대보기도 하면서 천천히 소설 속의 이야기 내부들을 걸었다. 그래야 할 만큼 박찬순의 소설들에는 낯선 고장 이야기가 많았고 내게는 새로운 정보들이 풍성했다. 처음 대하는 그의 작품 「지질시대를 헤엄치는 물고기」는 '자그사니'란 처음 듣는 물고기 이름으로 시작되면서 여러 종의, 그것도 북한에서 살고 있는 물고기들이 생소하면서도 재미있는 북한 말들과 함께 쏟아져 나왔다. 「지하삼림을 가다」는 나도 가보았지만 그런 곳이 있는 줄은 전혀 몰랐던 백두산의 지하삼림을 구경시켜주면서 그곳의 갖가지 나무 종류들을 소개하고 있는가 하면 「흰집칼새 둥지」는 내게는 신비로운 오지의 땅으로만 기억되어온 보르네오에서 역시 처음 들어보는 '흰집칼새'의 둥지를 찾으면서 희귀한 새들의 생활상도 듣고 단지증이란 기이한 사례도 보게 된다. 이런 신기한 이야깃거리와 잡다한 지식들은 이 소설집의 작품마다 이어 나온다. 「가리봉 양꼬치」에서는 지난 여름 나도 중국의 청해에서 맛본 양고기 요리에서도 미처 몰랐던 양념들과 그 레시피들을, 「립싱크」에서는 영화나 다큐의 번역과 더빙의 기술을 배우게 되고 「발해풍의 정원」에서는 우리 전래의 구들로 이어지는 보일러 기술과 또 엉뚱하게도 이슬람인들의 터번 '짓기' 방법을, 「물의 축제」에서는 태국 마사지의 요체를, 「손가락 철학자」에서는 유리 공예 특히 보헤미아 크리스털의 제조법을, 「연밥 따는 시간」에서는 연꽃을 이용한 한과와 차의 맛을, 「우리 집 이사했다」에서는 터만 남은 한 폐사의 연혁과 함께 홰나무의 이력을, 「잭나이프 하는 바퀴」에서는 오토바이 타는 기술을 듣고 본다. 그러니까 이순의 작가 박찬순이 우리를 안내하는 곳은 서울 종로 바닥이거나 시골의 절터이기도 하고 프라하이거나 파타야이기도 하며 장백산 속이거나 보르네오 험산이기도, 타슈켄트인가 하면 부산이나 경상도 봉화이기도 하다. 거기서 그가 우리에게 보여주며 가르쳐주는 것은 불꽃의 예술인가 하면 안마의 시술이기도 하고 만두나 유과이기도 하며 난방 시설이거나 민물고기 생태이기도 하며 영화이기도 하고 그 영화에 적힌 자막 번역이거나 립싱크의 더빙 기술이기도 하다.

  물론 우리는 우리 세대가 제대로 못 한 다른 나라 여행과 그 풍물들을 젊은 작가들의 소설과 여행기 들에서 자주 접해오긴 했다. 생활이 넉넉해지고 외국 탐방의 기회가 늘어나면서 김찬삼의 세계 여행기와는 다른, 개인적 호기심과 현장적 흥미로움이 겹친 기행문과 감상문이 쏟아져 나오고도 있다. 그러나 박찬순의 경우는 그것들과 좀 달랐다. 그것들은 마치 그 속에서 오래 살아보며 몸과 마음으로 깊이 익혀 그것들에 대한 지식들을 산 채로 활용하고 있는 모습으로 설명되고 있는 것이다. 그러니까 낯선 나라들에 단순한 여행기이거나 관찰기가 아니라 몸에 배고 느낌에 젖어들어 그의 의식과 사고에 구체적으로 끼어들고 마침내 삶의 한 요소로 숙성되고 그래서 운명의 피할 수 없는 가닥으로 이어져 있기까지 한 것이다. 가령 자그사니가 두만강과 압록강의 민물고기에서 한강의 민물고기로 옮겨 올 수 있게 된 과정을 지질학적 고증으로 이해하게 되거나 한국전쟁을 소재로 한 피카소의 그림에 대한 자상한 해설을 통해 자신들에게 가해진 폭력을 회상하게 되는 것은 소설적 구성이기를 넘어 주인공의 내면과 장래를 예시하는 장치로 기능하고 있다. 소설 속에서 범람하는 이러한 정보들에 그 이야기가 압도당하지 않고 인물을 더 실감 있게 바라보고 사건의 의미를 새로이 음미하도록 운영할 수 있게 된 것은 작가의 연륜에 걸맞은 노련한 사유에 영문학을 전공하고 그것들을 숱하게 접촉한 덕분일 것이다. 나는 이 소설들에서 젊은 작가들처럼 왕성한 지적 호기심을 발동하며 열심히 찾아내고 메모하며 거두어들인 정보들을 수집하고 있는 박찬순의 보이지 않는 모습에서 새로운 시대의 호기심 많은 젊은 작가상을 발견했다. 또 그럼에도 환경과 현실, 지식과 사유를 인간의 운명적인 삶의 형질로 녹여들이는 원숙한 세대의 작가적 내면상을 찾아내고 있었던 것이다.

박찬순의, 21세기다운 경쾌함과 1960년대 세대다운 진지함이 어우러진 장면을 나는 성적 결합이 묘사되는 의외의 자리에서 다시 보게 된다. 섹스에 대한 고백이 없는 유일한 작품이 「지하삼림을 가다」이지만 여기에도 나이 든 여인과 중국인 소년의 숲길 동행 속에서 죽은 남편의 모습을 떠올리며 성적 친화감을 드러내고 있거니와 나머지 열 편의 작품 속에는 모두 직접적인 성관계가 기록되고 있다. 그리고 그 관계는 더러 남녀 애인 사이의 정상적인 관계에서 이루어지기도 하지만 대개는 남편이 있는 여자와 아내가 있는 남자 사이에 맺어지는 사건이다. 그러나 '사건'이라고 썼음에도 그것은 전혀 '사건'답지 않고 '불륜'의 냄새가 조금도 나지 않는다. 남편이 병들었거나 홀몸인 여인이기도 하고 가족과 떨어진 외지 근무 중이거나 아내와 별거 중인 남자이기도 하지만 그 관계가 버겁거나 강조되지도 않고 상스럽거나 심각하게 보이지도 않는다. 소설 속의 남녀 간 성적 결합이 아주 자연스럽게 끼어들기도 하고 인물들이 그 관계와 교섭에 대해 깊은 생각이나 느낌을 들이지 않아 여기서 윤리적인 문제를 떠올릴 수 없기도 하지만, 그런 점들에 앞서 작가의 경쾌한, 요즘의 20대처럼 간결하면서도 상냥한 묘사 때문에, 그것들은 오히려 가볍고 즐거운 장면으로 다가오고 있는 것이다.

가령 「지질시대를 헤엄치는 물고기」의 해란이가 K와 모텔에서 처음 관계를 가진 후 느낀 '상큼함'(p. 198), 「립싱크」의 남편을 두고 공동 작업자인 윤과의 관계에서 갖는 '짜릿함'(p. 337), 「발해풍의 정원」의 타슈켄트에서 가족을 두고 파견 근무를 하고 있는 '내'가 조선족 처녀 알료냐에게서 느끼는 소감에 사용된 '뜨거움'(p. 24) '달콤함'(p. 26)과 같은 싱싱한 형용사들 때문에 이들의 불륜은 오히려 밝고 싱그럽다. 실제로 「지질시대를 헤엄치는 물고기」의 해란이는 K에게서 "말은 어눌하지만 그의 몸에서 나오던 뜨겁고 강렬한 느낌. 몸과 마음이 하나가 된다는 것이 무엇을 뜻하는지 알 것 같았던"(p. 198) 느낌을 갖게 되고 「손가락 철학자」에서는 여행 안내인인 '내'가 아직 마음으로 허락하지 않고 있는 현장 가이드 장과 "그날 밤 더운 몸을 나누었고 서로 위로받은 게 사실"(p. 112)이었다고 고백하고 있다. 더 보면, 「지하삼림을 가다」에서는 남편의 간호로 육신이 피폐해진 여인이 중국인 소년에게서 '푸근함'과 같은 성적 친화감을 즐기고 있고 「잭나이프 하는 바퀴」에서는 K가 묘기를 부리는 오토바이를 함께 타고 위기와 쾌감을 즐기면서 "말로 표현할 수 없는 상쾌함" 그러고는 드디어 "섹스 없는 오르가슴" "정점을 향해 내달리"는 기분, "오줌을 지릴 만큼 흥분"(pp. 227~28)을 느끼기도 한다. 섹스에 대한 부담 없는 접근, 그것을 그 자체로 즐기는 태도, 윤리적으로 아무런 거리낌 없음은 요즘의 젊은 세대답게 경쾌하며 도덕적으로 자유로울 뿐 아니라 그 성적 행위들마저 바로 그들의 스타일로 묘사되고 있는 것이다.

그럼에도 여기에는, 그 세대라면 으레 있을 법한 방만하거나 변태적인 성적 열망이나 관음증적인 호기심은 없다. 오히려 가령 「물의 축제」에서 "야들야들하고 달착지근한 입술"(p. 314)의 맛을 안겨준 리사와 "몸이 얼얼하도록 비벼대"(p. 318)며 "내 정액을 모조리 빨아 버리려고 작정하는 악착스런 암컷"처럼 그리고 "무엇이 그리 좋은지 깔깔대기까지" 하는 그녀의 모습과, 취직 시험에 합격하면서 멀어져 버린 '영리'가 "무엇에 쫓기는 사람들처럼 항상 허겁지겁 일을 끝내는"(p. 324) 모습을 대비하거나, 혹은 그 리사마저 "씩씩하고 거침없는 도시 아이로 변"하고 "특히 돈벌이에 관심이 많아져 〔……〕 머리가 빨리빨리 돌아"(p. 325)가면서 '그'와의 관계는 건조하게 바뀌고 말았다는 설명(p. 247)을 보면서 그도 어쩔 수 없는 구세대의 보수적인 관점을 말끔히 벗지는 못하고 있다는 생각이 들기도 한다. 근대화 이전의 세대에게 섹스는 단순한 즐김의 놀이가 아니라 삶의 무게를 무겁게 달고 있고 혹은 그 욕망과 열기를 내면적 형상의 표출로 매어두고 있기 마련이다. 「지질시대를 헤엄치는 물고기」의 해란이가 생각한 것처럼 "몸과 마음이 하나가 된다는 것이 무엇을 의미하는지 알 것 같은"(p. 198) 구세대의 감각 혹은 「발해풍의 정원」의 '나'가 알료냐에게서 느끼는 "그녀와 나 사이에 놓인 길고도 강인한 인연의 줄"(p. 18)에 대한 예감으로써 작가는 전 세대의 성적 감수성을 피할 수 없이 드러내고 있는 것이다.

무엇보다 그의 이번 소설집에는 그가 살아온 근대화의 묵은 역사가 틈이 날 때마다 솟아오르고 힘겨운 현실의 어려운 삶이 소설의 움직임을 밀어주고 있음이 바라보인다. 우선, 그가 들이대는 삶의 무게는 사업의 실패와 남편의 병이다. 먼저 남편의 병은 「지하삼림에 가다」의 '나'와 「흰집칼새 둥지」의 혜리, 「립싱크」의 '나'에게는 남편이 햇

수까지 같은 4년 동안 와석 투병을 하고 그러다 세상을 떠나는 사건이 되풀이되어 나타나는데 그것은 「립싱크」의 '나'와 「연밥 따는 시간」의 '나', 「잭나이프 하는 바퀴」의 '나'가 모두 더빙과 자막 번역 전문가라는 신원의 중복과 함께 작가의 경험적 이력이 될지도 모르겠다는 짐작을 부른다. 나이 든 여인에게는 남편의 병이 동기이지만 작품 속의 남자 주인공들은 「물의 축제」에서처럼 취업이 되지 않거나 「우리 집 이사했다」와 「잭나이프 하는 바퀴」에서처럼 사업이 실패하여 어려운 지경에 처해 있는데, 앞의 소설에서는 그 때문에 파타야에서 타이 마사지를 배우고 있는 중이고 뒤의 작품에서는 갚지 못한 사채 때문에 해결사에게 납치되거나 도피하고 만다. 이 현실의 어려움에서 「지질시대를 헤엄치는 물고기」「가리봉 양꼬치」「발해풍의 정원」 등에서는 폭력으로 피해를 당하고, 「발해풍의 정원」「립싱크」「물의 축제」「잭나이프 하는 바퀴」에서는 증발과 같은 상태가 일어난다. 이 작품집에서 인물들의 증발은 빈번하게 일어나기도 하지만 그 연유도 조금씩 달라서 남편들의 실종은 현실적인 곤경을 감당하기 어려워 자기 도피를 하는 것이지만 「발해풍의 정원」에서 알료냐의 사라짐은 이룰 수 없는 사랑의 애절한 단념에서 빚어지는 것이고 「손가락 철학자」의 KM은 이념 운동의 절망에서 이루어진 자기 포기의 행위로 보인다.

  박찬순의 작품들에서 리얼리즘의 우리 시대에 가장 중요한 소설적 모티프를 이룬 참담한 민족적 비극이 다시 살아 나오고 있음을 우리는 이제 주목해야 할 것이다. 그것들은 현재의 모습으로 나타기도 하고 오늘의 사태에 대한 오래전의 원인으로 회상되기도 하며 그 슬픔의 연원이 한 세대 전의 것이기도 하고 두 세대 전의 것이기도 하며 때로는 조부 대의 것이기도 하다. 「손가락 철학자」는 공장과 탄광에 위장 취업하여 현실 변혁에 참여했다가 고통당한 젊은 운동권의 지난 이야기가 지금 연관되고 있지만 「발해풍의 정원」은 함경도에서 연해주로, 거기서 다시 중앙아시아로 전전하는 민족의 유랑을 배경으로 하고 있고 「지질시대를 헤엄치는 물고기」의 해연이는 분단으로 말미암은 탈북자가 남한에서 고아처럼 빌붙어 사는 어려움을 이야기하고 「지하삼림을 가다」의 '나'는 "허리 잘린 나라에서 사회적 금기에 속하는 일로 집안이 풍비박산이 되고 홀로 남은 내가 고아처럼 떨"(p. 263)어야 했던 과거를 회상하고 「가리봉 양꼬치」의 '나'는 중국의 조선족으로 가리봉에서 식당 일을 하고 있다. 이러한 민족사적 비극을 아주 담담하게 보여주는 것이 「연밥 따는 시간」인데 전통적 미풍의 세련된 아름다움이 조용한 문체로 묘사되고 있는 이 작품 속에는 일제 시대에는 농촌 운동가였고 해방 후에는 좌파 지식인이었던 아버지가 총살당하고 그 자신은 아버지처럼 목 뒤의 종기로 고통을 받으며 어머니의 외로우면서도 향기로운 삶을 그리워하게 되는 이야기가 이렇게 정성스럽게 그려지고 있다: "연꽃 차가 담긴 찻잔을 내려놓는 그 찰나의 시간 속에 어머니는 수십 년의 가족사를 내 앞에 내려놓고 있었다는 것을 나는 이제야 알 것 같다. 또한 연꽃잎을 다루는 어머니의 정성이 왜 그다지도 지극했는지도"(p. 144).

치열하면서도 서정적으로 술회되고 있는 이 이야기는 어머니가 "밤 하늘을 지키느라고 졸린 별이 마지막 하품을 할 때쯤에 피"(p. 145)어나는 연꽃에서 거두어들인 향기로 뒷목의 종기를 다스리면서 "내 곁에 부재함으로써 도리어 내 인생을 통째로 지배하고 있"(p. 151)는, "우리 근대사를 온몸으로 사"(p. 153)신 아버지의 옛 편지를 속주머니에 소중하게 간직하게 됨으로써 비로소 역사의 아픈 상처를 씻어낼 수 있게 된다. "세상에 불화하고 있는" "뒤틀린 심기를 풀어주려는 어머니 나름대로의 향기 처방"(p. 144)을 몸 안으로 받아들이면서 "연꽃잎으로 되살아난 아버지의 몸을 깨물어 먹으면서 그 몸이 부스러질 때마다 배어나는 향기를 힘껏 삼킨"(p. 148) 덕분일 것이다. 그는 과거의 아픔을 회피하지 않고 그 상처를 의연하게 받아들임으로써 현재를 대면할 수 있게 되고 세상과의 불화를 이겨낼 수 있게 되는 것이다.

그러고 보면 「연밥 따는 시간」의 '나'와 아버지, 어머니만이 아니라 이 소설집의 작품들 속에 등장하는 박찬순의 인물들이 모두 "세상과 불화하고 있는" 사람들이기도 하다. 아니, '불화'란 좀 자극적이다. "가짜 이미지, 빌어먹을, 그런 게 더 무서운 폭력이라구. 소리 없이 번지는 바이러스야"(p. 236)라고 결혼식 비디오나 선거 홍보물을 찍는 「잭나이프 하는 바퀴」의 K는 물론 세상과 불화하고 있다. 그는 자신의 상업 사진에 대한 불만을 터뜨리며 오토바이의 격렬한 연기로 위험과 싸우면서 "꿈을 꾸지 못하는, 꿈꿀 시간조차 없는" "꿈을 포기한 자는 들판의 소와 다"(p. 230)름없다던 감독의 비수 같은 말에 찔려 견디지 못하고 스스로를 실종시켜버렸다. 그리고 다른 대부분의 인물들은 K와 같은 불화의 인자를 품으면서도 아직은 이 세상에 버려지고 떠밀려 뿌리를 박지 못하고 떠도는 약자이고 주변인이며 뿌리 뽑힌 사람들로 헤매고 있는 중이다. 「지질시대를 헤엄치는 물고기」의 해란은 연준모치가 "아마도 뭔가가 높아지고 낮아지는 데 따라 어쩔 수 없이 '흐르고 흘러'왔다는"(p. 192) 것에 깊은 공감을 느끼는 떠돌이로 두 차례나 K의 돈을 훔쳐 달아났다 돌아온 탈북녀이고 「흰집칼새 둥지」의 '나'는 "뚜렷한 목적" 없이 "인생을 낭비하"며 "좋아하는 것을 내 의지대로 선택해서 해본 적이 없"(p. 171)이 살아온 "텅 빈 영혼을 가진"(p. 172) "속물적인"(p. 174) 사람이다. 「립싱크」의 부부도 이와 비슷해서 "안정된 직업 없이 그야말로 프리하게" 사는, "모두 악취미를 나누어 가진 악동"(pp. 344~45) 같고 「손가락 철학자」의 강민은 위장 취업한 유리공예회사의 사장이 자살한 후 풀이 죽어 간 끝에 결국 "세상에서는 위험 인물로, 우리 부모에게는 낙오자로 낙인"(p. 120)찍혔고 「물의 축제」의 화자는 리사가 사라지자 자신은 '없는 존재'(p. 306)로 치부하며 "리사가 없는 나의 세계란 생각할 수 없다"(p. 320)고 절망하는 마사지사이며 「우리 집 이사했다」의 남편도 "구조조정으로 쫓겨"(p. 281)나 초라한 관광사를 꾸려가며 드디어 빚쟁이로 숨어 다니는 신세가 되고 말았다.

그 처지가 다르고 그 모양도 다르지만 이 모두는 한국에 와서 어딘가로 사라진 「가리봉 양꼬치」의 아버지가 꼽은 '경계인'의 부류에 속할 사람들이다: "이쪽에도 저쪽에도 속하지 못하고 겉도는 우리 같은 떠돌이를 흔히들 경계인이라고 말하지"(p. 81). 그래, 매인 자리 없이 떠도는 사람들, 직장을 얻지 못해 외국으로 나가야 하는 사람들, 혹심한 불경기로 직장에서 쫓겨나 생업 없이 하루하루를 고단스럽게 살아야 하는 사람들, 북을 탈출해서 혹은 코리안 드림을 꿈꾸며 한국에 와 이리저리 시달려야 하는 사람들, 무능력하고 무책임해서 그저 무기력하게 남에게 실려 나날을 소비하는 사람들까지, 오늘의 한국인들은 정처 없이 떠돌며 '경계인'으로 사는 것은 아닐까. 40여 년 전 황순원 선생이 『움직이는 성』에서 부른 '떠돌이'로, 그러나 미래학자들이 화사한 이름으로 부르는 '새로운 유목민'과는 전혀 다른 뜨내기의 삶으로, 우리는 '살아지고' 있는 것은 아닐까. 우리도 뿌리 뽑힌 인간들일 수 있다는 두려운 혐의를 박찬순은 "누군가를 겨냥하는 소리로" 쏘고 있는 것이다: "굶어 죽을까 걱정돼 시나리오 쓰기를 접었던 사람을, 삶을 결코 위기로 몰아가지 못하는 슬픈 한 마리의 소시민을, 제작자에게 가서 일곱번째 엎어지고 나서 부모의 말대로 '신성한 밥벌이' 길로 들어섰던 어떤 범생이를"(p. 219).

 작가는 대체로 이런 뿌리 뽑힌 사람들의 장래를 낙관하지 못하는 듯하다. 소설은 현재의 정황을 설명하기 위해 지난 일들을 길게 술회하면서 그 결말에서 문득 열린 구조로 이야기를 끝내는데 그 서사의 종결 분위기는 밝지 않고 막막하며 쉬운 화해로 독자의 낙관을 허락해주지 않는다. 「가리봉 양꼬치」의 분희나 「발해풍의 정원」의 알료냐, 「물의 축제」의 리사 등 증발한 여자들은 여전히 종적을 찾을 수 없어 재회의 희망을 보여주지 않고, 「가리봉 양꼬치」와 「우리 집 이사 했다」의 마지막 깡패들에게 폭행을 당하든가 붙들려 가며 「립싱크」에서 마지막 희망이었던 기획안은 거부당하고 「손가락 철학자」의 '나'는 끝내 전날의 애인과 재회하는 것을 포기한다. 희망은 없는 것일까. 박찬순은 그러나 아주 절망하도록 버려두지는 않는다. 그는 떠돌이도 정처를 잡을 수 있는 가능성을, 경계인도 뿌리를 뻗을 희망을, 무책임하게 살아온 사람에게도 힘찬 보람을 찾아낼 수 있음을, 은근히 그러나 간곡하게 시사해주고도 있는 것이다. 작품집에서 드러나는 그 몇 가지 소망을 순서대로 찾으면 이렇다.

 1) 보이지 않는 땅속에서 일어나는 어긋남 같은 것은 나로선 도저히 알 수가 없다. 나의 화석이 어느 산 꼭대기에서 발견될지 나는 모른다.

내가 아는 것은 단 한 가지, 연한 황갈색의 자그사니가 표범나비 모양의 꼬리지느러미를 흔들며 청계천의 물살을 헤치는 모습이다. (「지질시대를 헤엄치는 물고기」, p. 212)

2) 난생처음 누군가를 위해 목숨을 걸고 모험을 했다는 사실이 뿌듯해온다. 홍개미와 코브라가 우글대는 정글을 헤치고 바위산을 넘어 동굴에 이를 때까지 흘렸던 땀이 비로소 보상받는 느낌이다. (「흰집칼새 둥지」, p. 178)

3) 그러면서 아버지는 그런 이들이야말로 상대방의 아픔을 어루만져줄 수 있고, 양쪽을 이어줄 수 있는 사람들이라고 덧붙였다. 안정된 교원 자리를 버리고 한국에 온 것도 어머니를 찾고 나서 중국 동포와 한국인들 사이에서 뭔가 할 일을 찾기 위해서였다. (「가리봉 양꼬치」, p. 81)

4) 청암정의 연밥은 잊힌 지 오래다. 그것은 화연과 나의 해묵은 대화 속에만 남아 있다. 지켜지지 않은 공허한 약속으로만. 연밥도 화연도 모두가 내게서 사라져갔다. 이제 피카소 그림도 화연의 말처럼 별다른 감정 없이 그림 그대로 담담하게 볼 수 있을 것 같은데, 그녀는 떠났다. 있는 것이라고는 달랑 속주머니에 품고 있는 아버지의 편지 한 장뿐. 연이 없어진 것에 놀란 마음을 차분히 가라앉히고 눈을 감는다. 〔……〕 눈을 떴을 때 언뜻 화연의 얼굴이 보이는 듯했다. 서울에 올라가면 그녀에게 연락을 해야 할까. 목덜미가 다시 근질거리기 시작한다. (「연밥 따는 시간」, pp. 155~56)

1)은 「지질 시대를 헤엄치는 물고기」의 탈북자가 두만강의 자그사니가 서울의 민물 속에서 힘차게 헤엄치며 살아나갈 것임을 믿으면서 자신의 장래를 그 물고기의 생명력에 의탁하고 있는 것이다. 여기에는 지오수족관 주인인 어눌하지만 진솔한 K와의 사랑을 예고하고 있다. 2)의 자신감에 차 있는 고백은 이제껏 무책임하게 살아온 '나'가 옛 애인의 곤경을 보며 그녀의 남편 병구완에 약이 될 흰집칼새 둥지를 따오기 위해 보르네오의 열대 우림 속을 뚫고 생명을 건 모험을 한 일에서 비로소 살아 있음의 뿌듯한 자신감을 회복하고 있는 장면이다. 그가 돌연 이런 벅찬 모험을 나서게 된 것은 "내 의식을 깨우던" "아련한 소리"가 "주술처럼"(p. 174) 들려온 때문이며 그것이 내가 보기에는 미약한 동기이긴 하지만, 그럼에도 중요한 것은 거기서 그가 "언제나 엉거주춤한 자세로 있다가 표류하듯 어딘지도 모르게 미끄러져가는"(p. 163) 태도를 과감하게 탈피할 수 있는 계기를 찾아냈다는 점이다. 그는 드디어 자신이 선택했고 그 책임을 스스로 질 수 있게 된 것이다. 3)은 중국에서 한국으로 온 조선족 아버지가 스스로를 '경계인'으로 치부하면서도 그것의 긍정적인 가능성을 제시한 발언이다. 경계에 섰다는 것이 그 어느 쪽에도 뿌리를 뻗을 수 없는, 그래서 어쩔 수 없는 '떠돌이'를 만들 가능성이 훨씬 많겠지만 그럼에도 한쪽에서는 자신을 내몰고 다른 한쪽에서는 받아들여주지 않는 상충의 존재에서 오히려 양쪽을 화해시킬 실마리로 자부할 수 있다는 것은 현실적으로 대단한 자기 신뢰의 표현일 것이다. 4)는 어머니가 향기를 추려 얻던 연꽃 밭은 없어지는 대신 아버지의 묵은 옛 편지를 간직할 수 있게 됨으로써 자신을 짓누르던 역사의 무게를 비로소 감

당할 힘을 얻게 되고 그럼으로써 이제껏 미적거리던 화연과의 관계를 회복할 기대를 가지게 된 희망적인 소신을 보여주고 있다. 굳이 말 잇기를 하자면 작가는 이 희망 없는 세상에서 먼저 피할 수 없는 운명을 조용히 수락할 것이며 여기서 지혜로써 자신의 위치에 대한 인식의 변화를 이루고 그것에 의한 결단을 행동으로 수행함으로써 마침내 긍정의 결과를 향해 화해하는 절차를 이루기를 권고하고 있는 것이다.

소설에서 교훈적인 희망을 찾는 것은 아마도 근대화의 역동 속에서 삶의 의미와 자기 신뢰를 가지려는 60년대 세대의 질긴 의지일 것이다. 그리고 박찬순은 신진 작가들이 자부하는 신선한 감수성에 더불어 젖어가면서도 자신이 살아온 근대화 시대의 리얼리즘 세대가 지녀온 삶의 의미를 추구하려는 소망을 여전히 잘 간수하고 있는 듯하다. 나는 그것이 반가웠고 젊어서 오히려 희망을 덧없어하는 우리 젊은 작가들의 소침한 전망을 뛰어넘을 힘을 여기서 발견할 수 있었다. 내가 이순에 데뷔하는 노숙한 신인의 처녀 소설집 간행을 진심으로 환영하는 것은 이 때문이다.

〔2009. 12〕

범속한 삶으로의 트임
—우영창 장편소설 『성자 셰익스피어』

  내가 우영창을 처음 만난 것은 2008년 초였을 것이다. 계간 『문학의문학』이 공모한 5천만 원 고료의 예심작에서 나는 문장이 속도감 있고 유려하며 그 주제도 돈과 섹스라는 현대 사회의 구심적인 화제로 이루어지고 있는 작품을 발견하고 쾌재를 부르며 서슴없이 당선작으로 추천했다. 그가 이미 등단해서 시집을 낸 시인이라는 것은 그 후에 알았고 소설 속에서 자재롭게 활용되고 있는 금융 시장의 현장과 재테크로 미루어 짐작한 바대로 증권회사에서 근무하며 유능한 인재로 활동하여 지점장까지 오른 인물이었다. "성과 돈이란 두 줄기 욕망이 오늘의 세태 속에서 어떻게 힘차게 요동치고 있는지 그 현장의 모습들을 그려내고 있는데 그 묘사는 스피드하며 문체는 박력 있고 어투는 함축적이면서 그 풍경에 대한 소감은 오히려 냉철해서 '쿨'하다"(『하늘다리』, 표지글)라고 심사평을 쓴 것은 그때의 내 느낌을 가감 없이 드러낸 것이었다. 그러고서 2년 후 나는 그 우영창의 두번째 장편소설이라며 해설을 부탁받았고, 무엇보다 '돈과 성'이란 주제와의 씨름 후 그의 새로운 관심이 무엇일지가 궁금해서 청탁을 수락했다. 며칠 후 받은 프린트물 원고의 제목은 『성자 셰익스피어』였다.

셰익스피어야 누구나 알고 있는 대희곡작가이고 '성자'란 말도 청소년 시절의 기독교 영향 때문에 내가 두려워할망정 결코 익숙하지 않은 말은 아니었다. 그럼에도 '성자 셰익스피어'란 조합에는 '?'이 두어 개쯤 붙어야 할 것으로 다가왔다. '성 주네'는 사르트르가 도둑질하는 작가 장 주네에게 붙인 말이지만, '성자'란 휘황한 호칭이 오히려 흐릿해지지 않을 수 없는, 그 이름이 '성자'보다 더욱 빛나는 셰익스피어를 그런 식으로 호명한다는 것은 이 작품에 대한 어떤 예상도 허락지 않는 일이었다. 도대체 셰익스피어가 새삼 성자가 되어야 할 이유가 있을까? 그럴 수 있다면, 이때의 성자는 무엇일까? 여기에 어떤 역설이 숨어 있을까. 물론 우영창의 소설 속 셰익스피어가 반드시 영국의 문호일 필요는 없을 것이다. 그 고유명사의 품격이 너무나 분명한 것인데 어떤 뜻에서 작가는 '성자'란 새로운 시호를 부여해야 했을까. 이런 의아함으로 원고를 들쳐보아도 내가 느끼는 궁금증은 엷어질 수 없었다. 처음부터 주인공으로 짐작되는 조한도는 "일회적이고 사소한 것에서 영원하고 근원적인 것을 유추하는 능력이 있"(p. 4)어 성자적 자질이 보이면서도, 인구 13만의 서울 근교 소도시에서 명함에 '아시아바둑연구원장'이란 번듯한 이름을 박고는 있지만 하루하루의 운영이 쉽지 않은 바둑집을 경영하는 평범한 시정인이었다. 그런 그가 문득 "해결책은 성인이 되는 길에 있었다"(p. 9)고 다짐한다. 여기서 두어 문단을 뛰면 "그는 어차피 성인이 될 운명"으로 밝혀지며 아내 부사옥은 소크라테스의 아내가 그렇듯 "위대함의 영광을 밝히고자 횃불을 들고 있는 회랑의 참한 기둥"(p. 9)으로 규정됨으로써 주인공의 성자적인 위상을 확실하게 강조해주고 있다. 작가는 이 당돌한 명사들 앞에서 어떤 역설을 찾으려 했을까?

나는 여전히 유려한 문체에 스피디한 문장을 읽으면서, 그리고 시정 바닥을 헤매는 '성자'의 거취를 따르면서, 전작과는 다르게 우영창의 여전히 솟구치는 재치와 반어를 발견한다. 가령 "O형 부사옥은 어떤 사나운 싸움을 하고도 돌아서면 잊어버리기에, 〔……〕 그에 반해 B형 조한도는, 종일이 아니더라도……"(p. 9)라는 식으로 인물들의 성격 규정을 단숨에 해치우기도 하고 부사옥이 자신을 '뛰어난 세입자'라고 표현하면서 "뛰어난 아파트, 뛰어난 월급, 뛰어난 밤" 등 "아무데나 '뛰어난'을 갖다 붙이는"(p. 60) 말버릇을 재기 있게 꼬집는다. 그리고 셰익스피어의 이름과 함께 그의 연극 문체의 대사를 끌어 쓰기도 한다: "셰익스피어는 이럴 때 요정이나 마녀를 이용해 중대 사건을 예언하지만 대한민국의 작가는 모든 걸 시간에 맡겨두었다. 밤이여 오라! 검은 장막을 찢고 운명의 짓궂은 모습을 드러내어라!"(p. 69). 아, 이제야 셰익스피어가 나오고 있었다. 그리고 그에게 무언가 오셀로류의 일이 일어날 듯싶어졌다. 실제로 조한도는 대사를 잘 외는 셰익스피어 연극의 조연급 배우였고 자신은 인기 있는 뮤지컬의 유행을 거절하고 고전극에만 매달려왔음을 자부하고 있었다. 비록 "보증금 2천에 월 40이라는 좋은 조건으로 구홍동 철물점 상가 꼭대기층 25평"(p. 4)에 동네 장사꾼들과 학원 강사며 예비역 중대장, 별 볼일 없는 벤처 사업가, 늙은 동양화가 등이 단골 고객인 평범한 기원이라 하더라도 무언가 큼직한 일들이 벌어져 그 자신의 '뛰어난' 면모를 발휘하며 "돈돌이들 앞에서 상대적으로 정신의 가치를 앞세운 숭고한 면모를 보일 수 있을"(p. 23) '성인'의 자세를 그는 보이고 싶었다. "물론 조한도가 바라는 건 전 방위적인 인격체, 무엇을 해도 이치에 어긋남이 없는, 참된 각성에의 도달이었다"(p. 64). 그리고 그런 성자로의 각오를 다짐한 조한도 앞에 몇 가지 일들이 벌어지고 있었다.

먼저 다가온 일이 바둑집 대각선으로 멀리 선 베이커리 '몽블랑'에서 일하는 미스 몽을 향한 사랑이었다. 오가는 그녀를 내려다보며 "성기의 힘찬 약동을 느낄 수 있"(p. 13)게 한 욕망의 대상에서 "살집이 있는 몸매에 보름달이 무색한 얼굴, 화색이 도는 뺨, 아름다운 걸음걸이는 한번 보면 영원히 잊을 수 없는" 모습으로 창문으로 내려다보는 그녀에 대한 그리움은 점점 크게 무르익어 미스 몽에의 "사랑을 거쳐 성인에 도달"(p. 68)할 길을 확인하고 마침내 "성인이 되기 전에 치명적인 사랑"을 해보고 싶은 욕망에서 "의도를 정화시켜버리며 사랑이 찾아온" "가장 놀라운 사랑의 신비"(p. 85)로운 꿈으로 그녀에 대한 갈망은 발전한다. 조한도의 친구이며 소설가인 고희규가 영화를 구상하고 '미스 몽'인 명희재와 조한도도 함께 출연토록 제의하여 합의에 이르게 되었을 때 그의 소망은 곧 이루어질 듯했고 그 일을 상의하는 점심을 약속하면서 "흥분을 벅참으로 두려움을 용기로 바꾸는 데 어느 정도 성공"(p. 123)하기까지 했다. 그러나 안타까워라. 그녀는 그 약속을 무심히 잊어버리고 만다. 더욱이 그녀는 고희규와 함께 해외여행을 하며 아예 그의 존재에 아랑곳하지 않는다. 조한도는 영화에 함께 출연하기로 한 바둑 강사 강혜정으로부터 명희재의 불행한 소식을 듣는다. 그리고 깨닫는다: "그녀는 고희규를 사랑한 것이다. 그것은 진실한 사랑이었다. 불나방의 오명을 쓰고 돌팔매를 받으며 그녀는 자신을 유폐시켰다. 그리고 그녀 자신을 묻어버렸다. 돌무덤 속에. 말하자면 그녀는 현실에서 자살하는 대신 인터넷 자살을 택한 것이다. 그녀의 사랑은 영원히 이루어질 수 없는 사랑이었던가?"(p. 183). 조한도는 명희재가 고희규에 대해 그랬던 것처럼 영원히 이루어질 수 없는 사랑을 꿈꾸었는지도 모른다.

조한도의 좌절은 명희재와의 사랑에서 강요되었지만 그 헛된 갈망의 옆과 앞뒤로도 포기와 단념은 연속되고 있었다. 우선 명희재와 함께 출연하기로 한 고희규의 영화 참여가 그렇다. 그가 먼저 희망한 것도, 출연에 열성을 부린 것도 아니었고 처음에는 미스 몽을 따라 "나도 안 하겠다"고 시큰둥했지만, 결국 한편으로는 무대 연기 대신 배우로의 재기를 위해, 그러나 더 중요하게는 미스 몽을 향한 고심으로 출연에 동의하고 더 나아가 거창한 기대까지 품는다: "(미스 몽의) 방관자다운 모습에서 모종의 안타까운 거리가 느껴졌다. 그 거리는 금지된 영역처럼 숨 가쁘게 아득했다. 그러나 기다려라. 영화의 깊은 앵글은 그녀를 파헤치고 들어가, 마침내 금지 속에 숨겨둔 천사의 모습을 펼쳐 보일 터이니"(p. 84). 영화 제작에 기대를 가지면서 "운명의 수레바퀴여, 몰려오는 먹구름이여. 그 속에 감추어진 눈부신 빛, 수억 년을 달려온 그 이름 여인이여, 치명적인 사랑이여"(p. 84)라고 셰익스피어식 셀리프를 속으로 외친 조한도는 드디어 합의를 이룬 후 "기회가 주어진다면, 특히 영화 촬영 같은 차려진 판에선 조한도는 최대한 능력을 발휘할 수 있으리라"(p. 85)고 자신하며 "오랜만의 연기 재개에 감회와 각오가 없을 수 없음"(p. 85)을 깨닫는다. 그러나 기대가 크고 예상도 푸짐했던 영화 제작의 이야기는 슬그머니 사그러들고 고희규와 명희재의 사랑의 도피로 조한도는 마침내 그 두 가지

뜨거운 꿈이 겹친 영화 출연에의 희망을 버리지 않을 수 없게 되어버린다. 대신 그는 "영화를 찍기도 전에 둘의 필름이 돌아가고 있었다. 뗏목을 타고 낯선 곳을 흘러가고 있는 두 사람의 실루엣이 떠올랐다. 그 사랑과 그 사람, 그 모두를 과거의 일로 돌리려고 조한도는 애썼다"(p. 169). 그는 끝내 "몽의 알몸을 떠올리며 자위를 하다가 팔을 늘어뜨리고 말았다. 〔······〕 발에 걸려 퍼질러진 파자마 위로 땀인지 더러운 물이 두어 방울 떨어졌다"(p. 169). 그의 재기 의욕은 순결한 사랑의 꿈과 함께 허망한 오물로 스러지고 만 것이다.

 조한도의 서글픈 자위는 그의 헛된 관음증 에피소드도 돌아보게 한다. 세무사와 건축사, 리모델링 회사 경영자들의 이해관계가 얽힌 술자리에 끼게 된 조한도는 당장 지하철을 타고 귀가하라는 아내 부사옥의 전화 요구를 마다하고 그에게 할당된 젖가슴 큰 여인과 모텔에 들어간다. 그는 앞으로 "이 정도 술값과 동침비가 생길 리 없다는 것"과, 무엇보다 '성인'으로 등극하면 이처럼 "함부로 색욕에 빠질 수는 없는 노릇"이기에 이 기회를 "후회 없이 이용할 생각"을 한다(p. 27). 그는 그러나 꿍쳐둔 돈을 더 많이 지불하면서도 그녀와 육체적인 교접을 하지 않고 그녀의 섹스만을 구경하고 그녀가 해주겠다는 자위도 사양하고 그냥 내보낸다. 그가 왜 그처럼 여자와의 육체적 관계를 피하고 말았는지에 대한 설명은 없다. 다만 그녀와 더불어 관계를 치르지 않고 바라보는 것만으로 그치는 일에 대해 서로의 슬픔을 공감하고 있음을 보인다는 것, 그리하여 "어찌하여 육체가 머무는 곳엔 마음이 외로울까?"(p. 30) 자문하고 있는 것, "덕분에 마음의 부담을 떨치고 홀가분해진 그였다. 어느덧 새벽 02시 47분"을 맞추어보며 "밤의 세계도 쿨해진 것"(p. 30)이라고 느끼는 그의 마음 상태에서 우리도 '쿨'해지는 심정으로 젖어들어감을 느낀다. 이런 일에 이어, 조한도가 바둑집을 중심으로 겪게 되는 에피소드는 좀더 계속된다. 새벽마다 잠을 깨우는 닭을 사들여 자신이 작심하고 키우지만 어느 사이 사라져버린 사건, 뺄랙과 럭비를 따라 왕년의 명배우 하지연에게 찾아가 두 사람이 고리대금업자답게 그녀에게 가하는 협박을 구경하며 "한 편의 진학극, 또는 의미 없는 몸짓과 비탄과 신음으로 가득 찬 전위 연극 한 편을 보고 난 느낌으로 그러나 어쩔 수 없이 숙연해진 심정"(p. 42)에 젖어보기도 한다. 그리고 조한도는 뜻밖에 이웃 세탁소 사장 홍대영과 아내의 불륜을 의심하기도 한다. 아내가 일하는 일식집에서 아내 부사옥이 홍 사장에게 다정하게 술을 권하는 장면에서 비롯된 그의 상상은 "홍대영과 부사옥이 알몸으로 나뒹군" 그림(p. 139)을 떠올리며 처용을 연상하고 미스 몽도 포기해버려 "하루 아침에 두 여자가 그에게서 떨어져 나간" "단독자의 고독"(p. 140)을 뼛속까지 느끼며 "아내의 부정을 담보로 하는 이 무서운 진실! 진실이란 무서운 것이었다"(p. 143)고, 아니기를 바라는 마음과 비밀이 밝혀지는 순간의 매서운 채찍 간의 '격렬한 내부 투쟁'(p. 143) 속으로 빨려들어간다. 그러나 그 고통의 밤을 겪고 오셀로와 같은 질투로 "텅 빈 가슴에 상실감과 황폐함이 모래 먼지를 일으키며 찾아와〔……〕기진맥진한 몸에서 무언가 자꾸 빠져나가는" 마음병을 앓다가 병원에서 치료를 받기까지 해야 했다. 그러고서 "그는 조금씩 회복되어갔다. 얼마 후에는 기력이 회복되고 담배 맛이 되살아났다. 혼자서 시청 앞 전주식당을 찾아가 콩나물국밥 한 그릇을 다 비웠다. 자판기의 모카커피 맛과 향을 느낄 땐 웃음이 나왔다. 천천히 시간이 흘러갔다. 낮은 밤이 되고 밤은 멋지게 아침이 되었다"(p. 145). 무엇이 조한도의 병을 낫구고 그의 기분을 밝게 바꾸었을까.

　　이제 와서 조한도가 가장 잘할 수 있는 것은 희망을 버리는 것이었다. 기원에 들어서는 사람 머릿수를 세며 하루하루 푼돈을 거둬들이는 것이었다. 사랑이라니? 자기 자신을 들여다보기 두려워서 막무가내로 몽에게 매달린 건 아니었던가? 보라, 어떤 매력이 자신에게 남아 있는가? 몸매며 피부며 머리카락이며 옷이며 지갑 속이며 자동차며 하물며 오줌 줄기까지! (p. 146)

　　그래, '희망 버리기'가 조한도가 갖가지 사건들을 겪으며 이르게 된 결론이고 그 일들을 통해 자신을 집요하게 훈련시킨 목표였을 것이다. 이런 결론에 이르기 바로 전에 그는 이미, "그나마 한 젊음 저당잡힌 중고참의 관록으로 몇몇 역을 얻어내 소화해왔다. 배역을 맡으면 맡을수록 그 역을 자신의 색깔을 입힌 인물로 되살려내지 못하고 기존의 정형화된 연기 패턴을 답습하는 변변찮은 배우로 이름을 알려갔다. 현상 유지는커녕 쓸모없는, 퇴행하는 배우로 전락해갈 걸로, 결국은 그의 삶이 끝날 거라는 사실이 두려웠다"(p. 146)는 사실을 깨닫고 있었다. 그 깨달음 속에서, '상업 뮤지컬의 번성'에 핑계를 대고 '무대 공포증'에 젖어 셰익스피어의 고전극 무대에서 내려온 것이었다. 그러고서는 "이리저리 떠돌다 서서히 망가지며 만신창이가 되어갔다. 지혜도 모략도 용기도, 회의조차도 없는 무기력한 사내, 어쩌자고 몇 푼 돈도 없는"(p. 52) 사내가 되어버리고 만다. 그렇게 자신을 포기하기 전만 해도 번민이 있었다. 두 달 치 출연료를 받기 위해 만나 술잔을 나누던 연출자는 그에게 "이 박해와 비참과 비천까지

예술의 영역이라고 생각은 안 해보았냐?"고 물었고 조한도는 지금도 하고 있다고 대답한다. 그 "추억의 아름다움, 거기에 가난이 함께하며 걷잡을 수 없는 감흥이 밀려오는"(p. 18) 장면을 한 방으로 무찌른 것이 아내 부사옥의 한마디였다. "셰익스피어가 엄청 부자였어?" 셰익스피어는 부자였다고 대답했지만 그가 아내 앞으로 남긴 유산은 침대 하나였을 뿐이었다(p. 18). 그러니까 연극 예술가인 조한도를 범상한 바둑집 주인으로 몰아가고 그로 하여금 '성인'으로의 길을 가도록 내몬 것은 아내 부사옥이었고, 아니 부사옥이 마지못해 대행할 수밖에 없었던 범속한 현실이었던 것이다.

남편의 연극을 이해하고 그가 연기인이라는 데 자부심을 가졌던 부사옥은 한때 조한도와는 "얼마나 서로를 탐하였던가, 어떻게 서로를 존중했던가. 머리카락 하나까지 희롱과 경배의 대상이 되었던 날들. 그들은 많은 것을, 진정 귀한 것을 창조하는 남녀였다"(p. 100). 그런 그녀가 이제 "2년마다 갱신해야 하는 전월세 계약 갱신이 굴욕스러웠고 33평 전세 아파트로 이사 가지 못하는 삶은 아무 가치가 없는 삶" (p. 4)이 되었으며 하나 있는 아들도 과외를 제대로 못 시켜 공부도 못하는 꼴이 된 현실의 가혹함 속에서 일본 식당에서 밤늦게 노동해야 하는 억척녀가 되어야 했고 남편이 쓸 택시비가 아까워 다짐을 주어야 할 처지가 되었다. 이런 삶의 참담한 추락에서 그녀가 닦달할 수 있는 상대는 남편 조한도뿐이었고 그녀의 매일 같은 잡도리에 조한도는 "종일은 아니어도 몇 시간은 모멸감에 심정이 편치 않고 한 중년 여인의 잔인함을 떠올리며 몸서리를 치곤 했다. 결혼 생활을 돌이켜 보니 좋았던 시절은 극히 짧았다. 앞으로도 그다지 길어 보이지 않"(p. 9)게 된 참담한 꼴이 되었다. 그는 아내의 모욕과 비루를 비켜

보고 참기도 했고 무너져 내리기도 했으며 폭발하기도 했다. "매번 아무리 결심을 해도 소용없었다. 해결책은 성인이 되는 길에 있었다. 성인의 마음만이 상처받지 않고 부사옥의 광기를 감당할 수가 있다"(p. 9). 조한도의 성인적 태도는 그러니까 아내의 욕설과 모멸을 묵묵히 감당하고 그녀의 추동과 닦달을 조용히 인내해내는 일이었다. 조한도의 이 같은 '성자로의 등극'은 부사옥에게도 이상하게 보여 원인과 병명을 알 수 없는 뇌경색이나 치매가 아닐까 싶어지기도 했지만(p. 33) 조한도로서는 이 인내와 무념의 기회를 통해 오히려 "스피노자가 종일 렌즈를 닦듯이 수양이 깊어지면 몰아의 상태에서 그저 알을 닦고 앉아" 있기도 하는 "전 방위적인 인격체, 무엇을 해도 이치에 어긋남이 없는, 참된 각성의 도달"(p. 64)을 이루는 성자적 태도를 기르고 있었다. 조한도가 성인이 되기로 작정한 이후 일어난 이 소설 속의 일련의 사건들은 그러니까 세상의 경험이기도 하며 시련의 체험이기도 하고 그래서 세속의 만화경 같은 모습들의 진열이기도 하다. 성자가 되기 위해서는 이 모든 일들을 겪고 견디고 이겨내야 한다. 조한도는 "모든 것이 허락되어 있고 모든 기회가 소중하다"(p. 71)며 그 성자로의 즉위를 위한 통과 의례를 치른다:

> 성인이 되기 전에 모든 걸 겪어봐야 한다. 그건 숨겨진 비경 같은 쾌락을 맛봐야겠다는 집념만은 아니다. 무릇 성인은 다양한 쾌락을 손수 경험함으로써 그것들의 성격을 파악하고 그 본질을 낱낱이 꿰뚫고 있어야 한다. 그러한 성인은, 어린아이의 해맑음과는 차원이 다른 영역에 진입해 있다고 보아야 한다. (p. 71)

그러나 조한도가 생각하는 성인으로의 시험은 광야에서 40일간 악마의 유혹과 싸운 예수와도 다르고 '색즉시공'을 가르친 부처와도 다르다. 예수는 예루살렘의 성전을 내 아버지의 집이라고 불렀지만 조한도는 "저 언덕 철물점 4층"에 있고 지눌의 '돈오점수'나 성철의 '돈오돈수'가 아니라 '점오점수'로써 "수련의 지난함"을 치러야 할 것이기 때문이다(p. 71). 그래서 '성자 조한도'가 보이는 소설의 마지막 모습은 겸손하고 약소하고 순응적인 것이었다. 그는 맥베스의, 남들은 이런저런 핑계로 그 역을 맡지 않은 문지기로 출연하는 데 스스럼없었고 아내와 아들, 그리고 아버지와 어머니, 여동생 등 일가족이 총동원해서 관람하는 가운데 비록 작은 단역에서나마 관중들을 웃기는 데 성공하고 연극이 끝난 후 흡족한 기분으로 그들과 돼지갈비를 먹으러 식당으로 향하고 있는 것이다. 그래서 그는, 바라던 성자가 되었을까. 이제의 장면으로 보아서는, 아마 그렇게 되었을 것이다. 남편을 그처럼 닦달하던 부사옥도 어머니에게 "진짜로 웃고 싶어서 웃게 한 사람은 애비 하나였어요"라며 조한도의 연기에 찬사를 보냈고 남편은 "몸을 돌려 저만치 떨어져 서 있는 식구들을 향해 가면서 돼지갈비에 소주 한 병을 걸치면 문지기 역을 제대로 할 수 있을 것 같았다"(p. 188)고 내심 자족한다. 성자적 인내의 결과는 이렇게 저만치 떨어진 멀찍이에서 다가와 식구들과 함께 자리를 모으는 화해스러움이었다.

이 화해가 이른바 '범속한 삶으로의 트임'을 가리키는 것은 아닌지. 나는 김주연이 번역해서 말한 벤야민의 '범속한 트임profane Erleuchtung'을 비틀어서 이 말을 쓰는 것인데, 그것은 작가 우영창이 범속한 세계에 대한 수락이 아니라 그 세계에 대한 해명을 통해 인식의 새로움을 발견해주기를 바라는 마음에서이다. 그것은 작가 자신이 소설 속에서 지적하듯 "오늘날의 작가라면 영웅도 귀족도 아닌, 신분이 더 낮은 평민의 삶을 다루고 싶어 할 것"(p. 51)이란 점에서는 세속의 세계를 향한 작가의 날카로운 관찰에 찬동하지 않을 수 없는 것이며 조한도가 오셀로 연기에서 깨닫는 "선함과 아름다움은 무엇인가? 그것은 악함과 더러움 곁에 있지 않으면 빛을 잃고 마는 법. 보라, 악에 헌신해온 선을 완성해가는 자기희생과 힘을!"(p. 52)의 외침에 깊이 동의하기 때문이다. 수락이 퇴화와 순응이 아니라 개명과 쇄신에 동의하는 것으로, 그래서 세계에 대한 전망을 열어 있는 진보로의 지향을 의미하는 것으로 나는 받아들이고 싶은 것이다. 그럴 때라면 '성자'의 면목도 세속의 세계를 세속화의 의미있는 차원으로 벗겨 올릴 것이며 "숭고하고 수정체처럼 빛나는 비극의 결정체"로서 '셰익스피어'의 예술적 진의도 "이 좁은 길, 아무도 가지 않은 길"(p. 52)로서의 성자적 모습으로 다시 돋보일 것이다. 예술에 실패했고 범속한 아내에게서 핀잔을 당하는 조한도를 통해 우리가 발견하고 싶은 것은 이런 '비극의 결정체'일지도 모른다.

〔2010. 6〕

우리 소설 읽기[1]
— 배수아·김주영·하창수·이신조·신경숙·정미경·고종석·김애란·윤후명

배수아 장편소설 『북쪽 거실』(문학과지성사, 2009)

작가의 돌연한 비약 또는 변화는 가끔 보이는 현상이기는 하다. 그러나 배수아의 돌연한 변화는 그녀의 내면만이 아니라 일상과 신변을 잘 모르기에, 더욱 신기하게, 어쩌면 신비하게까지 보인다. 그녀는 미숙한 젊은 청소년들의 게으른 열정이랄까 자유에의 발랄함을 그려왔는데 언제부터인지 갑작스레 무겁고 진지하고 사변적으로 되어갔다. 그녀가 막 데뷔했을 때 그 작품의 신선함에 끌려 내가 『문학과사회』에 작품 청탁을 권고했고 그래서 실린 것이 「엘리제를 위하여」였는데 그로부터 그녀는 독특한 문학적 색깔로 주목받으며 활발하게 작품 활동을 전개했다. 내가 그녀를 다시 발견하며 그녀의 태도 변화에

---

[1] 이 글은 연구는 물론 비평이나 분석의 결과가 아니다. 편한 마음으로 읽으며 내 속으로 공감이나 회상, 반성이나 느낌이 일어나 이른바 댓글을 단 것이다. 이런 글쓰기는 서구에서 '마지널리아marginalia'라는 하나의 하위 장르로까지 발전했나 본데, 나도 여러 해 전부터 이런 방식으로 읽고 달고 해왔다. 여기 게재되는 글들은 내 그런 댓글 달기 중 우리 소설 몇 책만 고른 것이다—발췌, 인용을 허락한 작가들에게 감사를 드린다.

주목한 것은 아마 『일요일 스키야키 식당』(문학과지성사, 2003)이었고 여기서 그의 '가난의 문화'를 지적하여 한국일보 문학상 수상자로 추천했다. 이 수상 즈음부터 그녀는 독일에 체류하며 작품을 썼던 것 같은데 그녀의 신상에 대해 혼자 독일에서 살고 있다는 것 외에는 내가 알고 있는 것이 거의 없고 인사를 하긴 했지만 제대로 말을 나눈 적도 없는 듯해. 그녀의 돌연한 변화와 거기서 보인 요설과 문학적 파격이 어떤 심리에서 튀어나온 것인지 짐작되지 않는다.

『문학과사회』에 연재되었다가 이번에 상자된 『북쪽 거실』에서 나는 내가 제대로 읽어보는 그녀의 장편에서 작가 자신의 신변에 대해서든 작가의 내면적 의식이든 작가에 대한 무언가를 알 수 있기를 바랐다. 그러나 내가 압도당하는 기분으로 확인한 것은 작가의 사적인 측면이 아니라 그녀의 정신적 치열과 문학적 무애(無碍)였다. '무애'란 굳이 '형식 파괴'적이란 도전적 태도에서 빚어진 것이 아니라 그녀의 사유와 발언을 자유롭게 풀어내면서 저절로 이루어진 형식 해체적 태도를 적극적인 모습으로 지칭하기 위해 사용된 말이다. 그녀는 이 소설에서 이른바 '서사'의 구조와 일관성을 버리고 있다. 이야기는 없고 혹은 실종되어버리고 인물은 오가며 이름이 바뀌고 지칭이 옮겨지며 서술은 이쪽에서 시작하여 저쪽으로 바뀌는 등 맥락을 혼란시켜버린다. 그 과정에서 언술은 느낌이며 사고, 행동이며 발언을 마구 휘저으며 이것인지 저것인지 구분이 없거나 그 짓을 무의미하게 만든다. 해설을 쓴 김형중이 "사력을 다해 읽거나, 혹은 가급적 이른 시기에 읽기를 포기해야 할 책"(p. 273)으로 찍는 것도 당연하고 '수니―순이―수알란'이 '수아'란 작가의 이름으로 응축된다는 지적(p. 281)도 바로 보이며 "꿈 서사의 계보 맨 마지막에서 꿈을 이용하거나 꿈을 통해서 말하지 않고 꿈 자체가 되어버린 경우"(p. 282)로 지적한 것은 정확하게 파악한 것이다. 이런 혼란과 자폐에도 불구하고, 배수아의 꿈은 음울하고 부정적이지만 매우 활달하고 분방하며 언어는 화려하고 신선하며 자유롭고 자극적이다. 나는 많은 곳을 인용하고 싶은 대목으로 찍어두었는데 보다 명민하고 세심하게 이 작품을 읽을 수 있었더라면 나의 펜은 더 많이 바빴을 것이다. 그녀의 싱싱한 상상력과 뛰어난 비유, 멋진 표현 몇을 고른다:

- "누구도 거짓을 말하지는 않으나, 진실은 아무 데도 존재할 수가 없어요. 왜냐하면 우리가 아는 것은 오직 사실들일 뿐이고, 존재하는 것도 사실들이고 지어내고 구상된 사실들, 풍요롭고 진실되며 혹은 거짓인 그런 사실들이 우리를 구성할 것이기 때문이죠.〔……〕난 스물세 살이지만 그걸 깨닫고 난 뒤부터 내 인생은 지루하고 불가능해졌죠. 난 내 존재 안에 감금당했어요"(p. 66).

사실만 있고 진실은 없다는 것. 그렇다는 '진실'을 깨달은 후 인생이란 것은 지루하고 불가능한 삶이 되고 말았다는 것. 아프다!

- "사람들은 말하지, 돼지죽을 먹을 때와 돼지처럼 많이 먹을 때 각각 요구되는 혁명의 성격은 다르다고. 하지만 돼지죽을 먹을 때 머리를 들어 추상적 혁명의 오로라를 바라보지 않았다면 돼지처럼 많이 먹을 때라도 역시 머리를 들어 그것을 바라보지는 않는다는, 오로라의 법칙"(p. 90).

- "그런데 네가 그 모든 기형을 피할 수 있게 된 이유라면, 매우 기묘하고 부당한 이유이긴 하지만, 그건 네가 부유하기 때문이야. 부유하면서 동시에 철저하게 무력하기 때문이지. 부유하면서 무력할 수

있다는 것은 네 운명의 특별한 선물이기도 해"(pp. 93~94).

부유하면서도 무력하기…… 아름답고 멋지다! 그것은,

- "자신 있는 무력함"(p. 95)이다. "그건 자신 있는 무력함이야. 개의치 않는 무력함. 패배를 개의치 않음으로써 패배를 모르는 무력함. 결코 아무것도 욕망하지 않는, 무결핍의 무력함. 그 어떠한 심연을 향해서도 가라앉지 않을 만큼 가벼운 무력함"(p. 95).

그 자신 있는 무력함을 가질 수 있기를! '회의 없는 자신감'의 반대편에 선 이 도저한 정신.

- "왜 어떤 사람은 한 도시를 떠나려 하고, 또 어떤 사람은 바로 그 도시에서 살기 위해 아득히 멀리서 찾아오는 것일까. 잘 아는 도시에서 잘 알지 못하는 도시로. 그건 단지 이방인이 되기 위해서야"(p. 97). 이 슬프고 아득한 진실을 위한, 삶의 영원한 이방인.

- "북쪽 거실로 가서 우리 차를 마셔요"(p. 106).

비로소 나오는 이 소설의 표제 단어. 그것은 서너 번 더 나온다. 그리고 그 이미지는 죽음을 맞이하기 위한, 삶과의 소통이 멀어져가는 쓸쓸한, 한갓진, 썰렁한, 음울한……

- "만일 네가 네 환상을 기록한다면, 네가 보고 들은 것이 아니라 네가 꿈으로 꾸는 묘사 불가능한 것들을 기록한다면, 그런 것들을 기록하기 위해서 네 언어를 만들어낸다면, 하루하루 네 꿈을 기록한 노트를 당나귀처럼 어디든 짊어지고 다닌다면, 너는 같은 세상을 살면서도 동시에 다른 모든 사물들과 안과 겉처럼 다를 수가 있지. 네 환상은 네가 기록하는 만큼 성장하고 우거질 것이며 그래서 너만이 산책할 수 있는 검은 숲을 이루게 될 거야"(p. 119).

꿈꾸는 자, 시인의 양상 혹은 운명.

- "그러므로 사랑하라, 사랑하기 전까지만. 사랑의 무한한 성격이 곧 사랑의 정의이기 때문에, 사랑의 성격이 개념에 앞서기 때문에 사람들은 그토록 오랜 시간 동안 싫증 내지 않고 사랑을 노래해올 수 있었다"(p. 121).

사랑하기 전까지만 사랑하라, 왜냐하면 사랑이란 개념에 앞서기 때문에.

- "손바닥의 안쪽이 삶이라면, 바깥쪽은 죽음이거나 그와 유사한 절망이나 좌절, 혹은 침울한 해안인 것이 보통인 것이고, 그 점은 공정하기 때문에 아무도 불평을 늘어놓을 수는 없다. 우리의 허벅지 위에 얹혀 있는, 죽음이거나 혹은 그보다 더 흔한 유사한 죽음들에 대해서"(p. 136).

삶과 죽음의 공존.

- 수니는 희태가 "단지 아무것도 하지 않을 수 있기 위하여 혼신을 다해 노력하는 유일한 사람일 뿐임을 잘 알기 때문이었다"(p. 150).

저 '자신 있는 무력함'을 위한 삶의 진력.

- "수니가 집을 나서자 연기 냄새가 나는 초저녁 안개가 창백한 손을 뻗어왔다. 이리 와서 안겨, 하고 축축하게 말을 거는 아흔여덟 살 먹은 노인의 나체인 듯했다"(p. 160).

싱싱하고 기발한 비유법.

- "이미 지나갔으며, 돌이킬 수 없다고 표정 짓는 시간의 기색들"(p. 188).

'기색'이란 멋진 표현을 언젠가 내 제목으로 써먹고 싶다. 가령 '문학의 기색' '시대의 기색' 등등.

- "수니에게 외모는 이미 오래전부터 존재의 피부이며 정신의 의

상이다"(pp. 209~10).

명구로 전하고 싶은 구절이다.

- "순이에게 부족한 것은 이해력이 아니었다. 그것은 웃음의 경험, 공감의 경험, 감정의 어울림의 경험이었으리라. 순이의 존재는 오직 상실을 껴안고 가는 발걸음이었으므로, 순이는 슬프다. 그리고 우리는 본능적으로 알게 된다. 순이는 죽을 것이다. 사실 우리 모두는 죽지만, 순이는 우리 모두가 그러는 것보다 더 많이, 우리 중의 누구보다도 더 많이 죽음에 가까이 있는 능력을 갖추었다"(p. 229).

'죽음에 가까이 있는' 그것도 능력이라니! 그럼에도 그것은 박진감으로 우리에게 압도해온다.

- "과연 그것이 나 자신일까, 나는 내 육신으로부터 얼마나 가까이 있는 것일까. 나는 내 마지막으로부터 얼마나 가까이 있는 것일까. 나는 과연 얼마만큼이나 나인가⋯⋯"(p. 250).

이 반성은 바로 내 자신의 것일 것이다⋯⋯

- 'a여인'은 자신은 "북쪽 거실에서 왔노라고 대답한다"(p. 256). 젊은 남자가 'a여인'의 고향일 법한 지역이 "서구화되지 않은 극동 아시아"(p. 257)라며 그곳의 풍속과 인사법과 표현법을 말해준다.

- "나의 이름, 나를 부르니, 친애하는 당신, 나의 유물이며, 나에 의한, 나로부터의, 나의 죽음이고, 아, 극동 아시아의 낯선 이름과 주소가 적혀 있는 이것은 참으로 먼 곳으로 부쳐질 엽서였으니, 〔⋯⋯〕 이미 그때 내 몸은 흙 속을 파고드는 중이니, 누구인가, 내 육신을 사랑하는 이는, 허벅지는 검은 벌레들로 축축하며 썩은 낙엽으로 가득한 입술은 벌어지나 소리가 없고 내 가슴은 더 이상 두 개의 살덩어리가 아니니"(p. 270).

기형도의 이미지, 거기에 박상륭의 것을 닮은 요설스럽고 안타까운 사설의 문체. 그 진행은 필연적으로 집요하고 운명적으로 상징적이고 격렬하게 껴안는, 세계에 대한 냉정한 파악이다.

〔2009. 3. 9〕

김주영 장편소설 『빈집』(문학동네, 2010)

오랜만에 보는 김주영의 소설인데『홍어』『멸치』계열의 현대 소설이다. 말은 그렇게 '현대 소설'이라고 하지만 앞서의 두 장편소설처럼 시대가 분명한 것도 아니고 소설적 현실감이 두드러진 것도 아니며 인물도 개념화되어 있어 오늘의 기준으로 보자면 '현대적'인 것은 아니다. 나오는 인물도 화자인 나와 어머니, 아버지, 그리고 나와 이복녀인 아버지의 전처, 딸 등 넷과 문득 조 형사가 끼어들지만 그들의 인과가 분명하게 연계되어 있지도 않고 아버지 어머니 사이의 언쟁의 어투는 고전적 화법으로 진행되고 있다. 그럼에도 이 소설은 그의 앞서의 장편들처럼 묘한 견인력을 가지고 나의 의식을 이끌어간다. 현대 소설임에도 비현대적인 어투들, 무책임하게 전개되는 에피소드들, 정체의 애매함들이 모호한 세계의 숨은 운명을 느끼게 하고 있다는 점 때문일까. 짐작하기로, 나와 안성댁이 자매 사이임에도 둘 사이에는 인정이 흐르되 자매의 감정은 은폐되어 있고 노름꾼인 아버지와 심한 자제력을 갖춘 어머니 사이의 관계도 늘 한쪽은 도망치며 "부부끼리 서로 밥 먹고 누워 자고 있는 곳을 몰라 이처럼 찾아다니며 〔……〕 이렇게 찜찜하게 살아가야 하는 이상한"(p. 247) 비정상적인 부부 사이이지만 진한 애정이 숨겨져 있다. 이들이 결국 '빈집' 상태로 결합되지 못하고 분해되어 있는 것이 김주영 특유의 문체와 구성법으로 인간의 보편적인 양상으로 앙양되고 있는데 여기에 이 소설의 매력이 잠겨 있는 듯하다. 그래서 이 소설에는 의외로 '팔자' '운명' 같은 전 시대적인 어휘와 구절이 자주 나온다. 내가 짚은 것이 이런 것들이다:

• "알고 보면 나도 가엾은 사람이다. 이게 내 책임이냐. 그렇다고 네 책임이냐. 아무에게도 책임이 있는 게 아니다. 하늘이 그러라고 시킨 일인데, 책임 소재가 따로 있겠나. 〔……〕 사주팔자 따라가다 보면 어디쯤 가서는 지쳐서 끝장이 나겠지"(p. 148).

십대 중반의 어린 소녀인 딸에게 아버지가 하는 말로는 지나치게 긴 타령 속에서 '하늘이 내려준 사주팔자'대로 살 수밖에 없다는 말은 적절한 상황은 아니면서 내용은 깊은 대사를 이룬다.

• "상습적인 어머니의 가출은 어린 내게 많은 것을 깨닫게 했다. 세상엔 완벽한 행복도 존재하지 않는 것이지만, 도저히 헤어날 수 없는 비참함이나 불행도 있을 수 없다는 것이다"(p. 162).

아이답지 않은 세계에의 깨달음.

• "부부가 벌이고 있는 그 이상한 게임은 내가 보기엔 아무런 실속이 없는 연극 같았다. 그런데도 두 사람은 그런 게임을 운명이라도 판가름 낼 것처럼 진지한 표정으로 진행시켰다"(p. 164).

두 기이한 부부 관계의 운명적인 게임.

• "도사들이나 할 말을 니가 하네." "모두들 그렇게 얘기들 하기에 나도 팔자려니 합니다"(p. 218).

어머니가 딸 언년에게 부부 사이를 묻는 데 대한 딸의 대답은 '팔자'란 말 속에 함축되어 있다. 오늘의 젊은 여인도 그 부모에게나 어울릴 팔자타령을 펴고 있는 것이다.

- "그러나 그렇다 한들 어찌했겠느냐. 진작부터 그런 줄 알았지만 내 남편이었고 니 아부지가 아니었나. 그게 팔자라는 거다. 그 팔자를 이제 와서 후회한들 무슨 소용이 있겠느냐"(pp. 222~23).

'팔자'의 전승, 이 비근대적인 운명관을 끝내 버리지 못하고 있는 작가 김주영의 심성은 어느 적부터 형성되었을까.

- "그런데 엄마는 개 같은 년 소 같은 년 하고 공격을 받고 욕을 퍼부어도, 안색 한번 변하는 법 없이 욕설을 고스란히 받아들이는 거야. 팔자소관으로 받아들인 거지"(p. 237).

안성댁은 체구와 살집이 나인 어진이와 정반대인 이복 사이지만 모든 인간적 학대를 '팔자'로 받아들이는 숙명적인 태도에는 자매임이 틀림없었다.

- "내 눈에는 바닷속에서도 사막이 보이더구만"(p. 328).

안성댁은 이 바다에서 사막 같은 세계를 보고 밤 사이에 이 '사막 같은 바다' 속으로 투신한다.

〔2010. 5. 22〕

하창수 소설집, 『서른 개의 門을 지나온 사람』(문학과지성사, 2010)

내가 한국일보 문학상을 심사할 때 하창수 소설을 추천했고 그래서 수상자로 결정된 적이 있었다. 그것이, 이번에 찾아보니 1991년이었고 그 제목은 기억나지 않는데 문장은 섬세했지만 톤의 전반이 나약하고 여성적이어서 그리 마음에 기대되는 것은 아니었음에도 달리 적절한 작품이 없기에 내게 익숙지 않은 작가를 밀었던 것이다. 그러고서 그의 작품은 거의 읽지 않았거나 보았어도 그리 깊은 인상을 받지 못했을 것이다. 이번에 문지사에서 창작집 『서른 개의 門을 지나온 사람』이 간행된 것을 보고 웬일이지 싶었던 것도 그래서였다. 그런데 이 소설집을 모두 읽으면서 그가 깊고 강하고 상당히 독자적인 영역을 확보하고 있음을 발견했다. 그는 성장했고 문학이 무엇인가를 반성하며 창작을 해왔던 것이 분명해 보였다. 이 책을 다 본 지 일주일은 지난 듯한데 내 건망증으로 그 줄거리를 거의 다 잊어버리고 말았는데 대신 몇 군데 포스트잇을 붙여놓았다. 그 메모로 이 작품집에 대한 나의 평가를 삼아야 하겠다.

• "추상화—그것은 양쪽 벽에다 거울을 달아놓고 그 거울 속을 들여다보는 일이다. 거기에는 깊은 동굴이 존재한다. 하지만 형상을 가진 것들은 그 동굴에 들어갈 수 없다. 오직 의식만이 들어갈 수 있는 것이다"(「추상화」, p. 92).

어느 화가가 코끼리 발에 물감을 묻혀놓고 캔버스를 지나가게 해서 만든 그림으로 전시회를 연 것을 기억하며 그것은 "추상화를 조롱할 수 있었지만 그 이상의 성과를 거둘 수는 없었다"고 작가는 꼬집는다. 사실이다. 나는 기발한 실험작들을 전시회에서 더러 보았지만 기발함 외에 그 이상의 정신이며 재능, 꿈이며 인식을 찾아낼 수 없었다. 하창수는 예술의 깊은 본질을 짚어내고 있다.

• "인간이 짐승과 사귀는 데 딱 여섯 소리만을 썼다. 그것들은 아무리 어울려도 소리이지 문장이 아니었다. 그것을 어디서는 육성(六聲)이라 하고 어디서는 육음(六音)이라 하지만 본디는 폐음(閉音)이

라 한다. 글자만 보면 음을 닫는다는 뜻이다. 〔……〕 풀면 이렇다. 뜻을 전함에 소리가 필요한 것은 몸짓만으로 온전히 뜻을 알리지 못하기 때문이며, 소리를 가지고 뜻을 알리려 하면 먼저 마음의 움직임을 살펴야 하는데 아무리 마음을 잘 살펴도 그 잘 살핀 마음의 움직임을 전하는 데 적절한 소리를 택하지 못하면 헛것이 되고 마니, 그 원리는 소리를 너무 열면 뜻을 전함이 지나쳐 짐승이 곡해하여 덤벼들게 된다는 것이다. 하여 오로지 중요함은 그 뜻을 닫는 데 있으니 그를 곧 '폐음'이라 한 것이다. 뜻을 닫음은 몸을 뉘어 잠들고 몸을 세워 깨어남에 쓸데없는 요동을 줄이는 것과 같다"(「天地小說也」, pp. 98~99).

 중국의 깊은 고전에서 끌어온 것이 아닌가 싶은데 어떻든 작자는 이 대목을 완벽하게 소화해내어 내게 전해주고 있는데, 그 말과 뜻, 그리고 문체까지 압도하고 있다. 이 대목은 인간의 태도의 깊이를 그리고 있다.

• "인간들은 제멋대로 그 과실에 선과 악이란 가당치도 않은 관념의 독을 저주처럼 심어놓았다. 존재하는 모든 것은 그 안에 선과 악을 동시에 지니고 있는데 어떤 과실이 도대체 선이며 악이란 말인가. 결국 인간들은 스스로 열매를 따 먹으며 그것이 악하다고 했다"(「千年賦」).

 '존재하는 모든 것은 그 안에 선과 악을 동시에 지니고 있다'는 말은 영원히 진실한 것이고 인간이 거기에 선과 악을 붙였다는 것도 정확한 말일 것이다. 하창수는 박상륭을 읽어가는가.

• "한 인간이 제대로 살아간다는 것이 결국 제대로 죽으려는 것이라는 결론을 이끌어낼 수 있을 것이다. 그리고 삶과 죽음 사이에 놓

인 '기억'이라는 저 아름다운 다리의 존재에 그 남자가 얼마나 치를 떨었는지에 대해서도 정확히 알아낼 수 있을지도 모른다"(「이야기의 독」, p. 262).

바르고 아름다운 사유.

• 알바레즈의 『자살의 연구』를 읽으며 작가가 깨우친 '순진한 결론'.

"삶의 저변에 괴로움을 깔고 있는 사람이 작가라는 것, 따라서 그들은 죽음을 삶과 동일시하는 인식의 소유자이며 그들이 자살을 택하는 경우에 그것이 아무리 급격한 것이라 하더라도 미숙한 인격자의 충동적인 발작과는 다르다는 것, 예민한 작가란 나름대로의 자살의 미학을 갖추고 있는 부류라는 것"(「이야기의 독」, p. 265).

'작가'란 존재에 대한 섬찍한 인식!

• "엄밀한 의미에서 소설가란 이미 7, 80년 전에 그 존재 가치가 거의 소멸해버린 직업으로서 지금은 컴퓨터 게임에 밑그림으로 사용되는 이야기 따위를 제공하는 스토리 메이커를 간혹 그렇게 부르곤 할 뿐이다"(「환상의 이쪽」, p. 285).

내가 예상한 소설가의 미래상. 그 미래가 이미 진행 중인 것으로 짐작되고 있다.

[2010. 6. 5]

이신조 소설집 『감각의 시절』(문학과지성사, 2010)

내가 이신조란 이름을 알게 된 것은 몇 해 전 내게 증정으로 들어온 책 가운데 『가상도시 백서』란 장편소설 때문이었다. 남자인지 여

자신인지도 모를 처음 본 이름으로 제목이 재미나서 읽기 시작한 것이 끝까지 보게 되었고 그만큼 게으른 나의 독서를 흡인하는 힘이 있었던 듯했다. '듯했다'라고 말하는 것은 내가 그 줄거리며 상황은 다 잊은 채 발상이랄까 상상력이 흥미롭다는 독후감을 가졌다는 것, 그래서 계속 지켜볼 작가로서 문지에서도 그를 발견해주기를 바랐다는 기억이 남아 있기 때문이었다. 그러고서 보게 된 것이 이 책이다. 단편 제목으로는 나오지 않는 '감각의 시절'이란 제목도 의외로 세련되어 보였고 클림트 그림으로 표지를 만든 장정도 강렬하게 인상적으로 다가왔다. 어제 내가 이 작품들을 참 좋게 보고 있는 중이라 했더니 예림이가 열림원의 잡지 편집위원으로 나갈 때 이인성 선생이 원고를 읽어보라 해서 좋은 작품이란 평가를 내렸고 그래서 그 책이 열림원에서 나오게 되었는데 책 제목을 자기가 지어주었다 한다. 그러니까 이신조에 대해서는 부녀가 같은 소감을 가지게 된 것이었다.

모두 여덟 편이 수록된 이 작품집은 일관된 주제를 갖지는 않지만 사랑을 잃은 여인 혹은 아기를 잃은 어린 미혼모, 이별한 여인, 뜨거운 삶으로 노래를 부르는 가수, 길을 잃고 헤매는 영혼 등 다양한, 그럼에도 슬픔을 원천적인 정서로 안고 살아야 하는 사람들을 보여주고 있다. 그 보여줌은 아름다운 문장, 생략하거나 반복함으로써 생략과 반복의 아름다움을 최대한으로 고양시켜주는 슬픈 문체를 통해 이루고 있다. 이 정도의 문장이라면 프랑스어로 번역해도 크게 환영받을 문체미일 것이다. 나는 「클라라라라라」라는 작품의 주인공 클라라 코헨이 실제 인물인가 해서 인터넷으로 찾아보았는데 그런 이름의 가수는 없었고 권말에 주석으로 '작품에 영감을 준 텍스트'로 소개된 에이미 와인하우스란 이름을 구글에 넣었더니 상당히 긴 설명이 붙어 있었다. 그래서 '예스24'에 그녀의 하나뿐인 시디를 주문하기까지 했다. 이신조는 그만큼 음악을 깊고 예민한 감수성으로 듣고 있는 듯하고 그의 주제와 성향도 상당히 고급해 보였다. 나는 그런 모습의 아주 작은 조각들을 모아보았다:

- "기억의 침략, 기억의 위반, 기억의 횡포, 기억의 소환, 기억의 종용, 기억의 계략, 기억의 균열, 기억의 실종, 기억의 도단, 기억의 파경, 모든 것을 낱낱이, 생생히, 온전히 기억한다는 명백한 거짓말"(「음악을 듣거나 책을 읽거나 너를 기억하기 위해 필요한 고독」, p. 10).

참으로 긴 제목의 이 단편은 그 이상으로 아름다운 문장으로 충만해 있는 작품이다. 나는 '기억의 타작'에 대해 말했지만 이신조는 기억에 대한 환멸을 고백하고 있는 중이다. 그것은 끝내 같은 말이 될 것이 아닐지.

- "결국, 고통이 온다. 마침내. 고통이 찾아온다. 나는 일단, 고통이 왔다는 사실보다 고통이 도착한 방식으로 인해 고통을 받는다. 〔……〕 치욕과 두려움에 입술을 씹으며, 다시 복기(復棋)에 복기를 시도한다. 썩은 장판이 들춰지고 벌레 떼가 쏟아져 나온다. 새벽에 흐물흐물하고 차가운 검은 덩어리가 누워 있는 몸 위로 발끝부터 기어오르는데, 그것은 환각이 아니다"(같은 작품, p. 29).

고통에 대한 묘사는 이다음으로도 더 계속되는데 '고통'이란 추상의 상황이 이처럼 구체적인 모습으로 다가온다는 것. 이신조는 얼마나 한 고통을 싸안으며 뒹굴었을까.

- "1초의 고독. 고독한 1초. 아득한 천장의 스크린으로 음악이 흐르고 책장이 펼쳐진다. 다치바나 다카시의 '우주로부터의 귀환'을 읽

으며 카디건스의 'Sabbath Bloody Sabbath'를 듣는 밤이다. 모래바람 속에 펄럭이는 누더기 깃발 같은 시간"(같은 작품, p. 32).

'모래바람 속에 펄럭이는 누더기 깃발'은 내가 중국의 서북주 황무지와 사막을 다니며 보아야 했던 티베트족의 풍경이다. 그것을 볼 때의 고독, 초라한 삶에 대한 막막한 슬픔.

- "의심과 확신을 번갈아 덧대 실패를 깁고 삐뚤빼뚤 엇갈림을 매듭짓도록, 음표처럼 떨어지는 빗방울의 소리. 촘촘히 혹은 듬성듬성 바늘이 가고 실도 간다. 짐짓 낙타도 간다. 멀리서 와 오랫동안 기다린 반짇고리 안의 우주가 흘러나와 시간은 낮은 구름처럼 지하실의 공중에 떠 있고……"(「흩어지는 아이들의 도시」, p. 94)로 한참 계속되는 이 대목은 미혼모의 방황을 추적하고 있는 중인데 거기서 드러나는 모습들이 삶의 한스러운 일대로 확산된다.

여기 문득 나오는 '낙타'는 한 페이지 앞에서 미아가 일하던 옷공장에서 말해진 "낙타가 바늘구멍을 통과하기"라는 성경의 구절 때문에 튀어나온 것이다.

- "타인의 독백은 대개 들리지 않는다"(「하우스메이트」, p. 166).

희수가 이불장 속에 숨긴 일기장이 발췌되는 대목에서 붙인 중간 제목이다. '독백'이란 말 자체가 혼자 하는 것이어서 타인에게 들리지 않게 마련이지만, 그 당연함을 기술함으로써 가장 정직할 수 있는 의식의 소통 불가능성이 그래서 다시 뜨겁게 강조된다.

- "껴안아줘. 꼭 껴안아줘. 있는 힘껏 껴안아줘. 언제나 온전히 껴안아줘. 시작조차 없었던 것처럼 그렇게 껴안아줘. 반드시 그렇게 껴안아줬으면 좋겠어. 이 말을 하는데 벌써 슬프다. 그러니까 더 꼭 껴안아줘. 더. 더 꼭. 더 꼭 껴안아줘. 빈틈없이 샅샅이 낱낱이 껴안

아줘. 기억을 투명하고 당당하게 굳힐 거야. 매일매일 얼굴에서 무덤처럼 혹이 솟아나는 꿈을 꿔. 껴안아줘"(같은 작품, p. 168).

이 이상의 절망적인 갈망이 있을 수 있을까. 처음 보는 이 강렬한 열망.

- "기타 소리. '신과 왕'의 간주 파트. 기타가 연주되는 건 세상에 울음이 있다는 걸 알려주기 위해서야. 기타는 언제나 울어. 크게 소리쳐 울기도 하고 숨죽여 작게 울기도 하고. 하지만 결코 웃지는 않아"(「클라라라라라」, p. 197).

기타란 것의 뜻을 여기서 비로소 듣고 나는 작가에게 '영감'을 준 에이미 와인하우스의 시디를 주문하지 않을 수 없었다.

- "술과 마약과 섹스에 찌들려 있을 때나 온갖 구설수에 시달리고 있을 때의 클라라는 마흔다섯 살을 넘어 수십 년 더 나이를 먹은 노파의 모습을 하고 있다. 그러나 무대 위에서 빛날 때, 마이크를 움켜쥐고 웃음을 터뜨릴 때, 그녀는 영락없는 십대 소녀. 모든 나이를 동시에 사는 것, 소녀에서 노파까지 한 여자 안에 들어 있는 모든 여자들을 꺼내 보이는 것"(같은 작품, p. 214).

내가 가장 가지고 싶었던 얼굴, 가령 그는 이십대에 사십대의 얼굴을 가졌고 사십대에는 이십대의 모습이었다는 바로 그 형상!

- "가을. 잎과 흙이 마른다. 새벽. 어둠과 안개가 흩어진다"(「조금밖에 남아 있지 않은」, p. 247).

시보다 아름답고 압축된 이미지의 문장.

- "흙은 검고, 바위는 더욱 검다. 그 검음은 모두 옛날의 바다에서 왔다. 묽고 들큼한 습기가 어질머리 여름꽃을 피우고, 하지의 달이 섬의 공중을 구른다. 한 번도 비를 만든 적이 없는 구름, 바람은

모든 돌들의 구멍을 센다"(「앨리스, 이상한 섬에 가다」, p. 274).

제주도의 풍광은 이런 묘사를 통해 신화의 땅이 되고 있다. 구멍이 숭숭 뚫린 제주 바위에 불어닥치는 바람을 헤아리는 시선……

- "아름다운 것은 왜 고통스러운가"(같은 작품, p. 282).

잠언보다 더 고통스러운 잠언! 고통스러운 것은 결코 아름답지 않은데, 아름다운 것은 왜 고통스럽게 다가오는가.

〔2010. 6. 15〕

신경숙 장편소설, 『어디선가 나를 찾는 전화벨이 울리고』(문학동네, 2010)

가장 신경숙다운 장편소설. 그것은 『엄마를 부탁해』의 인간다움을 넘어 파스텔로 그린 한 폭의 아름답고 쓸쓸한 정경이다. 제목을 최승자의 시에서 뽑은 그의 장편은 세계가 분명하게 다가오지 않고 어슴푸레, 강렬함이 흐릿하게, 비극이 일상인 것처럼 다가오는 모습을 드러내준다. 네 명의 인물 중 셋이 죽음을 당하지만 그들은 죽는다는 말 한마디 없이 스르르 사라진다. 마치 먹은 음식의 메뉴를 모두 적어놓지만 거식증으로 소식 없이 죽는 인물처럼. 소설 속의 '윤 교수'는 영락없는 오규원이다. 그가 다시 보고 싶다. 나는 그의 소설에 다시 설움을 당하며 몇 문장을 옮긴다.

- "의문과 슬픔을 품은 채 나를 무작정 걷게 하던 그 말들은 다 어디로 갔을까. 그 쓰라린 마음들은. 혼자 있을 때면 창을 든 사냥꾼처럼 내 마음을 들쑤시던 아픔들은 어디로 스며들고 버려졌기에 나는

이렇게 견딜 만해졌을까. 이것이 인생인가. 시간이 쉬지 않고 흐른다는 게 안타까우면서도 다행스러운 것은 이 때문인가"(p. 10). 다치고 회복되고 아프고 잊어버리며 시간의 안타까움과 겨루는 것, 그것이 인생인가, 정말……

- "똑같은 날은 없어"(p. 24).

너무나 당연한 진실. 그럼에도 우리는 항상 어제와 그제, 그리고 오늘이 비슷하고 동어반복의 삶이 계속된다고 지루해하는 것일까. 그래, 똑같은 날은 없다. 그러나 새로운 날이 생기는 일도 아주 드물다.

- "엄마는 죽음을 겁내지 않았다. 죽음을 미안해했다"(p. 36).

죽음을 미안해했다란 말은 도무지 처음 본다. 그 미안함이 그런데 낯익음 속에서도 신선한 감각으로 들어오는 것은 '미안함'이란 가난한 영혼의 겸손한 사죄로 들려오기 때문일 것이다.

- 윤 교수의 강의를 청강하겠다는 미루가 윤 교수가 독신일 것으로 생각된다고 한다. 왜 그런가 물어보자 "미루는 독백처럼 중얼거렸다. 뭔가를 본 이후로 잊을 수가 없었을 거야"(p. 82).

"뭔가를 보았다는 것", 그것은 니진스키나 랭보가 본 것일 수도 있는 이 세상의 끝간 데, 신 혹은 종말일지도 모른다. 이 대목에 등장하는 아르놀트 뵈클린(Arnold Böcklin: 1827~1901)은 처음 보는 이름이어서 인터넷에서 찾아보았다. 바젤 출생의 상징주의 화가로 중세의 몽상적 세계를 많이 그린 듯한데 그의 여러 편의 연작으로 된 '망자의 섬'은 히틀러가 자주 보았다는데 과연 아득한 어둠의 신비로운 섬으로 다가왔다.

- "이 도시를 알기 위해 걷기로 한 것은 잘한 일이었다. 걷는 일은 스쳐간 생각을 불러오고 지금 존재하고 있는 것들을 바라보게 했

다. 두 발로 땅을 디디며 앞으로 나아가다 보면 책을 읽고 있는 듯한 느낌이 든다. 숲길이 나오고 비좁은 시장통 길이 등장하고 거기에는 나를 모르는 사람들이 말을 걸고 도움을 청하고 소리쳐 부르기도 한다. 타인과 풍경이 동시에 있었다"(p. 86).

길을 걷는다는 것, 그것은 책 읽기이고 이 세계 속에 참여하여 말 걸기이며 그래서 마침내 이 세상을 살아내는 일이라는 것. 거기에서는 '타인과 풍경'이 주역이다.

- "인생의 맨 끝에 청춘이 있어야 한다는 생각을 할 때가 있어. 나는 해보지 않았던 생각이다. 그러면 어떻게 될까. 지금의 우리 얼굴이 노인의 얼굴이겠지"(p. 107).

정말 나도 생각해보지 못한 기발한 아이디어다. 태어나서 노인의 얼굴로 삶을 시작해서 가장 아름다운 때 죽음을 맞이한다는 것. 참으로 아름다운 정경이다.

- "그가 중얼거리듯 말했다. 그러니까 정윤… 오늘을 잊지 말자, 고. 〔……〕 오늘을 잊지 말자, 고밖에 말할 수 없는 그가 느끼는 무력감은 나의 것이기도 했으니까. 어쩌면 우리는 그 무력감을 물리쳐보려고 이 도심에서 서로를 발견한 것에 과장된 의미를 부여받고 있는 건지도 모른다"(p. 108).

그 숱한 '오늘을 잊지 말자'는 나의 속말. 그것은 나의 존재를 지키기 위함인가, 나의 소멸에 대항하기 위한 것인가. 평범한 이 말을 다시 외는 내 마음은 왠지 슬퍼진다.

- "그렇게 아버지와 나는 밥상 앞에서 어머니를 느끼고 있었다는 생각"(p. 132).

회상은 그렇게 불시에 다가와 분위기로 감돌고 감성을 어느 한 시점으로 아득하게 이끌어가고 생각은 까닭 없이 서러워진다. 때때로 어머니를 돌이키며 드는 느낌을 나는 여기서 다시 멍하니 바라보고 있다.

- "손끝에 닿는 참새의 새털 감촉이랑 체온이 정말 좋았어. 아마도 내가 살아 있는 것들 중의 어린것을 그렇게 만져본 건 그때가 처음이었을걸. 내 작은 주머니에 꾸물거리는 생명이 가득 차 있는 느낌이었어. 온 세상이 다 들어 있는 것 같았어"(p. 155).

생명의 이 신비감, 생명에 대한 이 신선한 느낌. 세상은 생명이 있다는 그 자체로 존재의 이유를 가지고 있다!

- "나는 항상 언니 옆에 있었거든. 언니라는 생각보다 그 존재가 그냥 내 곁에 있어서 나 같았어. 이해 가니?/혼자 자란 나는 모르는 세계였다"(p. 174).

한 생명이 다른 생명에게서 가지는 공존, 아니 동질, 아니 동시 공감. 신경숙은 대단한 감수성을 지니고 있다.

- "무심히 내가 내 손을 들여다보고 있을 때면 사촌언니가 너 지금 외롭구나, 하면서 내 손을 꼭 쥐어주곤 했었다. 사람들이 외로우면 자신의 손을 들여다보곤 한다는 게 사촌언니의 분석이었다"(p. 186).

그런가? 나도 외로우면 손을 보았던가? 나는 어렸을 적 손톱을 자주 뜯었던 기억이 있다. 어떻든 외로우면 자기 식대로 자신의 외로움을 씹는, 들여다보는 방식이 있을지도 모른다.

- "이렇게 아무 말도 할 수 없는 순간들이 살아가는 동안 얼마나 많이 다가올까. 한 인간이 성장한다는 것은 아무 말도 할 수 없는 순간들을 하나씩 통과해나가는 일인지도 모른다"(p. 210).

성장이란 침묵을 견뎌내는 순간들의 집적인가. 나는 신경숙의 말에 동의한다. 그 침묵의 순간은 내면적 성찰이기 때문이다.

• "누군가 매일 매끼 먹은 음식이 기록되어 있는 것을 읽어내리던 그 신새벽. 기분이 이상했다. 그 단순한 기록들이 나중엔 시처럼 읽히기도 했다. 내가 여기 있다고 증명하려는 사람의 몸부림으로도 읽혔다. 지금 이곳의 나는 내가 먹은, 먹고 있는 음식물의 총화다…… 외치고 있는 것 같았어"(p. 239).

이 기이한 읽기. 시는 내 눈앞에 있는 문장들이기보다는 차라리 얼마든지 무의미할 수 있는, 가령 낙서나 숫자 같은 것들에서 세상의 비의를 캐낼 수 있는 정신일지도 모른다.

〔2010. 7. 4〕

정미경 장편소설 『아프리카의 별』(문학동네, 2010)

작년 정미경의 작품집 『내 아들의 연인』을 보고 그 세련된 감수성과 품위 있는 문장에 감탄해서 메일로 서툴게 인사를 보냈고 한참 후에야 그의 답장을 받은 적이 있었다. 그녀는 아프리카 여행을 하고 돌아왔노라며 내게 답장을 썼다. 이번에 서명해서 보낸 책을 보자 그 아프리카의 여행 산물이라는 점 때문에 그녀가 어떻게 내게는 생소한 사막의 땅을 경험했는지 궁금하기도 했고 손녀 윤서가 모로코에서 숨막히는 정경으로 보았다는 느낌이 어떤 것인지를 함께 느끼고도 싶어 다른 책들을 젖혀놓고 그제와 어제 내처 읽었다. 처음에는 그 땅과 이름, 사람들과 풍경이 낯설어 어기적거리긴 했지만 익숙해지면서 잘 읽혔고 사막의 정경들에 몸이 담기는 기분까지 다가왔다. 방금 작가에게 내 감사와 느낌을 전하는 메일에서도 밝히긴 했지만 마지막에 살인과 음모가 끼어들기보다 사막의 열기와 황막함에 인간이 스러지고 마는 결론이었더라면 싶기도 하고 그 마무리가 의외로 성급하게 이루어진 약점이 눈에 띄었지만 그건 별것 아니고 숱한 곳에서 돋아나는 작가의 에피그램적 서술이 내게 간곡하게 튀어 들어왔다. 이 책의 읽기에서 그 아름다운 명구들이 내게 더 감동적이었다.

- "어떤 사람은 사막에 도착한 즉시 늦어도 그 이튿날이면 사막과 사랑에 빠져버리기도 한다. 자기 안에 사막을 갖고 있는 자들이다. 삶에서 독한 황폐를 겪어본 자라면 단 한 번의 만남으로도 중독에 이르게 된다"(p. 18).

사막을 안에 간직한 황폐한 사람은 사막에 중독되기 쉬울 것이다. 그러나 그 독한 황폐를 경험하지 못한 사람, 나 같은 평범한 생애와 일상을 보낸 사람도 사막의 아름다움에 감동당할 수 있을 것이다.

- "아프리카라면 그 말은 새롭다 할 수가 없어. 여긴 태양 때문에 어떤 일도 할 수 있는 곳이지. 그 어떤 일도 누구도 저 태양을 죽여버릴 수 없으니까. 그러니까 그건 인샬라와 다를 바 없는 말이라구"(p. 34).

여기서의 그 어떤 일은 카뮈의 『이방인』에서 뫼르소가 저지른 살인을 가리킨다. 아마 그럴 것이다. 그러나 그렇기 때문에, 여기서는 그 태양 때문에 어떤 일을 해도 의미를 가질 수 없을지도 모른다.

- "세밀화나 은주전자에 새겨진 문양의 디테일을 들여다보면 이들은 현세의 삶과 그 감각의 세계를 지독히 사랑하는 족속이란 생각이 들었다. 절대와 무한을 제 손바닥으로 어루만지며 살고자 하는 자신들은 그게 신에 대한 경배의 형식이라고 말하지만"(p. 41).

무한과 지금, 초월과 이곳은 결국 하나일지도 모른다. 흔한 말로 하자면, 순간에서 영원을 발견하고 범상한 것에의 트임을 통해 초월에 이르는 것. "제 손바닥에서 절대와 무한을 어루만진다"는 말은 참으로 섬찍하다.

- "엄마. 엄마의 예언은 왜 모두 어두운 거야?"/"사람의 운명이란 원래 어두운 거란다. 아주 가끔 환한 빛을 발하는 때도 있지만 그건 한순간이야. 애초에 운명의 주관자가 그렇게 만들어놓았으니"(p. 64).

운명이란 본질적으로 암울한 것이다. 진실이 그렇고 사실이 그래야 한다. 그것은 운명을 아까워하는 사람들에게 피할 수 없이 정직한 진실이고 일상으로 부닥쳐야 하는 사실이다.

- "사람은 죽을 때까지 자신을 몰라. 모든 사람은 자신의 타인이지"(p. 66).

타인에 대해 절망을 느껴야 하는 사르트르보다 더 절망적인, '자신에 대한 타인'!

- "이름을 부르던 것들과 헤어지는 일은 너무 힘들었다. 사람만이 아니라 장소들도. 눈을 감거나 때론 눈을 감지 않아도 떠오르는 얼굴들도. 이름이 없었다면 이렇게 쓰라리진 않겠지"(p. 71).

이름은 존재의 집, 그리고 기억의 형상들. 우리는 어떤 모습, 어떤 사건을 기억한다기보다 거기에 얽힌 사람들과 장소와 일들의 이름들을 기억하고 있는지도 모른다.

- "너의 고통은 너의 몫. 나는 네게서 내가 보고 싶은 것만 보겠다. 느끼고 싶은 것만 느끼겠다./풍경에도 고통은 있다"(p. 72).

내가 보고 싶은 것만 보겠다는 것은 내가 느끼고 싶은 고통만 느끼겠다는 것일 수도 있을 것이다. 그렇다면, 내가 느끼고 싶은 고통만

나는 누리겠다는 말도 되리라……

- "인샬라. 욕망이란 선과 악의 경계를 벗어나 있어. 그건 죄가 아니야. 우리가 어쩔 수 있는 게 아니거든. 그러니까, 죄란 우리를 그리 만든 신의 몫이고 우리가 할 수 있는 건 그 위대한 신에게 경배드리는 일뿐이지"(p. 82).

매우 설득력 있는 정의로부터의 회피. 이슬람의 세계는 그만큼 깊고 자연적이며 비인간적이다.

- "암모나이트의 곡선의 섬세한 주름이나 완벽한 더듬이의 모습을 용케 보존하고 있는 삼엽충을 들여다보면 그것들이 말을 걸어왔다. 귀를 대보면, 갇혀 있던 시간을 하소연하는 목쉰 숨소리가 스으윽스으윽 들렸다"(p. 87). 수억 년, 적어도 수백만 년의 세월을 품고 있을 화석의 삼엄함을 여기서 다시 확인한다. 나는 그래서 화석을 탐내면서도 무서워한다.

- "중독은 분석할 수 없는 것들로부터 유래한다. 로랑(이 소설의 등장인물, 디자이너로 거부이며 탐미주의자)의 일생은 그랬다. 어떤 대상을 만난 첫 순간, 예상하지 못한 아름다움의 떨림이 전해져올 때 온몸으로 기울어졌다. 직립하여 무릎을 굽히지 않은 채 절벽 아래로 푹 떨어지듯 그렇게"(p. 92).

중독, 감동, 아름다움, 거룩함, 사랑 등등 추상의 감정적 명사들은 그렇게 결코 분석될 수 없는 성질을 가지고 있다.

- "사막이란 '아무것도 없는'이란 뜻이라지./움직이는 건 아무것도 없다. 누렇게 뜬 사막풀마저 죽은 듯 모래에 발을 묻고 물이 있는 곳으로 실어다 줄 저녁 바람을 기다린다. 모래색 뱀과 붉은 전갈도 한 조각 그늘을 찾아 필사적으로 몸을 감추었다./완전한 고독과 적

막./정말이지 아무것도 없는 곳"(p. 102).

오규원 식으로 표현하자면 '없음으로 충만한 자리.' 그런데 '아무것도 없는'이란 '사막'을 가리키는 말은 어느 나라의 언어일까.

• 모래로만 이루어진 땅, 하늘, 바람의 사막과 오아시스가 있는 사막: "그 둘 다 사막이다. 동시에 그 둘은 완전히 다른 곳이다. 한 곳은 무한을 응시하려는 자들의 처소이고 또 한 곳은 돌아갈 곳을 생각하며 거울을 들여다보고 모래를 털어내는 자들의 장소이다"(p. 104).

사막이 그렇듯, 세계가 그렇다. 아니 세상의 모든 것이 그렇다. 무한에의 응시와 차안에의 귀환을 위한 준비.

• "모래 위에 누워 자신의 흰 뼈를 상상하며 어떤 순간을 기다려본 적도 있다. 눈을 감고 누워 있으면 햇살이 모래에 닿아 부서지는 소리가 사분사분 소란했다. 그렇게 소멸을 꿈꾸었다. 이렇게 누워 있으면 산 채로 미라가 되고 풍화해가겠지"(p. 104).

내 이십대, 전방의 삭막한 군영 시절, 나는 '소멸'에 집념해 있었다. 군용차가 지나는 군용 도로 바닥에 혼자 누워 어두운 하늘을 바라보며 이렇게 소멸되기를 희원하고 있었다. 그러나 이렇게, 자신의 흰 뼈를 상상하며 산 채로 미라가 되고 풍화해가는 모습까지는 아니었다. 젊은 여성 작가는 어쩌면 이렇게 절망적인 세계에 고개를 드밀고 있을까.

• "완전히 어두워지면 이곳은 별들의 우주이다. 살아서 꿈틀거리는 별들은 강한 인력으로 사람을 허공으로 둥실 들어올린다. 가차 없이 쏟아져 내리는 별빛의 폭포 아래서 누구는 살짝 미치기도 하고 간혹 울기도 한다"(p. 125).

세계는, 그것을 응시하며 독대하는 영혼에게 폭력적이다. 그것은 세계를 뒤집어 보인다.

- "요즘은, 옮겨온 것이 공간이 아니라 시간이라는 생각이 든다. 31AB(비행기의 좌석 번호)의 시간을 지나오면서 열여섯이 아니라 예순한 살의 할머니가 된 것 같다"(p. 131).

시간은 장소가 된다. 비행기를 타고 해외로 향하는 공중에 떠 있을 때마다 느끼는 당혹감 혹은 신기함. 그런데 그것이 더 진화하면 시간이 공간이 되고 그 역이 되는 변화를 느낄 것이다. 요즘의 내가, 가령 십대 혹은 이십대 또는 삼십대의 지난 시절을 공간으로 추체험하듯이.

- "그건 설명할 수 없는 거란다. 설명할 수 있다면, 그건 아름다움이 아니라고 생각한다"(p. 145).

아름다운 것은 설명될 수 없다. 감동이란 것도 설명될 수 없다. 추한 것, 잘못된 것만은 쉽게 분석되고 그 이유를 설명할 수 있을 뿐이다.

- 모스크 미나렛(첨탑): "눈으로 가늠할 수 있는 권력의 징표였습니다. 보석을 박은 칼처럼 말입니다. 〔……〕 한편으론 실용적인 목적도 컸습니다. 오래전 사막을 걸어오던 카라반들은 광야의 어둠 속에서 저 꼭대기의 불빛을 바라보며 걸었습니다. 아주 먼 곳까지 비치는 따스한 불빛은 목마른 자에겐 물을, 배고픈 자에겐 빵을, 지친 사람에겐 누워 쉴 수 있는 장소를 의미했습니다. 영혼의 등대 역할을 한 것이지요"(pp. 152~53).

상징과 실용. 그러나 종내 그것들은 하나가 된다. 인간에게 갈망하는 안식의 표지가 된다는 것.

- "보라는 기름을 발라놓은 듯 번들거리는 남자의 등을 내려다보았다. 먹먹한 슬픔이 갈비뼈 사이에 차오른다. 적은 가죽 같은 슬픔. 악취 나는 슬픔. 피와 살점을 삭히는 슬픔. 어쩌면 다 똑같을지도 몰

라. 어디에 있든. 땀과 악취와 내려놓을 수 없는 고통을 안고 살아가는 거지"(p. 175).

너무 일찍 오는 열여섯 살 소녀 보라의 이 세계의 슬픔에 대한 인식. 그 스스로가 슬픔이다. 그러나 나이야 어떻든 모두가 직면하지 않을 수 없는 슬픔이다.

• "우연들이 모여 운명이 되는 거겠지. 그리고 그것이 운명이라면, 그 우연들의 까닭이란 내 안의 질긴 욕망들이 종기처럼 무르익어 터져나온 것이겠지"(p. 185).

우연이 필연으로, 그래서 운명으로의 진화. 그것은 과연 '내 안의 질긴 욕망들의 종기'인 것인가.

• "누군가에게 제대로 버림받은 것들은, 초라해지고 누추하며 하찮아진다. 운명이 누락시킨 자가 되어버린다"(p. 228).

『아프리카의 별』의 승과 보라 두 부녀는 그래서 이 사막으로 밀려왔다. 그리고 또 그렇게 운명으로부터 누락되어버리고 만다. 한번 버림받으면 영원히 버림받는 존재가 되고 마는 것일까.

• "사막의 해는 오만하다. 다른 빛들은 모두 지워버린다"(p. 256).

이 오만한 세계. 나는 이 소설에서 그 오만을 진저리를 치며 체험해 온 것이다.

〔2010. 7. 7〕

고종석 장편소설 『독고준』(새움, 2010)

신문에서 책 소개를 보자 한번 사서 읽어보아야겠다는 참에 고종석 씨의 서명이 든 책을 받았다. 새움출판사를 통해 고종석 씨에게 메일을 보내 고맙다는 인사를 하며 지금 읽고 있는 『아메리칸 프로메테우스』를 끝내는 대로 읽겠다고 약속했는데 하루 시내에 나가 시간을 기다려야 할 일 때문에 이 책을 가지고 가서 카페에서 140여 쪽을 읽고 집으로 돌아와 내처 그대로 읽었다. 그만큼 이 소설이 재미있거나 잘 읽혀서라기보다는, 나의 활동 시대, 나와 어울린 사람들 이름이 자주 등장해서 실감 나기도 하며 그가 그 시대와 사람들을 어떻게 보는지가 궁금했고 거기에 혹 내 이름도 섞여 나올까 조마조마한 덕분이기도 했다.

소설은 제목대로 최인훈의 1960년대 장편소설 『회색인』과 『서유기』의 주인공인 '독고준'의 후일담이다. 그는 당대의 명망 높은 작가가 되어 집필과 사색을 하며 평온한 생애를 누리다가 노무현 대통령이 자살하던 날 자살했고 간호사였던 김순임과 결혼해서 난 두 딸 중 맏이인 원이 이대 영문과 교수가 되어 어머니가 넘겨준 아버지의 원고를 보고 발췌하여 옮기며 그에 대한 소감과 회상을 기록한 것이다. 그 발췌된 일기는 연대순이 아니라 해와 관계 없이 달로 재편성되어 편집되고 있는데 당대의 인물이 죽었다는 짧은 기록에 대한 딸의 긴 해설과 그가 자주 읽은 시들에 대한 감상을 길게 쓴 날에는 원의 설명이 아주 짧은 방식으로 이어지며 4백여 쪽을 이루고 있음에도 큰 이야기는 없이 진행된다. 일기와 그에 대한 해설이기 때문에 최인훈의 소설들처럼 역사와 현실, 인물과 사건에 대한 작가의 사유가 전면을 덮고 있을 뿐 아니라 아버지든 딸이든 그 문체와 사고가 갈등이나 이의 없이 한 사람의 것으로 진행되고 있어 나는 고종석 씨에게 보낸 메일에서 "독고준이 아니라 독고종석의 사유"라고 소감을 전했다.

이 소설에는 많은 실명이 나오고 그중에도 김현, 복거일에 대한 애정이 두드러지며 김원일 소설에 대한 소개도 나오지만 이름을 바꾼, 그래서 시를 잘 읽지 않아 내가 알지 못하는 여러 사람의 작품들이 분석되고 있다. 왜 익명과 실명을 교차했을까 하는 생각과 더불어 맏딸이자 화자인 '원'을 왜 레즈비언으로 설정했는지 잘 납득되지 않는다. 동성애자가 소수자이며 그 소수자는 보호받아야 한다는 식의 이야기가 나오지만 그게 그리 강력하지도 않고 이 작품에 어떤 유다른 기능을 발휘하지도 않는다. 그러나 독고준이나 그의 내면을 찾아드는 딸 원이 우파도 아니지만 좌파도 싫어한다는, 그래서 나 같은 중도 우파적인 성격을 강하게 갖고 있다는 것은 내 마음에 들고 이런 성향이 고종석의 교양의 기반이 아닐까 하는 생각이 들기도 한다. 그가 왜 자살했는지도 설명되지 않고 있다. 그러나 한 지식인의, 그 지식인이 작가 최인훈이든 그가 만든 인물이든 혹은 그걸 읽은 고종석이든, 내면을 탐구하고 그가 살고 있어왔던 시대에의 관찰과 이해를 보여주고 있어 흥미롭다. 몇 군데 재미난 구절을 옮긴다.

- "아버지보다 아래 세대의 몇몇 소설가들은 아버지의 얼음처럼 차가운 회의주의를 본뜨기도 했고, 수정처럼 투명한 문체를 모뜨기도 했다"(p. 15).

이 문체의 평은 최인훈에 대한 것이면서 그 평의 문체는 김현의 것이기도 하다.

- 전임 대통령과 아버지가 같은 날 자살한 것을 서술하면서 딸 원은 "어느 아우슈비츠 생존자는 '자유죽음Freitod'이라고 부른 적이 있다"(p. 17)고 쓴다. 이 소설이 갖는 중요한 결핍 하나는 독고준이 왜 자살했는가에 대한 설명이 없다는 것인데 이 대목에서 "자유라고 부

르기 힘든 자유. 자발적이지 못했던 자유. 아버지는 노령과 무력감을 이기지 못해 자신을 스스로 무너뜨린 것 같다"(같은 쪽)고 해석하고는 있지만 상당히 무기력한 해석이다. 그러나 '자유죽음'이란 매력 있는 어휘이고 한번 생각해볼 만한 형이상학적 주제일 수 있겠다.

• "소설 쓰기는 아버지에게 해도 좋고 안 해도 그만인 취미 활동이 아니었기 때문이다. 소설 쓰기가 아버지의 존재 이유였기 때문이다"(pp. 36~37).

어느 한 가지 일 또는 직분이 '존재 이유'가 될 수 있고 그에 대한 존경도 충분히 높일 만하다. 그러나, 그럼에도, 그 일에 자신의 존재를 건다는 것, 나는 그것을 그리 좋아하지 않고 좋아할 수도 없다. 존재한다는 것에 더 선행하는 것은 있을 수 없고 글쓰기든 그림 그리기든 인간의 갖가지 활동은 그 존재를 입증하기 위한 것이다. 나는 여전히 실존주의의 그물에 걸려 있는 것일까.

• 독고준의 일기: "나는 혁명의 방관자였다. 그럴싸하게 말하면 혁명의 우호적 관찰자였다. 거리로, 광장으로 나가는 걸 삼가고 누추한 밀실에서 역사의 진행에 곁눈질하는"(p. 45).

혁명에 방관할 수는 있다. 그러나 그렇다 해서, 4·19처럼 우호적이거나 5·16 때처럼 부정적인, 역사에 대한 인식까지 부인할 수는 없을 것이다.

• "아무튼 이제 독재자는 물러났고 두 번째 해방이 왔다. 그러나 내 비관주의는 좀처럼 흔들리지 않는다. 이 새로운 체제가 대한민국 시민 모두에게 골고루 자유를 분배할 만큼 사려 깊고 너그럽다 해도 그러면 그럴수록, 이 체제는 흔들리기 쉬울 것이다"(p. 46).

혁명은 급격하게, 의외의 사태로 발기된다. 그러나 사회적 삶은 서서히, 조용히, 표 나지 않게 변한다. 혁명이란 그런 삶의 변화에 대한 시끄러운 예고일 뿐이다.

- "어느 문학평론가가 '63 세대'라는 표현을 쓴 적이 있다. 한일협정 반대 운동을 한 6·3 세대가 아니라, 1963년에 태어난 문인들을 가리키는 말이었다"(p. 57).

그 문학평론가는 나일 것 같은데, 고종석 씨는 화자 원을 통해 11년마다 새로운 문학 세대가 태어났다고 꼽고 있다. 창비와 문지를 만든 '1941년 세대', 그리고 황지우, 이성복, 이윤택, 김승희, 최승자, 이인성, 임철우, 권오룡 등 "6·25의 포연이 자욱하던 1952년"에 태어난 세대이다. 그렇다면 1974년에는? 1985년에는?

- "어떤 자연 언어에서든, 속담이나 관용구에는 '비윤리적 지혜'가 담겨 있는 일이 흔하다"(p. 73).

'비윤리적 지혜'란 말이 재미있는데, 하긴 지혜란 윤리를 넘어서거나 비켜나는 것이고 그 점에서 지혜는 한 차원 높은 윤리일 수 있을 것이다.

- "호모 사피엔스가 가장 싫어하는 종은 호모 사피엔스일 것이다. 인간은 악마를 두려워할 필요가 없다. 그들이, 그러니까 우리들 자신이 악마이므로"(p. 90).

독고준의 일기에서 르완다에서 일어난 대규모 학살을 보며 느낀 소감. 혼자 밤길을 갈 때 사람 만나는 것이 가장 두렵다는 것도 이런 심리일까.

- "물론 나는 영국에 가고 싶다/그곳에 석탄 연기와 영국인들만 없다면"(p. 105)이라고 하이네가 썼다는 것이 원의 말이다. 아마 타지에 사는 영국인은 "석탄 연기와 영국인들이 있어 영국으로 가고 싶

다"고 하지 않을까.
- "스타일리스트라는 말에서 내가 제일 먼저 떠올리는 이름은 지난 90년에 작고한 문학평론가 김현이다"(p. 122).

독고준의 이 말에 나도 전적으로 공감한다. 내가 여기서 웃은 것은 이 일기가 씌어졌다고 날짜를 박은 것이 '1985. 5. 4'이라고 적혔기 때문이다. 오래전 고종석의 소설에서 더블베드와 트윈베드를 착각한 일이 기억나 그 점을 지적해준 적이 있었는데 그에 못지않은 미스이다.
- "아버지가 윤리나 논리의 척도로 삼은 것은 균형이었다. 더 정확히는, 어느 철학자의 표현대로 '기우뚱한 균형'이었다"(p. 134).

균형이란 것이 평형을 곧이곧대로 유지하는 것이라기보다 좌와 우로 흔들거리면서 그 어느 쪽으로도 넘어지지 않는 상태임이 정확할 것이다. 여하튼 '기우뚱한 균형'이란 재치 이상으로 진실을 묘사한다.
- "아버지는 이상주의자가 아니라 현실주의자였다. 그 현실주의에는 꽤 단단한 윤리적 바탕이 있었다. 비록 그것이 소극적 윤리라 할지라도. 아버지는 경계인이자 단독자였다. 이 경계인에게는 동지가 없었고 이 단독자에게는 신이 없었다. 신을 지니지 못한 단독자가 할 수 있는 일은 글쓰기뿐이었을 것이다"(pp. 199~200).

이상주의/현실주의는 생각처럼 간단히 구분될 수 있는 것이 아니고 경계인－단독자는 아마도 분명히 그 성격을 드러낼 수 있을 것이다. 그러나 신이 없는 시대의 단독자가 할 수 있는 것은 글쓰기도 있지만 행동(주의)이 더 강렬한 자기 표현일지도 모른다.
- "어떤 이는 사약을 마시고 죽었지만 어떤 이는 능지처참을 당하며 죽었다. 죽음 앞에서도 사람들은 온전히 평등하지 않았다"(p. 22).

죽음을 당하는 형태는 결코 평등하지 않지만 생명의 상실은 누구에게나 똑같이 평등하다. 마치 햇빛이 모든 사람에게 평등하게 쏟아지지만 누군가는 삿갓을 쓰고 그 빛을 가려야 했던 것처럼.

- "사르트르는 지식인을 '자신의 지적 영역에서 쌓은 명성을 남용하여 기성 체제를 비판하는 사람'이라고 정의했다. 이 정의에서 '남용'이라는 말은 긍정적 뜻빛깔을 지닌다. 사르트르에 의하면 '남용'이야말로 지식인의 본질적 부분이고 어떤 체제, 어떤 시대에도 지식인이 처할 수밖에 없는 불편함을 설명해주는 개념이다"(pp. 251~52).

처음에는 이 정의가 못마땅했는데 '남용'이란 불편한 말 때문이었을 것이다. 이어지는 설명을 보고서야 이 정의에 공감하게 되었다. 이 대목을 쓴 독고준은 그 예로 놈 촘스키나 에밀 졸라를 들고 작가회의도 끌어들이고 있다.

- "서생의 문제의식과 상인의 현실 감각!"(p. 310).

김대중이 바람직한 정치인의 자질로 거론했다는 이 대목은 이 책에 앞서 본 "전직 국정원 직원의 양심 선언"이란 구절을 앞에 붙인 김기삼(그런데 표지에는 이 저자의 이름이 나오지 않고 내지와 책등에 표기된다)의 『김대중과 대한민국을 말한다』(비봉, 2010)에도 나온다. "뱀처럼 지혜롭고 양처럼 순한" 성경의 관점과 상통하는 대목이다.

- "자유주의자들이 좌파에 빚을 진 게 아니라, 좌파가 자유주의자들에게 빚을 졌다"(p. 331).

흥미롭고 그럴듯한 새 해석이다. 그러나 육체적, 실제적 피해를 입은 것이 좌파임은 분명하다.

- 박영근의 시를 읽고 독고준은 긴 분석을 가한 후 마지막을 이렇게 쓴다.

"그의 시들은, 모든 진정한 예술들이 그렇듯, 스스로 주변으로 밀려남으로써, 스스로 상처가 됨으로써, 시대의 야만성과 궁핍성을 증언한다"(p. 366).

박영근이 그런지는 모르지만, 이상이나 김유정 등 식민지 시대 문학인들을 바라보며 『한국 문단사』를 쓸 때 내가 가진 공감이 그런 것이었다.

- "스탕달은 자신이 민중을 위해 살 수는 있지만 스스로 민중이 될 자신은 없다고 쓴 적이 있다"(p. 403)고 윈은 말한다.

아주 정직한 말이다. 1980년대의 급진적인 문학인들은 이런 정직성을 혼란스럽게 생각했다. 그들은 민중을 위한다는 것과 민중이 된다는 것, 바로 민중이라는 것을 '존재 전이'란 말로 호도했지만 결코 그렇게 순진하게 이루어질 수 없는 것이었다.

- "그의 소설에는 불행한 부자와 행복한 빈자들이 동시에, 또는 순차적으로 등장한다. 인물의 관찰자로서 독고준이 탁월했던 점은 그가 추상적 민중만이 아니라 구체적 소수자들에게도 비판의 화살을 날렸다는 데 있다"(p. 405).

구체적 소수자들에게도 비판의 화살을 날린 것은 참으로 용기 있는 행위이다. 그러나 부자가 불행하고 빈자가 행복하다는 것도 진실에 반드시 일치하는 것은 아니다.

〔2010. 8. 29〕

김애란 장편소설 『두근두근 내 인생』(창비, 2011)

얼굴도 잘 모르는 김애란의 작품은 몇 해 전 『침이 고인다』를 보며 좋은 인상을 안겨주었다. 정직하고(작가에게 그 정직이란 재치보다 진지하다는 뜻이 될는지) 현실이 짙게 배어 있는 소설이 내게 큰 감명까지는 아니었지만 신뢰감을 준 것은 분명했다. 그래서 이번에 나온 장편소설『두근두근 내 인생』을 펼쳤다. 그리고 그것은 내 기대 이상이었다. 17세 어린 나이의 엄마로부터 태어난 17세의 주인공 소년은 조로증이란 희귀병에 걸려 일찍 죽게 되는데 소설은 그 병이 아니라 소년의 엄마와 아빠, 그리고 회생될 수 없는 희한한 병에 걸려 죽어가면서 가지게 되는 한 소녀(실제는 삼십대의 남자)와의 편지 등 이 세상의 신기함과 아름다움을 재치 있게 펼치는 데 힘을 기울이고 있다. 여기서의 재치는 순진성이 발견해낼 수 있는 돌발적인 상상력인데 김애란은 이 소년을 통해 그 상상력을 마음껏 누리고 있다. 전체적인 분위기는 귄터 그라스의『양철북』을 연상시키고 소년의 순진성은『어린 왕자』를 떠올리게 하지만 작품 바닥에는 슬픔이 깔려 있고 그 슬픔을 감싸안는 따뜻함이 스며 있다. 의외로 좋게 보아가면서 몇 군데에 포스트잇을 붙여두었다.

- "모든 생명은 '태어나는' 것이 아니라 '터져나오는' 거란 걸 어머니는 진작부터 알고 있었다. 〔……〕 어머니가 본 꽃은, 짐승은, 곤충은 대부분 제 몸보다 작은 껍질을 찢고 폭죽처럼 터져나왔다"(p. 44).

그래, 생명이란 신이 만들어 태어나는 것이기보다, 엄마의 생명 속에서 폭죽처럼 '터져나온다.' 이 생동감!

- 아름이를 출산한 엄마의 대성통곡: "자기가 왜 우는지 스스로도 몰랐단다. 인간이 가질 수 있는 온갖 감정, 그러니까 슬픔과 기쁨, 긍지와 수치, 후련함과 서러움, 헛헛함과 충만함 따위가 한꺼번에 밀려드는 게 자기도 그렇게 총체적인 감정은 처음 느껴봤다고……"(p. 45).

생명이 태어나기보다 '터져나오기'에 폭발하는 인간사 모든 감정들……

- "올해 나는 열일곱이 되었다. 사람들은 내가 지금까지 산 것이 기적이라 말한다. 나 역시 그렇다고 생각한다. 나와 비슷한 사람 중 열일곱을 넘긴 이는 매우 드물다. 하지만 나는 더 큰 기적은 항상 보통 속에 존재한다고 믿는 편이다. 보통의 삶을 살다 보통의 나이에 죽은 것. 나는 언제나 그런 것이 기적이라 믿어왔다"(p. 47).

'보통'에서, 그러니까 가장 많고 흔한 것에서 '기적'을 찾는다는 것. 그것이야말로 기적적인 인식이다.

- 그 연속되는 '기적'의 발견: "딸랑이 소리 하나에 눈이 휘둥그레지는 아이. 그걸 보고 웃는 부모. 그 미소 속에는 사람에 대한 경이와 겸손이 고스란히 배어 있었다. 본인들도 의식하지 못했지만 정말 그랬다"(p. 63).

작가는 이 기적에 대해 '경이와 겸손'을 얹어놓는다.

- "아버지가 어른이란 말 속에서 본능적으로 감지한 것, 그것은 다름 아닌 외로움의 냄새였다. 말만 들어도 단어 주위에 어두운 자장이 이는 게 한번 빨려들어가면 다시는 헤어날 수 없을 것만 같은 무엇이었다"(p. 67).

'외로움의 냄새'가 인간의 근원적인 존재성에서 피어나는 향기가 아닐까. 김애란은 그 외로움을 '어른'이란 존재에서 눈치챈다.

- 텔레비전 촬영을 하는 팀에게 소년은 말한다: (간호사가 노인들을 도우며) "보는 거랑 만지는 거랑 달랐나 봐요. 지금도 그 누나가 한 말이 또렷이 기억나요. '덴 것처럼…….' 맞아. 그 '늙음'에 덴 것처럼 놀랐다고 했어요"(p. 134).

데다…… 늙음에 데다…… 우리는 이 세계에서 얼마나 많이 데고 또 데임을 주는 것일까.

• "맞아, 아이들은 다 그렇지. 아이들은 정말 뛰어난 바보들이지"(p. 152).

그 바보스러움은 김수환 추기경이나 워즈워스의 시구에서 볼 수 있는 이 세상의 순진성에 다름 아니다……

• 하느님에 대한 순진한 반론: "완전한 존재가 어떻게 불완전한 존재를 이해할 수 있는지…… 그건 정말 어려운 일 같거든요"(p. 170). 신의 전능성에 대한 정곡.

• 아이의 조숙함에 대해 궁금하게 여기던 소년은 "곧 단순 명료한 답이, 수면 위로 내려앉는 낙엽처럼 내 가슴에 떨어졌다./ '아팠으니까.'/어느 작가의 말대로, 아픈 사람은 다 늙은 사람이니까"(p. 187). 늙음이 지혜를 주는 것일까, 아픔이 지혜를 일구어내는 것일까.

• "어디선가 잠자리 한 마리가 날아와 무릎에 앉는다. 〔……〕 한 개의 눈을 가진 나와 만 개의 눈을 가진 그가 서로 응시했다. 기이한 긴장감이 돌았다. 두 존재가 아닌, 두 시간이 마주하는 듯한 느낌이었다. 그것도 수백만 년 전의 시공과 현재가 대면하는 듯한"(p. 196). 이 아득함. 나는 충분히 짐작할 수 있다. 그 아득함의 시선 교차.

• "총명함을 숨기는 건 무지를 숨기는 것보다 더 어려운 일"(p. 223). 현자의 경구.

• "가끔은 우리 몸이 죽음을 좋아하고 있다는 느낌도 들어"(p. 254). 살아 있는 몸 안의 죽음에 대한 동경!

• 죽음으로 다가가는 소년 아름은 "반지하에 해가 들듯 하루 중 아주 잠깐 찾아오는 그 고요를 귀하게 여겼다. 그리고 음악을 듣듯

정적에 집중했다. 고요의 구성, 고요의 화음, 고요의 박자 같은 것을 헤아리며 숨을 골랐다"(p. 289).

침묵을 듣다, 정적에 귀를 기울이다, 그리고, 고요의 음악성을 헤아리다……

• 소년의 임종 시 꾸는 꿈: "나는 먹음직스러운 빛깔의 홍시 하나를 따, 그 자리에서 덥석 베어 물었다. 입속에서 툭— 황혼이 터지는 느낌이 났다. 나는 혀끝으로 그 주황의 맛을 오래 음미했다"(p. 311).

'황혼이 터지'는 이미지, 그 '주황의 맛' — 죽음이란 그런 것인가!

〔2011. 7. 20〕

윤후명 소설집 『꽃의 말을 듣다』(문학과지성사, 2012)

오랜만의 소설 읽기이고 더구나 더 오랜만의 윤후명 작품 읽기이다. 이번 그의 소설집은 그가 3월 21일 연 전시회와 함께 간행된 것이고 이 책도 그 개막에 축하 인사를 하러 갔다가 증정받은 것이다. 『꽃의 말을 듣다』란 제목은 상당한 수준으로 보이는 그의 그림 전시회 제목과 같은데 예상대로 그의 여행에의 회상과 박물적인 지식이 주를 이루지만 사랑 이야기는 거의 없는 대신 그림 이야기가 많아졌다. 아마 그가 안정된 결혼 생활을 하는 때문인지도 모른다. 에세이 풍으로 자연스럽게 흐르는 문체로 이루어진 작품에 대해 '회상소설'이란 이름을 붙여볼 수 있지 않을까 싶게, 그의 추억은 조용하지만 부지런히 돌아다니고 그의 생각도 튀지 않은 채 자유롭게 날아다닌다. 어제 그와 함께 점심을 하면서 작품마다 그 주제 혹은 소재로 이용될 그림을 전시회에서 볼 수 있는데, 책 본문 속에 끼워 넣었더라면 좋았겠다고 했더니 그럴 수 있다는 생각을 미처 못 했다고 했다. 다음, 소설에서 인상적으로 다가온 '윤후명다운' 구절들:

- "누구에게나 고향은 마침표여야 하는데, 내게는 쉼표로 남아 있는 것이다. 아니다. 어떤 시인의 쉼표는 느낌표를 대신하고 있음을 나는 배웠다"(pp. 9~10).

고향이란, 죽음 후에까지도 영원한 '쉼표'가 아닐까. 결코 마침표로 지울 수 없는 곳. 그러나 나를 포함한 현대인은 고향을 잃어버리고 마침표를 찍는 것이 대부분일 것이다.

- "혼자서 버스 승객이 되어 해안 도로를 달려가는 나라는 존재가 갑자기 낯설기 짝이 없다는 생각이 들었다. 낯선 나를 만나자면 선(禪)처럼 혼자 있어야만 하는 것이다"(p. 17).

선을 한다는 것은 나로부터 벗어나는 것, 그래서 나를 타자로 인식한다는 것. 혼자 승객이 되어 버스로 달려가며 그 혼자의 존재를 선적인 대상으로 바라본다는 것.

- "그날 네바 강 가의 러시아 모래커피가 내게 죽음과 같은 운명적인 순간을 맛보게 했단 말인가. 〔……〕 새로 만난 우리가 그 여행을 운명적으로 여기려고 했음은 틀림없었다"(pp. 19~20).

운명을 깨닫는 것은 모래커피일 수도 있고 바람결에 날아온 나뭇잎일 수도 있다. 우리는 다만 그것을 '운명'으로 받아들일 준비를 하고 있을 뿐이다.

- "그 커피가 새삼 그립고, 그 시절이 그립다. 삶이란 그리움의 야적장 같은 것이다. 아무렇게나 쌓여 있는, 저 폐품들을 보라. 한참 바라보고 있으면 폐품은 유품이 되어 달겨든다. 〔……〕 많은 그리움

을 뒤에 두고 우리는 어디로 걸어가야 하는 것일까"(p. 20).

 삶이란 '그리움의 야적장'…… 말 그대로 '浪漫'을 살고 있는 윤후명이라면 충분히 인생을 그리움의 덩지로 볼 수 있으리라.

 • "나는 혼잣길로 간신히 간신히 고향의 바닷가에 닿고 싶었다. 그래야만 의미를 완성할 수 있었다. 의미의 완성이야말로 내 인생의 목표가 아니던가. 완성이란 없음을 알고 있으면서도"(p. 21).

 '의미의 완성을 위하여, 그러나 결코 이룰 수 없는 완성을 향하여' 이 허무를 채우는 의미의 허무감!

 • "사실상 우리 가족은 이미 해체된 지 오래였다. 그걸 어머니라는 끈으로 이어 유지하고만 있는 형국이었다. 어머니는 새끼 거미들이 뿔뿔이 흩어진 다음에 낡은 거미줄을 잇고 또 잇는 어미 거미처럼 거기 살아 있었다"(p. 31).

 해체되고 그 해체된 낱개가 또 하나의 거미줄을 이루었다가 또 해체되고…… 무릇 생명 있는 것들의 무한 반복.

 • " '어떡허니……' 그것은 허공을 향한, 죽음을 향한 말이었다. 〔……〕 안 떠나려야 안 떠날 수가 없게 된 막다른 골목의 마지막 말. 어떤 위안도 소용이 안 닿는 말. 꽃 한 송이를 바치는 따위의 어설픈 짓거리로는 범접할 수 없는 말"(pp. 32~33).

 인간이 이 세상을 향해 마지막으로 남기는 말. 그것을 무엇으로 막고 뒤집고 휘저을 수 있을 건가.

 • "실제로 유령선이란 없었으며, 또 내가 아무리 유령선이 아니라고 해도, 내게는 엄연히 유령선이 나타난다. 삶은 이토록 실체와 이미지 사이에서 헤맨다. 그 간극 위에 예술은 둥지를 튼다"(p. 43).

 그래, 예술은 실체와 이미지 사이에서 태어난다. 그것은 '예술학 개론'의 맨 앞에 놓을 말이다.

- "추상이 기시감 같은 걸 만들어내는 원흉임을 드디어 깨닫는다. 그럼, 구상은? 물론 구상은 추상을 만들어내는 원흉일 테다. 둘은 서로 짜고 뫼비우스의 띠 같은 돼먹지 않은 놀이를 만들 테다. 삶을 진상과 허상으로 뒤섞어놓을 테다"(pp. 86~87).

작가—화가로서만이 아니라 한 인간으로서, 삶을 진상과 허상, 실제와 이미지, 구상과 추상의 뒤얽힘을 인식한다는 것. 그의 사유의 깊이를 본다.

- "그녀들은 무릎 위의 샤미센에 손가락을 올려놓고 줄을 튕기고 있었다. 아름다운 자태였다. 이 경우의 아름다움은 슬픔에 뿌리를 내리고 있다"(p. 99).

그래, 아름다움에는 알 수 없는 슬픔이 깃들어 있고 슬픔은 아름다움을 자아내고 있는 것이다.

- "살아오는 동안 막연한 희망이 뜻밖에 강력한 자장이 되어 삶을 이끈 적이 여러 번이었다. 그래서 지구는 자장을 간직하고 있는 모양이었다"(p. 111).

우연이 삶을 살게 만들어준다는 것. 그것이 생명을 간직하기를 소망하는 지구의 자력인가 보다.

- " '辛 + 一 = 幸' 고된 생활을 이겨내고 행복에 이르는 것은 젓가락 한 짝만 덧붙여도 되는 일이었다. 한 획, 그 한 획이 얼마나 어려운가를 알고 극복하는 게 삶의 고갯길이었다"(p. 112).

파자(破字)로 일군 '행복론.' 한 획이 일으키는 반전, 그 한 획의 어려움!

- "나는 어디 가서나 뭍의 끝인 방파제를 좋아했다. 거기에 가서

야 나는 나와 대화를 나눌 수 있을 것 같았다. 자기와 대화한다는 건 자기를 들여다본다는 의미였다"(p. 134).

끝에서의 명상. 그것은 고독이고 절망이고 승화이며 비약이다.

• "젓갈에는 끼니 그 이상의 무엇이 있다. 삭여서 저장한 것의 담보는 삶을 지탱하는 힘이 된다"(p. 172).

이 세상을 냄새나도록 삭임, 그 삭임 위에서 가능한 세계에 대한 지혜.

• "돌이켜보면 이제까지 나는, 나를 설명할 수 없을 때, 진정 나를 느끼지 않았던가. 그리하여 무엇인가 쓰지 않으면 안 된다고, '나'를 향해 책상 앞에 앉지 않았던가"(p. 188).

쓴다는 것, 그렇도록 묻는다는 것, 그 모두는 자신을 불가해의 존재로 인식하는 아픔과 불안에서 나온 것이리라.

• "오랫동안 내가 꽃을 보아온 것은 고독의 마음을 대행(代行)하는 행위이기도 했다. 꽃은 단순히 아름답거나 예쁜 것이 아니라 존재의 극점(極點)을 표현하고 있었다"(pp. 198~99).

사물에 대한 정서적 감응 혹은 호명은 사물 그 자체에 있는 것이 아니라 그것을 자신의 것으로 내화하는 데서 솟아나는 것이다.

• "그래서 어디론가 멀리 떠난다는 것도 결국은 '마음속의 어떤 곳'으로 떠나는 행위가 되는 것이었다"(p. 203).

외부와 내부, 주관과 객관, 타자성과 자족성의 하나됨……

• "이제 나이를 먹어, 무심코 몇십 년 전의 일이 머리에 불쑥 떠오를 때 느끼는 시간의 얇음. 과거란 별게 아니라 현재의 다른 모습이라고, 또 미래도 그러하다고 누군가 말했었지. 그래, 그 시간의 뒤섞임. 뒤섞여 얇게 한 장으로 펼쳐지는 박막(薄膜)의 시간. 인생이란

박막의 시간 속에 한 장의 시디로 구워진다"(p. 221).

'시간의 박막' 그리고 '한 장의 시디로 구워지는 박막의 인생' ─ 아쉽고 안쓰럽고 서글픈……

• "산모롱이로 돌아가는 길은 내게는 늘 그리움을 안겨주었다. 그 길은 모습을 감추며 어디로 가는가. 내가 모를 곳으로 가는 길이 있기에 나는 살아 있음을 안타까이 여길 수 있다고 생각되었다. 삶이란 안타까운 것이다"(p. 228).

그의 그림에서 바닷가 산모롱이를 돌아 사라지는 길을 보았다. 그래, 그래서 삶이란 안타까운 것이다.

• "언제까지 내가 그 꽃을 찾아 헤맬지는 나로서도 알 길이 없었다. 아마도 '있음과 없음 사이'를 찾아 헤맨다 해도 하는 수 없는 일이었다. 〔……〕 '꽃 하나 받드는 마음'이 있는 한…… 그렇지 않다면 이 세상에 사랑이란 존재할 수 없다"(p. 246).

꽃이든 사랑이든, 그 '무엇 하나' 있음과 없음을 가르는 그 무엇 하나'를 찾아 그 사이에서 찾아 헤매는 존재가 인간인가……

• "단순히 문인이 되어 글을 쓰며 사는 행복에서 한 걸음 더 나아가 한글로 글을 쓰며 산다는 것! 한글로 내 뜻을 헤아리며 내 넋을 노래할 수 있다는 것! 이 사실은 내가 나 자신에게 아무리 강조한다 한들 모자랄 뿐이다"(p. 280).

「한글의 기적」에 내가 인용하고 싶은 글.

〔2012. 3. 26〕

III 생각들

* 이하 네 편의 산문은 대산문화재단의 계간 『대산문화』에 4회 연속 게재되는 '대작 에세이'로 씌어진 글이다.

노벨상과 카뮈, 그리고 우리나라의 문학상

 올해의 노벨 문학상도 우리가 소망한 바와는 달리, 그리고 우리가 여전히 우려한 예상대로, 우리나라를 외면하고 바로 이 문학상을 제정한 스웨덴의 시인에게 돌아갔다. 우리에게 전혀 익숙지 않은 이름에 대한 소개를 신문에서 대충 훑고 나서 나는 한가한 마음으로 '위키백과'에 들어가 역대 수상자들의 명단을 보며 내 흥미대로 이것저것 짚어 보았다. 20세기의 첫해인 1901년에 처음 시행된 이후 올해 2011년까지 이 문학상 수상자는 모두 108명이었다. 세계대전이 있었던 1914년, 1918년과 1940~43년, 그 사이의 1935년에는 수상자가 없었고 대신 1904년, 1917년, 1966년, 1974년에는 2명의 공동 수상자를 냈다. 이 목록의 정리에 따르면 나라별로는 14명의 프랑스가 1위이고 2, 3위가 10명의 미국, 9명의 영국과 독일이고 스웨덴과 이탈리아가 6명씩으로 그 뒤를 잇는데 단 1명을 낸 나라가 20개국이다. 노벨 문학상 수상자를 배출한 나라가 37개국뿐이어서 한국과 중국 등 한 사람도 아직 내지 못한 나라가 그 다섯 배를 넘는다. 언어별로는 27명의 영어와 14명의 프랑스어, 13명의 독일어, 11명의 스페인어이며 여기에 스웨덴어, 이탈리아어, 러시아어 등 유럽계의 여러 언어를 포함하면 비서구어의 수상자는 대여섯 명밖에 안 된다. 그 수상자들도 서구어로 번역된 작품을 통해 심사되었을 것이다.

그 이름들을 다시 보니, 여성이 12명이고 철학자가 오이켄(1908), 베르그송(1927), 러셀(1950) 등 셋으로 형이상학적 글쓰기도 넓은 의미에서 '문학'으로 수용한다는 자세를 보이고 있지만 더 어색한 것은 시상해야 한다면 마땅히 평화상감일 처칠이 그의 전쟁 회고록으로 문학상(1953)을 탄 일이다. 연도별로 살피면, 초기의 노벨 문학상은 북구와 서구 및 그들의 언어권으로 집중되었고 1913년 인도의 타고르를 선정한 것은 예외적이었다. 한 세대가 지나서야 대서양을 넘어 싱클레어 루이스의 미국과, 동방으로 뛰어 부닌의 러시아로 확장되었고 제2차 세계대전이 끝나면서 페루의 미스트랄로 남미에 미쳤으며 거기서 20년이 더 지난 1968년 일본 가와바타 야스나리의 아시아권에 시선을 돌렸고 또 18년이 지난 1986년에 나이지리아의 소잉카에 상을 줌으로써 아프리카에까지 미치는 노벨상의 '세계화'가 비로소 이루어진다. 그러니까 명예와 상금에서 최고의 문학상인 노벨상은 당초 북구와 서구 지역의 상으로 시작되어 북과 남의 아메리카 대륙을 거쳐 아시아권과 아프리카권으로, 노벨 문학상의 '탈지역화'가 이루어지기까지 80년 이상이 걸린 것이다. 이 같은 '국지적 한계'는 언어적 장벽과 문화적 상이성으로 당초부터 피할 수 없을 것은 당연하지만, 그렇다 하더라도 노벨상의 권위에 대해 전적인 신뢰를 보내기 어렵다는 사정을 부인해주는 것은 아니다.

상이란 것이 주관적인 평가의 객관적인 단순 집합임을 나도 심사회의에 더러 참석해보아 실감해왔고 그래서 우연성이 의외로 깊이 작용한다는 점에 동의하지만, 노벨상이 현대 세계 문학의 흐름을 바꾼 대가를 외면한 것은 쉽게 납득되지 않는다. 1910년에 작고한 톨스토이가 '19세기적 대작가'여서 '북구 지방의 상'에 불과하던 노벨상을 수여하기에는 좀 민망한 일일 수도 있었겠지만 1920년대 전후의 세계문학에 모더니즘의 새로운 판도를 일구어낸 프랑스의 프루스트와 아일랜드의 조이스가 그 업적에 합당한 수상자 이름으로 오르지 못한 점, 20세기 최고의 시인 반열에 오를 독일의 릴케와 프랑스의 발레리를 명단에 넣지 못한 점은 이 상의 제정이 '평화의 이상주의적 기여'를 중시하는 데 있다는 이유를 인정한다 하더라도 변명해주기 쉽지 않다. 이 세계적 대가에게는 불운이지만 노벨 문학상의 권위가 자주 회의를 당하는 이유도 여기에 있다.

노벨 문학상 명단을 들여다보다가 내가 다시 찾은 것은 카뮈의 『작가 수첩』이었다. 내가 행간에 메모를 끼적거리는 '마지널리언'(그러니까 요즘 말로 쓰면 '댓글 쓰기'가 될 것이다)이 되어 김화영이 번역한 카뮈 전집을 차례로 읽으며 일기와 단상이 뒤섞인 제9권에 이르렀을 때 문득 그가 노벨상 수상 통지를 받았을 때 어땠을까 하는 데 관심이 갔다. 프랑스에서 가장 젊은 44세의 나이(수상자 전체에서 가장 젊은 작가는 42세의 영국 작가 키플링이었다)로 이 상을 수상한 그가 수상 소식을 통지받은 1957년의 날짜를 다시 찾아보니 거기 적힌 그의 일기는 참으로 짧고 의외였다: "10월 17일. 노벨상. 짓눌림과 우수가 함께 섞인 이상한 감정. 스무 살 때 가난하고 헐벗은 처지였을 적에 나는 진정한 영예를 체험했었다. 나의 어머니"(김화영 옮김, 『작가

수첩 III』, p. 288).

무식하고 젊은 가정부로 과부의 일생을 괴롭고 외롭게 보내며 폐병쟁이 아들을 키워온 어머니를 이 수상의 영광 앞에서 끝내 떠올리지 않을 수 없었던 것은 당연한 일일 것이고, 오히려 '가난하고 헐벗은 처지'였던, 그러니까 비록 초라한 집안의 자식이지만 지중해의 바다와 빛나는 태양 아래 행복해했던 젊은 때가 더욱 참된 시절이었다는 고백은 '정오의 사상'에 젖은 작가의 실존주의적 감수성으로 이해될 수 있는 것이지만, 그럼에도 세계 최고의 문학상을 받는 소감의 첫 마디가 '짓눌림과 우수'였다는 것은 뜻밖일 수밖에 없었다. 문득 큰 영광을 입었을 경우 그것을 실감하기에 앞서 우울감을 가질 수 있다는 점도 생각되고 그 상이 줄 거대한 영광에 '짓눌릴' 수도 있음을 예상할 수 있지만, 그 모든 점을 감안하더라도, "노벨상. 짓눌림과 우수가 함께 섞인 이상한 감정"은 여전히 의외였다. 얼마나 많은 작가와 나라 들이 이 상을 받기를 열망해왔는가. 카뮈가 자기보다 앞서 노벨상 수상자가 되어야 했다고 소감에서 밝힌 앙드레 말로가 그 후 알코올 중독이 된 것, 일본의 미시마 유키오가 극우적 행태를 보이며 할복자살한 것이 그들 생전에 노벨 문학상 수상을 더 이상 기대할 수 없게 된 절망에서 비롯된 것이란 추측이 있을 정도로, 한없이 자부심 강한 문학인들도 노벨상의 영광 앞에서는 참으로 무력해지고 마는데, 이 사십대 젊은이는 왜 '짓눌림과 우수'를 먼저 느껴야 했을까.

이 궁금증을 풀기 위해 좀더 찾아보았다. 김화영이 옮긴 카뮈 전집 18권 『스웨덴 연설──문학비평』의 수상 연설에서 그는 수상 통보를 받고 "당혹과 내면적인 혼란"(p. 10)을 느꼈다고 말했다. "오직 마음속의 의혹과 여전히 습작 상태의 작품뿐이며 작업의 고독, 아니면 우정의 은신처에 파묻혀 있다가 〔……〕 별안간 세찬 조명의 한가운데로 불려 나오게" 된 작가적 당혹감을 피력한 후, 그러나 그는 여기서 '어머니'를 찾는 대신, 좀더 공적인 사회적 상황에 대한 비판적 소감을 토로하고 있다: "오늘날 유럽에서 최대 거장으로 손꼽히는 다른 작가들이 침묵을 강요당하고 있는 이 시간에, 그리고 자신의 조국 땅이 끊임없는 불행을 겪고 있는 이때에 이런 영예를 입게 되었으니 그 심정이 어떻겠습니까?"(pp. 9~10). 여기서 그가 손꼽는 '최대 거장'은 아마도 앙드레 말로일 것인데, 그가 강조하는, "조국 땅이 끊임없는 불행을 겪고 있다"는 지적은 무엇을 말하는 것일까. 제2차 세계대전이 끝나고 전후 처리가 진행된 지도 이미 10여 년이 지났기에 아직 고통이 사그라진 것은 아니겠지만, 그렇다고 심각한 상태는 지났을 것이며 그가 태어난 알제리가 독립 운동으로 스산스러웠지만 그는 그즈음 이 문제를 냉철하게 검토하고 있었다.

최근에 번역되어 읽게 된 로널드 애런슨의 『사르트르와 카뮈』(변광배·김용석 옮김, 연암서가, 2011)는 거기에 붙인 '우정과 투쟁'의 부제답게 당대 프랑스 지식 사회의 두 우이(牛耳)를 잡은 사르트르와 카뮈의 사적, 공적인 관계의 분석에 집중하고 있는데, 카뮈가 『반항적 인간』을 출판하자 사르트르가 주재한 『현대』지의 서평란에서 사르트르의 후배인 장송이 혹평했고 여기서 전부터 두 사람 사이에 끼이기 시작한 불편한 관계가 폭발하여 두 캠프 간의 논쟁이 벌어졌으며 카뮈는 사르트르에게 절교를 선언한 후 침묵을 지켜오고 있는 중이었다는 전말을 자세히 설명하고 있다. 그러니까 카뮈는 파리 지식 사회의 좌장 노릇을 하는, 자기보다 8세 연상의 사르트르와 결별한 후 내면적으로 지적 라이벌들과의 논전을 피하고 싶었고 조용히 자신의 창작 세계로 돌아가 『전락』을 발표한 참이었다. 그러나 노벨상이 그런 그의 침잠에의 소망을 흔들어놓았을 것이다. 이 책이 많이 참조하고 있는 올리비에 토드의 평전 『카뮈』(김진식 옮김, 책세상, 2000)에는 카뮈가 스승 장 그르니에에게 "저의 세대의 텅 빈 공허함을 제가 가득 채웠다고 말씀하지 마십시오. 오히려 저는 그것을 채우려고 애쓸 따름입니다"라고 대답하고 이어 이 수상으로 "이제는 적이 더 많아질 것입니다"라고 말했다고 한다(II권, p. 1168). 젊은 카뮈는 자신에게 주어진 세계적 영광을 반가워하기에 앞서 자신에게 가해질 갖가지 험담에 마음 무거웠으리라. 실제로, 7년 후 노벨 문학상 수상을 거부한 사르트르를 중심으로 한 좌파만이 아니라 극우파도 식민지 알제리에서 태어난 그를 못마땅해했다. 르바테는 "『페스트』의 알레고리 때부터 카뮈 스타일의 동맥경화증이 드러났다"고 비판했고 아에당스는 카뮈의 글에 대해 "이보다 더 비통하고 더 생기 없는 언어로 글을 쓸 수 있을까"라고 꼬집었다(p. 1189). 토드는 "사정이 이렇다 보니 그는 노벨상의 무게에서 쉽게 벗어날 수가 없었다. 카뮈는 그의 이름에다 '노벨상 수상자'라는 꼬리표를 붙이는 것을 거부하기도 한다"(p. 1191)고 전한다. 부조리한 세계에의 깊은 고뇌에 빠진 그가 세속의 세상에서 가장 영광스러운 상에 대해 반가워하기보다 부담스러워한 것은 분명해 보인다.

이번에도 노벨상을 놓친 시인 고은 선생은 이태 전인가 그의 그림 전시회장에서 만났을 때 "그만 이 법석을 벗어났으면 싶다"고 하소연했다. 그 '법석'은 노벨 문학상 때문에 비롯된 갖가지 번거로움을 가리키는 것이었다. 카뮈의 고통은 상을 받고 난 후에 생겨날 갖가지

구설들에 대한 두려움이었지만, 고은의 그 '법석'은 그가 상을 받기를 바라며 그 발표를 받는 순간 수상자의 말과 심경을 먼저 보도하려는 언론들의 치열한 경쟁에 갇혀버리고 마는 소란을 말하는 것이었다. 발표 즈음이 되면 안성 그의 집 주변을 기자들과 텔레비전 방송사 중계차들이 빙 둘러싸고 안팎을 들락거리며 갖가지 일들과 모습들을 체크하고 있어 꼼짝을 못하겠다고 그는 한탄했다. 그 자신은 이제 노벨상을 받고 못 받고의 문제에서 초연해지고 있는데 언론계가 이처럼 소란을 떠니 견딜 수 없어 스톡홀름에서 발표할 날이 가까워지면 훌쩍 다른 곳으로 떠나기도 한다고 했다. 한국도 당연히 노벨 문학상을 받을 만하고 받아야 하며 받을 수 있고 그 가장 유력한 분이 고은 시인이어서 언론이 그를 에워싸고 있는 것은 이해할 만하지만 정작 당사자는 그만큼 큰 괴로움을 겪지 않을 수 없는 것이었다.

여기서 나는 30년 전의 일이 회상된다. 1980년대 초, 한국이 올림픽 개최권을 획득하자 자신감이 넘쳐, 당시의 문화부 쪽에서는 계제에 노벨 문학상도 탈 만하지 않겠는가 싶었던가 보았다. 스웨덴의 한국 대사관에 가능성을 확인해보도록 지시했는데 현지 문화관은 이리저리 탐색해보더니 도대체 한국에 문학이 있는지, 아니 고유의 언어나 문자가 있기나 한 것인지, 전혀 감감해 있더라는 것이다. 그 문화관은 우선 극동의 숨은 나라에도 독자적인 문자와 문학이 있다는 것을 알리는 것이 급선무라며 노벨상 수상 운동에 앞서 한국 문학의 존재를 소개하는 것이 좋겠다고 회신을 했다 한다. 그 연고로 소설가 이청준과 시인 정현종, 그리고 비평을 하는 나까지 셋이 한국 대사관이 주최한 스톡홀름 대학과 헬싱키 대학에서의 한국 문학 포럼에 참석했다. 우리가 출발하기 전 당시의 장관이 우리에게 올림픽이 열릴

즈음 우리 작가도 노벨상을 탈 수 있을는지 물어왔다. 나는 이제부터 열심히 서구 여러 나라로 번역, 출판, 연구, 비평 등을 통해 학계와 언론계의 소개와 평가 작업에 집중적인 투자를 하더라도 20년 후로 보아야 할 것이라는 짐작을 말했다. 그의 기대가 너무 크기에 나는 그 예상을 좀 당겨준 것이지만 그래도 그의 실망은 매우 커 보였다.

그러고서 내가 당초 예상했던 30년도 훌쩍 지났다. 정부가 뒷받침하고 한국문학번역원이 적극 활동하며 대산문화재단이 활발하게 지원해주고 있음에도, 그리 낙관하지 않은 나조차 실망스럽게, 그 영광의 상은 우리 앞으로 오지 않았다. 오에 겐자부로가 일본에서 두 번째 노벨 문학상을 수상하자 일본의 『문예춘추』에선가 그 소감을 물어왔기에 "이번에는 한반도에 착륙할 줄 알았는데 현해탄으로 건너가버렸다"는 요지의 애석해하는 답을 보낼 정도였다. 바로 그 전해에 박경리가 세계적인 대작으로 자부해도 좋을 『토지』를 완성했기에 내 기대도 그리 허황한 것은 아니었다. 그 섭섭함을 달래며 다시 생각해보니 나 역시 너무 큰 기대를 한 것이 아니었던가 하는 반성이 들었다. 으레 지적하는 "좋은 번역이 없다"는 가장 큰 문제점이 있었고, 거기에 들여야 할 인적, 물적, 시간적 투자도 별로 없이 그 성과만을 초조하게 기다린 우리의 조급스러움이 문제였으며 '선택과 집중'의 전략을 충분히 구사하지 못한 채 마구 번역 출판만 되면 '한국 문학의 해외 진출'로 자랑하는 가벼움도 작지 않은 탓이 되었다. 못지않게 지적되어야 할 것은 해외에 소개될 적절한 작품이 의외로 적다는 점이었다. 내가 기대한 박경리의 『토지』나 지금 우리가 바라는 고은의 『만인보』 혹은 그보다 아래 세대로 유력한 후보가 될 황석영의 『장길산』들은 분명 우리 문학이 자랑할 만한 대표작들이지만, 그러나 그렇게 길고 방대한 작품을 외국 출판사들이 번역해서 간행해주리라는 기대는 너무 당찬 것이고 그들이 낱권짜리로 번역해서 좋은 평판을 얻을 만한 장편 문학 작품은 의외로 꼽아보기 힘들었다. 올해 신경숙의 『엄마를 부탁해』가 미국을 비롯해 서구와 일본 등 근 10개국 언어로, 그곳 출판사들의 자발적인 열성으로 간행되었고 저자의 북 투어를 통해 좋은 평을 받는 것을 보며 이제 우리 문학도 정부 지원 없는 상업 출판을 통해 비로소 세계 문학의 시장 속으로 들어가기 시작했다는 반가움도 그래서 들게 된 것이다.

그러니, 노벨 문학상이 완벽한 평가 속에서 이루어지는 것도 아니며, 그것이 오히려 작가에게 부담이 될 수 있다는 것, 혹은 그 상에 대한 열망이 너무 뜨거워 역반응이 일어날 수 있다는 갖가지 부정적 인식에 미치면, 노벨 문학상에 대한 우리의 탐심을 그만 줄여도 좋지 않을까 싶어진다. 나는 30년 전 우리의 노벨 문학상 수상 가능성을 묻던 문화부의 그 수장에게, 그 상이 정 그렇게 탐나면, 우리가 그런 상을 하나 새로 만드는 것이 어떻겠는지 반문했다. 노벨상이 앞에서 본 것처럼 서구 중심주의로 편향된 탓에 우리가 가령 '제3세계 문학상' 또는 '고립 언어 문학상'을 제정해서 비서구권의 독창적인 문학인에게 성대한 시상식과 많은 상금으로 시상하며 지속적으로 운영해 관록을 높여가는 동안에 가끔 한국 작가에게도 수상의 명예를 안긴다면 우리가 굳이 노벨상에 기대지 않아도, 아니 그것과 맞서, 새로운 국제적 명예를 끌어안을 수 있지 않겠는가 하는 생각이었다. 장관은 내 아이디어에 별다른 관심을 보이지 않았다.

이런 회고에 달라붙는 요즘의 내 생각은 우리 문단에 너무 많은 문학상이 있고 그 상금액이 지나치게 많다는 점이다. 3년 전 중국에서 열린 한중 작가회의에서 한국의 한 작가가 자신의 부족한 원고료 수입을 문학상 상금으로 채운다는 발언을 했고 그 말을 들은 중국 작가들이 여러모로 흥미를 보이는 것을 보며 끔찍하게 느껴졌는데, 한 작품에 몇천만 원의 상금을 주는 문학상을 몇 개나 가진 나라는 아마도 우리밖에 없을 것 같고 상금으로 상의 권위를 올리려는 지자체와 문화재단의 경쟁 속에서 높은 상금의 많은 문학상이 오히려 문학상의 인플레를 몰아오는 것이 아닌가 싶어진 것이다. 무엇보다 우리의 문학상에 대해 내가 갖는 불만은 작품상만 있고 작가상이 없다는 점이다. 호암, 인촌 등의 종합상 외의 최고 7천 5백만 원에 이르는 우리의 문학상은 장단편의 소설이든 몇 편 혹은 한 권의 시집이든 모두 작품상이어서, 상금 액수는 빈약하지만 수상의 영예 덕분에 인세 수입이 크게 늘어나는 공쿠르나 아쿠타가와 등 외국의 문학상보다 훨씬 더 초라한 꼴을 보이고 있다. 무엇보다 이 작품상은 한 해 동안의 일종의 작품 콘테스트에서 뽑히는 것이어서 당대적 시류에 젖은 평가에 의존하는 것인 데다 수상집 출판으로 상금을 벌충하는 상업화에 크게 오염되고 있다. 물론 작품상도 필요하고 그 기여를 인정하지만 작가상은 노벨상처럼 평생에 걸친 창조적 업적을 총체적으로 평가하고 한 생애 동안의 고결한 문학 정신을 기리는, 진정한 아우라로 감싸인 품격 높은 사회적 경의를 보여주는 것이다.

본격적인 종합 문학 작품상의 효시가 되는 대산문학상의 제정으로부터 20년이 넘어, 지난 9월에 "올곧은 작가 정신을 지닌 고인을 기려 작품성, 인성, 사회 기여도 등을 판단"하도록 새로 제정된 '박경리 문학상'의 취지에 기대가 가는 것은 이 때문이다. 지난 18년 동안 작품을 발표하지 않았음에도 최인훈 씨를 제1회 수상자로 선정한 것은 전업 작가로 평생을 바쳐 쓴 많은 작품들로 오늘의 한국 문학이 가능하도록 만든 창작의 큰 업적과 전업 작가로서 오로지 문학에만 헌신해온 올곧은 생애를 높이 평가한 때문일 것이다. 이 박경리문학상은 내년부터 외국으로도 개방해서 어쩌면 '제3세계 문학상'과 비슷한 성격의 국제적인 상을 바란 내 소망에 맞추어줄 수도 있어 기대는 더 크다. 우리의 노벨 문학상 콤플렉스를 벗어나면서 그 문학상에 더 접근할 수 있는 당당한 태도를 보여줄 것이기 때문이다.

〔2011. 겨울〕

책의 진화와 그 불만[1]

20세기가 저물어갈 무렵 나는 새로운 밀레니엄에 큰 두려움을 가졌었다. 오죽하면, 그즈음에 쓴 한 에세이에서 "디지털 시대의 새로운 인공 문명에 내 삶의 끝자락만 걸쳐 있다는 데 다행감을 느낀다"고 고백했을까. 내가 『새로운 글쓰기와 문학의 진정성』(1997)에 연작으로 쓴 문학 이야기들은 새로운 문명 체계에 젖어들면서 글쓰기와 문학 그리고 작가의 위상이 틀림없이 변해갈 것이고 그것도 변두리로, 하위문화로 밀려나고 말 것이라는 의혹을 드러낸 것이었다. 인류가 새로운 문명 체계의 시대를 맞고 있다며 환호하던 내가 리프킨의 『노동의 종말』을 읽고서는 그 새로운 자동화 기술 때문에 뒤로 밀려나고 직장을 잃는 불행한 노동자 사회의 실상을 깨닫고 21세기에 들어 더욱 왕성해질 첨단 과학 기술의 세계에 노골적인 회의를 느끼던 참이었다. 그 첨단 과학 기술은, 케빈 켈리의 훌륭한 문명 비평서 『기

---

[1] 이 글은 2011년 10월 4일 '파주북소리'의 강연에서 같은 제목으로 발표한 메모에 기초하여 글로 옮긴 것이다. 이를 허용해준 파주북소리 추진위에 감사를 드린다.

술의 충격』(이한음 옮김, 민음사, 2011)의 정리에 따르면 'GRIN (Geno-, Robo-, Info-, Nano)'으로 대표되는데 나는 그중에서도 실생활에서 직접적으로 경험하게 될 생명과학과 정보과학에 가장 큰 무서움을 느끼고 있었다. 생명과학은 인간이 생명을 만들고 혹은 조작할 수 있게 됨으로써 제2의 창조주가 되는 것이었고 정보과학은 천부의 인간 능력을 넘어 인공 지능이 가능하게 됨으로써 호모 사피엔스를 지배할 새로운 지성의 탄생이 예상된다는 점에서, 새로운 세기에는 이른바 '코페르니쿠스적 전환'을 일으켜 '인공 낙원'의 면모를 띠며 오늘의 세계를 압도할 것으로 여겼고 그때 닥칠 혼란과 인식의 변혁을 어떻게 감당할 것인지 지레 공포감을 느끼고 있었던 것이다.

　마침내 시간은 흘러 전 지구적 기대와 환호에 찬 행사 속에서 세계는 21세기의 새날을 맞았다. 2000년 정월의 첫 아침, 다행히도 세상은 밤새 바뀌지 않아, 어제와 같은 태양이 다름없이 다시 떠올랐고 내 일상의 생활 방식도 하루 만에 변할 리 없어 새로운 천년대의 시간 속으로 서서히 스며들었다. 서기 2000년대의 첫 몇 해를 보내면서, 글을 쓰고 봉투에 넣어 우체국으로 가던 것에서 이메일로 편지와 원고를 보내고 받는 일이 더욱 잦고 편안해져 이 전송 시스템에 고마움을 느끼게 되었고 10여 년 전「핸드폰, 노트북을 살까 말까」(1998) 고민하던 중 아들의 선물로 받은 휴대전화는 이제 외출만이 아니라 집 안에서도 손 가까이 두어야 할 필수품이 되었으며 이 원고도 외국 여행 중의 편의를 위해 2000년에 구입한 노트북으로 작성하고 있다. 그러니까 나는 내가 두려워하던 새로운 시대에 잘 적응하고 있었던 것이며 "뭐, 21세기란 것도 별것 아니군" 하며 조금씩 안도하게 되었다. 그런데, 근년의 몇 가지 새로운 기기들과 그 용도들이 그런 내 편안함을 다시 불편하게 만들기 시작했다. 먼저, 스마트폰이며 아이패드, 3D영화, 블로그, 트위터, 페이스북, SNS 같은 용어들로 한꺼번에 닥쳐온 뉴 미디어들이 그것이었다. 뉴스로 읽어도 무슨 말인지 모르겠고 매뉴얼을 읽으면 더 알 수 없는 것들이 소개되고 내가 사용할 줄도 모르는 갖가지 소통의 방법과 수단들이 물밀듯 닥쳐오는데, 나로서는 굳이 그 필요성도 느끼지 못하는 것들이 '보수 꼴통'의 내 무식을 흔들고 있는 것이고, 그것들이 선거며 여론에 큰 영향력을 행사한다는 사실을 듣고 실감하면서도 정작 옆에서 무력하게 구경만 하고 있는 내 초라한 몰골이 또렷이 보이기 시작한 것이었다. 그러고서, 내가 아날로그 세대이니까 하고 포기할 수도 없는 불편을 구체적으로 당하게 되었다. 구글이나 위키피디아에서 내게 필요한 논문의 제목을 찾는 데 성공했지만 그중 'e-북'으로 되어 있는 것은 그냥은 볼 수 없이 구입해야 하고 거기에 또 무슨 필요한 프로토콜을 밟아야 하는가 본데, 그 단계에서 무지와 소심 때문에 무력해지고 말아버린 것이다. 무얼 준비하고 어떻게 접근해야 하는지 묻거나 알아보면 불가능할 것도 아니겠지만, 그걸 위해 설명을 구하고 구입 또는 사용의 방법을 배우는 절차에 수고를 들이는 일이 멋쩍고 과람하게 여겨진 것이었다.

  여기서 나는 '책의 진화에 대한 불만'이 쌓이기 시작했고 종이책의 장점들이 더욱 간곡해졌다. '진화'란 생물학적인 용어는 외계 상황의 변화에 적응하기 위해 생물체가 따라 변모해가는 것인데, 지질과 장정의 개선, 활판에서 컴퓨터 인쇄와 같은, 종이책의 형태를 유지하는 가운데에서의 변화는 '발전'이겠지만 글자를 쓰는 게 아니라 치고, 종잇장을 넘기는 게 아니라 클릭으로 화면을 바꾸는 '비종이책'에 대해서야말로 '진화'라는 말을 쓰지 않을 수 없을 것이다. 나는 그 '진화된

책'에 비해 '구시대의 책'이 지닌 장점을 새삼 짚어보았다. 우선 그건 아무 데서나, 어떤 자세로나 읽기 편한 것이었고, 책장에 으레 끼적거리는 댓글 쓰기나 밑줄 긋기의 재미도 좋았고, 무엇보다 종이책 특유의 물질성과 양감을 뿌듯하게 안아보는 것이어서 희귀본, 수택본, 예술서의 값진 책들이 지닌 아우라를 느낄 수 있는 것이었다. 종이책의 이런 덕성은 일찍부터 인식되어 베이컨은 화약, 나침반과 함께 책을 "세상을 바꾼 실용 기술 세 가지의 하나"로 꼽았고 나 자신도 지난 1천 년 동안 이루어진 위대한 성과로서 종교 개혁, 산업 혁명, 민주화와 근대화 등 인류사적 변혁을 추동한 가장 강력한 기여로서 인쇄술의 발명을 짚어왔다. 그런데 그 책이 그 거대한 장점과 6세기에 걸친, 인쇄물이 아닌 벽돌이나 양피지의 수고본까지 포함하면 수십 세기에 걸친, 문화적 시간들의 축적에서 비켜나고 물질적 카테고리를 벗어나, 양감이 없는 사이버의 공간으로 옮겨 가다니! 그것은 내 개인적인 불편함과 불만을 넘어 'GRIN'의 신세계에 대한 비판으로까지 발전될 만한 것이었다.

이런 내 불만을 의식하는 중에 문득, 어느 역사 속에서도 새로운 문명과 기술에 대한 저항이 일어났다는 글을 본 일이 생각났다. 기차의 발명으로 실직하게 된 마차꾼 노동자들의 이른바 러다이트 운동 비슷하게, 바로 구텐베르크가 새로운 활판 인쇄 기술을 개발하자 이에 대한 비난이 강력하게 제기되었다는 대목이었다. 찾아보니 아리에스와 뒤비가 편찬한 방대한 전 5권의 『사생활의 역사』(새물결, 2002) 중 로제 샤르티에가 엮은 제3권 『르네상스』(이영림 옮김)의 「글의 관행」에서였다. 인쇄술의 개발로 인간의 문자 생활에 일어난 극적인 변화는 새삼 돌이켜보지 않아도 되겠거니와 표준어와 표기법의 제정,

작가의 문체 정립과 저작권 인식 등 근대의 글쓰기 관행도 거기에서 얻은 성과였다. 그런데 이 거대한 문화 변혁의 기폭제도 당시에는 상당한 반발을 샀다는 것이다. 필자 샤르티에에 의하면 경제적인 이윤 추구 때문에 오류투성이 인쇄물이 늘어나고 텍스트들을 손상하고 마는 무책임한 상업화의 폐해, 교회 당국의 통제를 벗어나 부도덕하고 이단적인 내용을 전파하며 인간 정신을 타락시키는 신성 모독, 무지한 자들에게 문자를 마구 노출하여 지식 그 자체를 싸구려로 만드는 대중화와 지식의 오남용 등이 그 비난의 이유들이었다. 그래서 "펜이 숫처녀라면 인쇄기는 매춘부"란 야유도 생겼는데 니얼 퍼거슨의 『시빌라이제이션』(구세희·김정희 옮김, 21세기북스, 2011)도 당대 종교적 보수주의자들이 인쇄기를 '사악한 기관'으로 불렀다는 사실을 전하고 있으며 실제로 실업자 신세가 되는 필사자들도 인쇄 러다이트 운동을 했다고 한다.

그러고 보면 아무리 위대하고 훌륭한 발명들도 그 당초에는 불만자, 반대자 들과 싸워야 했다. 오늘날 우리가 문자의 기계화 시대에서 더욱 감사하게 되는 세종대왕의 한글 창제도 최만리에 의해 비판받은 것은 잘 알려져 있다. 인터넷에서 찾아보니 최만리의 훈민정음 반대 상소문은 1) '사대 모화(事大慕華)'에 어긋난다; 2) 다른 오랑캐들처럼 문화가 퇴보한다; 3) 쉬운 언문에 빠져 배움에 게을러진다; 4) 글을 몰라 억울한 일이 생기는 것은 한문을 국문자로 쓰는 중국에서도 그래왔다; 5) 그 실용에 긴 준비 없이 급하게 서두르고 있다; 6) 교육의 육예(六藝: 禮樂射御書文)를 버린다는 등, 구텐베르크의 인쇄기에 대한 반발 내용에 못지않게 신랄했다. 최만리의 상소와 그에 대한 세종대왕의 대답을 나는 최근 일본의 한글 연구가로 '문자라는 기적'을 부제로 하여 한글을 경이로운 문화적 발명품으로 평가하고 있는 노마 히데키(野間秀樹)의 『한글의 탄생』(김진아 외 옮김, 돌베개, 2011)에서 읽었는데, 세종대왕의 답변도 당당하고 논리적이거니와 최만리의 비판도 당대적 의식으로 보아 부당하다거나 편협하다고 나쁘게만 볼 수 없는 진지함을 가지고 있었다.

양의 동서를 막론하고 인쇄술을 비롯한 새로운 발명품들이 초래한 엄청난 성과를 당연하게 평가하면서도 지금 일어나고 있는 '전자책'에 대해 내가 부정적인 의견을 갖는 것은 모순인 정도를 넘어 지적 태만 혹은 위선이 아닐까 하는 생각도 그래서 들었다. 따져보니 전자책의 장점도 한두 가지가 아니었다. 내 짐작으로도, 요즘 지하철에서 태블릿으로 독서하는 광경을 보아 언제 어디서나 읽을 수 있다는 종이책의 장점이 오히려 더욱 크고 넓게 활용될 수 있을 것 같고, 더구나 글자의 크기나 모양도 바꿀 수 있다는 점은 종이책의 고정된 형태가 갖는 약점을 근본적으로 벗겨낸 것이다. 여기에, 밑줄 긋기와 댓글 달기도 가능해질 것이고 무엇보다 보관, 관리가 편하다는 것, 아주 중요한 이유가 될, 값이 싸다는 것, 탈물질화됨으로써 리프킨이 말하는 소유가 아닌 접속의 생활 시스템에 잘 적응될 수 있다는 것, 저술과 출판에 기존 출판사의 까다로운 문턱을 제거함으로써 문화적 민주주의를 이룰 수 있다는 것 등 편리와 강점에 미덕까지 더욱 많이 가지고 있는 것이었다.

그러나 그런 이점들을 납득한다 해서 전자책에 대한 내 불만이 아주 사그라지는 것은 아니었다. 내 불만을 더 부추겨주는 것이 니콜라스 카의 『생각하지 않는 사람들』(최지향 옮김, 청림출판, 2011), 움베

르토 에코와 장 클로드 카리에르의 대담집 『책의 우주』(임호경 옮김, 열린책들, 2011), 로버트 단턴의 『책의 미래』(성동규 외 옮김, 교보문고, 2011) 같은 책들이 제시하고 있는 종이책의 덕성들이다(이 책들이 모두 2011년에 번역 간행되었다는 사실은 책의 진화에 대해 고민하는 사람이 나만은 아니라는 사실을 보여주는 것은 아닌지). 전자책에 대한 불만을 품은 이 책의 저자들과 나 자신의 생각을 섞어 정리해보면 그 불만이 단순한 정서적 문제만이 아니라 상당한 논리적 설득력을 지닌다는 판단에 이른다. 구글과 위키피디아 등 각종 검색 사이트들이 제공하는 정보들은 95퍼센트 이상이 남발과 오용으로 가득 찬 '쓰레기'라는 것, 저작권, 창작, 하이퍼텍스트 들이 새로운 개념들로 개정되어야 하거나 혹은 그러지 못해 저술계의 상황을 혼란시키고 있다는 것, 출판이 쉬워지기 때문에 책이 저질품으로 되기 십상이라는 것, 따라서 출판의 상업주의화, 작가의 주변화와 익명화가 확대된다는 것, 책의 물질성이 휘발됨으로써 아우라를 상실하고 만다는 것, '스타카토' 식의 독서와 'F자 형의 읽기'(책을 겅중겅중, 혹은 행문을 뛰어넘어, 대충 읽기) 때문에 책과 더불어 깊이 있게 생각하지 않고 필요한 정보나 지식만 단발적으로 얻어내고 끝낸다는 것, 모니터만 들여다봄으로써 인간을 자폐적이고 소외적인 관계와 행태로 위축시킨다는 것 등등이 그 불만들이다. 그래서 니콜라스 카는 "우리의 자연스러운 능력 중 가장 사적이고 인간적인 것들, 즉 이성, 인식, 기억, 감정 등은 마비된다"고 비판하고 "유장한 인간의 역사를 다룬 『전쟁과 평화』 같은 책을 읽어낼 수 있을까"라고 탄식하면서 '팬케이크 인간형'의 출현을 걱정하고, 에코는 자기 전공인 토마스 아퀴나스에 대한 글을 다시 쓰기 위해 검색해본 결과 2천여 건의 논문이 올라와 그 방대한 숫자에 질

려버려 학위를 준비할 때 마련한 노트와 카드를 찾아야 했다고 전자화가 빚어낸 자료의 양적 방대함과 질적 무분별력을 힐난한 바 있었는데 카리에르와의 이번 대담에서는 전자책을 통해 잡다한 정보를 알려주는 '지식savoir'은 쉽사리 얻어내지만 삶의 체험과 지혜로 변화시킬 수 있는 참된 '앎conaissance'은 멀어지게 되었다고 근본적 약점을 지적한다. 역사학자 단턴은 하버드대에 입학하자 도서관에서 허먼 멜빌이 읽으며 댓글을 단 에머슨의 수필집을 찾아보고 그 두 위대한 문학인을 한자리에서 만난 감격을 토로하면서 1968년부터 1984년 사이에 "미국 의회 도서관이 도서의 전자화를 수행한다며 9,300만 페이지를 촬영하느라고 1,000만 달러 이상의 가치를 지닌 자산을 내버렸다"고 비난한다.

내 정서는 전자책에 대한 회의와 종이책에 대한 애정으로 기울어져 있지만, 그러나 내 이성은 디지털과 사이버로 변모해가는 인류 문화 전반의 거센 움직임을 거부할 수 없다는 체념적 비관의 결론으로 향한다. 세상은 내 뜻대로 움직여주는 것은 아니며 인간은 결국 시간의 흐름 속에서 타협과 적응의 길을 찾지 않을 수 없을 것이다. 16세기의 성직자들은 구텐베르크의 소행이 매우 못마땅했겠지만 그의 인쇄술은 결국 현대 세계로의 발전적 동력이 되었고 최만리의 상소가 당시의 인식으로는 가장 지적인 비판이겠지만 오늘날 한글이 없었다면 문자 생활은 고사하고 우리의 컴퓨터 사용은 또 얼마나 답답했을까 싶은 것이다. 문명의 대세는 아무리 그럴듯한 저항이라도 역사의 흐름 속으로 묻어버리고 만다. 그래서 내 양보심 많은 생각은, 그렇다면 종이책과 전자책의 공존을 도모할 수는 없을까 하는 쪽으로 기운

다. 구식의 도구가 새로운 발명품으로 위축되었다가 되살아나는 경우를 자주 볼 수 있다는 점이 환기된 것이다. 예컨대 교통용으로 개발된 자전거는 자동차의 보급으로 사라지는 듯했지만, 오래잖아 다시 살아나 도심지의 차도 옆에 자전거 전용 도로를 만들어야 할 정도가 되었다. 다만 이때의 자전거는 교통용이기보다 운동용으로 그 주목적이 바뀌고 있다. 중요한 정보원이었던 라디오가 이제는 텔레비전 앞에서 음악 청취용으로 여전히 활용되고 있다는 것, 활쏘기가 전투용에서 궁도의 스포츠로 바뀐 것도 그렇다. 그렇다면 빠른 정보 획득을 위해서는 구글이며 위키피디아 혹은 '비종이책'을 이용하고 구시대의 종이묶음책은 사유와 명상에 젖으며 삶과 역사를 반추하고 꿈과 미래를 그리는 정서의 샘으로 유지된다면 그 두 가지 상극적인 것이 상보적인 관계로, 가령 이어령이 말하는 『디지로그』(생각의나무, 2006)에서 피력하는 "디지털+아날로그"의 관계로 화해롭게 공존할 수 있을 것이다. 좀 다른 방식으로이지만, 독일의 잡지 편집자인 크리스토프 코흐는 작심하고 모든 전자 기기로부터 벗어나 『아날로그로 살아보기』(김정민 옮김, 율리시즈, 2011)를 시험해본 전말을 보고한다. 처음부터 한 달 동안의 시한부였지만, 친구들 전화번호를 잊어버려 생긴 오해(소크라테스는 문자의 발명이 인간의 기억력을 감퇴시켰다고 불평했다. 휴대전화 때문에 나는 우리 집 전화번호만 겨우 기억한다)부터 시작하는 갖가지 불편을 겪게 되지만 결국 예정을 넘어 40일간 '디지털 안식일'을 즐기는 데 성공한다. 그는 전자 기기로부터 자유로워진 시간 동안 "고독과 소유, 사유와 흡수"를 가진 데 만족해하며 다시 디지털 문명 속으로 돌아가지만, 그러면서도 『월든』을 읽던 "예전의 좋은 시절을 재발견"한 일을 반가워하게 된다.

그렇다면 '책의 미래'에 두 가지 길이 놓여 있다. 먼저는 대세에 따라 종이책이 전자책에 투항하고 그 제작과 보급을 포기하는 것이다. 그럴 경우 지금 우리가 소장하고 있는 것들은 '명품진품'이 되거나 자식들도 보관하지 않을 쓰레기가 될 것이고 도서관은 전자화할 것이며 책방은 없어지고 리프킨이 말하는 '사이버 접속'을 통해 지성과 감성이 전자 미디어와 연결되는 양상으로 바뀔 것이다. 그다음은 종이책과 전자책이 공존하면서 정보, 지식, 교육을 위해서는 디지털 IT로 접속하고 혹은 'e-북' 같은 '비종이책'으로 읽으면서 사유와 정서를 위해서는 전통의 종이책으로 독서(검색이 아닌)를 하는 방법인데 이럴 경우 전래의 문학과 인문학은 아무래도 변두리 장르로 밀려나고 내려앉을 것이지만 여전히 그 의미는 유효할 것이다. 이 둘 사이에 코호처럼 '디지털 안식일'을 즐기는 방법도 있겠고 종이책을 여전히 소장한 전통 도서관을 박물관처럼 운영하는 방안도 가능할 것이다.

이렇게 책의 앞날을 엉성하게 생각하면서도, 결국에는 도서의 전자화 추세에 인류 문화가 승복하지 않을까 하는 예감을 버리지 못한다. 불과 한 세기여 전만 해도 우리의 선비들은 서양 문화를 받아들이는 것이야말로 야만의 상태로 들어가는 것이라고 비탄했지만 그로부터 한 세대가 못 되어 그 '금수의 것'들을 적극 받아들이고 많은 인재들이 일본 등 외국으로 유학하여 개화를 주도했으며 그로부터 또 한 세대가 지나서는 전통의 문화로서의 한문은 퇴색하고 또 한 세대가 지난 이제는 자기 이름을 한자로 쓰는 것도 힘들어할 정도가 되어버렸다. 역사는 이렇게 쉽게 길을 바꾸고 문화는 예상보다 재바르고 자유롭게 새로움에 적응한다. 그것이 세대의 교체이고 문화의 진화일 것이다. 우리는 머지않아 공원의 벤치에서 시집 읽기보다 모니터 앞에서 갖가지 콘텐츠를 즐기는 일(아니, 벌써 지하철 안의 풍경에서 보고 있다)이 오히려 자연스럽고 거기서 "디지털 휴머니즘"(노소영,「네트워크가 '욕망 발전소'…… 끝없이 잡종, 변종 욕구 생산」,『중앙SUNDAY』, 2011. 10. 23)을 키우는 세대를 만나리라고 예상하는 것이 당연할 것이다. 여기서 실감되는 것이 『아날로그로 살아보기』의 코흐가 인용한 더글러스 애덤스의 말이다: "첫째, 태어났을 때부터 이미 존재한 모든 것은 우리에게 일상적이다. 둘째, 출생에서부터 30세 이전에 발명된 것은 놀랍도록 흥분되고 창의적이며 그것을 사용할 수 있다는 것은 일종의 행운이다. 셋째, 30세 이후에 발명된 것은 자연의 질서에 반하는 것이며 우리가 알고 있는 문명의 종말을 뜻한다. 그것이 약 10년 이상 존재한다면 우리는 그것과 천천히 친해질 수 있는 것이다." 이 열린 눈이 말하는 사유는 3/4세기를 살아오며 가쁘게 변하는 시간과 문화 체험을 하면서 그것들을 어떻게 보고 어떤 태도를 취해야 할까 고심해야 했던 내게만이 아니라 여러 문화 패러다임을 경험한 나이 든 세대와 집단이라면 모두 동의하지 않을 수 없는, 새로운 것들의 부닥침과 그것에의 적응을 위한 착잡한 소감일 것이다.

〔2012. 봄〕

스마트폰과 그 불안

 지난 세밑 즈음, 「책의 진화와 그 불만」을 준비하면서 그 구입을 망설이던 스마트폰을, 그 원고를 끝내자 문득 실행하고 말았다. 전에 쓰던 휴대전화가 불편해서가 아니라 이제 내 주변 친구들에게도 번지기 시작한 새 전화기를 사용해보고 싶은 뒤늦은 욕심이 발동한 탓이었다. 솔직하게 돌이켜보면 이렇다: 나는 21세기의 새 문명, 그러니까 컴퓨터가 지배하는 사회, 그 사이버의 세계, 그 안을 가득 채운 온라인 망을 내 나름의 좁은 수준으로나마 이용하면서도 그 세계에 대한 불안과 불만을 버리지 못해왔는데, 차츰 컴퓨터와 인터넷, 이메일 등 새로운 이기들에 익숙해지면서 기왕이면 한발 더 나아가 내가 두려워해온 새로운 세기를 스마트폰으로나마 조금이라도 더 맛보고 싶어졌다. 아이작슨의 『스티브 잡스』가 내보인 '다르게 생각하기'의 오기(傲氣)에서 받은 새로운 문명 세계에 대한 매혹이 여기에 끼어들었고 언젠가는 '010'으로 전화번호가 통일된다는데 그렇다면 미리 해버리자는 아주 사소한 실제적 이유도 있었다. 다만 아이폰 대신 갤럭시를 택한 것은 약간의 애국심 위에 A/S가 편할 것 같은 데다 어차피 내게는 많은 앱이 필요할 것 같지 않기 때문이었다.

스마트폰으로 바꾸고 몇 주 동안 혼란을 거듭하면서 나의 즉흥적인 전화기 개비를 후회도 여러 차례 했다. 익숙지 않아 전화를 받는다는 게 거절하는 쪽으로 밀기도 하고 문자를 보내는 데도 손가락은 둔하고 자판은 아주 예민해서 숱하게 고치고 지우고 다시 써야 했다. 통화는 많이 하지 않았는데 그 요금은 두어 배로 뛰었고 기본 아이콘으로 표시된 100여 개의 앱 중 내가 이용할 수 있는 것은 열 개도 못 미쳤다. 그러면서도 그 사용 폭이 상당히 넓어지고 내 신기술 수용 수준도 '진화'한 것은 인정해야 했다. 맨 처음 휴대전화를 가지던 10여 년 전에는 송수화만 했는데 두 번째 바꾼 전화에서는 문자판을 읽고 음성 사서함을 열기도 했으며 세 번째 개비에서는 비로소 문자를 보낼 수 있어 환호성을 올렸는데 이번의 스마트폰에서는 인터넷에 들어가기도 하고 구글도 검색하며 이메일을 체크하기도 했다. 느리지만 내 기술 수용이 이처럼 업그레이드되는 것에 흐뭇해진 것도 이래서였다. 앞의 「책의 진화와 그 불만」에서 내가 『아날로그에서 살아보기』에서 인용한 대로 늦은 나이에 사용하게 된 새로운 도구가 "10년 이상 존재한다면 우리는 그것과 천천히 친해질 수 있다"는 말대로 처음에는 못마땅하고, 다음에는 불안해하며 그런 다음에는 조심스러워하던 단계에서 나는 이 손바닥에 꽉 쥐어지는 이 스마트폰과 친해지기 시작한 것이다.

용어조차 익숙지 않아 '스마트'란 뜻을 '명쾌한'이라는 뜻으로만 생각하고 '스마트폰'이란 이름도 그런 뜻에서 나온 것이려니 하다가 혹시나 해서 갤럭시의 '사전'에서 'smart'를 찾아보았다. "영리한" 등등의 첫번째 풀이에서 죽 나가 아홉번째 풀이에 "(사무기기, 빌딩, 무기 따위가) 전자 제어 장치(컴퓨터)로 작동하는, 컴퓨터화한"이란 설명이 있었다. 아항, 그렇구나. 그저 붙인 '스마트'가 아니었구나 생각하며 내가 가진 두산동아의 『프라임 영한사전』 제2판(2001년)을 찾아보니 "쑤시는"에서 시작하여 마지막에 "컴퓨터화한, 고성능화의"로 이미 컴퓨터가 뜻풀이에 들어가 있긴 하지만 그 풀이 앞에 "(무기 등이)"로 용도가 많이 제한되고 있었다. 다시 찾아본 1967년의 어문각판 『신영한대사전』(5판)은 사륙(4×6)배판 2,276쪽의 대형이지만 "쑤시다" "화나다" 등 내가 생각지 못한 풀이로만 다섯 가지가 있을 뿐 '컴퓨터'란 어휘는 들어 있지 않았다. 아마 이즈음에는 컴퓨터란 용어가 없지는 않았겠지만 군사 무기 용어 등 지극히 한정된 분야의 전문 용어로만 통용되었을 것 같다.

'스마트'란 어휘의 의외의 변전에 놀라기도 했지만 옛날 문고판만한 이 스마트폰을 들여다보면서 신기한 생각이 드는 것이 한두 가지가 아니었다. 이 작은 '판때기'(내 아내가 붙인 이름인데)에 전화기는 물론 수첩과 전화번호부, 사전, 지도, 그리고 내가 사용하는 컴퓨터의 이메일, 검색, 카메라 말고도 TV, CD, 화상전화 등 갖가지 기능들, 게다가 아직도 아이콘을 보고도 이용해본 적도 없고 사용할 줄도 모르는 게임이며 'T서비스' '소셜 허브' 등, 무궁무진하게 많고 다양한 갖가지 애플리케이션들이 수백 가지 들어 있다는 사실이 도저히 믿기지 않는다. 그 기술이 신기한 것에 놀라고 첨단 문명 발전이 어느 정도에 이르렀는지 새삼 경악하면서, 내가 사용하는 것은 그것들 중 아주 제한적인, 지극히 적은 수준에 그치고 있다는 사실에 생각이 미치면서는 나 자신이 참으로 한심하게 여겨졌다. 그럼에도 그에 못지않게, 오히려 그래도 지식인 폼을 잡는 나의 존재를 그처럼 한심스러운 상태로 내몬 그 갖가지 기능들, 그 숱한 능력들을 이런 소형 기기 속에 '처넣은' 엄청난 기술적 성과에 대해, 마지못한 찬탄을 감출 수가 없었다. 이렇게 경탄하고 있는 자신이 아무래도 미덥지 못했는지, 그 찬탄과 동시에, 문득 기술 발전에 대한 '맬서스적 비관주의'란 콘셉트가 떠올랐다. 인구는 기하급수적으로 늘어나는데 식량은 산술급수적으로 늘어남으로써 엄청난 식량 부족 상태가 세계적 비극으로 나타날 것이란 그 유명한 비관적 미래관이 이 기술 발전에도 적용될 수 있지 않을까 하는 것 말이다. 기술 발전에 대한 내 소심한 불안과 엉뚱한 문명 비판은 이렇게 스마트폰의 구입이란 작은 일에서 시작되었다.

돌이켜 셈해보니 내가 아들로부터 선물받은 지 10여 년 동안 휴대폰을 세 번 바꾸었다. 그러니까 한 대의 휴대폰 사용 기간은 평균 4년이었다. 나처럼 약간의 기계치이면서도 새로운 기술에 대해서는 개방적인 태도를 취하고 있다 하더라도, 그 4년은 그리 긴 것도, 성급한 것도 아닌 사용 기간일 것이다. 실제로 1970년대의 IBM은 새로운 기기들을 상당히 많이 개발해두었지만 소비자들이 수용하고 친숙해하다가 지루해질 기간을 고려해서 그것의 상품화나 시장 투입을 서두르지 않고 몇 해 뜸을 들였다가 런칭하는 여유를 가졌다고 한다. 그런데 새로운 기술 개발과 그 업체들의 경쟁은 "속도가 힘이다"라는 전략으로 바뀌면서 소비자들에게 더 이상 그런 여유를 주지 않는 모양이었다. 토머스 프리드먼의『렉서스와 올리브나무』(장경덕 옮김, 21세기북스, 2009, 원저는 1999)는 컴퓨터 회사들이 치열한 경쟁을 벌이면서 "속도 때문에 컸고 속도 때문에 죽었다"(p. 298)고 지적하고 있다. 가령 컴팩은 프로세스 기술 면에서 인텔이 개발한 386 마이크로프로세서를 재빠르게 장착함으로써 시간 여유를 두고 신상품을 내놓는 IBM을 거의 '창조적으로 파괴'함으로써 최대의 업체가 되었고 그래서 둔중했던 그 IBM을 젖히고 크게 성장할 수 있었다. 그런 다음, 컴팩은 더 커지기만 하고 빨라지지는 못한 탓으로 10년이 채 못 되어, 인터넷 보급에 따라 컴퓨터를 맞춤형으로 넷 스피드를 신속하게 개발 공급한 델에게 덜미를 잡히고 밀려난다. 이런 설명 끝에 저자는 "실리콘 밸리의 '5개년 계획'에 작별을 고하라"고 권한다. 그런데 이 책을 쓸 때와 그것이 초판 간행될 때의 몇 달 사이에 컴팩에서 델로 주도권이 옮겨 가는 것을 발견하고는 저자 스스로도 그 변화의 속도에 놀라고 마는데, 10여 년 전에 나온 이 책에는 당연히 아이폰이며 트위터, 페이스북, SNS 같은 몇 해 전에 출현하여 이미 우리 사회에서도 풍미한 뉴 미디어에 대한 언급이 전혀 없다. 이 질주하는 기술 세계! 그 놀라운 속도들을 관찰하며 글을 쓰고 책으로 만드는 속도로는 결코 따라잡을 수 없는, 신기술 개발의 신속함!

『렉서스와 올리브나무』의 저자는 일본의 렉서스 자동차 공장에서 목격한 기술 발전의 속도와 그 문명의 패러다임 변화가 유도하고 있는 '세계화'를 적극 옹호하면서 그 '글로벌화'의 대세 속에서, 구약에 나오는 전통과 주체성을 상징하는 올리브나무를 어떻게 보전할 것인가 하는 관점을 제시하고 있는데 케빈 켈리의 『기술의 충격』(이한음 옮김, 민음사, 2011)은 '기술의 발전'을 '인간의 진화'와 같은 성격으로 규정하고 "진화는 진화하기를 요구한다"(p. 415)면서 "생명, 진화, 마음, 테크늄(기술계의 총체: 인용자)의 끊임없는 자기 조직적 가

변성은 신의 전성(轉成)의 한 반영"(p. 431)으로 보고 있다. 테야르 드 샤르댕을 연상시키는 켈리의 이 말은 신은 태초에 이 세계를 창조한 전능의 존재가 아니라 미래의 종말에 가서야 완성되는 존재가 아닐까 하는 거창한 사유를 내게 이끌어준다. 나는 리프킨의『노동의 종말』(이영호 옮김, 민음사, 2000)에서 자동화 기술 발전이 노동 인구를 실업자로 만든다는 비관적 사실을 깨달았고 덴마크의 비외른 롬브르의『회의적 환경주의자』(홍욱희·김승욱 옮김, 에코리브르, 2003)에서 환경생태주의자의 근본주의적 태도가 보이는 맹목을 깨달았는데, 그 책들과 함께 내 상투적인 선입견을 깨트리는 켈리의『기술의 충격』이 결론으로 전망하는 "더 많은 대안, 기회, 연결, 다양성, 통일성, 사유, 아름다움, 문제를 빚어낸다"(p. 436)는 예상은 기술 발전의 무한성에 대해 따뜻한 공감을 주면서도, 더불어 어디서 연원하는지 모를 막막한 두려움을 동시에 느끼게 한다.

켈리에 의하면 "지난 1만 년 사이에 우리 유전자가 그보다 앞선 600만 년 동안의 평균 속도보다 100배 더 빨리 진화"(p. 51)했고 지금도 "1만 년 동안의 느린 진보와 200년에 걸친 믿어지지 않을 정도로 복잡다단한 발전을 거친 끝에 테크늄은 독자적인 존재로 성숙하고 있는 중"(p. 22)인데 이런 발전은 인간의 손에 의해 작동되던 단계에서 기계가 대신하게 된 제2의 혁명을 거쳐 오늘날 '사물에 의한 사물의 재창조'가 가능해진 문명 체계를 열어가고 있는 것이다. 17세기 이후 "진보는 신으로부터 해방되어 우리 자신에게 귀속된 뒤에야 스스로를 부양하기 시작"(p. 112)함으로써 시너지적 기술 발전의 속도가 불어나기 시작하는데 이를 가능하게 하는 '탈물질적 발명'으로 그가 들고 있는 것은 "달력, 알파벳, 나침반, 페니실린, 복식 부기, 미국 헌법, 가축화, 숫자 0, 세균 이론, 레이저, 전기, 실리콘 칩" 등등으로 지금도 "이 탈물질적 과정이 가속되고"(p. 19) 있는 중이며 이런 "과학적 과정의 본성은 지난 400년 동안에 그랬던 것보다 다음 50년 동안 더 변화할 것"(p. 414)으로 예상하고 있다. 현실 세계의 기술 발전과 그로 말미암은 문명의 개척 정도가 더욱 가속화한다는 증례로 흔히 들고 있는 것이, 컴퓨터칩의 크기와 가격이 18~24개월 동안 절반씩 줄어든다는 1965년의 무어의 법칙인데 그것은 2002년 1년에 반으로 줄어든다는 삼성의 '황의 법칙'으로 밀려나버렸다. 구글이 수집하는 세계 정보의 총량은 매년 60퍼센트 증가(p. 408)하는 것으로 추산되고 있는데 그 대부분은 '쓰레기'일 것이지만(장난삼아 '김병익, 문학'을 검색해보았더니 그 숫자가 9만 6천 개였고 '안철수'는 3천 7백만 개를 넘었다), 『많아지면 달라진다』(이충호 옮김, 갤리온, 2011)는 클레이 셔키의 장담도 무시할 수 없지만 프리드먼이 "세계화의 가장 큰 적은 바로 세계화"라면서 그 이유의 하나가 마이크로 칩을 만드는 일이 "너무 힘들 뿐 아니라 너무 빠르다는 데 문제가 있다"(p. 562)고 한 것도 분명히 귀담아들어야 할 것이다.

나는 물론 기술 발전에 대해 그리 우호적이 아닌 데다 그 초고속의 성장과 복잡화가 인간을 어떻게 변화시킬지 오히려 비관적이었다. 그런데 그 비관은 내가 디지털 전(前) 세대여서 비롯된 것일지도 모른다는 생각을 하게 된 계기가 있었다. 아직 컴퓨터가 보급되기 전의 1980년대 초였는데 처음 유럽 여행을 하며 돌아올 때 파리에서 나는 당시 유행하기 시작한 전자게임기를 사서 아들에게 선물했다. 일본제의 그 게임기를 어떻게 사용하는 것인지 나는 매뉴얼을 보며 그 작동법을 찾고 있는데 초등학교 2학년짜리 아들은 그 장난감을 잡더니 몇

번 투덕거리다가 게임을 시작하고 있었다. 나는 굳이 매뉴얼을 볼 필요도 없게 되었거니와 그 게임 방법을 아들에게서 배워야 했다. 이 이야기는 좀더 계속된다. 며칠 후 그 게임기는 고장이 났고 나는 서툰 영어로 "일본제라고 해서 믿고 사서 아들에게 여행 선물로 사주었는데, 선물을 받고 매우 좋아하며 놀던 그 게임기는 며칠 후 고장이 나버려 아들의 실의가 이만저만 아니다"라고 불평하는 편지를 보냈더니 3주가 못 되어 같은 게임기가 배달되어 왔다. 그런데 내가 놀란 것은 그 게임기가 오기 전에 아들이 어떻게인지 그걸 고치고 다시 가지고 놀고 있었다는 점이었다. 영어도 모르고 물론 매뉴얼을 볼 수도 없는 초등학생이 아무런 사전 지식 없이 그 게임기를 가지고 놀았다는 것, 고장난 것을 고치는 데 성공했다는 것이 우리 아날로그 세대와 근본이 다르다는 것을 실감하지 않을 수 없었다.

　미국에서 태어난 아이들이 영어의 '네이티브 스피커'인 것처럼 이 아이들이야말로 '아날로그 네이티브'인 나의 세대와는 달리 디지털 기술과 그 조작에 타고난 습득자인 '네이티브 디지털'이라는 생각을 그래서 하게 된 것이었다. 그런 생각은 나 혼자만의 것이 아니었다. 돈 탭스콧의 『디지털 네이티브』(이진원 옮김, 비즈니스북스, 2009)는 부모 세대와 구분되는 넷 세대를 분명하게 설정하고 그들의 대표적 특성으로 다음 여덟 가지를 들고 있다: "첫째, 그들은 자유와 선택의 자유를 중시한다. 둘째, 물건을 자신의 개성에 맞춰 고쳐서 쓰는 걸 원한다. 셋째, 천부적으로 협업에 뛰어나다. 넷째, 강의가 아니라 대화를 즐긴다. 다섯째, 여러분과 여러분 조직을 철저히 조사한다. 여섯째, 성실성을 중시한다. 일곱째, 학교와 직장에서도 즐겁게 생활하기를 바란다. 여덟째, 그들에게 속도는 일상적인 것이다. 혁신도 생활의 일부이다"(p. 34). 넷 세대가 이런 적극적이고 긍정적인 성향을 보인다는 것을 그 책은 근 600쪽의 실증적인 조사로 확인시켜주고 있지만, 실제로 우리의 경험에서도 컴퓨터에 빠져 외부와 단절한 채 개인주의적 성향이 짙으리라는 내 생각은 촛불 시위며 갖가지 작은 나눔의 운동을 벌이는 사람들 대부분이 누리꾼들이란 사실 앞에서 보기 좋게 부인되고 말았다. 그들은 방 안의 컴퓨터 앞에서는 자폐적일지도 모르지만 정치와 경제 혹은 이념과 사회 운동에서 인터넷과 IT망을 통한 사이버 세계에서는 오히려 어떤 세대보다 강력한 연대성과 참여적 적극성을 발휘하고 있는 것이다. 그렇게 해서 드러나는 나의 세대와의 다름이 미래의 세대에 대한 거리감을 만들고 거기서 나의 불안이 스며든 것이 분명했다.

나는 『렉서스와 올리브나무』에서 희한한 사진을 보고 박장대소하면서도 가슴 깊이 부닥쳐오는 무언가를 느낀 바 있었다. 바로 이 책의 제목이 되는 제3장이 시작되는 페이지에 박힌 사진인데 랍비의 모자를 쓰고 수염을 덥수룩이 기른 한 사람이 작은 상자 같은 무언가를 벽에 대고 진지하게 서 있는 장면이었다. 그 아래에는 이런 설명이 붙어 있다: "시몬 버튼이라는 사람이 프랑스에 있는 친척이 예루살렘의 성지인 '통곡의 벽'에 대고 기도할 수 있도록 휴대전화를 벽에 갖다 붙이고 있다. 1998년 12월 29일 AFP 메나힘 카하나 사진"(p. 63). 프랑스에 살고 있는 사람이 예루살렘의 통곡의 벽에 기도를 하는데 그 기도가 휴대전화를 타고 이루어지고 있다는 것! 그것은 갓 쓰고 자전거를 타던 옛 우리 어른들의 어색한 차비를 연상시켜주기도 하고, 프랑스의 그 유태인은 어디서 휴대전화로 기도하고 있을까, 성당에서일까 백화점 화장실에서일까 하는 엉뚱한 궁금증 속에서 문명의 이기를 통해 태고의 유적으로 지중해를 넘는 기도를 보낸다는 것이 참으로 기발하고 첨단 기술과 태고적 전통의 어색한 만남을 희화적인 이미지로 튕겨주는 것이었다. 이 장면에서 받은 기이함이나 내 엉뚱한 궁금증은 현대의 가장 일상적인 그러나 첨예한 기술 문명의 도구와 성소를 향한 간곡한 기도 사이를 잇는 그 공간감과 시차감의 어울리지 않음 때문에 생겨났을 것이다. 어울리지 않는다고? 나는 그 말을 쓰고 있지만 다시 생각해보면 육성으로 성회에서 기도하는 것이나 전화로 멀리 떨어진 성지로 기도를 보내는 것이나 그리 다를 것도 없는 것이었다. 문명이 발전되어 있는 한, 그리고/그럼에도, 기도와 예배의 절차를 중시하는 종교가 존재하는 한, 그것들이 서로 못 어울릴 이유는 없을 것이다. 아니, 유대인인 프리드먼이 현대 기술의 상징으로 렉서스를 내세우고 그 옆에, 카인과 아벨의 골육상쟁에 빌미를 준 올리브 나무를 나란히 세운 의미가 여기서 살아나는 듯하다. 기술 발전이 이루고 있는 세계화, 그 급속한 성장과 변화 속에서도 결코 잃어서는 안 될 인간의 주체성과 역사의 전통이 키워온 "자기들의 문화와 언어 그리고 고향"(p. 343)!

그런데 그 두 가지는 화해하며 나란히 공전할 수 있을까? 컴퓨터에서 인터넷과 한글을 이용하고 이메일과 검색을 활용하는 나는 스마트폰에서 내게 필요하고 내가 쓸 수 있는 몇 가지만 이용하면서도 불만이 없고, 지상파에서 채널로 TV를 바꿀 줄 모르는 내 아내는 완전 컴맹일 뿐 아니라 휴대전화기에서도 전화의 송수신만 하고 문자 보내기며 연락처나 최근 사용 기록을 이용하지 못하면서도 전혀 불편해하지 않는다. 대신, 나는 필요한 전화번호를 거의 잊어버렸고 펜으로 글씨 쓰는 일도 없어져 작은 메모도 꼭 컴퓨터의 한글을 쓰고 있지만 아내는 전화번호 수십 개를 외고 있고 내가 자주 잊는 많은 사람들의 이름들을 내게 기억시켜주곤 한다. 문명의 이기에 대한 우리의 이처럼 엇나가며 게으른 사용에 우리는 불평하지 않고 서로 보완해주며 그런대로 만족하고 있는 셈이다. 우리의 그 불만 없음에 대해 젊은 사람들은, 우리가 그 기술들의 존재와 앱의 사용법들을 모르고 있고, 모르기에 욕망하지도 않고, 욕망하지 않기에 급급해할 이유도 없고 그래서 별다른 불평을 갖지 않는다는 것을 눈치챌 것이다. 나 역시 과학 기술에 대한 책들을 보며 오늘의 비상한 기술 발전에 놀라면서도 부러워하지 않고 있음을 깨닫는 것은 내가 그 기술을 필요로 하지 않기 때문이며 그것을 활용하기에는 너무 낡아버려 내가 그런 걸 갖고 싶다는 것은 부질없는 욕망임을 잘 알고 있기 때문이다. 수요가 공급을 맞추어주던 시대에서 이제는 공급이 수요를 창출하는 시대로 옮겨 온 것(!)이지만 나는 공급을 모르기에 수요의 필요성도 느끼지 못하고 있는 것이다.

    그러나 한편, 그런 책들, 그러니까 렉서스의 기술과 그것이 몰고 올 세계화(프리드먼)를 찬양하며 그 기술이 가하는 미래에의 충격에서 신의 존재 가능성을 추상(케빈 켈리)하고, 그리고 많아지면 달라질 수밖에 없는 세계의 새로운 변화와 그에 따른 '대중의 아마추어화'(셔키)에 주목하며, 혹은 다르게 생각함으로써 제3차 산업 혁명을 예고(스티브 잡스)하는 오늘날의 숱한 진단과 경고를 보는 내 마음이 겉보기처럼 편한 것은 아니다. 앞에서 지레 말한 것처럼, 기하급수로 급성장하는 기술 발전과 그것을 수용해야 하는 사용자들의 한계 사이에 벌어지는, 점점 거대해질 격차에 대해 어떻게 대응할 것인가의 문제가 떠오르는 것이다. 맬서스의 비관은 전쟁만이 아니라 세계 인구 증가의 둔화와 유전자 조작에 의한 식량의 기하급수적 증산으로 해소될 수 있었지만, 기술 진화의 자동화가 빚는 급속한 마천루적 성장과 그 첨단의 뒷골목과 지하에 숨고 잠긴 기술적 슬럼가의 숱한 빈민들 사이에 벌어질 문명의 양극화는 어떻게 진통할 것인가. 파레토가 20세기 초에 제기한 '80 대 20'의 법칙은 20퍼센트의 인구가 80퍼센트의 국부를 소유한다는 내용인데, 지난해 지중해안의 아프리카 이슬람 국가들을 해체시키고 난 후 뉴욕에서 '1퍼센트 점령'을 외치며 월 가를 행진한 '99퍼센트들'의 함성은 자본주의 사회의 불평등이 더욱 가팔라졌고 그것은 온라인 금융 시스템이 일군 자금 이동 기술의 속도성과 국경을 자유로이 넘나드는 유동성이 만들어낸 일이었다. 이렇게 되다 보면, 엔트로피의 소진으로 지구가 황폐화하기 앞서 인류가 먼저 자폭해버리지 않을까. 아니면 '스마트 인간형'이 출현하여 스티븐 호킹이 예고하듯이 다른 행성으로 이주해야 하는 것은 아닐까. 갖가지 미디어들이 전하는 테크늄의 진전과 텔레비전의 다큐멘터리가 보여주는 '아마존의 눈물'의 비교가 자아내는 내 황당한 예상은 아마도 언젠가는 맬서스의 비관론처럼 사그라질 것도 거의 분명하다. 인류의 과학은 재앙거리를 만들어놓고 그것을 피하는 방법도 찾아내왔으니까. 그렇다고 지금 우리가 한참 동안, 아마도 내 생애가 지나서도 한참 동안 겪어야 할, 그리고 그러는 동안 더욱 늘어날 격차와 공백을 당연한 것으로 용인할 수도 없는 일이다. 두 세기 전의 맬서스는 식량 문제로 비관했지만 현대인은 기술 발전에서 미래를 비관해야 할지도 모른다.

아마 나는 작은 스마트폰으로 너무 허황하게 큰 생각을 하고 있는 듯하다. 그러나 1퍼센트를 향한 99퍼센트의 분노는 반드시 경제적인 문제만이 아니라 과학 기술 측면에도 적용될 수 있지 않을까 싶어지는 불안이 줄어들지 않는 것도 사실이다. 프리드먼은 지금 절대 빈곤은 사라졌다고 자신하고 있지만, 중요한 것은 그 스스로도 부인하지 못하면서 가볍게 넘긴 '상대적 빈곤감의 늘어남'(p. 475)이다. 가난한 사람들의 불행감은 절대적 빈곤에서보다 상대적 빈곤감에서 더욱 강렬하고 뜨겁게 솟구친다는 것이 우리 현대사의 경험이다. 그는 그 점을 인식하지 못하고 있고, 인류를 세계화로 유도해온 컴퓨터가 조작하는 디지털 기술의 기하급수적 발전과 소비 인간들의 그 기술 수용 사이에 벌어지는 갭의 증폭으로 새로운 맬서스적 비관을 만날 수 있다는 점을 등한시하고 있는 것이다.

〔2012. 여름〕

변화에 대한 생각들
─ 나의 세대를 되돌아보며

나는 앞선 '대작 에세이'에서 책의 미래에 대해 불만을 토로하고 새로 바꾼 스마트폰에 대한 불평을 털어놓았지만, 내가 미처 친숙할 틈 없이 다가오는 갖가지 새로운 것들에 대해 느끼는 어색함, 어눌함은 실제로 훨씬 크고 넓다. 가령 며칠 전 신문에 삼성전자가 세계 기업 순위에 22위로 올랐다는 사실은 근래 우리 경제의 팽창 정도에 익숙해져 새삼스러울 것도 아니지만 그럼에도 여전히 믿기지 않는 일처럼 다가왔고 외국의 개발도상국 관료들이 새마을 운동을 배우기 위해 한국을 방문했다는 사실도 마음속으로는 한때 욕 많이 먹던 거기서 무얼 배울 만한 것이 있다고 그러는지 쑥스럽게 생각되었으며 한국 정부의 전자화가 세계 1위라고 선전해서 그 홍보를 액면 그대로 믿어도 되는 것인지 미심쩍어했고 지난 4월엔가 세계 58개국 정상들의 핵안보 회의를 서울에서 연다고 할 때 그 엄청난 모임을 어떻게 주관할 것인지 그 행사와는 아무 관계 없으면서도 걱정되었으며 일본뿐 아니라 프랑스까지 '한류'와 'K팝'이 인기라는 보도도 한때의 유행이려니

하며 미더워하지 못했다. 얼마 전 신문에는 국민소득 20K(2만) 달러 이상, 인구 50M(5천만) 이상의 '20-50 국가 그룹'에 한국이 미국, 일본, 영국, 프랑스, 일본, 이탈리아에 이어 일곱번째 나라로 가입하게 된다는 보도를 보고는 우선 놀라며 어느새 우리가 이런 반열에 올랐는지 믿기지 않았다. 어쩌다 가보는 지방의 오지였던 들과 골짜기 곳곳에 높게 서고 아름답게 꾸며진 건물들과 문화 공간들, 울창한 숲과 가지런한 들판들을 바라보며 과연 우리나라도 언제 이렇게 달라졌는지 새삼스러워졌고, 그 달라짐에 안심해도 좋을까 겁부터 먼저 나기도 하는 것이었다.

그러나 말하니까 '겁'이고 '걱정'이며 혹은 '신기'하고 '쑥스러운 것'이지 한국이라는 나라, 한국인이라는 우리가 자랑스럽고 다행스럽고, 아니, 영광스러워하기까지 하면서, 다른 한편 무엇으로 표현되고 어떻게 고백되든, 내 눈에 보이는 그 많은 것들은 당연하고 마땅하게 뵈는 것이 아니라 혹 잘못 안 것은 아닐까, 어쩌다 그런 것이 아닐까, 어디에선가 동티 나지 않을까, 이러다가 자칫 허세로 들통 나거나 벼랑으로 미끄러지는 것은 아닐까 하는 의구심과 두려움이 함께 들기도 한다. 검누런 재생지로 만든 교과서로 공부하던 내게 전자책이라는 게 실감 날 리 없고 신혼 시절 전화 한 대 놓기 위해 '빽'을 써도 실패했던 내가 만능의 스마트폰을 놓고 신기한 장난감처럼 가지고 놀면서도 투덜거리지 않을 수 없었던 것은 그처럼 가난하고 불편하고 모자란 시대 속에서 궁핍을 자연스러운 삶의 조건으로 살아야 했던 때가 불과 두어 십 년밖에 되지 않았기 때문이고 그러기에 '선진국적 생활'과 '첨단 문명의 이기'들에 몸매보다 훨씬 큰 옷을 입은 듯한 부자연스러움을 느껴야 할 것은 당연했다. 그러니까 새로움에 젖어들며 편리한 것을 곧잘 이용하고 풍요로운 것들을 익혀가면서도 내 안의 어디 깊숙이에는 여전히 어리숙하고 모자라며 궁색한 가난의 심리가 도사리고 있어 "2만 달러 수준으로 3만 달러 소비 생활을 하는" 근래의 경제적, 사회적, 문화적 삶의 정황을 아직 내 것으로 받아들이지 못하는 전 세대적 궁상스러움이 궁싯거리고 있는 것이었다.

언젠가 세종문화회관 지하 식당에서의 점심 약속을 위해 지하철 경복궁역에서 내려 걷는데 전날에는 아마 주차장이었던 듯싶은 공간에 꽤 많은 파라솔들과 의자들이 설치되고 거기에 적지 않은 사람들이 편하게 앉아서 그 앞의 무대에서 어느 그룹이 신나게 벌이고 있는 연주를 즐기는 모습을 보았다. 전부터 내가 바라오던 선진국형 '문화복지'의 구체적인 한 장면이 틀림없었다. 젊은 시절 외국에서 보고 부러워하며 바라던 장면을 내 눈으로 서울 한바닥에서 실제로 보고 있는데, 그런데도 나는 자연스러운 마음으로 동참하고 싶기보다는 오히려 어색하고 불편함을 지우지 못하며 다시 내 안에서 붐비는 '어색함의 심정'을 만지작거리고 있었다.[1] 집에 돌아와 생각난 참에 묵은 책을 뒤져 내가 확인해보고 싶던 부분을 찾았다. 미국의 역사학자 폴 케네디의 『21세기 준비』(변도은·이왈수 옮김, 한국경제신문사, 1993)의 제10장 「개발도상국의 승자와 패자」 첫머리였다: "1960년대에 1인당 GNP 규모가 가나와 똑같았던(230달러) 한국이 오늘날 10배 내지

---

[1] 가령 다음과 같은 글을 볼 때 내가 갖는 국력의 자랑스러움과 그 문화적 과잉이 안겨줄 허상에 대한 염려가 그렇다: 가령 나처럼 여전히 의심쩍어하는, "그런 분들에게 몇 가지 퀴즈를 내본다. 지난해 7월 제14회 차이콥스키 콩쿠르에서 남녀 성악 동반 1위 수상자를 배출한 나라는? 오페라단이 제일 많은(100여 개) 나라는? 뮤지컬을 가장 많이(300여 편) 생산하는 나라는? 문학 잡지가 제일 많은(300여 종) 나라는? 위 질문의 정답은 모두 한국이다"(조동성, 「이제는 문화라네, 바보들아!」, 『동아일보』, 2012. 6. 22).

12배나 더 잘살게 된 사실 이상으로 개발도상국들 간에 생겨나고 있는 격차의 확대 경향을 훌륭하게 설명해주는 것은 없다"(p. 251). 근 20년 전에 읽고 난 후 왜 그리되었는지, 그 차이의 원인이 무엇인지에 대한 기억은 사라진 채 다만 1960년대에 비슷했던 경제 수준이 한 세대도 안 되어 10배 이상 차이가 날 정도로 한국이 비약했다는 내용만 이 책에 대한 강한 기억으로 남아 있던 대목이었다. 후진국 콤플렉스에서 쉽게 벗어나지 못하고 있던 그때의 나는 우리 정치인에 의한 자화자찬이 아니라 미국의 대단한 학자가 사심 없이 지적한 문제의식이어서 실감하지는 못한 채 우리나라의 '뛰어난 성취'에 놀랐던 것이다. 나는 그 구절을 다시 확인한 후 내 나름으로 왜 그 차이가 났을까, 후진국에서 중진국 혹은 선진의 문턱으로 도약한 한국의 성장과 발전의 동력은 과연 무엇이었을까 하는, 그동안 자주 품어온 의문에 다시 젖어들었다. 그 사유는 나로서는 책이나 자료가 아니라 내 삶의 경험을 통해서인 것이고 실제에서 확인하는 것이었다.

식민지 시대에 태어나 초등학교에 입학하면서 해방을 맞이한 내 생애를 돌이켜보면 한국처럼 고생과 고통을 많이 겪은 나라도 드물 것이다. 초등학교의 그 1학년 때 '광복'을 했지만 남북 분단이 되었고 6학년에 한국전쟁이 일어나 3년 동안 전시 체제 속에서 살아야 했고 전후의 빈곤과 혼란을 견뎌야 했다. 대학 4학년 때 4·19 학생혁명을 보면서 우리의 민주주의에 대한 희망을 품었지만 1년 후 5·16 군사 쿠데타로 그 좌절과 동시에 앞날에 대한 기대를 포기하지 않을 수 없었다. 동숭동 캠퍼스의 교문 앞에 흐르는 시커먼 개울물을 보며 센 강이라고 부르고 그 위에 걸친 시멘트 길을 미라보 다리로 삼아 "이곳이 아니라면!" 하고 외치지 않을 수 없었던 그 암담함. 군대에서 인간의 육체적 한계와 정신의 누추 끝까지 치르고 돌아와 겨우 취업했을 때 군사 정권의 장기화가 진행되고 『1984년』의 빅브라더 같은 존재가 시민들을 감시하기 위해 조직화한 정보원들이 지식 사회를 휘저으며 억압과 통제로 마침내 모두의 입을 막고 행동을 묶는 유신, 저항하는 학생들과 그들을 제압하는 벌거벗은 권력, 그리고 학생들의 시위와 대통령의 시해, 신군부의 횡포와 5·18의 참담함, 학생-시민의 연대 항의, 드디어 시민들에 의한 민주주의의 획득…… 우리의 역사는 해방과 분단, 빈곤과 피난-이주, 전쟁과 혁명, 독재와 군부 통치, 민주화 탄압과 시민 저항 등, 변화가 잦은 서구라 하더라도 15세대 동안에 겪었을 만한 갖가지 사태들을 불과 1.5세대 만에 잇달아 겪었다. 그럼에도 아시안 게임과 올림픽, 월드컵을 치렀고 생산과 무역이 세계 10위권으로 성장했으며 전자 기기를 비롯한 150종 이상의 제품이 세계 1위 수준으로 올라 '압축 성장'의 모범을 이루었다. 지구상 가장 후진국이자 모든 비참의 덩어리여서 함석헌 옹이 세상의 '개굴창'이라 자학하던 나라에서 이제 가난하고 무지한 숱한 나라들의 지원국이자 멘토가 되고 강고한 반공주의 국가에서 이념적인 소용돌이를 이겨내고 이른바 '종북파'가 국회의원이 될 수도 있는 민주주의 국가에 이른 이 경탄할 변화, 한끝에서 다른 한끝으로 마지못해서든 서슴없이든 격렬하게 움직이는 이 역동성은 어디서 생겨난 것일까.

 그 갖가지 변화들을 몸으로 느끼고 마음으로 인식하며 현장 속에서 그 움직임들을 관찰하며 70대 중반에 이른 나로서는 밖에서 안을 들여다보듯 그렇게 객관적으로 이해해낼 수 없는 것이었다. '2차 대전 후 독립한 나라 가운데 유일하게 선진화한 나라' '전쟁으로 후원받던 나라에서 가난한 나라의 후원자로 역전된 단 하나의 나라'로서 우리나라 성장의 수수께끼는 그럴수록 궁금해지지 않을 수 없었다. 나는 대학에서 사회과학을 공부했지만 현실 분석과학자가 되지 못했고 문학이나 인문학에 대한 내 천박한 상식으로 이 문제를 체계적으로 연구하거나 해석할 수준이 못 되지만, 그렇기에 이 '불가사의'하게 보이는 주제를 놓고 나름의 제멋에 따라, 그러나 곰곰이 자주 생각해보곤 했다. 가령 오바마 미국 대통령은 유독 한국의 교육열에 대해 높이 평가하고 기회 닿는 대로 한국에서 배우라고 권한다. 물론 교육이 오늘의 한국을 일으킨 것은 분명했다. 1950년대와 60년대, 마구 생겨나는 대학과 늘어나는 대학생들이 사회 문제화하여 높은 상아탑을 두고 농민들이 소를 팔아 대는 학자금으로 세운 '우골탑(牛骨塔)'이라고 비아냥거리는 원성이 높았지만 그렇게 학사모를 쓴 사람들이 월남과 중동에서, 이제는 세계 모든 지역에서 건설과 생산에 큰일을 감당해냈다. 그렇게 교육이 오늘의 한국을 일으킨 주력이 된 것은 분명한데, 그러나 그 교육열은 어디서 생겨난 것인가. 물론 우리 전통의 문화에서 선비는 가장 존경받는 신분이었고 관리가 되는 데도 높은 학문 수준으로 시험 보는 과거를 통해야 할 정도로 공부와 교육은 중요했다. 그러나 그런 학문 중시는 다른 나라에서도 으레 그랬고 더구나 그 공부는 서구 문화에서 축적된 현대의 학문이 아니라 출세를 위한 고전의 한문 교육이었으며, 아마 선비와 학문을 존중하는 정신은 이어받았겠지만 그마저도 개화기와 일제 식민기로 그 교육의 전통은 단절되었다. 그렇다 하더라도 교육에 대한 열정 특히 한국전쟁 이후의 유난스러운 교육열이 한국의 개발과 성장에 크게 기여한 바는 의심의 여지가 없다. 그 성과를 충분히 인식하더라도 그게 가장 심층적인 결정 요인으로는 미흡하다는 느낌이 지워지지 않는다. 우리는 왜 여전히 교육에 그처럼 많은 투자를 했을까.

내가 이리저리 배회하며 다다른 생각은 한국인의 '변화에의 욕구'였고 그 욕구는 뜻밖에도 6·25 한국전쟁에서 비롯된 것이 아닐까 하는 점이었다. 학교 교육을 잘 받아야겠다는 것은 자신의 신분 상승 곧 변화를 추구하는 것이며 돈을 벌어야겠다는 것도 출세하겠다는 것도 모두 자기 위치의 변화를 구하는 일이었다. 그 욕망은 누구나 갖게 마련이지만 그 욕망의 계기 혹은 추동력을 제공한 것이 한국전쟁이 아니었을까 하는 것이 내 짐작이다. 사실 이 생각이 떠오른 것은 30년 전이었다. 1982년 북구에서 열린 한국문학 포럼에 발표한 우리 문학 소개(「사회 변화와 한국 문학」, 『지성과 문학』, 1982)에서 내가 먼저 지적한 것이 우리의 변화에 대한 관념이었다. 우리 민족은 전통적으로 '변화'를 싫어한 유교적 상고주의(尙古主義)를 지켜왔고 근대에 와서도 더욱 그랬다. 그럴 수밖에 없었던 것이 '조용한 나라'가 처음 개국했을 때 만나야 했던 것은 서구의 '야만'이었고 그것이 우리보다 못난 민족 일본의 식민화와 국권 상실로의 변화로 이어졌다. 끈질긴 독립 운동을 통해 우리는 해방을 얻었지만 그 결과는 나라의 분단이었고 또 전쟁이었다. 그러니 새로운 변화며 미래에의 전망이란 항상 우리에게 상실과 박탈로 다가왔고 마침내 한국전쟁이란 골육상잔에서 그 변화의 가장 참담한 사태를 당하고 말았다. 그러나 더는 잃을 것 없는 그 전쟁, 그리고 더는 머뭇댈 일이 없는 그 폐허에서 한국인은 행동과 선택의 자유를 주워 들었다. 당시의 한국인은 고향과 집을 잃었고 체통과 허세를 버렸다. 기존의 신분 차별은 무시되었고 현실적으로 얽어맬 관계도, 윤리적 기반(羈絆)도 사라졌다. 그것은 마치 북국에서 어디로 가든 남쪽을 향하는 길이듯, 우리는 무얼 해도, 어떻게 해도 지금보다 나을 것이었으며 그것을 향한 몸부림이 삶의 변화였다. 전후의 가령 서기원의 소설들이 그런 윤리적 파탄을 그려주었고 팔을 잃은 아버지와 다리가 잘린 아들의 동행을 보인 하근찬의 작품이 보여준 것도 그 폐허에서의 일어섬이었다. 더 이상 추락할 수 없는 '수난 시대'의 상황에서 벗어나야 한다는 것, 그 철저한 절망 끝에서 마지막으로 붙잡아야 할 것이 생존을 위한 변화였고 그 작은 희망이 우리의 모든 것이었다. 한국전쟁은 폐허를 주었고 그와 함께 거기서 일어설 최종적 행동의 변화 선택권을 선물한 것이다.

그래서 1950년대 한국인은 무얼 해도 새로운 출발이었으며 어떤 일을 하더라도 변화였다. 그 거대한 첫 변화의 계기가 4·19였다. 이 학생 혁명에서 한국인은 역사상 처음으로 밑으로부터의 정권 전복을 이루었고 민주주의에 대한 기대를 가지게 되었으며 이제 변화란 '당하는 것'이 아니라 스스로 '해야 할' 일일 수 있는 것으로 바뀌었다. 이듬해의 군사 혁명은 민주주의에 대한 우리의 소망을 무산시켰지만 이듬해, 지금으로부터 정확히 50년 전 '혁명의 주체들'이 제안한 경제 개발 5개년 계획은 우리의 계획 아래 미래에의 변화를 스스로 만들어내겠다는 적극적인 의지의 표현이었다. 그것은 수출 드라이브를 통한 경제 성장을 주도하며 외국 자본을 끌어들였고 곳곳의 농촌과 어촌에 공장과 공단을 만드는 변화를 이룩했으며 월남전 때 우리 역사상 처음으로 해외에 군대를 파견했고 동시에 기업들이 월남과 중동으로 진출했다. 인력은 서독 광부와 간호사로, 미국의 유학생과 취업자로 뻗어나가고 한국의 상품과 서비스가 함께 번져나갔다. 드디어 변화가, 스스로 추구한 변화가 수행되기 시작한 것이다. 그 변화는 강권 통치와 유신 체제로 민주주의의 제도화를 억제하고 인권을 외면한 가운데 이루어지고 있었지만 그 성장의 효과로 두터워진 중산층이 민주주의로의 험난한 운동의 주축으로 성장하고 있었다. 그러니까 1960년대부터 정치적 민주화로의 요구, 경제적 산업화의 추구, 그래서 사회적 근대화로의 변화가 더불어 진행된 것이다. 나는 이것을 '이인삼각'으로 비유한 적이 있지만 한국 문학과 역사 서술은 이런 변화를 예민하게 보여주며 비로소 열등 콤플렉스를 이겨내가고 있었고 우리의 과학과 기술 발전도 유학으로부터 배워 오고 국내에서 자체 개발 연구하는 작업으로 눈에 띄게 속도를 내고 있었다. 두려워하고 그 결과는 항상 부정적이던 것을 이제는 추구하고 그 결과에서 낙관적인 미래를 전망케 한 것이 변화에 대한 인식의 근본적인 변화였다. 그리고 이제 우리는 전통의 풍속을 벗어나고 전래의 문물을 버리며 리얼리즘에서 모더니즘, 포스트모더니즘의 정서로 변해오면서 전세대 문화 체계로부터 컴퓨터 문명으로, 디지털 문화로 뛰어들었으며 'IT 강국'으로, '세계화' 체제로 돌입했던 것이다.

나의 세대는 그런 변화의 가운데에 휩싸였고 그 변화 때문에 괴로워하기도 하고 서러워하기도 하면서 새삼 놀라기도 하고 감탄하기도 하는 양가적(兩價的) 정서에 시달렸다고, 혹은 그것을 즐겼다고 고백해야 할 것이다. 농촌이 파괴된 것은 아픈 일이지만 대신 보릿고개가 사라지고 초가집을 허문 것이 안타깝지만 스카이라인을 긋는 아파트의 삶도 멋지고, 뒤집어 다시 보면, 도시적 삶의 지루한 생활이 피로해지기에 자연 생태적인 삶을 그리워하게 되며 휴대전화로 여러 기능을 쓸 수 있어 편한 대신 종이책의 이른바 서향(書香)을 잃는 것이 아쉬워졌다. 내 개인적으로만 그런 게 아니다. 시대의 압축 변화로 마구 줄이어 생겨난 세대들 중에는 내가 참으로 다행스럽게 끼어 있다고 행복해하는 4·19 세대만이 아니라 그 앞에 일어 세대와 전후 세대가 있고, 내 뒤의 이념과 소요로 점철된 386 세대, 그에 이어 탈이념의 X세대, 그리고 새로운 세기에는 G(green, global)세대가 이어 있어 오늘의 주도적인 세대로 활동하면서 서로 다른 정서적, 가치관적 지향으로 경쟁하고 있다. 그래서 가령 이렇다. 나는 이런저런 이야기를 하며 자식들과 자주 의견이 충돌하는데 그 원인은 대체로 나는 비교 상태를 나의 30년 전의 과거에서 찾는 데 비해 아들은 자신이 공부해온 오늘의 선진국 수준과 비교해서 평가하는 데서 빚어진 것이다. 그 나이 때 우리의 '부러움'에서 벗어나 경쟁 상대로 미국과 서구를 상대한다는 점에서 우리 가족의 토론은 그래도 다행이지만 비교 기준의 다름이 현실 진단의 차이를 만들고 있는 것이다. 그 같은 논박은 사회와 국가의 경영 전반에도 마찬가지여서 개발주의와 생태주의, 성장주의와 복지주의의 대결로부터 도룡뇽을 살리기 위해 터널 공사를 반대하거나 4대강 개발 정책의 강행과 저지에 이르기까지 갖가지 문제에서 반박하고 충돌하며 대립한다. 나는 그럼에도 그런 갈등들이 우리 사회가 다양성, 다산성, 다문화의 길로 가는 것을 알리는 표지로 보고 우리 경제가 그만큼 커지고 우리 정서가 그처럼 넓어졌다고 오히려 다행스럽게 여기며 한국의 선진화 추세의 성장통으로 밝게 받아들이고 있는 편이다.

그럼에도 나 자신은 그러한 변화를 스스로 감당하기 어려워한다는 점을 고백해야겠다. 21세기 한국인이 감당하는 규모는 내가 1960년대 50년 전에 현실 세계로 입사(入社)할 때의 규모보다 100배 이상

커졌고 그 양적 규모의 확대에 따라 질적 수준도 달라졌다. 마르크스가 말한 대로 규모의 변화가 질의 변화를 유도한 것이다. 가난뱅이가 풍성하게 차려진 밥상에서 오히려 겁부터 내고 숟가락질을 함부로 하지 못하듯이 오늘의 물적 규모와 삶의 질에 내 몸이 너무 작고 초라해지고 있음을 스스럽지 못해하며 현실 변화에 적응하지 못해 부끄럽고 소심해지는 것이다. 가령 신문이나 잡지에 화려한 집이나 가구를 보면 우리나라에 이런 멋진 집도 있구나 찬탄하지만 내가 거기서 살거나 이용할 생각은 감히 하지 못하고 우리나라 사람들이 자유롭게 여행하며 세계적인 명품들을 주저 없이 사고 들며 활보하는 그 서슴없는 손길에 놀라면서도 감히 부러워하지조차 못하는 것이 그렇다. 거창한 국제 대회나 회의의 주관, 엄청난 물량의 시설과 관리 운영 등 국력을 발휘해야 할 거대 행사 장면들을 보면, 상관없는 내가 먼저 주눅 드는 데는 스스로가 참으로 한심스러운 '무대책 세대'란 당혹감까지 잣고 만다. 이런 내 심리에는 무엇보다 70대 중반의 나이로 사회 생활의 현장에서 물러난 은퇴자란 자각도 있고 자동차 운전도 못하는 '보수 꼴통'이란 자의식도 스며 있지만, 그보다 내가 더해보는 진지한 자기 진단은 200달러 혹은 많아야 2천 달러에서 생활을 영위해야 했던 사람이 2만 달러의 규모에는 도대체 어울릴 수 없는 정서적 위축이 가장 크게 작용하고 있다는 점이다. 그것은 시골 노인이 서울의 아파트 생활에 쉽게 익숙해지지 않는 것과 비슷한 이른바 시대 변화로 말미암아 빚어진 태생적 한계일 것이다.

  이런 내 심정과 자리를 자의식으로 느끼며 '가장자리에서 서성이는' 심리적 자괴감을 토로하는 칼럼을 통해 '변화'의 현장에서 밀려나 그 변두리에서 기웃거리며 은퇴자로서 책임 면제의 자유로움을 즐기고 있지만, 그렇다고 아예 걱정까지 없는 것은 아니다. 가령 자식 생산을 기피하는 현상은 국가적인 문제일 뿐 아니라 생명의 '이기적' 본성을 버리는 자학으로 보이며, 넉넉한 생활이 줄 관용과 이해의 정서는 오히려 더 각박하고 비천한 언어와 행장으로 타락하고, 밝고 도저한 소망을 향하기보다 졸부(猝富)의 시건방진 방자함으로 이 귀한 삶을 우스꽝스레 만드는 세태는 우리 사회가 변화하기 이전의 정신과 내면의 품위보다 더 못한 모습으로 마땅스럽지 못한 것이다. 아마도 나나 나의 세대가 오늘의 중심 세대의 세태에 대해 느끼는 이 같은 불평들은 물론 변화의 뒷그림자이며 그 속도에서 뒤처질 수밖에 없는 루저의 불만에 그칠 것이다. 아무리 좋은 말이라도 젊은 지식인의 비판적 예언이 아니라 늙은 기우(杞憂)의 풀기 없는 한탄이라면 처량할 뿐이다. 나는 이제 변화를 도모하기는커녕 그 변화의 바깥으로 밀려나 처져 있는 꼴이고 세상은 어떻게든 달라지고 나아가고 나아지고 있어야 할 일이다. 그 같은 시대 발전, 세대 변화를 긍정적, 적어도 피할 수 없는 역사 진행으로 바라보더라도, 그래도 내게 한 가지 소망은 남아 있다. 그 변화들이 변화 적응의 지체자, 불능자, 탈락자, 혹은 거부자 들까지 포용하기를 바란다는 점이 그것이다. 그것은 어떤 새삼스러운 변화에도 불구하고 결코 변해서는 안 될, 아름다운 인간다움과 고전적 덕성일 것이므로 나는 변화의 갖가지 추세들로부터 그것만은 자유롭기를, 그래서 변화하는 역사 속에서도 변화하지 않고 영원히 구태의연하기를 바란다. 존경받는 이 같은 인문학적 문화 전통의 지속 가능한 세계에 대한 소망은, 변화를 긍정하고 추구하고 예찬하는 사람들에게, 너무 지나친 기대일까?

〔2012. 가을〕

IV 대화들

출판인 같지 않은 진정한 출판인[1]
─홍정선과의 대담

 김병익 선생은 '문학과지성사'(이하 '문지'로 약칭함)를 25년 3개월 15일 동안 경영한 출판인이지만, 출판인 김병익이란 이름은 많은 사람들에게 낯설다. 문학에 조금이라도 관심이 있는 사람들은 '문학과지성사'를 '창작과비평사'와 함께 계간지 시대를 열고 이끈 출판사로 또렷하게 기억하고 있다. 그렇지만 정작 '문학과지성사'를 세우고, 키워서, 후배들에게 아름답게 넘겨준 이 훌륭한 출판인을 많은 사람들이 출판인으로 기억하지 않는다. 그것은 무엇 때문일까? 아마도 문학평론가로서, 한국의 대표적인 지성으로서 김병익 선생이 차지한 자리가 너무 컸기 때문일 것이다.
 김병익 선생은 사람들이 '문지 4K'라고 부르는 사람 중의 하나로서 1970년대 초부터 지금에 이르기까지 왕성한 현장 평론 활동을 해왔으며, 그 결과 선생은 자연스럽게 문지와 문지 정신을 대표하는 평론

---

1) 비평가 홍정선과의 대담. 격월간 『Book & Issue』(한국출판인회의 간), 2004, vol. 6.

가로 간주되기에 이르렀다. 그뿐만 아니다. 유신 시대를 기억하는 비판적 지식인들에게 김병익 선생은 문화의 힘에 대한 신뢰를 바탕으로 깨어 있는 지성, 균형 잡힌 지성의 전범을 보여준 『지성과 반지성』 『문화와 반문화』 등의 책을 쓴 저자로 선명하게 기억되고 있다. 그래서 출판인 김병익이란 이름은 많은 사람들에게 낯설다.

그럼에도 이 같은 이야기는 출판인 김병익이 낯선 것에 대한 사실 차원의 설명일 뿐 진짜 이유는 아니다. 김병익 선생을 우리가 출판인으로 기억하지 못하는 진짜 이유는 우리 탓이 아니라 선생 자신의 탓이다. 김병익 선생은 출판사를 경영하면서도 전혀 출판사 사장답지 않은 방식으로 문지를 경영했다. 사원들에게 큰소리 한번 치지 않은 사장, 저자에게 판매 문제를 거론하지 않는 사장, 사장으로 손님을 접대하거나 접대받지 않은 사장으로 살았다. 이를 두고 김병익 선생은 사장이라는 경영인으로 문지를 운영한 것이 아니라, 저자의 입장에서 문지를 운영했다고 말한다.

김병익 선생은 자신이 저자이기도 했고, 또 주변의 친구들이 모두 저자였던 탓이겠지만, 항상 저자의 입장에 서서 '내가 저자라면 출판사로부터 어떤 조건의 대우를 받았을까?'라는 생각을 앞세운 출판인이었다. 나아가 김병익 선생은 문지에서 간행한 모든 책을 읽는 부지런한 고급 독자, 좋은 글을 쓴 저자들에게 감사하며 자신이 쓴 글과 앞으로 써야 할 글을 반성적으로 생각하는 특이한 사장이었다. 그런 연유 때문이었을까? 김병익 선생이 항상 앉아 있던 자리는 따로 떨어진 사장석이 아니라 평범하고 보잘것없는 소파였으며, 그 자리에서 선생님은 작가, 평론가, 지식인, 기자 들과 사업 이야기를 나눈 것이 아니라 문학과 문화에 대한 이야기를 나누었다.

김병익 선생의, 영리를 추구하는 출판과는 거리가 먼 이런 태도로 말미암아 선생 자신에 대한 출판인으로서의 이미지가 흐려진 것은 물론, 문지의 이미지 역시 출판사라기보다는 한국을 대표하는 지성인 집단을 가리키는 것으로 변용되었다. 김병익 선생은 자신의 역할을 문지 그룹의 형식상 대표라는 자리에 엄격하고 겸손하게 국한시킴으로써 문지라는 출판사의 개성적 성격과 분위기를 창출한 것이다.

따라서 이 인터뷰는 현재 한국 문학을 대표하는 출판사의 하나를 창립해서 키운 출판인이면서도, 정작 그 모습은 다른 명성의 그늘에 묻혀버린, 출판인 김병익의 숨겨진 면모들을 드러내는 데 초점을 맞출 것이다.

출판인 김병익과 문지의 탄생

홍정선_ 출판인 김병익에 대한 첫번째 질문을 제 느낌으로부터 시작해보겠습니다. 저는 20년 정도 선생님을 옆에서 뵈면서, '김병익 사장님'이란 말을 자주 들었지만, 그럼에도 이 말은 익숙해지기는커녕 선생님에게 어울리지 않는, 어색한 말이라는 인상을 받곤 했습니다. 그것은 선생님에 대한 저의 이미지 때문이기도 했지만 선생님의 말씀과 행동이 '사장님'이란 말과 너무 거리가 멀어서이기도 했습니다. 선생님께서는 최근에 간행한 『글 뒤에 숨은 글』(문학동네, 2004)이란 책에서 문지의 첫 출간물이 성공했을 때의 심정을 "마침내 내가 이렇게 장삿길로 들어서게 되는구나 하는 서운함과 처연함을 결코 지울 수가 없었다"고 적고 있는데, 혹시 선생님 스스로도 '어색한 사장'이란 자의식에 내내 시달리며 사신 것은 아닌지요?

김병익_ 사장이란 말이 참 어울리지 않아 보인다는 것이 첫 질문인데 실제로 다른 출판사 사장들로부터 나를 보고 김 사장이라 부르기는 좀 무엇하고, 김 선생이라 부르는 게 좋을지 어떻게 해야 할지 난처하다는 이야기를 여러 번 들었어요. 아마 내가 사장 같지 않아서 그랬겠지만 나 자신도 사장이라는 말에 대해 좀 은근한 저항감이 있었습니다. 내가 대표라는 말을 약력에서 사용한 것도 그 때문일 겁니다. 대표라는 말에는 기업체의 책임자, 운영자라는 의미도 있지만, 그보다는 한 그룹을 대표한다는 의미도 있으니까 그 말을 더 좋아했던 게 아닌가 싶어요. 기업의 장으로서 나 자신을 치부하기보다는 한 동아리를 대신해서 운영한다는 자세로 사장 노릇을 했다고 보면 되겠지요.

홍_ 그런데 김주연 선생님이나 이런 분들이 김 사장이라 부를 때 그 어감은 어떻게 생각하십니까?

김_ 그 친구들은 내가 연상이니까 이름 부르는 것은 안 맞는 것 같고, 선생이라 부르는 것은 더욱 안 맞고, 선배라 하기도 껄끄러우니까 그냥 별명처럼 부른 게 아닌가 싶어요. 그렇지만 하여튼 사장이란 말로 불리게 되면 어색한 느낌이었던 건 사실이었어요.

홍_ 가벼운 질문을 하나 더 드려보겠습니다. 잡지의 이름이자 출판사의 이름이 되는 '문학과지성'은 어떤 경로로 만들어졌습니까? 일제 시대의 평론가로 유별나게 지성의 역할을 강조했던 최재서는 자신의 평론집에 『문학과 지성』이란 이름을 붙였습니다. 혹시 여기에서 힌트를 얻었는지, 아니면 우연하게 결정된 것인지 알고 싶습니다.

김_ 문공부에 잡지 등록 신청을 할 때는 '현대비평'이란 제호로 신청했었는데 그즈음에 정부가 비평이란 말을 몹시 싫어했습니다. 그 이유는 두 가지인데 하나는 정권 자체가 비판, 비평이란 말을 싫어하는 정권이었고, 다른 하나는 1960년대에 사이비 언론 기관이 많았는데 전부 이런저런 비평이란 이름을 달고 있어서였습니다. 그래서 우리가 '현대비평'으로 신청을 하니까 두번째 이유를 들어서 제호를 좀 바꾸었으면 좋겠다고 했어요. 그래서 제호를 무엇으로 할지 김현, 김치수와 함께 고민을 했는데, 그때 김현이 불쑥 내민 게 '문학과지성'이란 이름입니다. 그때 내심으로는 식민지 시대 최재서의 책을 염두에 두었는지 어쨌는지는 모르겠어요. 아마 염두에 두었으면 같은 제호로는 하지 않았을 겁니다.

홍_ 문지가 출발할 때 이상을 두드러지게 내세우면서 옹호했는데, 최재서가 바로 평론집 『문학과 지성』에서 그렇게 했었습니다. 이런 점 때문에 어떤 관련이 있는 게 아닐까 싶어서 여쭈어보고 싶었습니다.

김_ 적어도 의식하면서 정한 것은 아니고, 그냥 무의식적으로 툭 튀어나온 말이었습니다. 그때 '창작과비평'이란 제호가, 그 당시에는 잘 안 쓰는, 참신한 제호 스타일이었기 때문에 거기에 운을 맞춘 게 아닐까 하는 생각이 듭니다. 어쨌건 '문학과지성'이 어떠냐 하고 김현이 불쑥 이야기를 꺼냈고 그게 좋다고 쉽게 합의를 봐서 제호를 그렇게 신청했어요.

홍_ 선생님께서 출판인이 된 경위에는 남다른 사연이 있는 것으로 알고 있습니다. 젊어서부터 출판 사업에 관련된 일을 하거나 출판업에 뜻을 두었던 것이 아니라 불가피한 상황에서 문지라는 출판사를 문지 동인들과 함께 만들어 선생님이 떠맡았습니다. 다시 말해 출판사 문지가 먼저 생기고 잡지 문지가 생겨난 것이 아니라 그 반대의 경우였습니다. 이 때문이기도 하겠지만 선생님께서는 오너 경영인의 태도보다는 공동의 관리인 역할에 충실했다는 인상을 지울 수가 없습니다. 출판사 문지가 민음사, 한길사, 일지사, 창비 등과 다른 형태로 운영되는 출판사로 자리 잡게 된 이유에는 이런 사실과 함께 선생님의 개인적인 면모도 크게 작용했다고 생각합니다. 문지라는 출판사가 가진 독특한 성격을 사람들이 이해할 수 있도록 출판사의 창사에 얽힌 사연과, 선생님이 관리자로 나설 수밖에 없었던 배경을 말씀해주셨으면 합니다.

김_ 문지를 창사하게 된 사연 그리고 독특한 성격이라⋯⋯ 문지를 창사하게 된 것은 김현에 대한 회고라든가 황인철에 대한 회고, 그리고 『글 뒤에 숨은 글』에서 여러 번 밝혔으니까 중복되는 이야기일 텐데⋯⋯『동아일보』기자에서 해직되고 나서 주위로부터 출판사를 경영해보면 어떻겠느냐는 권고를 많이 받았는데 먼저 경영에 자신이 없었고, 또 경영의 대상이 출판사라는 것 때문에 더욱 자신이 없어서 엄두를 내지 못하고 있었습니다. 어떤 출판사에서 영업부장하고 출판사 사장하고 지불 관계로 한바탕 싸우는 것을 본 게 머리에서 지워지지 않았어요. 용기도 없었고 뜻도 없었고 그랬는데, 김현이 프랑스에서 공부하고 돌아와 함께 야구 구경을 한 어느 날 두 가지 명분을 들어 나를 설득했어요. 일조각에서 내고 있던 계간『문학과지성』을 우리가 직접 발행해야 한다는 것이 첫째 명분이었고, 지금은 직장에서 쫓겨난 사람이 한 사람이지만 앞으로 우리 주위에서 누가 또 직장에서 떨려날지 모르니까 생활과 활동의 근거를 마련해야 한다는 것이 둘째 명분이었습니다. 당시로선 그 두 가지 명분이 모두 옳고 회피하기 힘든 명분이데요. 센스 빠른 김현이 우리가 2백만씩 모으면 천여만 원 되니까 그것 가지고 시작하면 된다고까지 나오는 마당이어서 나도 끝내 거절하지 못하고 출판사를 급하게 시작했습니다.

홍_ 내친김에 문지가 그렇게 만들어졌기 때문에 가지게 된 성격까지 말씀해주시지요.

김_ 쑥스러운 이야기니까 다른 사람의 말을 옮기면, 『경향신문』에 누군가 문단 이면사를 쓰면서 문지에 대한 이어령 선생의 이야기를 인용한 적이 있습니다. 이어령 선생이 김동리 선생이 발행인이고 이문구 씨가 편집인인 『한국문학』은 입헌 군주제고, 『창작과비평』은 대통령 책임제고, '문지'는 내각 책임제라는 표현을 했다는 겁니다. 그래서 거 참 적절한 비유라는 생각을 했어요. 실제로 내가 사장직을 맡으면서 제일 고민했던 문제는, 내가 크든 작든 잘하든 못하든 명색이 사장인데, 황인철, 김현, 김치수 그리고 김주연과의 관계를 어떻게 설정할 것인가였습니다. 이것이 나로서는 제일 까다로운 문제였지요. 이어령 씨가 말한 것처럼 내각 수상 같은 그런 입장으로 관계를 설정하고, 그렇게 해서 모든 걸 보고하고 동의를 받는 절차를 밟았습니다. 책 내는 문제부터 한 해의 결산에 이르기까지 그렇게 해왔지요. 나로서는 같이 합작을 한 출판사 운영도 운영이지만, 동인으로서 참여하고 있는 친구들과의 관계를 어긋나지 않게 하는 일이 무엇보다 중요하다고 생각했습니다. 그러니까 내각 책임제란 말이 거의 정확하게 맞는 것 같아요.

홍_ 물론 『문학과지성』이라는 계간지의 동인들이 선생님을 떠밀어 출판사를 맡도록 했으니까 내각 책임제적인 성격이 생겼겠지만, 그것과 함께 선생님의 개인적인 기질, 성향 이런 것들이 만든 문지의 성격도 크리라고 생각합니다. 이를테면 마음만 먹으면 선생님 개인 출판사로도 얼마든지 바꿀 수 있었을 텐데요.

김_ 그건 그렇습니다. 어떤 형태로건 기업이 시작되고 사장이 정해지면, 사장이란 사람이 제일 책임도 크고 권한도 제일 많지 않습니까? 사장이란 사람이 어떤 스타일로 운영을 하고 어떻게 사람들과 관계를 맺느냐 하는 게 결정적인 영향을 미치지요. 나로서는 사장 티를 안 내는 것과 일방적으로 주도하는 일이 없도록 노력했고, 동인들 역시 그런 사정을 잘 이해하고 감싸주려고 노력했기 때문에 문제가 없었습니다. 그건 편집 작업을 통해서, 같이 술을 마시면서 어울리는 우정의 관계를 통해서 서로 충분히 이해하고 개성을 파악하게 되었으니까 가능했을 겁니다. 심하게 말하면 표정 하나 가지고 저 사람이 어떤 뜻을 갖고 있다는 것까지 알 수 있을 정도니까요. 그게 바로 유유상종이겠지요.

홍_ 문지는 다른 출판사에 비해 상대적으로 기복이 크지 않은 출판사, 비교적 순탄한 길을 걸어온 출판사라고 생각합니다. 가령 민음사의 경우를 예로 들면 초창기에 여러 차례 심각한 경영 위기를 겪었던 것으로 알고 있습니다. 문지가 이처럼 순탄한 길을 걸어온 것은 창사와 함께 내놓은 『겨울여자』, 그 후의 『난장이가 쏘아올린 작은 공』, 스테디셀러의 대명사라 할 수 있는 『광장』 등의 성공에 힘입은 바가 크겠지만, 반드시 경제적인 이유만은 아니라고 생각합니다. 상당수의 출판사들이 장사가 잘될 때 위기를 자초하는 일을 벌이는 게 바로 그렇습니다. 문지의 기복 없는 역사에는 선생님의 욕심 없는 경영 방침, 문지라는 출판사의 기본 방향 등이 작용했습니까, 아니면 다른 이유가 있었습니까?

김_ 저는 이렇게 생각해요. 지금의 출판은 규모라든가 다양성에서 많은 발전을 했지만, 그래도 출판이 갖고 있는 미덕이 가장 잘 발휘된 것은 지금이 아니라 오히려 1970년대 후반이었다는 생각을 해요. 이건 대중문학이다 혹은 대중물이다 하는 것과, 이건 고급한 거다 혹은 진지한 거다 하는 구별을 분명하게 갖고 있으면서도 대중물은 대중물대로 많이 소화를 하고 진지한 건 또 진지한 대로 존중해준 때가 그 시기였다고 생각합니다. 최인호의 대중소설, 조해일의 『겨울여자』, 조세희의 『난장이가 쏘아올린 공』 같은 것이 많이 팔린 게 그렇다고 할 수 있지요. 그러니까 유신 시대 초반, 다시 말해 문지 초창기 10여 년은 출판계가 좋고 나쁜 것, 고급한 것과 대중적인 것 이런 것들을 구별해 가면서 적절한 대우를 해준 시기라는 생각이 들어요.

그래서 문지의 경우 베스트셀러를 목표로 의도적인 출판을 한 적은 한 번도 없습니다. 원고가 좋거나 저자가 좋아서 책을 냈고, 그 책이 결과적으로 많이 나간 적은 있지만 말입니다. 그즈음 나는 원고가 좋으면 최소한의 독자는 확보할 수 있다는 확신과 믿음을 가졌어요. 가령 정문길 씨의 『소외론 연구』 같은 경우 우리가 책을 내면서도 이런 책을 누가 사 갈까 하는 생각을 했었는데, 매년 중판을 찍었거든요. 그 책이 판을 거듭하는 걸 보면서 좋은 책은 팔린다는 확신, 좋은 원고는 독자를 갖는다는 확신이 들었습니다. 그래서 그런 확신과 독자에 대한 신뢰 속에서 문지를 운영하면서 우리가 내야 할 책, 내고 싶은 책을 낸 게 기복이 없게 만든 비결이라면 비결일 겁니다.

홍_ 민중서관, 계몽사와 같은 대규모의 출판사들은 물론, 문지와 유사한 업종을 다루는 실천문학사의 경우도 상당한 기복을 보여주고 있습니다. 문지가 커다란 기복 없이 오늘까지 온 것은 선생님의 성향 탓입니까, 그렇지 않으면 동인 모두의 성향 탓입니까?

김_ 나와 동인들을 굳이 구분할 필요는 없다고 생각해요. 매주 모여서 무슨 책을 낸다 안 낸다 하는 것을 상의했고 동의를 받았으니까요. 동인들 사이에는 컨센트보다는 컨센서스가 있었다는 게 책의 간행이라든가 혹은 무슨 작업을 할 때 주도하는 힘이 되어주었습니다. 동인들과 나 사이에 어느 정도 의견 차이를 보일 때도 있었지만 그것이 중요하게 작용한 경우는 없었습니다. 나와 동인들이 컨센서스를 갖는 출판 방식이 꾸준하게 지속적인 힘을 가질 수 있도록 한 게 아닌가 생각합니다.

책이 잘나갈 때 과잉 투자를 한다든가, 이런저런 여러 종류의 책을 내서 결과적으로 실패한 출판사들이 있습니다. 그런 걸 보면서 그냥 점잖게 자기 페이스를 유지하는 것이 가장 수명이 긴 방법일지도 모르겠다는 생각을 했습니다. 동인들도 장사 잘될 때 조심해야 한다고 말했고요. 그래서 문지는 하강이 없었지만, 상승도 없이 지내왔어요. 문지 같은 경우는 복거일 씨 식으로 이야기하자면 쉽게 망하지도 않지만 크게 성공하지도 못하는 타입이에요.

홍_ 선생님이 좋아하시는 바둑으로 비유하면 이창호 스타일이라고 해야 할지 모르겠네요.

김_ 글쎄 이창호 스타일까지는 아니겠지만······

홍_ 문지가 초기에 순조로운 출발을 했고, 동인과 지기 들이 옆에서 많은 도움을 주었다 해도 선생님이 사람을 부리고 다루면서 문지라는 출판사를 성공적으로 이끌었다는 게 여전히 저에겐 신기하게 느껴질 때가 있습니다. 남에게 싫은 소리 한번 제대로 못 하는 선생님 같은 분이 어떻게 사람을 다루고 돈 문제를 해결했을지 궁금합니다. 선생님께서는 사장으로 재직할 때 문지는 특정 개인의 출판사가 아니라는 말씀을 가끔 하셨는데 어쩌면 선생님의 이 같은 사심 없는 태도가 성공의 밑거름이 되었을지도 모르겠습니다. 나름으로 터득한 운영 비법이나 지나치게 인간적인 경영 때문에 생긴 에피소드가 있다면 소개해주시지요.

김_ 실제로 직원들한테 야단을 친 적이 전혀 없습니다. 가령 직원이 실수를 했을 때 먼저 든 생각은 내가 저 나이 때는 더 많은 실수를 했으리란 생각과, 사람은 누구나 실수할 권리가 있다는 생각이었습니다. 그래서 당사자가 실수를 인정하면 전혀 야단치지 않고 거기에서 빚어진 모든 손실을 회사가 커버해줬습니다. 그리고 회사 경영에 대해 책은 얼마 내고, 수입과 지출은 얼마고, 심지어 직원들 봉급이 어느 정도라는 것까지 모두 공개해서 직원들이 다 알고 있었습니다. 직원들도 그런 사정을 다 아니까 불평도 하지 않고, 80년대 후반에 한창 노조가 생길 때 노조를 만들 생각도 하지 않았어요. 물론 직원들이 내심으로는 불평이나 비판도 했겠지만, 서로 터놓고 이야기하고 사심 없이 의논하니까 반감을 갖는 일은 없었던 것 같습디다. 직원들이 내가 선선하게 하는 바람에 오히려 저들이 손해를 본 셈이죠. 월급을 더 올려달라는 소리도 함부로 못 하고……

그런데 이런 경영 방식은 직원이 몇백 명 되면 어려울 거예요. 중간 책임자를 거쳐 밑에까지 내려가는 시스템이 생길 테니까요. 문지는 많아봤자 20명 정도였기 때문에 한자리에 다 모여서 이야기를 할 수 있고, 공개해서 다 이야기할 수 있는, 중간 가리개 없이 솔직하게 말할 수 있는 규모여서 그렇게 할 수 있었지요.

홍_ 어쨌건 희귀한 인간적 경영이라 생각합니다. 서로가 서로를 믿고, 스스로 자기 자신의 부끄러움을 아는 조직이 자본주의 사회에서 성공한다는 게 신기하게 생각됩니다.

김_ 그게 독특한 건가요?

홍_ 저는 독특하다고 생각합니다.

김_ 글쎄…… 문지를 경영하면서 처음부터 동인들 사이에 암묵적인 합의가 있었는데 그중의 하나가 문지에서 돈이 남으면 그게 오히려 곤란한 문제다라는 것이었어요. 돈을 벌면 오히려 문지의 의미가 없어져버리고 동인들이나 직원들 사이에 싸움이 일어날 수 있다. 그러니까 오히려 돈을 안 버는 게 가장 좋은 거다. 그래서 수입이 있으면 그걸 다른 책을 내는 비용으로 쓰든가 아니면 만약의 경우를 대비하는 데 사용하자는 이런 생각이 있었어요. 거기다가 아까 이야기한 것처럼 누구한테 야단치거나 무엇을 숨기는 게 없었기 때문에 분위기도 참 부드럽고 개방적이었습니다. 그러나 이런 가족적 경영 방식은 어디에나 두루 통하는 건 아닐 테고 중소기업체의 규모에서는 효과적일 수도 있지 않을까요? 가령 좀 이야기가 달라질지 모르겠습니다만, 문지에서 주 5일제 근무를 1980년대 후반에 한 적이 있었습니다. 지금 주 5일 이야기가 나오니까 20년 빨리 문지에서 한 셈이죠. 그런데 주 5일제 근무를 해도 생산량과 작업 능력에는 조금도 변화가 없었어요. 직원들 기분이 좋아져서 오히려 능률적이었습니다. 사실은 내가 토요일에 놀고 싶은데 혼자 놀기 미안해서 주 5일제 근무를 하면 어떻겠느냐고 제안하고 시험적으로 실시하다가 괜찮겠다 싶어서 정착시켰던 거지요. 그런데 그 후 IMF 사태가 나면서 문지가 어려운 판에 주 5일제는 너무 건방진 게 아니냐는 동인들의 의견이 있어서 취소했습니다. 아까 저자로서 출판사를 경영했다는 얘기를 했습니다만, 직원들한테는 나는 한 사람의 사원으로서 회사를 경영했다고도 말할 수 있을 것 같아요. 그러니까 사장으로서 총괄을 하기보다는 나도 사원으로서 회사 운영 방침에 따라간다는 식으로요.

출판사 문지를 함께 이끈 사람들

홍_ 문지라는 출판사의 모습을 제대로 이해하자면 제1세대인 '문학과지성' 세대, 제2세대인 '문학과 사회' 세대, 그리고 제3세대인 '이다' 세대를 먼저 이해해야 하겠지요. 문지라는 출판사는 특정 경영자에 의해 성격이 규정되는 출판사가 아니라, 잡지를 만들고 간행도서를 발굴해온 편집자와 기획위원 들에 의해 그 성격이 점진적으로 형성된 출판사라 할 수 있습니다. 이런 점에서 문지 초창기부터 현재에 이르기까지 문지를 움직인 핵심 인물들과 그들의 역할을 일별해주셨으면 합니다.

김_ 옛날이나 지금이나 새로운 세대를 향한 문은 늘 열려 있어야 한다는 게 내 생각입니다. 글이 엉망이라 후에 다시 보지는 않았지만 맨 처음 내가 쓴 글이 「세대 연대론」이에요. 그 글에서 세대와 세대가 서로 비판하고 욕하는 관계가 아니라 서로 보충하고 협력할 때 더 크고 풍요로운 결과를 낳을 수 있다는 이야기를 했던 것으로 기억합니다.

신문 기자 시절 출판 담당을 하면서 보니까 출판사의 운명이 사주의 운명에 따르는 경우가 많았어요. 사주가 잘나갈 때는 출판사도 잘나가다가 사주가 병이 든다든가 하면 출판사 자체도 쇠약해져버리거든요. 그래서 출판사라는 한 지식 집단이 사주 개인에 의해 좌지우지되는 것에는 구조적인 잘못이 있다는 생각을 했습니다. 출판사가 계속 젊고 새로운 세대를 끌어들이지 못한다면 자연히 수명이 짧을 수밖에 없다는 생각도 했고요.

이런 생각 때문에 1976년인가 김현과 문지 동인들한테 젊은 세대를 영입하자는 제안을 했고 그렇게 해서 오생근, 김종철을 끌어들였지요. 그리고 1980년에 『문학과지성』이 폐간된 후 인천에서 간담

회를 하면서 동인들끼리 이제 새로운 세대를 키워야 한다는 데 공감을 이루었어요. 홍 선생도 잘 알겠지만 무크지『우리 세대의 문학』을 낸 것이 그 작업이었습니다.『우리 세대의 문학』이 계간『문학과사회』로 이어지면서 계간지의 동인들이 문지의 출판과 운영에 참여하게 되는 동안 다시 한 10년의 세월이 흘렀고, 이때 다음 세대를 키울 수 있으면 키우라고 홍 선생 세대에게 말해서 나온 게 무크지『이다』였고요. 그러니까 3대가 문지를 중심으로 모인 셈인데 어떻든 간에 나로서는 결과적으로 참 보기가 좋습니다. 자화자찬이긴 하겠지만 내가 참여하는 회사에서 세대와 세대가 함께 어울려 출판사든 문학 활동이든 간에 함께한다는 게 기자 시절에 생각했던 세대 연대의 실현처럼 보였거든요. 문학이든 출판이든 뭐든 간에 생명을 연장한다고 한다는 건, 인간 자체로는 한정된 수명 때문에 불가능하지만, 새로운 세대를 끊임없이 끌어들일 때 가능하다고 생각합니다. 세대교체를 통해 이어지고 변화하면서 수명이 연장되는 거지요.

홍_ 문지사에는 김현 선생과 황인철 변호사의 사진이 걸려 있습니다. 처음 문지를 찾아온 사람들은 김현 선생의 사진을 쳐다보며 고개를 끄덕이겠지만 황인철 변호사의 사진에 대해서는 의아함을 느낄지도 모르겠습니다. 초창기 시절에 문지의 밖에 있으면서도 문지를 이끌어온 사람들과 다름없이 기억해야 할 사람들이 있다면(이기웅·권영빈 등) 여기에 대해서도 한 말씀 해주시지요.

김_ 춥고 가난했던 시절에 황인철, 김현 등 문지 동인들만이 아니라 많은 사람들이 들락거리며 열심히 도와줬지요. 홍 선생은 이기웅, 권영빈 씨 두 분 이름만 들었지만 그때 오규원, 김승옥 이분들도 많이 도와줬어요. 내 경우에는 원고 교정일부터 책 만드는 일까지 아무

것도 모른 채로 출판사를 시작했기 때문에 아주 초보적인 기술적 문제로부터 인쇄소와의 관계라든가 영업 문제 등에 이르기까지 누군가 도와주지 않으면 힘든 처지였습니다. 여기에 대해서는 열화당의 이기웅 씨가 좋은 가이드 역할을 해주었지요. 권영빈, 오규원, 김승옥 세 사람은 돌아가면서 표지를 만들고 장정을 해주었고요. 김승옥 씨는 소설 쪽으로『겨울여자』의 장정을 해주었고, 권영빈 씨는『역사란 무엇인가』『문학이란 무엇인가』의 장정을 해주었지요. 또 오규원 씨는 이들보다는 조금 늦게『난장이가 쏘아올린 작은 공』의 표지를 만들어 주었어요. 그뿐만이 아니라 광고 카피를 만드는 일까지 전부 그 친구들이 해주었습니다.

홍_ 그래도 그분들이 그렇게 사심 없이 도와준 건 선생님의 특별한 인덕 때문이거나 인간적인 매력 때문이었겠지요?

김_ 아마 인덕이라고 이야기하는 게 제일 정확할 겁니다. 그때 내가 신문사에서 쫓겨났다는 게 다른 친구들의 동정을 유발하는 원인이 되었겠지만, 그보다는 작가와 비평가라는 관계가 친구 관계로 발전하면서 우정이 깊어지고 그러니까 도와줘야겠다는 생각이 자연스럽게 들었으리라 생각합니다. 이런 점에서 본다면 사실 문지라는 공동의 문학 서클이 출판사 문지를 만들기 전인 1970년대 초반에 이미 형성되어 있었다고 보아야겠지요. 그런 서클의 힘 때문에 서로 도와주고 밀어주고 그랬던 겁니다. 제가『글 뒤에 숨은 글』의 맨 마지막에 친구들, 사람들이 참 고맙고 반갑다는 말을 썼는데 세월이 지날수록 그런 느낌이 더욱 커지기만 합니다.

홍_ 문학 출판사로서 문지의 성공과 명성에는 선생님과 함께한 비평가들의 역할 못지않게 문지와 함께한 작가들의 역할도 크다고 생각합니다. 제 기억으로는 문지의 오늘이 있기까지 많은 작가들이 때로는 상업적인 성공으로, 때로는 문학적인 성공으로, 때로는 변함없는 마음으로 문지에 커다란 도움을 주었습니다. 이런 작가들에 대한 선생님의 기억을 듣고 싶습니다.

김_ 문지를 시작하면서 처음 낼 책으로 짚은 게 홍성원의 『주말여행』이었고, 조해일 씨가 막 『중앙일보』에 연재를 끝낼 즈음의 『겨울여자』였습니다. 그래서 우선 그걸 좀 내보자고 스스럼없이 부탁했고 작가들도 이제 시작한 출판사 좀 도와주자 하는 기분으로 원고를 주었습니다. 『겨울여자』는 바로 베스트셀러가 되어서 초창기 문지 운영에 큰 도움을 주었지요. 그리고 황순원 선생님은 『탈/기타』를 달라고 부탁드렸을 때 쉽게 흔쾌히 수락해주셨고, 이기백 선생과 차하순 선생은 수고를 아끼지 않고 『역사란 무엇인가』를 함께 편집해주었습니다. 또 동인들은 『문학이란 무엇인가』를 편집해주었고, 정문길 선생은 『소외론 연구』 원고를 주었습니다. 안면이 있으니까 문지를 기꺼이 도와준 것이겠지만, 그때 잘 팔리는 좋은 책을 내준 이런 분들의 도움 덕택에 문지가 큰 어려움 없이 자리를 잡을 수 있었습니다.

문지의 명성과 '문지파'라는 명칭

홍_ '문지'와 '창비'라는 말은 이제 문학에 조금이라도 관심이 있는 사람들에게는 아주 익숙한 말이 되었습니다. 사람들은 오랫동안 건전한 경쟁 관계, 대립적이면서 상보적인 관계를 유지해온 이 두 출판사가 1970년대 중반 이후의 한국 문학을 주도했다고 생각하고 있습니다. 사람들의 이 같은 생각을 염두에 두면서 '문지파'라는 명칭이 정착되어가는 과정, 비슷한 성향을 지닌 작가와 비평가들이 문지 주변에 모여들어 일종의 유파처럼 형성되는 과정에 대해 말씀해주셨으면 합니다.

김_ 『창작과비평』은 『문학과지성』보다 4년 앞서 창간되었고 단순히 비슷한 수준의 경쟁지라 치부해버릴 수 없을 정도로 중요하지요. 1960년대 후반에 있었던 순수참여 논쟁의 거점이 창비와 문지 쪽으로 옮겨지고, 1970년대에는 순수참여 논쟁이 리얼리즘 논쟁, 농촌소설론, 민족문학론, 민중문학론 등으로 진행되면서 서로 상대적인 입장 때문에 창비와 문지의 에콜화가 저절로 이루어졌습니다. 잡지와 출판의 형태는 비슷했지만 그 안에 담고 있는 이념과 정서의 측면, 문학적인 접근 방법에서 차이가 있었습니다. 창비가 평등의 문제에 주력했다면 문지는 자유의 입장에 더 비중을 두었다고 할 수 있어요. 또, 창비가 현실에 대한 비판이라든가 또는 저항적인 태도라든가 작품의 의도 쪽에 큰 무게를 두었다고 한다면 문지는 인식의 태도와 성찰의 방식이라든가, 문학의 창작적 가치라든가, 사유의 방식과 과정 쪽에 더 무게를 두었다고 할 수 있고요. 그래서 좋게 말하면 서로 상부상조하는 관계, 서로 협력하며 양쪽의 균형을 유지해가는 모습이었을 테고, 나는 그렇게 보고 있습니다. 그런데 의외로 서로 배척적인 관계로 보는 분들이 많이 있었습니다. 실제로 1974년, 1975년경에, 유신 정권에 의해 지식 사회가 엄청난 억압을 당하고 있을 때 백낙청씨와 내가 합의를 본 게 있습니다. 입장의 차이에도 불구하고 권력에 대항하는 공동의 태도를 취하자고, 그렇게 협약한 건 아니지만, 서로 의견의 합의를 보았어요. 그때 저는 기자협회장 일 때문에 해직당했고 백낙청 교수는 서울대에서 축출된 상태였는데, 그 방법으로 서로 글을 교환하자고 해서 내가 창비에 서평을 썼고, 염무웅 씨가 문지에 글을 썼습니다. 이런 식으로 서로 협력하는 태도를 취했고, 또 서로 어려울 때 격려를 해주는 일이 많이 있었지요.

저는 지식 사회에서 에콜이란 당연히 있어야 하고 그것이 갖는 긍정적인 효과를 존중해줘야 한다고 생각합니다. 그게 우리 지식 사회에서 가장 긍정적으로, 적극적으로 드러난 게 70년대 이후의 창비, 문지의 에콜화라고 생각해요. 그렇지만 서구 사회에는 일찍부터 에콜들이 많이 있었는데 우리에게는 그런 게 없었다는 점과, 당시의 정치적·문화적인 상황 때문에 갓 태어난 창비와 문지의 현실적 힘이 증폭되어 나타났던 것도 사실입니다. 여기에 대해서는 여러 측면에서 평가될 수 있는 소지가 있다고 봅니다.

홍_ 문지라는 출판사의 성격은 두 가지 측면에서 가늠해볼 수 있습니다. 문지에서 간행한 책들의 성향과 문지를 중심으로 활동한 사람 이 두 가지가 그 성격을 만들고 드러냈다고 볼 수 있겠지요. 출판사가 역사를 축적해나가는 과정 속에서 자연스럽게 이루어진 문지다운 성격이 있다면 그것은 무엇이겠습니까?

김_ 자유라든가 성찰이라든가 이런 것들을 문지에 깔린 정신이라고 하겠지만 구체적인 출판에서는 원고 자체를 매우 중시했어요. 과연 이 원고가 잘 씌어진 것인가, 문제점을 정확하게 포착하고 있는가, 접근 방법은 적절한가, 그리고 문장이 좋은가 이런 걸 우선적으로 평가하고 거기에 따라서 책을 낼 건가 말 건가를 결정했어요. 그러니까 문지에서는 주의주장보다 그것들이 얼마나 문학적으로 혹은 글의 형태로 잘 소화되었는가에 더 큰 비중을 두어왔고, 이것을 출판의 성격으로 내세울 수 있겠다는 생각이 듭니다.

제가 어딘가 짧은 글에서 쓴 이야긴데 출판사에서 말하는 좋은 책에는 세 가지가 있습니다. 돈을 잘 벌어주는 책과, 책 자체를 아주 잘 만든 책과, 원고 자체가 좋은 책이 바로 그것들입니다. 그런데 문지는 다른 무엇보다도 원고 자체가 좋은 쪽으로 주력했어요. 그것 때문에 약점도 있었겠지만 그게 문지다운 개성이라면 개성일 수 있겠습니다. 나와 동인들이 모두 비평가였고 다독가였고 교양주의자랄까 인문학자들이었기 때문에 가능했던 게 아니었던가 싶어요.

홍_ 세상에서는 문지와 창비의 성격에 대해 모더니즘과 리얼리즘이라는 도식으로 접근하는 사람들이 있습니다. 저는 문지가 리얼리즘을 거부한 적이 없다고 알고 있는데 이러한 도식이 생겨난 것은 무엇 때문인가요?

김_ 아마 창비에서도 문지가 말하는 모더니즘을 부정했다고 안할 겁니다. 정확하게 이야기를 하면 창비 쪽이 리얼리즘을 강조하면서 민중문학론을 폈고, 문지 쪽은 리얼리즘을 부정한 게 아니라 리얼리즘에 한정할 수 없는 모더니즘을 받아들였다고 할 수 있습니다. 창비는 리얼리즘에 한정하지만 문지는 거기에 반드시 매일 필요는 없다, 문제는 진실이 어떤 방식으로 드러나느냐, 어떻게 얼마나 드러내느냐가 중요한 것이지 꼭 어떤 방식으로 드러나야 한다는 원칙에 얽매일 필요는 없지 않겠느냐는 그런 입장이었습니다. 그래서 리얼리즘을 이야기할 때 리얼리즘만이 아니라 로맨티시즘이든 모더니즘이든 그런 걸 통해 얼마든지 진실을 밝힐 수 있는 거라는 입장을 보였던 거지요. 그것을 쉽게 저널리스틱하게 보고 리얼리즘파와 반리얼리즘파로, 창비파와 문지파로 이렇게 도식화했겠지요. 그런데 실제 속으로 들어가보면 창비도 리얼리즘에 일방적이었다고 이야기하지는 않을 테고 문지도 마찬가지로 모더니즘에만 매여 있었다는 이야기는 하지 않을 겁니다.

홍_ 그래도 아마 시대가 시대였던 만큼 현실을 드러내는 방식 자체가 사람들에게 어떤 선택을 요구하고 있었을 텐데요.

김_ 예, 그렇지요. 대체로 문학에 대해서 개방적이고 상상력을 중시하는 사람들의 입장이 문지 쪽으로 많이 쏠렸던 것 같고, 역사라든가 현실에 집중한 사람들이 창비 쪽으로 많이 갔던 것 같습니다.

홍_ 문지가 출판사로서의 명성을 구축하면 할수록 여기에 대한 비판과 의혹의 눈길 역시 적지 않았으리라 생각합니다. 최근에 있었던 '문학 권력' 논의가 문지파를 겨냥하고 있었다는 사실은, 문지 2세대로 별 볼 일 없는 문학을 사랑해왔다고 생각한 저에게는, 한편으로는 당혹스러운 일이었고, 다른 한편으로는 우리 문지가 이렇게 대단한 존재인가 하는 역설적 자부심을 느끼게 만들어주었습니다. 문지의 명성이 높아지는 과정에서 선생님이 문단의 이런저런 사람들로부터 받은 여러 가지 공격과 비판에 대한 감회는 어떤 것인지요?

김_ 글쎄요, 영향력이 있다는 건 그 영향력으로부터 혜택을 받지 못한 사람들 또는 배제된 사람들에게는 당연히 부정적으로, 비판적으로 보이는 점이 있겠지요. 햇빛이 있으면 그림자가 있듯이, 에콜이 갖고 있는 긍정적인 측면이 있다면 부정적 측면 역시 있게 마련이고요. 그렇지만 문학 권력은 다르게 생각해야 하는 점이 있지 않을까요? 가령 권력을 통해서 돈을 번다든가 출세를 하는 것처럼 현실적인 이익을 얻는 것과 문학 권력은 다르지 않을까요? 그런 게 아니라 이런 것이 좋은 문학이라고 하는 주장이나 성향은 문학 권력으로 간주하기보다 문학의 영향력으로 보는 게 적절하다고 생각합니다. 어떤 작가나 비평가도 자기 나름의 방식으로 이런 문학이 좋다고 생각하면서 글을 쓰는 게 아니겠어요? 또 이것이 좋다고 하는 태도에는 다른 사람들이 나의 방식과 관점을 수용해주기를 바라는 마음이 들어 있고 그것이 영향력이란 이름으로 확산되는 겁니다. 이런 모습은 문학이든 예술이든 정치든 하다못해 종교나 인품에서도 마찬가지예요. 그런데 그것을 이해관계에 얽매인 권력으로 본다면……

창비든 문지든 에콜을 통해서 영향력을 행사한 것이 한 세대, 약 30년 동안인데 그동안에 어떤 부정적인 부분들이 없을 수는 없겠지요. 아마 이 점에 대한 인식과 자각이 문학 권력에 대한 비판으로 나온 게 아닌가 싶어요. 창비든 문지든 이런 점에서 문학 권력이라고 지목받는 부분에 대해 물론 반성해야 할 점도 있으리라 생각하면서도 막상 반성하라면 애매하기 짝이 없습니다. 가령 서울대 출신들이 각계의 좋은 자리, 영향력이 있는 자리에 많이 가 있다고 해서 서울대를 없애자고 하는 것하고 좀 비슷한 점이 있는 것 같기도 하고요. 그러기보다는 여러 새로운 다른 에콜들이 생겨나서 서로 토론하고 자극을 주면서 문학의 전체적인 역량을 키우고 영향력을 확대해 나가는 방향으로 나가는 게 오히려 바람직하지 않을까요. 그러니까 문학 권력이라고 부정하기보다는 새로운 에콜들이 오히려 많이 생겨나서 서로 생산적으로 영향을 주고받는 상황으로 가는 게 좋다고 생각합니다.

홍_ 그런데 일부 문인들에게는 문지와 창비가 문학의 중심 자리를 집단의 힘으로 차지하고 다른 사람들한테 절대 내주지 않는다, 그래서 자기들은 자리조차 제대로 잡을 수 없고 항상 소외된다는 의식이 있는 것 같습니다.

김_ 새로운 모든 문학적 흐름은 힘을 가지고 있는 기존의 문학적 흐름에 대한 생산적 도전으로부터 생깁니다. 기존의 문학적 흐름에

도전해서 한바탕 씨름을 해야 새로운 문학적 흐름이 생겨나기 마련인데 그런 방식으로 문학적인 교체나 변화를 이룰 생각은 하지 않고 왜 당신들이 권력을 많이 갖고 마음대로 함부로 휘두르느냐, 그 권력을 나누어 갖자고 한다면 작품으로 말하는 문학에서는 참 대응하기 곤란한 불만이 아닌가 싶어요. 당신들은 이런 관점에서 이런 문학을 좋은 문학으로 생각하고 있는데 그게 아니다. 사실은 그것보다 이게 더 좋은 문학이라고 제시를 해야지 왜 당신들이 그렇게 큰 영향력을 가지고 있느냐를 물고 늘어진다면 싸울 생각도 없고 자신도 없습니다. 그런 사람들에게는 청와대 사람이나 문지 사람이나 아마 다 마찬가지인가 보지요 뭐.

문학은 정치와는 달리 권력을 행사하는 게 아니라 영향을 주길 희망하는 겁니다. 정치권력에서는 요구하는 대로 안 따라주면 현실적으로 배제되거나 손해를 보지만 문학에서는 그걸 자기 나름대로 새로운 창작을 시도하고 문학적 이론을 펴는 에너지로 삼아야 문학다운데……

홍_ 문지에서 어떤 책을 냈다면 그만한 가치가 있다고 판단했기 때문인데 일부 사람들은 문지에서 책을 냈기 때문에 실제 수준 이상의 평가를 받는다고 생각하는 경우가 있고, 그런 생각이 문학 권력 문제의 밑바닥에 깔려 있다고 봅니다.

김_ 네. 어떤 점에서는 그런 점이 전혀 없다고는 할 수 없겠지요. 그런데 당사자인 내 입장에서 보자면 변명하기 어렵고 쑥스러운 억울한 비판입니다. 달리 생각해줬으면 할 도리밖에 없네요.

좀 다른 문제라는 생각도 들지만 전에 부산에서 『문학과지성 비판』이라는 책자가 나온 게 있지요? 거기에서 문지 출신 작가들이 거의 서울대 출신이라고 했는데 미스가 참 많았어요. 그런 방식의 비판과 공격을 하면서 또 문지 사람들이 외국 문학을 많이 참조하고 인용한다는 것을 부정적으로 이야기하고 있었는데, 정작 그 글의 각주에 붙인 참고 문헌 대부분이 외국 책이어서 느낌이 묘했습니다. 이런 자가당착을 범하는 논쟁과 싸움은 좋지 않습니다. 문학을 일종의 정치권력으로 해석한다면 물론 그렇게 해석할 수는 있겠지만 우리가 문학이다, 문화다 할 때는 꼭 실제 정치와 같은 그런 관점으로 보아야 할까요?

문지 간행물과 출판에 깔린 불문율

홍_ 선생님이 문지를 맡아서 운영할 때 책의 출간에는 오랫동안 지켜온 일종의 불문율이 있었습니다. 시대가 변하면서 그 불문율 중의 어떤 것은 바뀌고 어떤 것은 아직도 지켜지고 있습니다. 최근에 문지가 아동 도서를 간행하기 시작한 것이 그러한 변화의 한 단면을 보여준다고 할 수 있을 것입니다. 선생님께서 지키고자 했던 문지의 출판 태도라 할까, 출판 정신이라 할 수 있는 불문율을 소개해주셨으면 합니다.

김_ 앞에서 이야기한, 문지가 돈을 벌면 안 된다는 생각도 불문율이라면 불문율이고, 문지 동인들 전원 합의로 출간을 결정한다는 것도 불문율이라 할 수 있겠지만 질문은 더 구체적인 문제와 관련된 것이지요?

문지에는 번역소설은 내지 않는다는 원칙이 있었습니다. 당시에는 거의 모든 출판사들이 외국 소설 번역을 통해 돈을 벌었기 때문에 경쟁이 치열했어요. 저작권의 구속이 없었기 때문에 한 소설이 몇 개 출판사에서 동시에 나오는 게 보기에 좋지 않고 해서 번역소설은 내지 않기로 했던 겁니다. 그리고 수필집을 내지 않는다는 원칙도 있었어요. 수필집이 많이 나가긴 했지만 대부분이 신변 잡담으로 우리가 생각하는 수준이 아니었기 때문에 내지 말자고 했습니다. 또 그리고 아동 도서를 내지 않는다는 것도 원칙이었습니다. 문지는 기성 문인과 기성 독자를 상대로 하는 만큼, 아동물은 기존 출판사에 아예 맡기자는 입장이었지요. 교과서나 참고서 같은 것을 내지 않는다는 것도 원칙이라면 원칙인데, 그건 문지는 자유로운 글쓰기를 지향하니까 교과서처럼 돈은 되지만 제한된 틀에 맞춘 책은 피하자는 생각 때문이었습니다. 마지막으로 자비 출판을 하지 않는다는 원칙이 있었습니다. 자비 출판을 받아주면 출판의 독자성을 잃어버리게 되니까 하지 말자고 했어요.

이런 몇 가지 방침을 정했는데 사실 이것들이 전부 다 돈 버는 걸 피하겠다는 이야기입니다. 동인들은 이 원칙을 확인하고 나서 잘됐다, 우리가 어차피 돈 벌자고 하는 건 아니고 돈 벌면 서로 싸움이나 할 텐데 좋다고 한 거죠.

홍_ 최근 원칙들이 깨진 이유는 무엇입니까?

김_ 그런데 이 원칙들을 제가 1990년대 후반에 하나씩 깨기 시작했어요. 문지어린이 책을 냈고, 산문선이란 이름으로 수필집도 냈고, 번역소설도 냈으니까요. 자비 출판에 대한 것만 깨지 않고 남아 있는데, 그건 이렇습니다. 1980년대까지는 우리의 출판 작업이 권력이라든가 시대와의 싸움이라는 그런 책임감이랄까 그 속에서 이루어져 왔는데 90년대에 민주화가 진전되고 싸워야 할 상대가 불투명해지면서 출판 시장이 혼란스러워지기 시작했습니다. 대중적인 출판이 끼어들면서 이런저런 혼란이 야기되는 걸 보며 이제 종합 출판으로 가지 않으면 변화하는 시대에 대응할 수 없겠다는 생각이 들었습니다. 이와 함께 문지를 다음 세대에 넘겨주는 작업을 하면서 내가 있을 때 이 벽을 깨버려야 다음에 문지를 맡는 세대가 자유로울 수 있을 것이다, 내가 풀어주지 않으면 다음 세대가 상당한 부담을 갖고 고생하겠다 싶었어요. 그래서 이런저런 걸 다 열어주고 물러난 셈이죠.

홍_ 선생님이 문지의 사장으로 재임한 25년 3개월 15일 동안에 간행한 책의 종류는 모두 1,165종입니다. 이 책들은 물론 문학 관련 서적이 대종을 이루고 있지만, 인문과학, 사회과학 분야의 저서와 번역서 등 인접 분야의 책들도 많습니다. 대체로 어떤 생각에서 어떤 부류의 책들을 주로 내셨는지 간략하게 정리해주실 수 있겠습니까?

김_ 크게 보아 인문학 쪽 책이 대종을 이루었다고 이야기할 수 있습니다. 1980년에 『문학과지성』이 강제 폐간되었을 때, 이제 우리가 이 시대에 저항할 수 있는 방법이 뭐가 있겠느냐에 대해 고민했어요. 그 때 우리 동인들은 '문학과지성'이라는 제호처럼 문학을 통해서, 지성을 통해서 권력과 싸울 수밖에 없다고 생각했습니다. 또 당시에 문학보다 지성 쪽이 검열이나 권력에 의해 제어당하기 쉬우니까 우선 번역을 통해서라도 인문주의적 지성을 키워보자고 이야기가 되어서 '현대의 지성' 시리즈 같은 것을 만들었던 거죠. 그런데 '현대의 지성' 시리즈에 거의 모든 분야가 다 들어간 이유는, 이를테면 과학까지도 인문학적인 과학이란 이름으로 수용한 것은, 인문학 전반을 크게 보았기 때문입니다. 계몽적이고 지적 인식으로 우리 독자를 끌어야겠다는 생각이 있었던 거지요.

홍_ 어떤 사람들은 문지에서 내는 책들을 두고 저런 책들을 내면서 망하지 않는 것이 이상하다고 말합니다. 이처럼 문지는 출판에 대한 일반적 상식과는 배치되는 많은 책들을 간행했습니다. 신용하 선생과 관련된 사회사 연구 분야 책들이 아마 그 대표적인 예의 하나가 되겠지요. 시와 소설을 팔아서 안 팔리는 다른 책들을 꾸준히 내준 그 마음은 도대체 어떤 마음이라고 해야 할까요?

김_ 사회과학 책들을 두고 말하는 것 같은데, 문지 동인들이나 가까운 친구들 중에 사회과학을 전공한 사람이 드물었어요. 제가 그래도 명색이 사회과학을 전공한 사람이어서 그쪽에 대한 관심을 계속 가졌습니다. 인문학이라 했을 때 단순히 문학이나 좁은 의미의 인문학만이 아니라 사회과학까지 포함하는 인문학을 생각한 것도 그 때문입니다.

신용하 선생은 대학 동기지만 그 점보다 그분이 사회사, 역사학, 경제사 분야에서 정력적으로 업적을 내는 걸 보면서 어떤 형태로든 뒷받침해주고 싶은 생각이 났었습니다. 크게 손해가 나지는 않으리라고 생각했는데, 결과적으로는 손해가 좀 있었지요. 출판이라는 게 어떤 책의 경우 경제적으로 플러스가 되고 다른 책의 경우 마이너스가 되면서 서로 채워가는 것 아니겠어요.

그리고 문지에서 '사회사 연구'나 '현대의 지성' 시리즈를 시작했으면, 이건 독자와의 공적인 약속이라고 생각합니다. 계속 내야 하는 거죠. 장사 안된다고 중도에 포기를 하는 것은 독자에 대한 약속 위반이니까 출판의 정도는 아닙니다. 설령 적자를 보더라도 속간을 유지하는 것이 출판사의 의무라는 생각을 갖고 있었습니다.

출판인 김병익과 몇 가지 비화

홍_ 문지의 역사는 크게 나누어 청진동 시대, 마포 시대, 그리고 현재의 서교동 시대로 나눌 수 있을 것입니다. 제가 선생님을 처음 뵌 것은 마포경찰서 옆에 문지 사무실이 있던 시절이었습니다. 이 각각의 시절에는 당시의 시대가 시대인지라 드러내놓고 말하기 어려운 여러 가지 애환들이 있었던 것으로 알고 있습니다. 대표적인 것 몇 가지만 먼저 소개해주시지요.

김_ 문지의 역사를 청진동 시대, 마포 시대, 서교동 시대 이렇게 홍 선생이 정리를 했는데, 청진동 시대를 문지의 요람기라고 한다면, 마포 시대는 성장기라고 할 수 있겠고, 서교동 시대를 성숙기라고 볼 수도 있겠네요. 또 요람기인 청진동 시대는 유신 시절에, 마포 시대는 신군부 시절에, 서교동 시대는 민주화 시절에 해당합니다. 그뿐 아니라 유신 시절에는 『문학과지성』이, 신군부 시절에는 무크지 『우리 세대의 문학』이, 민주화 시절에는 『문학과사회』가 매체였다는 점에서 시기별 구분이 잘 이루어지네요.

30년 정도의 문지 역사를 길다고 생각할 수도 있지만 사람으로 치면 한 세대가 바뀌는 짧은 기간에 불과한데 서너 차례의 극적인 변화가 있었다는 것은 우리 현대사 자체가 급박하게 자주 바뀌었던 탓이 아닌가 생각해요. 우리 역사의 어떤 슬픔이라 할까 뭐 이런 게 문지의 변화에서도 느껴지는 거지요. 그 변화를 쉽게 구체적으로 말하면 이렇습니다. 『당신들의 천국』이 처음에는 사륙판에 종서로 조판되었다가 1980년대에 횡서로 다시 조판이 되었거든요. 그리고 90년대에 들어 컴퓨터로 다시 조판되었습니다. 얼마 되지 않는 기간에 세 번 새로운 조판을 해야 했던 거죠. 최인훈 전집이라든가 황순원 전집도 마찬가지였습니다. 이런 문화적인 급변이 우리나라처럼 심하게 온 경우는 많지 않을 거예요. 출판사의 편집 시스템이 이럴 정도였다면 우리

나라는 어떠했겠습니까? 확대해 보면 문지 30년의 역사 속에 우리나라가 정치적·경제적으로 겪은 변화가 잠재해 있는 셈이지요. 한 출판사를 샘플로 삼아 그런 변화의 과정, 단계 이런 걸 한번 추적해보는 것도 재미있는 작업이 되지 않을까 그런 생각도 듭니다.

홍_ 제가 선생님을 찾아뵈었던 마포경찰서 옆의 문지 사무실은 몹시 누추한 집이었던 것으로 기억합니다. 그다음에 마포 신수동으로 옮겼을 때도 별로 사무실 풍경은 그다지 개선되지 않았습니다. 그때 문지는 이미 상당한 명성을 지닌 출판사였고 베스트셀러도 여러 권 냈을 때였습니다. 그런데 민음사와는 경제적으로 비교할 수 없다고 해도, 같은 시기의 한길사나 실천문학사보다 초라하게 세를 얻어서 산 것은 무엇 때문인가요? 제가 언젠가 지나가는 말로 선생님께 여쭤봤더니 "언제든지 문제가 생기면 그만두어야지"라고 말씀하신 적이 있는데…… 어떤 점에서는 시대가 시대였던 만큼 이런 시대에는 언제든지 그만둘 수 있다는 생각이 그렇게 만든 것인가요?

김_ 아마 그런 점도 있었을 겁니다. 언젠가는 출판사를 해산할 수도 있지 않느냐 하는 생각을 갖고 있었어요. 우리의 출판이 더 이상 의미를 갖지 못할 때 출판사를 포기할 수 있다는 데 은연중 합의하고 있었습니다. 그래서 '문학과지성'에서 '문학과사회' 세대로 넘길 때도 그런 얘기들이 있었습니다. 우리가 당초 돈을 벌어서는 안 된다는 것하고, 의미가 없어진 경우 문지 자체를 포기할 수도 있다는 생각을 갖고 문지를 시작했는데 지금 우리가 믿을 수 있는 다음 세대가 생겼으니 그들한테 이렇게 넘겨주는 것이 우리로서는 소임을 다한 거다 이런 식으로 합의를 보았던 거지요. 제 주변 사람들 중에는 출판사를 키워놓고 그냥 남한테, 후배지만, 어떻게 넘겨주느냐고 하는 사람도 있었는데 나로서는 그 일을 제일 잘한 일이라고 생각합니다.

  이 문제는 뒤에 다시 이야기하기로 하고 나는 고용된 사람, 문지 동인들로부터 고용된 사람이라는 생각을 했었기 때문에 사옥에 대해서는 관심을 안 가졌습니다. 그리고 문지가 돈을 벌어서는 안 된다고 생각했으니 사옥을 살 만한 밑천을 쌓아두지도 않았고, 뭐랄 할까요, 자본화되는 것 자체를 두려워했고 기피한 점도 있어요.

  홍_ 문지에서 낸 책 중에는 당시의 분위기로 보아 상당한 용기와 함께 지혜가 필요했던 책들도 분명히 있었을 것입니다. 출판사의 대표로서 여러 가지 고민을 하면서 출판에 임하셨을 텐데 비화를 지닌 책들에는 어떤 것들이 있습니까?

  김_ 대표적인 것이 『소외론 연구』인데요, 이 책은 정문길 선생이 서울대 박사학위 논문으로 제출했던 마르크스에 대한 연구였습니다. 이것을 책으로 출간했으면 좋겠다고 해서 우리가 작업을 시작했는데, 당시는 잘 아시다시피 『타임』지에 실린 김일성 사진도 먹칠을 해서 나올 때였습니다. 마르크스의 마 자도 발음하기 어려울 때 이걸 어떻게 하는 게 좋을지 고민했지요. 두 가지 문제가 있었는데, 서울대의 논문 심사에서 통과될 수 있느냐 하는 게 하나였고, 책으로 냈을 때 검열에 걸리지 않겠느냐 하는 게 다른 하나였어요. 서울대에서 통과되느냐 안 되느냐는 출판사 문제가 아니어서 일단 통과가 안 되더라도 책으로 낸다는 것에 정문길 선생도 동의를 했습니다. 그렇지만 검열 문제는 전혀 다른 문제가 아닙니까? 제 자랑인지 모르겠지만, 그런데 제가 검열의 눈을 피하는 데는, 신문 기자를 했기 때문인지 본능적인 재주가 있었습니다. 제가 신문사에서 그렇게 많은 기사를 쓰고, 또 『문학과지성』을 비롯한 여러 잡지에 수많은 글을 썼지만 한

번도 필화를 안 당했거든요. 그 감각으로 정문길 선생 책의 한 챕터 제목인「마르크스의 소외론 연구」에서, 본문은 그대로 둔 채, 마르크스란 말을 빼버리고「1840년대의 소외론 연구」이렇게 제목을 바꾸자고 했어요. 여기에 검열한 사람이 바로 속아넘어갔지요. 발생론적 구조주의자인 골드만의 책을 낼 때도 거기에 나오는 "마르크스의 위대한 저서"란 문구에서 '위대한 저서'란 말을 '문제적 저서'라고 고쳤습니다. 나는 그때 이런 것을 '의도적인 오역'이라고 친구들한테 말했습니다. 1980년대 전반에는 그런 일들이 참 많이 있었어요. 김학준 씨의 『러시아 혁명사』가 책으로 나올 때는 신군부가 집권하면서 어수선한 때였는데 김학준 씨 자신이 노력을 많이 했습니다. 김학준 씨가 서울대 교수라는 것, 또 그 글이 여권 인사가 발행하는『세대』에 연재되었다는 것, 그리고 김학준 씨의 넓은 인맥을 통해서 사전 정비를 했다는 것—이런 것 때문에 출판될 수 있었지요. 『난장이가 쏘아올린 작은 공』의 경우에는 문제 삼을 소지가 충분했고, 실제로 청와대의 모 씨가 어떻게 이런 책이 나올 수 있느냐며 상당히 불쾌한 표정을 지었다고 청와대 출입 기자가 나한테 이야기합디다. 그런데 김 아무개가 낸 책이라고 하니까 그냥 아무 소리 안 하더래요. 그 사람하고 저하고 대학 1년 선후배 사이로 둘 다 국비 장학생이었기 때문에 제 이름을 알고 있었거든요. 이 책에 대해서는 나중에도 뭔가 조치를 취하려고 했지만, 책이 너무 많이 팔린 데다가 연극으로 공연과 영화로 만들어지고 동인문학상을 받고 하니까 판금시키면 오히려 문제가 더 커질까 봐 포기를 했던 것 같아요. 파출소에서 와서 그 책을 몰수해 갔다는 전화를 서점으로부터 자주 받았었으니까요.

홍_ 선생님의 지혜가 많은 좋은 책을 살렸군요.

김_ 홍성원이 한번은 이런 이야기를 합디다. 이호철 씨랑 같이 심사를 하고 나서 이런저런 이야기를 하다가 창비와 문지 이야기가 나와서 서로 변호하는 입장이 되었대요. 창비는 판금당한 책도 많고 수배되거나 구속된 저자들도 많은데, 문지는 그런 게 하나도 없다고 이호철 씨가 비판적으로 이야기해서 홍성원이 이렇게 말했대요. 그건 문지의 발행인 김병익이 다 커버를 해서 그런 거다. 검열에 걸리지 않도록 직접 글을 고쳐서 저자를 보호해준 거다 그랬대요. 그러니까 이호철 씨가 아무 소리 안 하더라고 그래요.

홍_ 계간 『문지』의 폐간에 대해서, 그리고 마지막 호에 대해서는 이런저런 이야기가 있습니다. 이를테면 배포되지 못한 마지막 호를 종간호로 보아야 하느냐 아니냐 등의 이야기로부터 『문지』가 폐간된 것은 이상한 일이라는 이야기에 이르기까지 말입니다. 이왕 말씀을 시작하신 김에 계간 『문지』의 폐간이 창비와는 달리 『문사』로 바뀌는 과정까지 설명해주셨으면 합니다.

김_ 7월 31일인가 하여튼 7월 말일 자로 『창비』와 『문지』를 폐간한다는 발표가 있었어요. 『문학과지성』 창간 10주년 기념호를 만들고 있는 중에 그런 일을 당해서 교정쇄 별쇄본으로 30부 정도 책자를 만들어 동인들과 가까운 친구들한테 하나씩 기념으로 나누어 주었습니다. 그러니 종간호는 기념으로 나누어 가진 책이 아니라 정식으로 서점에 나간 1980년 여름호지요.

홍_ 문지의 숨은 역사에서 참으로 이상한 사장이라는 선생님의 모습을 도저히 빼놓을 수 없을 것 같습니다. 선생님은 어쨌건 사장의 자리에 있으면서도 문지에서 간행되는 모든 책의 교정을 직접 보았습니다. 이런 일을 자청해서 맡은 데는 선생님 나름의 어떤 생각이 분명히 있었을 것입니다.

김_ 처음에는 인력이 없었기 때문에 제가 볼 수밖에 없었는데 그게 버릇이 되어서 계속 교정을 보게 되었습니다. 사장이 되더니 책도 제대로 보지 않고 딴짓한다는 소리를 들을까 조심했는데, 그런 말이 나오지 않게 할 수 있는 가장 직접적인 방법이 교정 보는 일이었거든요. 사장 티에 젖어들지 않기 위해 교정을 보았고, 아까 말한 것처럼 원고가 검열에 걸리지 않도록 직접 교정을 보았습니다. 또 강제독서를 하는 방법도 되었고요. 그런데 교정으로 책을 보는 것 하고 그냥 책을 읽는 것은 굉장히 다릅니다. 교정으로 책을 보면 자꾸 쇄말적인 데만 신경이 쓰이고 전체적인 줄거리는 잘 모르게 되는 한계에 빠집니다. 그리고 다른 사람의 책을 그냥 읽을 때도 교정을 보게 되고요.

홍_ 선생님께선 교정을 빨리 보는 것으로 소문이 나 있었어요.

김_ 창작집 한 권 정도는 하루 종일이면 다 볼 정도였으니까 빨리 본 건가요. 지금도 기억나지만 양귀자 씨의 『슬픔도 힘이 된다』의 해설을 저보고 써달라고 그랬어요. 금요일에 소설 교정지를 집으로 가져와서 토요일에 엎드려서 교정을 다 보고, 일요일에 해설 다 쓰고, 월요일에 편집부로 넘겨줬지요. 그러니까 직원들이 오히려 바빠 하데요.

홍_ 직원들에게 은근히 일 시키는 방법으로는 그만이네요. 그래도 선생님이 직접 교정을 보는 걸 부담스러워하는 경우가 있었을 텐데요.

김_ 그렇지요. 나름대로 2급 교정사 정도는 될 거라고 생각하는데, 작가도 오문이 많이 있지 않습니까? 그런데 그냥 직원이 틀렸다고 고치려 하면 오히려 야단칠 때가 많은데, 제가 짚어서 이야기하면 대개 수락을 하거든요. 그런 덕도 좀 봤을 거예요.

시인 허수경 씨가 자기 시집이 나오고 나서 저한테 이런 이야기를 합니다. 자기 시집은 발행인이 직접 교정을 본 시집이라고 자랑한다고요. 그것도 자랑거리가 되는지 모르겠지만.

홍_ 선생님께서 원해서 하신 일은 아니겠지만, 문지의 명성과 위상이 확립되면서 출판계에서 불가피하게 맡아야 할 일들이 생겨났을 것입니다. 『출판저널』의 주간으로 28개월 동안 일한 것이 그 대표적인 예이겠지요. 출판계에서 선생님이 맡았던 즐거운 일, 어려운 일들을 소개해주셨으면 합니다.

김_ 지금 생각하면 그때는 참 즐거웠어요. 어떤 느낌인고 하니 긴 복도에 벽감이란 거 있지요, 벽을 옴폭 파서 조각품도 두고 하는 벽감, 바쁘게 달리다가 거기에 놓인 것처럼 한 차례 쉬는 그런 자리에 있었던 것으로 회상이 됩니다. 28개월 동안 직원들이 참 일도 잘했고 분위기도 좋았고요. 그래서 그냥 거기가 마음이 편했어요. 『출판저널』에서 일했던 시기는 항상 아늑하고 평화로운 느낌으로 다가옵니다.

홍_ 이 밖에 선생님이 자신을 출판인으로 생각할 때 말씀하시고 싶으신 게 있으면 이 기회에 이야기해주시지요. 기억할 만한 실수나 비밀 같은 게 있다면요.

김_ 제가 한국 출판계에 기여한 점이라고 자부하면서도 별로 알려지지 않은 게 있습니다. 그중의 하나가 쇄, 판을 구분해서 판권란에 명기한 것인데요. 1990년대에 이르기까지 우리의 못된 납본 제도 때문에, 그리고 이에 대한 인식과 지식의 부족으로 판권란에 판edition, 쇄printing를 제대로 표기하지 못했는데, 문지 책은 그것들을 엄격하게 표기했습니다. 『난장이가 쏘아올린 작은 공』이나 『당신들의 천국』

을 보시면 그 예를 잘 알 수 있을 겁니다. 문지의 이 표기법이 90년대 들어서야 다른 출판사에도 수용되기 시작했을 겁니다. 인세 10퍼센트제 확립도 자부할 만한 일입니다. 대부분의 우리 출판사들은 번역 원고는 물론이고, 때로는 저서까지 원고료로 처리했고 인세라 하더라도 8퍼센트에서 3퍼센트까지 제각각이었어요. 이런 부정확한 계산 때문에 저자들로부터 출판사가 불신당하는 예가 숱했습니다. 문지는 처음부터 인세를 10퍼센트로 확정하고 그렇게 지불했으며 편서의 경우에도 인세로 계산했습니다. 이게 전례가 되어 이후에 다른 출판사도 대체로 이 기준을 따랐습니다. 이 두 예는 반드시 문지가 처음 시작한 것은 아니라 해도 확실하게 정착시킨 공헌은 분명히 있을 것입니다.

지성인 김병익, 평론가 김병익

홍_ 선생님의 면모에는 세 가지가 있습니다. 문화부 기자 김병익, 평론가 김병익, 출판인 김병익이라는 모습 말입니다. 선생님은 이 세 가지 역할을 모두 훌륭하게 수행한, 보기 드문 예에 속합니다. 일제시대에 임화는 시인으로서, 평론가로서, 조직가로서, 배우로서 활동했지만, 그의 경우 분야가 동일했기 때문에 선생님에 필적한다고 말할 수 없습니다. 이 세 역할에 대한 선생님의 개인적 소회는 어떤 것인지요?

김_ 글쎄요. 나름대로 뭘 하느라고 했겠지만 어느 한쪽도 특별한 공헌을 했다고 볼 수가 없는데…… 그런데 다행히 기자라는 직업, 비평가라는 작업, 출판이라는 사업 이 모두가 글쓰기에 관련되어 있고, 일관되고 겹쳐지는 부분이 많아요. 그러니까 임화처럼 시인이고 평론가면서 배우 노릇을 한 것처럼 동떨어진 일을 한 것이 아니라 겹치면서 일관된 작업을 했기 때문에 제가 감당할 수 있었던 게 아닌가 그런 생각이 들어요. 그리고 그것들 중 어느 한쪽에 성실하게 해온 것이 다른 쪽에도, 뭐라 할까요, 혜택이 되었고 덕이 되었다고 할까요? 음서(蔭敍)처럼 덕이 되어가지고서 서로 이어져서 가능했던 게 아닌가 싶어요.

홍_ 그래도 세 분야 모두에서 일정한 경지에 오르는 게 쉬운 일이 아닌데요.

김_ 앞에서도 잠시 인덕이란 말을 했지만 제가 참 인덕이 많다는 생각을 해요. 친구들이 나한테 넌 참 인덕이 많다는 얘기를 하면서 "인덕이란 남의 덕으로 일을 하는 건데 인덕을 지닌 것도 재능인가?"라는 질문을 하길래 사실 그렇다고 했어요. 최근에 낸 『글 뒤에 숨은 글』후기를 쓰면서 생각해보니까 선배든 동료든 후배든 간에 이분들의 도움 없이 내가 무슨 일을 할 수 있었을까 그런 생각이 정말 듭디다. 선배들 동료들 후배들, 이분들이 끌어주고 밀어주고 했기 때문에 나의 그런 모습이 가능했던 거죠. 가령 신문 기자로서 그 당시의 문화적인 정황을 제대로 된 기사로 보도할 수 있었던 것은 김현을 비롯한 친구들이 있었기 때문에 가능했고, 80년대에 뒤떨어지지 않고 글을 쓸 수 있었던 것은 정과리를 비롯한 젊은 세대들한테 배울 수 있었기 때문이고요. 그렇게 남의 덕으로 평생 살았다는 생각이에요. 그냥 빈 인사가 아니라 진심으로 하는 말인데 그것도 재능이라면 재능일 수가 있을 테고 운이라면 운일 수 있을 겁니다.

또 참 운이 좋았다는 생각도 들어요. 내 세대는 일본어 세대와 운동권 세대 중간에 끼어가지고 양쪽의 좋은 혜택만 다 받았어요. 4·19라는 역사적 경험도 만들어냈으니까요.

홍_ 선생님은 출판사를 경영하면서도 한 사람의 비평가로서 정력적인 글쓰기를 멈추지 않았습니다. 선생님의 말을 빌리면 3년마다 평론집 한 권씩 책을 낼 정도여서 지금까지 간행한 책 수는 총 37권이나 됩니다. 이런 수량은 물론 김윤식, 고은 같은 분에 비교할 정도는 아니지만 이분들과는 달리 선생님의 책에는 중복된 내용이 없다는 것을 감안한다면 적지 않은 분량이라고 생각합니다. 선생님으로 하여금 이렇게 글쓰기에 매진하도록 만든 근원적인 에너지는 어디로부터 오는 것입니까?

김_ 나는 에너지가 많은 사람이 아니라 오히려 에너지가 없어서 덕을 본 게 아닌가 싶어요. 에너지가 많았으면 술 마시러 돌아다니고 친구들과 같이 어울리고 하느라 글을 쓰거나 책을 볼 틈이 있었겠어요. 하고 싶지도 않았을 테고요. 오히려 에너지의 부재가, 에너지의 결핍이 일을 하도록 만들지 않았을까 하는 생각이 들데요.

내가 1970년대 후반부터 80년대 말까지 글을 많이 쓴 것은 사실이에요. 생각도 많았지요. 몇 년 전에 대산문화재단에서 21세기 문학 심포지엄을 할 때 청탁이 와서 그동안 무엇을 썼던가 하고 들춰보니까 참 많이도 썼고 많은 문제를 다루었다는 생각이 들었어요. 그때는 현실로부터건, 지식 사회로부터건, 혹은 개인으로부터건 끊임없이 문제 제기가 있었고, 거기에 대해 문지 그룹의 대표로서, 한 지성인으로서 나름의 대응을 하기 위해 무진 애를 썼던 것 같아요. 생산적일 때는 생산이 생산을 몰고 오는 거죠. 열정이 열정을 몰고 오는 것처럼 말입니다. 지금 생각하면 그때는 제가 할 수 있는 일의 양이나 수에 비해 과분하게 많이 했다는 생각이 들어요.

내가 술을 잘 마신다든가 운동을 한다든가 그랬더라면 아마 그렇게 많이 하지 못했을 텐데 그러지 않아서 가능했겠지요. 그리고 제 자랑일지 모르지만 책임감 같은 게 있어서 일단 청탁받은 건 꼭 써야 한다는, 좋게 말하면 어떤 성실성, 나쁘게 말하면 어떤 우직함을 보였던 것 같고요.

홍_ 이런 말씀을 드리는 것이 듣기에 거북할지도 모르겠습니다. 그러나 분명히 선생님은 한국이 낳은 뛰어난 교양인의 한 분이십니다. 다양한 지식을 끊임없이 흡입함으로써 고전과 현대 사이에서 조화와 균형을 이룬 지성인, 특정한 지식에 과도하게 몰입하거나 편향되지 않는 지식인, 항상 다른 사람의 이야기를 경청하면서 자신의 입장을 겸손하게 제시하는 지식인의 모습을 선생님은 갖추고 있습니다. 이러한 선생님의 모습은 스스로 생각하기에 어떻게 해서 이루어졌다고 생각합니까?

김_ 글쎄 이건 난감한데요…… 일단 겸손하다는 말에는 동의를 하겠습니다. 그 동의를 통해 오히려 자만한, 교만한 이야기를 하는 게 되긴 하겠지만 전 사실은 평범한 사람, 좋게 말해 아주 평범한 지식인이나 지성인입니다. 그렇지만 소크라테스처럼 내가 평범하다는 걸 알기 때문에 다른 뛰어난 사람보다 오히려 몇 가지 장점을 가질 수 있었다는 생각은 가능할지 모르겠네요. 나는 자신 있는 사람, 주장이 강한 사람은 두렵습니다. 저런 자신감이라든가 주장이 어디서부터 솟아나오는 건지, 저렇게 대담해도 되는 건지 참 두렵거든요. 여러 번 글에서도 썼지만 자신감이 많은 사람에 대한 두려움을 다른 사람들은 저처럼 많이 갖고 있지는 않은 것 같아요. 그래서 홍 선생이 이야기한 것처럼 조화와 균형의 감각, 내가 여기에 서 있기 때문에 상대의 입장, 내가 서 있지 않은 반대편을 더 우선적으로 생각합니다. 이런 걸 겸손의 한 형태로 본다면 겸손하다고 할 수도 있겠지요.

홍_ 제가 보기에 선생님은 교양인의 미덕을 가장 모범적으로 보여주신 분입니다. 다양성의 공존에 대한 이해와 존중, 다른 사람과 함께하는 면모 등이 바로 그렇습니다. 유명한 지식인들이 가진 나쁜 모습이 자기가 가지고 있는 어떤 이론, 주장, 신념으로 상대를 억압하거나 제압하려고 하는 건데 선생님은 참 독특한 분이십니다.

김_ 그건 자신감이 없어서예요. 무력의 장점이지요. 그런 성격이 어디에서 생겼는지 저도 잘 모르겠어요. 나는 그걸 막연히 막내라는 것 때문에 생겨난 게 아닐까, 막내 심리가 아닐까 생각하는데 잘 모르겠어요. 그런데 세상이나 어떤 문제에 대해서 자신감을 못 가지는 내 모습이 우리 집 애들한테도 영향을 준 것 같아요. 애들이 저희 나름으로는 괜찮은 학교에서 공부도 했고, 지금 뭔가 하고 있는데도 자신감을 가지질 못합니다. 늘 하는 말이 "내가 어떻게 뭘 할 수 있느냐, 어떻게 대학 선생이 될 수 있느냐"는 식으로 자기를 낮춰서 봐요. 프랑스에 가 있는 딸이 저희 엄마한테 하는 말이 "엄마 아빠가 밤낮 가르친 게 그것뿐이니까" 하더래요. 우리 부부가 한 번도 그렇게 가르친 기억이 없는데 애들이 그렇게 말하는 것은 일상생활에서 간접적으로 교육을 받았다는 이야기겠지요.

어쨌건 한 번도 겸손하라는 말을 안 했지만, 애들이 내가 보기에도 답답할 정도로 겸손해진 게 시건방진 것보다는 낫겠지요. 애들은 엄마 아빠 때문에 그렇게 되었다는 원망을 할지 몰라도 나로서는 내가 가진 성격이 애들한테 거둔 유일하고 가장 큰 성과가 아닐까 하는 생각이 들어요.

문지의 세대 교체 방식, 그리고 자유인 김병익과 가족

홍_ 선생님께서 문지를 후배들에게 물려주신 일은 지금까지의 우리 출판계에서 참으로 이색적인 것이어서 신선한 충격으로 받아들여지고 있습니다. 물론 여기에는 출판에 임한 선생님의 철학이 작용했고, 또 함께한 문지 동인들의 도움과 조언도 작용했을 것입니다. 개인 문지를 주식회사 문지로 바꾸어 후배들에게 물려주신 의도는 어떤 것인지요?

김_ 문지의 출발이 개인 자본에 의해서가 아니라 동인들의 합자로 이루어진 게 아닙니까. 그렇게 문지가 태어났으니까 일종의 운명을 가지고 있었던 셈이지요. 이건 한 개인의 것이 아니고 한 그룹의 것이다. 그렇다면 출판사는 다음 그룹으로 전수되어야지 한 개인의 것으로 사유화되어서는 안 된다는 생각이 나한테 철저하게 있었고, 동인들도 당연히 그렇게 생각했던 거지요. 1980년대부터 한 세대의 문학 동인이 그다음 세대의 문학 동인으로 이어져야 한다는 생각을 하고 있었는데, 1990년대에 들어 김현과 황인철이 작고하고 나서 이제 구체적인 작업을 해야겠다는 느낌이 들었어요. 그래서 1993년에 주식회사를 만들고 후배들에게 물려주었는데, 이런 작업 자체를 나 자신은 하나의 작품으로 생각했어요. 거창하게 이야기하자면 파우스트가 마지막에 도시 하나를 만들어 갖고 자기의 작품으로 생각했듯이 저도 하나의 작품으로 생각했어요. 전례가 거의 없었던 만큼 앞으로 선례가 되기를 바라는 그런 작품으로 생각했던 겁니다. 실제로 그것 때문에 문지를 다시 본 사람들도 많은 것 같고……

문지의 전도가 어떻게 될지는 더 두고 봐야겠지만 지금으로서는 그 결정을 참 잘 내렸다, 내가 쓴 글이나 책보다도 더 좋은 작품을 남긴 것이 아닌가 그렇게 생각을 하고 있습니다. 퇴직 후에 내가 이런저런 대우를 받는 것도 그 작품 덕분이 아닌가 싶고요.

홍_ 선생님께서 문학과지성사의 경영 일선에서 물러나신 지도 어언 5년 정도의 세월이 흘렀습니다. 뉴 밀레니엄이 시작된 2000년 3월에 문지를 후배들에게 물려주셨으니 햇수로는 5년째라고 할 수 있습니다. 그리고 자유를 획득한 그때의 심정을 '기쁘다' '즐겁다'라는 단어로 표현하셨습니다. 그런 경우에 사람들이 일반적으로 구사하는 '시원섭섭하다'거나, 겸양지덕을 드러내는 '이룬 것 없이 물러난다'는 말이 아니라, 혼자 몰래 하는 즐거운 놀이를 숨겨둔 어린이처럼 신나하신 모습은 무척 이색적이었습니다. 과연 그 후 5년 동안은 즐거우셨는지요?

김_ 그게 해방된 느낌, 졸업하는 느낌 그대로입니다. 사회에 발을 들여놓은 지 35년 만에 처음 어떤 의무로부터, 책임으로부터 해방이 된 거죠. 글을 쓴다는 일, 혹은 책을 낸다는 일, 한 기업체를 책임지고 운영한다는 일 때문에 이렇게 저렇게 숱한 스트레스를 받았는데 해방되고 나니 그렇게 즐거울 수가 없데요. 물론 모든 책임에서 완전히 자유로운 것은 아니지만 그건 출판사를 경영할 때와는 다른 가벼운 책임이니까요.

나는 회사 퇴사 후를 정리 단계로 생각했어요. 일산으로 이사한 것도 문지에서 퇴직했다는 이유만이 아니라, 내 몸 자체를 지리적으로 서울에서 빼내는 작업, 다시 말해 확실한 퇴거를 해서 은퇴를 실체화하겠다는 생각이 있어서였어요. 그게 일산으로 옮긴 가장 큰 이유가 됐죠.

그런데 실질적인 은퇴라는 게 맥아더가 한 말처럼 슬슬 사라지는 것이지 어느 날 갑자기 끝나버리는 게 아닙니다. 그래서 원고를 쓰기도 하고 대학에 나가기도 하고 그렇게 조금씩 조금씩 뒷걸음질 치면서 물러나고 있는 중입니다.

홍_ 자유라는 게 어떻게 보면 즐거운 거지만 어떻게 보면 상당히 부담스럽고 오히려 구속이 되는 점도 있을 텐데요.

김_ 자유라는 게 부담스러운 건 젊었을 때의 자유이고 지금 와서 제가 말하는 자유라는 것은 아름답다든가 정이 붙었다든가 그냥 그런 것들로부터의 자유입니다. 그러니까 이별할 준비를 한다는 것이겠지요. 이제 더 늙으면 그런 생각까지도 안 들겠지만 지금은 뭔가 좀 애석하고 그렇긴 합니다. 이제 그걸 다독거려야 하는 단계로 들어가는 게 아닌가 싶은데, 그런 모습을 의식하면 좀 쓸쓸하기도 하고 그래요.

홍_ 이제 이야기를 마무리할 때가 되었습니다. 지금까지 사시는 동안 가족들에게 미안했던 일과, 앞으로 어떻게 살아가실 생각인지 대해 몇 마디 언급해주셨으면 합니다.

김_ 가족들한테 미안하다는 말보다 고맙다는 인사는 좀 해야 할 것 같아요. 내가 생각한 사람에 대한 기대, 사람은 어떠해야 한다는 바람에서 크게 벗어나지 않고 있다는 점에서 그렇습니다. 앞에서 겸손에 대한 이야기를 했지만 그것도 제가 바라는 그런 인간 타입에서 벗어나지 않았다는 이야기가 되겠지요. 우스운 얘기지만 내 재산을 너희들한테 어떻게 상속해 줄까 이런 이야기를 했더니 아이들 얘기가 그걸로 엄마 아빠 노후나 편하게 지내라고 합니다. 정작 주려고 하면 저희들 사이에 어떤 싸움이 벌어질지 모르지만 하여튼 지금 상태로는

출판인 같지 않은 진정한 출판인 333

욕심 없이 겸손하게 서로 어울린다는 게 참 고맙다는 생각이 들어요.

홍_ 제가 어릴 때 배웠던 『명심보감』에 이런 구절이 있었는데요. 정확히 기억하는지 모르겠습니다만 만금의 재산을 쌓아서 자식들한테 물려줘도 자식들이 능히 그걸 못 지키고, 만 권의 책들을 모아 자식들에게 물려줘도 자식들이 능히 그걸 다 못 읽을 거고, 덕을 쌓아 물려주면 자식들이 보이지 않는 여러 가지 혜택을 입게 된다는 내용이었습니다. 아마 선생님께서 자식들에게 물려주시는 게 바로 덕이 아닐까 싶습니다.

김_ 비슷한 이야기일지는 모르겠는데요. 우리 형님의 경우는 자식들한테 다 아파트를 마련해 줬지만 나는 그럴 자신이 없습니다. 그래서 집사람보고 집은 못 마련해 주지만 박사학위를 얻을 정도의 공부는 시켜줬다. 그러니 오히려 집을 마련해 준 것보다 더 큰 일을 뒷받침해준 게 아니냐 그랬어요. 복거일 씨가 그 말을 듣더니 프리드먼이라는 경제학자가 자식들한테 물려줄 수 있는 가장 큰 재산은 머릿속에 남는 지식이라는 말을 했다고 그래요.

홍_ 아마 선생님의 자제분이라고 한다면 사람들은 다시 생각해볼 겁니다. 몸도 불편하신데 너무 오랫동안 말씀하게 해서 죄송합니다. 선생님 고맙습니다.

〔2004. 여름〕

문학적 지성의 열린 성찰과 부드러운 진정성[1]
── 우찬제와의 대담

문학과 기억, 그리고 타작

우찬제_ 선생님 안녕하십니까. 모처럼 선생님 모시고 특별한 말씀을 들을 수 있어서 기쁩니다. 작년 말에 내신 선생님의 평론집 제목이 『기억의 타작』(문학과지성사, 2009)이었습니다. 재작년에 타계하신 작가 박경리, 홍성원, 이청준 선생님의 문학과 삶을 정성스럽게 씻겨드리는 글들과, 벌써 20여 년 전에 타계하신 비평가 김현 선생님 그리고 기형도 시인에 관한 글들이 특히 가슴에 와 닿았습니다. 어떤 경우에도 죽음이란 사건은 그 이전의 삶의 의미심장한 기억들을 돌올하게 부각하는 기제이겠습니다만, 선생님께서는 문학과 관련하여 '기억'이란 말에 각별한 의미를 부여하시더군요. 외람되지만 선생님께서 서문에서 말씀하신 한 대목을 떠올려보겠습니다. "묘사와 문체, 서술과 소재, 기법과 주제 등 모든 장치와 방법들은 그 기억을 진하게, 생

---

[1] 비평가 우찬제와의 대담. 『문학의문학』(2010년 여름호).

생하게, 아름답게 만들기 위해 동원된 안쓰러운 노력이 아닐까. 머릿속에 남은 것들을 현존 속으로 되살려내기 위한 고통스러운 모색이며 안타까운 아우성이 아닐까 등등의 갖가지 생각이 함께 퍼뜩 들고 있는 것이다. 그리하여 인간은, 기억을 매개로 한 문학을 통하여 부활하며 혹은 문학을 매개로 한 기억으로 상존하여, 영원한 존재로 변화하는 것이다." 이렇게 기억의 문제를 환기하시면서, 문학과 기억을 이어주는 말로 '타작(打作)'이란 말을 선택하셨습니다. 아마도 요즘 젊은 세대들은 실감이 덜할 텐데, 시골에서 가을 타작마당만큼 풍성한 것이 있을 수 없었지요. 그동안 선생님께서 수행해오신 문학 생활을 웅숭깊은 기억의 심연 속에서 타작하시면서, 그 타작마당에서 여전히 새롭고 열린 전망을 탐색하고 계신다는 느낌을 받았습니다. 가령 지금 이 시대의 과학과 예술의 역동적 대화라든지, 우리 시대에 새롭게 모색해야 할 문화적 징후들에 대한 통찰 등 여러 세목들을 거론할 수 있겠습니다. 이런 선생님의 근작 평론집에 기대어 오늘의 말씀을 풀어나갔으면 합니다. 먼저 기억의 문제에 특별히 천착하시게 된 계기부터 말씀을 편하게 시작해보시면 어떨까 합니다.

김병익_ 엮기 위해서 원고를 정리하다 보니까 어떤 주제에 매달렸다기보다는 과거를 정리하고 회상하는 글이 많이 눈에 띄었습니다. 전체적인 제목을 무엇으로 할까, 궁리하다 떠오른 말이 기억입니다. 책 제목을 위해 떠올린 단어이지만, 생각하면 생각할수록 인간의 정신 활동에서 아주 중요한 것이 기억이라는 생각을 하게 되었습니다. 우리가 문화라고 부르는 것들이 모두 기억을 축적해온 것이지 않습니까? 예술이라는 것도 자기가 생각하거나 상상하거나 관찰한 것들을 기억해두기 위해서 만들어놓은 것이지요. 이처럼 기억은 엄청난 포용력을 갖고 인간의 모든 것을 기록, 전달할 수 있게 할 뿐만 아니라, 새로운 기억을 재생산하기 위한 예비 기제마저 내장하고 있는 게 아닌가 합니다.

물론 제가 기억이란 말을 떠올린 데는 개인적인 사정도 많이 작용했을 것입니다. 어느새 저도 새로운 일을 전망하고 미래를 위해서 뭔가 개척하고 열어나가는 그런 작업을 할 시간이 많이 남아 있지 않다는 생각을 하게 되었습니다. 미래로 열린 시간보다는 과거의 기억으로 돌아가려는 경향도 많아졌고요. 누구를 만나든 내가 예전에 뭘 했지 하는 그런 기억으로 화제가 돌아가게 되고, 어떤 글을 쓸 때도 종종 옛일을 기억하는 것으로 시작하게 되더군요. 가령 『기억의 타작』의 첫 글인 「험한 세상, 그리움으로 돌아가기—박완서의 『친절한 복희씨』」같은 글만 하더라도 40년 전인 1970년에 박완서 선생과 대면했던 기억의 에피소드로 시작하고 있습니다. 한편으로는 이렇게 과거의 기억을 거듭 반추하게 되면서도 다른 한편으로 점점 기억력이 점점 떨어진다는 느낌 또한 없지 않습니다. 농담으로 노인성 건망증이라고 자처하는 경우도 있는데, 그럴수록 기억의 중요성을 절감하지요. 기억에서 망각으로 넘어갈 때 어떤 점에서는 참 좋기도 하겠지만 그건 필경 퇴행적인 현상이겠지요. 기억을 강하게 각인시키는 작업이 오히려 창조적인 힘을 강화하는 것이 아닌가 합니다. 타작이라는 말도 숱한 기억들을 나름대로 거둔다는 맥락에서 떠오른 것입니다. 그렇게 거두어들인 것들이 나중에 역사가 되고, 문화가 되고, 유물이 되겠지요. 어색한 대로 『기억의 타작』이라고 명명하고 보니까, 기억에 대한 또 다른 편린들이 따라왔습니다. 가령 20년 전에 작고한 김현의 마지막 글에서도 기억에 대한 이야기가 나오고, 최근의 이신조

단편에서도 기억에 대한 이야기가 아름답게 묘사되었고요. 기억이라는 주제를 나 혼자서 생각한 것이 아니고, 숱한 사람들이 의식적이든 무의식적이든 함께 생각한 주제가 아닌가 하는 생각이 들더군요.

기억 · 직관 · 전망

우_ 그렇습니다. 기억의 문제는 실존적 · 보편적 국면에서도 그렇고, 사회역사적 맥락에서도 아주 중요한 기제로 작용하는 것 같습니다. 최인훈 선생님의 『화두』를 보면 레닌의 최후의 나날을 전하면서 '기억이 곧 존재'라는 명제를 풀어 보이는 대목이 있습니다. 또 전쟁이나 대학살의 경험이 있은 후에는 집단의 기억이 문제가 되기도 했습니다. 실제로 제2차 세계대전 이후의 유럽 문학이나 한국전쟁 이후의 우리 문학에서 집단 기억을 새로운 방식으로 환기하는 작품들이 많았잖습니까? 그런데 선생님의 비평에서 이 기억의 문제는 예전부터 비평의 형성 원리가 되었던 것이 아닐까 짐작합니다. 과거의 특정한 기억을 구체적으로 떠올리고, 그와 관련된 현재의 사태나 텍스트를 직관하시거나 분석하시고, 그것을 바탕으로 미래 시간에 대한 열린 전망을 하는 것, 이 세 시간대를 종합하는 작업을 많이 하셨던 것 같아요. 다시 말씀드려 과거의 기억과 현재의 직관과 미래의 전망을 긴밀하게 종합하려는 그런 경향이야말로 선생님 비평의 중핵적 특성이 아니었을까요?

김_ 너무 좋게 평가해주시네요. 요즘엔 문학을 이루는 시니피앙보다 시니피에 쪽에 관심이 많아졌어요. 나이가 드니까 모더니즘의 언어 실험보다는 언어가 빚어내는 인간의 모습에 더 관심을 보이게 되더라고요. 소설을 읽을 때 자꾸 작가의 얼굴이 떠오르는 것입니다.

가령 이청준 소설을 읽으면 이청준이 떠오르고, 홍성원 소설을 읽으면 또 어김없이 홍성원과 관련한 기억이 떠오르고…… 그런 얘기를 하니까 복거일 씨는 "그거 좋은 독법이 아니군요"라고 말하더라고요. 물론 나도 좋은 독법이 아니라는 것은 인정하지만, 나이가 가리키는 몇십 년에 걸친 사람들과의 관계에서 남은 흔적에 대한 자연스러운 심리적 반응이 아닐까 해요. 그러다 보니 요즘엔 문학 작품보다는 전기나 자서전을 많이 읽게 되었어요. 거기서 보이는 사람살이의 정경을 재음미하고, 특히 자서전에서 보이는 자기 성찰이랄지 고백의 진정성이랄지 하는 것들을 반추할 때, 인생의 심연에 다가서는 느낌이 들거든요.

우_ 아마도 선생님께서 문학적인 언어나 스타일에도 많은 관심을 가져오셨지만, 그러면서도 문학적 진정성을 남달리 강조해온 결과가 아닐까요. "당대의 주도적인 현실과 정신의 부정적인 것들에 대한 폭로와 진실의 발견을 위한 방법적 성찰의 정신"이란 의미에서 강조하신 문학적 진정성의 핵심에 늘 "인간의 인간다움을 위한 싸움을 벌이는 정신"이 자리잡고 있었으니까요.

김_ 글쎄요. 그렇게까지 생각해본 적은 없고, 다만 자꾸 나이 때문에 그런 게 아닌가 하고…… (웃음)

우_ 선생님, 자꾸 연세 말씀하시는데, 선생님 댁은 상당히 장수하는 집안이시니, 아직 중년이라고 생각하셔도 괜찮지 않을까요? 그리고 아마 최근의 젊은 소설의 경향들이 선생님께서 줄곧 강조하셨던 문학적 진정성과 관련된 인간다움에 대한 고민의 세목들과 사뭇 달라서 드는 느낌일 수도 있을 것 같습니다만……

김_ 저도 그런 생각을 해요. 요즘 젊은 작가들의 스타일이나 스토리텔링이 점차 어슷비슷한 양상을 보이는 것 같아요. 마치 스테레오 타입처럼. 그래서 어떤 작품을 읽으면서 고유명사로서 작가 이름이 잘 떠오르지 않는 경우도 있어요. 시니피앙에 너무 신경 쓰다가 시니피에의 진정성을 밀쳐낸다고 할까요? 사물 자체보다 사물의 표현에 더 집중함으로써 사물 존재 자체를 오히려 희석하는 그런 경향은 좀 안타깝습니다. 물론 다 그런 것은 아니에요. 최근에 이신조 씨의『감각의 시절』을 보고 감동을 받았어요. 참 좋은 작가더군요. 6년 전쯤인가, 『가상도시 백서』(2004)란 제목을 보고 발상이 재미있다고 생각했었는데, 전혀 누군지는 몰랐지요. 이번에『감각의 시절』을 보면서 문장의 아름다움이 내용 혹은 주제를 풍요롭게 만든다는, 그래서 다시 보게 만든다는, 그러한 문학의 정의를 다시 하게 되었습니다. 가령「클라라라라라」라는 소설을 보다가 '클라라 코헨Clara Cohen'이란 가수 이야기가 나오길래, 실제 인물인가 하고 인터넷에서 검색했더니 없더라고요. 그런데 맨 마지막에 보니까, 에이미 와인하우스 Amy Winehouse의 음악에서 영감을 받았다고 각주처럼 붙어 있어서, 다시 검색해보니 그 음반이 딱 하나 있습디다. 그걸 주문해서 어제 받았는데요. 그럴 정도로 이신조 씨가 제 마음을 움직이게 한 거지요. (웃음) 그런 점에서 김현이 말한, 문장의 아름다움이 사람의 마음을 이끈다는, 그런 감정을 내가 아직 가지고 있구나, 하면서 즐거웠어요.

그보다 앞서 도스토예프스키 전집을 다시 읽을 때도 그랬어요. 그냥 읽으면 잊어버릴 것 같아 메모를 하며 읽었지요. 전집 25권을 다 읽고 그걸 정리한 것이 『기억의 타작』의 한 부분이지요. 요즘 그런 식으로 중요하고 문제적인 책들을 다시 읽고 있어요. 최근엔 카뮈를 보면서 포스트잇을 많이 붙여놓았어요. 아름다운 문장이거나 금언과 같은 대목, 인간의 고뇌나 정신의 깊이 혹은 세계의 운명을 깊게 환기하는 문장들이 거기 줄줄이 적히게 되더군요. 문학적인 수용이라기보다는 인생론적인 수용에 가깝다고나 할까요. 거기에 "이 얼마나 아름다운 표현인가, 뛰어난 정신이 부럽다"와 같은 내 느낌을 짤막하게 덧붙이는 방식으로 근래의 독서가 진행되고 있어요.

고전 다시 읽기와 존재의 심연

우_ 밀레니엄 시기 이후 유럽이나 영미 쪽에서도 고전 다시 읽기 작업이 활발합니다. 선생님이나 선생님 세대에서는 한국 문화나 교양의 부족에 대해 반성적으로 인식하시면서, 한국 문학과 문화의 교양 수준을 높여야 할 소명을 젊은 시절에 가지고 문학 하셨던 것 같은데요. 선생님께서 1970년대에 쓰신 「성장소설의 문화적 의미」 같은 글에서도 그런 문제의식을 분명하게 드러내 보이셨지요. 그런데 21세기 들어 한국 문학의 교양 감각이 좀 덜해졌다는 느낌을 지우기 어려웠는데, 선생님께서 『본질과 현상』에 도스토예프스키 읽기를 연재하시는 것을 보면서 저는 깜짝 놀랐습니다. 역시 선생님께서 이 작업을 해주시는구나, 하고요. 특별히 고전을 다시 읽겠다고 생각하신 계기라도 있으신지요?

김_ 다른 자리에서도 얘기한 적이 있지만 성장기에 저는 기독교와 실존주의의 영향을 많이 받았어요. 소년 시절에는 교회를 열심히 다니면서 신의 존재와 인간의 구원 문제 같은 고민을 많이 했는데 청년기에 실존주의 세례를 받으면서 그 번민은 제법 심각해졌어요. 그 무렵 『타임』지에 실린 리처드 김의 『순교자』에 대한 서평을 읽었어요.

"카뮈와 도스토예프스키의 인간 고뇌의 문제를 드러내고 있다"고 썼더군요. 일등병 시절이었는데 서울에서 영어 책을 사서 부대에 돌아와 아껴가며 읽었지요. 당시 제가 번민하던 문제를 많이 담고 있어서 참 좋았어요. 그걸 계기로 카뮈와 도스토예프스키를 열심히 읽었어요. 그때 도스토예프스키는 『카라마조프 가의 형제들』과 『죄와 벌』만 번역본이 있었는데, 『백치』 『악령』의 영문판을 황동규에게서 빌려 막 사에서 읽었지요. 그런 고전 읽기를 통해 청소년기의 번민과 실존적인 고민을 넘어설 수 있었기에, 나로서는 매우 소중한 체험이 아닐 수 없었습니다. 제대한 후 신문 기자가 되었는데, 그 당시 사회문화적 분위기도 그랬지만, 저 자신도 기독교나 실존주의와 관련된 서구적인 문화나 교양에 젖어 있었어요. 그런데 기자가 된 직후 한국학 붐이 불기 시작하였지요. 문화부에서 문학과 학술을 담당하면서 한국학 관련 보도를 많이 했어요. 그 일을 계기로 서구적인 교양과 한국적인 자기 인식을 종합하면서 내 나름대로 새로운 사유의 형태랄까 전망이랄까 하는 것을 모색하게 되었지요. 경제적으로도 그렇고 문화적으로도 참 빈곤하기 짝이 없는 시절이었기에 고민이 많았어요. 한국적인 것을 주체적으로 찾아야 하는데, 언제나 먼저 서구적인 전통이나 척도가 앞서 제 사유를 지배했기 때문이지요. 모순적인 고민 속에서도 그나마 위안이 되었던 것은 우리 문학에 관한 글을 쓰면서 나름의 모색과 전망을 수행할 수 있었기 때문입니다. 문학은 서구의 영향 여부를 떠나 이 땅의 구체적인 문제들을 환기하는 것이었으니까요. 기자를 그만두고 출판사를 하면서 본격적으로 문학 작업을 할 때는 정치적 민주주의에 대한 고민을 많이 했습니다. 군부 독재 시대의 문학인으로서 중요한 소명 중의 하나가 민주화였으니까요. 『창비』와

『문지』가 문학적으로 다른 경향을 추구했음에도 공동 제휴할 수 있었던 것도 민주화 때문이었지요.

그런데 1990년대 이후 많은 변화가 있었어요. 예전에는 현실적인 결핍이나 결여가 많았는데, 1990년대 이후에는 내면적·심리적 결여와 욕망이 문제 되기 시작했지요. 우 선생도 『프로테우스의 탈주』(문학과지성사, 2010)에서 '접속의 시대'라는 개념을 썼지만 사회문화적 네트워크가 많이 바뀌었어요. 삶의 패러다임이 바뀌었다고 말해도 좋겠지요. 저희 때는 Being, 그러니까 존재 자체를 위한 싸움이었거든요. 요즘은 모두 Well-Being을 찾지 않습니까? Well이 하나 붙었죠. 그러니까 잘 살자는 것인데요. Being의 존재에서 Well-Being 존재로 삶의 양식이며 내면적인 욕구가 변한 것이지요. 그에 따라 문학도 많이 바뀌었고요. 가령 같은 시기에 발표되었다고 하더라도 마종기의 '맨살'을 노래하는 시와 인터넷을 이야기하는 젊은 시인들의 시는 너무 달라요. 우리 시대는 즉자적인 시대여서 그랬는지 모르지만 실물적으로 부딪쳐야 했지요. 그런데 젊은 세대들은 이미지를 통해서든, 접속을 통해서든 간접화하는 경향이 뚜렷합니다. 오늘 아침에도 그것을 어떻게 표현해야 할지 고민했어요.

우_ Well-Being 이전에 Being을 추구해야 했지만, 그럼에도 혹은 그러니까 오히려 선생님 세대는 존재를 위한 문학적 펀더멘털이 더 튼튼하지 않았던가 하는 생각이 들기도 합니다만……

다행스러운 역사적 시기와 20세기의 덕성

김_ 글쎄요. 좀 화제가 달라지겠는데요. 저는 나름대로 행운의 시기를 살았다고 생각해요. 일제 시대에 태어났지만 해방되던 해에 학교를 들어가 한국식 교육을 받았고, 전쟁을 겪었지만 4·19를 통해 정치적 자유를 추구했고 산업화를 통해 경제적 부를 축적할 수 있었습니다. 지금은 중진국에서 선진국으로 가는 도정에 있지요. 어떤 세대가 짧은 생애에서 이토록 다양한 역사적 경험을 할 수 있겠습니까. 말하자면 우리는 인간으로서 겪을 수 있는 많은 사태를 경험한 세대지요. 그것도 역사의 하향이 아니라 상승 단계를 살아가며 경험했기 때문에 행운이었다고 생각하는 것입니다. 아까 펀더멘털이라는 말을 쓰셨지만, 즉물적인 시대를 살아가다가 대자적인 시대를 관찰한다고 할까, 바라볼 나이가 되었다는 것이, 펀더멘탈이라기보다 경험이, 혹은 우리가 처음 말한 식으로 기억이 풍부하고 다양하고, 그런 점에서 젊은 세대가 지니지 못한 내적 용량을 지니고 있다고 할 수 있겠지요. 거기에는 물론 극단적인 것들이 충돌하고 여러 비극적인 사건들이 점철되던 20세기를 살면서 역설적으로 길어낸 20세기적 덕성도 포함될 수 있을 것입니다.

우_ 제가 '접속'이라는 말을 자주 쓰긴 했지만, 직접적인 접촉으로 경험한 세대와 간접적 접속을 주로 하는 세대 사이에는 차이가 많은 것 같습니다. 조금 화제를 바꾸어 선생님의 개인적인 기억에 대해 말씀을 나누어보았으면 합니다. 선생님의 최초의 기억이랄까, 혹은 특별한 기억이랄까 하는 것에 대해 말씀해주시지요.

김_ 제가 기억할 수 있는 가장 오래된 일은, 네 살인가 다섯 살 무렵 아파서 어머니 등에 업혀서 병원인지 약국에 가는 장면입니다. 특별한 기억이라면 신혼여행 때의 일입니다. 온양이었지요. 일제 말기 예닐곱 살 때 온양 이모님 댁에 갔던 적이 있었어요. 이모님 댁이 양조장을 했었는데 그 옆집이 좋은 양옥이었고, 그 집의 여자애들과 함께 술래잡기 놀이를 한 적이 있었거든요. 그 얘길 했더니 아내도 어린 시절 온양에서, 양옥집에서 산 적이 있었다는 거예요. 그래서 함께 유년의 기억을 찾아 시간 여행을 해보자 했지요. 무작정 나섰지만 우리는 산책 삼아 다닌 길에서 그 집을 찾을 수 있었고, 어린 시절 함께 놀던 여자애들 중의 한 명이 바로 옆의 아내라는 추정을 할 수 있었어요. 나중에 이모님께서 옆집 양옥과 장모님을 확인해주셔서 그게 사실임이 분명해졌지만 말입니다. 그러니까 예닐곱 살 때 나중에 내 신부가 된 여자애와 함께 놀았던 기억이 두번째 기억입니다.

우_ 사모님하고는 60여 년간을 같이 보내신 천생연분이시군요. (웃음)

김_ 그게 연분이라면 연분이지요. 기왕 연분이라는 말이 나왔으니까 더 이야기해보지요. 5학년 말에 합창단 활동을 했어요. 남자 파트에서 연습을 하는데 저쪽 여자 파트에 있는 한 여학생이 눈에 확 들어오는 거예요. 마음속으로 침을 발라놓았었죠. (웃음) 그렇지만 어쩌지는 못하고 시간이 흘렀어요. 고등학교 때는 학교가 달라 가끔 길을 지나가 마주치곤 했지요. 진학해서 보니 그녀는 과는 다르지만 같은 대학에 들어왔더군요. 이제는 말할 수 있다 싶어 프러포즈를 했는데, 유감스럽게도 받아들여지지 않았어요. 여러 해 후 군대 사병 시절 휴가 나왔다가 만난 친구로부터 한국은행에 다니고 있더라는 말을 듣고 불러내 한 번쯤 차를 마신 적이 있었지요. 제대 후 신문사에 근무하면서 사회생활에 들어가 정말 성인이 되었으니 이제는 전날의 것들을 정리해야겠다는 생각이 들었습니다. 마침 신문의 날로 놀던 날 그녀가 다니던 한국은행에 전화를 했는데 나오더군요. 그렇게 다시 만나게 되었고, 여기서 화제로 등장한 생텍쥐페리의 『어린 왕자』의

갈리마르판을 가지고 있다고 해서 좀 빌려보자고 부탁한 것이 빌미가
되어 그 만남이 아주 평생의 끈으로 이어진 것이에요. 결국 이렇게
해서 연분이 이루어진 것이지요.

문장과 단락, 사유의 깊이

우_ 참 부러운 인연입니다. 『동아일보』에 입사하신 게 1965년이
고, 1967년에 『사상계』에 「문단의 세대 연대론」을 발표하셨는데요.
『동아일보』 시절은 어떠셨습니까?

김_ 처음에는 신문 기사 스타일에 맞추느라 고생이 많았습니다. 당
시 문화부장으로 계시던 최일남 선생님으로부터 기사가 좀 뻑뻑하고
재미없다는 지적을 받을 정도로 미숙했어요. 그러다가 신학자 폴 틸
리히의 타계 기사를 쓰는데 갑자기 글이 술술 풀리는 거예요. 선배
기자들한테 잘 썼다는 칭찬을 비로소 받았지요. 그때부터 글이 정말
잘 풀렸어요. 주머니에 메모 쪽지를 많이 가지고 다녔는데 어떤 쪽지
를 꺼내도 기사로 만들어낼 수 있었지요. 제가 쓴 것이 문학·학술·
종교 쪽 열 장 안팎의 기사였어요. 그런데 어느 날 월간 『세대』의 이
중한 편집부장이 80매짜리 르포를 청탁해 왔어요. 열 장짜리만 쓰다
가 긴 글을 쓰려니까 파지만 쌓이고 잘 안되더군요. 그럼에도 『세대』
에 몇 차례 그런 긴 글을 쓰면서 문장의 호흡을 잡아갔는데 그러다
보니 이번에는 짧은 기사 쪽이 어려워진 거예요. 이래저래 문장에 재
주가 없는 사람이라고 자탄을 하며 자기 훈련으로 자신을 가다듬어야
했었지요.

사실 저의 문장 수업은 조금 더 거슬러 올라갑니다. 군대에서 『타
임』지를 보았던 것이 도움이 많이 되었어요. 『타임』지의 세련되고 간

결한 문체가 부러웠고 우리 문장에는 익숙지 않은 관계대명사에 의한 복문 구조가 흥미로웠습니다. 그래서 나도 신문 기사에 복문을 많이 썼는데 언어의 경제성을 살리면서도 복잡한 맥락과 깊이 있는 사고를 담을 수 있다고 생각했기 때문입니다. 그런데 우리 문장에서는 때로 그 복문이 맥락이 모호해지는 경우가 많습니다. 관계대명사나 접속사의 구조가 우리에게는 미흡하기 때문이겠지요. 그리고 저는 행갈이를 통한 문단 구성에 신경을 썼어요. 가령 신문 기사를 쓸 때는 2백 자 원고지 한 장이 되어야 행갈이를 하고, 비평을 쓸 때는 다섯 장쯤으로 한 문단을 삼았어요. 누군가가 저의 긴 단락 나누기에 대해 질문하더군요. 저는 단락의 길이가 사유 단위의 깊이와 관련되지 않을까라고 대답했어요. 단락이란 사유의 단위지요. 200자 원고지 한 장이 한 문단이라면 한 장짜리 사유를, 다섯 장이 한 문단이라면 다섯 장짜리 사유를 하는 것 아니겠습니까.

우_ 그런데 그 무렵 많은 한국 문장들이 문단 길이에 대해 별 생각 없었지요?

김_ 거의 그랬지요. 아마 모르긴 해도 단락에 대한 고민은 제가 거의 처음 하지 않았을까 싶어요. 적어도 드물게 고민한 축에 속하겠지요.

위험 시대의 부드러운 평화

우_ 1970년대 이야기를 정리하고 넘어갔으면 좋겠는데요. 선생님께서는 비교적 행운의 시기를 살았다고 말씀하셨지만, 기자협회장을 맡아『동아일보』에서 정직·해직되시고, 개인적으로 고통스러우셨을 텐데요. 그 시기와『문학과지성』의 창간 및 1980년 폐간에 이르기까지를 말씀해주십시오. 『기억의 타작』에도 『문학과지성』의 창간과 『문학과지성』 그룹의 비평적 지향점에 대한 정리를 해놓으셨지요.

김_ 1972년 유신이 선포된 이후, 가장 험악한 시절인 1974년 봄에 『동아일보』 기자들이 노조 조직 운동을 벌였어요. 서울시에 느닷없이 동아 노조가 신고된 사실이 알려지자 사 측에서 그 가담자들을 해직했어요. 그래서 대책위를 구성했는데, 또 그 대책위를 처벌해요. 2차 대책위가 만들어졌는데 대개 제 후배들이었어요. 그래서 후배들에게 필요하다면 내 이름도 넣으라고 했어요. 평소 얌전하게 보였던 사람의 이름이 가나다순으로 맨 앞에 올라 있었는데, 사회적 압력이 커지고 사내 분위기도 흉흉해지자 결국 회사는 노조는 인정하지 않되 해직했던 사람들은 복직시켰어요. 그러고서 반년 후쯤 당시의 기자협회장이 정부 어떤 부처의 대변인이 된다는 소문이 터졌어요. 기자협회에서 크게 물의가 일어나자 그는 회장직에서 물러났고요. 이렇게 된 것은 이른바 메이저 신문사들이 기자협회를 등한히 해서 생겼다면서 큰 신문사에서 기자협회장이 나와야 한다는 논의로 귀결된 듯합니다. 그때 제 후배 기자였던 이부영 씨가 저를 떠밀었어요. 어려운 시기였기에 거절할 명분이 없었지요. 그래서 기자협회 사무실에 한 번도 가본 적이 없던 사람이 얼떨결에 회장이 된 것이지요. 당시 신문 발행인들은 기자협회가 쇄신해서 언론노조를 만들려고 한다며 각각 자기 회사에서 회장이 나오지 않도록 단속했대요. 저는 회장 출마한다고 해서 정직 처분을 받았지요. 기자협회 회원이 기자협회장이 된다고 처벌당하는 어처구니없는 상황이 벌어졌던 것이지요. 신문사에 나갈 수 없게 되었으니 기자협회 일을 더 많이 할 수 있었어요. 부회장이었던 홍사덕 씨 등과 함께 마침 선언된 언론자유운동을 적극 지원하고 이를 탄압하려는 힘들에 저항해야 하는 등 일이 참 많았어요. 협회장으로서 저는 기자들이 전국적으로 확산된 신문·방송사들의 언론자유운동을 옆에서 뒤에서 혹은 앞에서 지원하고 방향을 제시하며 몇 달간을 아주 바쁘게 지냈지요. 그러던 중 『동아일보』 광고 중단 사태가 벌어졌고 이른바 '백지 광고'로 저항하고, 이런 어수선한 가운데 저는 3월에 연임하게 됩니다. 동아·조선은 결국 정부의 사주 아래 기자들의 대규모 해직 사태를 벌였습니다. 그래서 다시 농성도 하고 성명서도 내며 사태의 시급성을 알리기도 하면서 한편으로는 해직된 기자들의 생계 지원을 위해서도 힘을 모았어요. 갑자기 해직된 160여 명(『동아일보』 130여 명, 『조선일보』 30여 명)의 생계를 위해 법조계·종교계·문단 등의 뜻 있는 분들에게 기자들을 좀 도와달라고 청했지요. 함세웅 신부님이나 시인 고은 선생, 친구 황인철 변호사 등이 그때 앞장서 후원해주셨어요. 그러다가 4월에 기자협회 회장단이 기관에 연행되었어요. 제가 부회장을하고 5박 6일 정도 끌려들어갔었는데요. 기자들이 "기협 회장단을 석방하라"는 철야 농성 시위를 벌였지요. 저는 하룻밤 조사받고 닷새 동안 그냥 하는 일 없이 유폐되어 4월 말에 사퇴를 조건으로 풀려났는데, 남산에 연행된 사람들 중 고문은커녕 욕설도 듣지 않고 커피까지 얻어 마시며 대접받은 것은 우리가 거의 유일하지 않을까 싶은데 그게 이런 분위기 덕분이었을 겁니다. 아무튼 그래서 기자협회에도 『동아일보』에도 나갈 수 없었어요. 그렇게 해직이 되었지만, 직장 생활을 한 지 10년 만에 처음 방학을 맞는 기분이었어요. 5월이면 날씨도 참 좋잖아요. 마침 민음사에서 타고르 시집 번역을 의뢰해서 한가롭게 번역하고, 신학사상사에서 논문 하나 써달라고 해서 기독교와 한국 소설 관련 글을 쓰기도 하면서 평화롭고 한가롭게 몇 달을 보냈지요.

우_ 그게 선생님의 깊은 성정이십니까? 그렇게 해서 그만두셨을 때, 울분이랄까 분노랄까 하는 감정은 없으셨는지요?

김_ 울분이나 분노라기보다는, 시대에 대한 한탄, 우리가 왜 이렇게 되었나 하는 비판이 강했지요. 하지만 제 신상은 참 편하고 평화로웠어요. 세상에 대한 부끄러움, 사유와 행동에 대한 가난한 마음에 젖어 사람 만나기도 줄이고 외출도 아꼈지요. 인권 변호사로 활동하던 친구인 황인철 변호사가 그러더군요. "나는 네가 석방되고 나서 운동권에 앞장설까 봐 걱정했는데, 얌전히 집에 있어줘서 다행이다." 제 기질 탓도 있었을 겁니다. 앞장서서 싸우는 것보다는 관조적으로 관찰하고 조용히 내적으로 성찰하는 쪽이었으니까요. 제가 기자협회장을 할 때 김현과 김치수는 프랑스 유학 중이었어요. 김현이 먼저 돌아와선, 울먹울먹하면서 참 고생했다고 위로하더군요. 함께 동대문야구장에 가서 고등학교 야구 구경을 하고 난 뒤 저녁을 먹는데, 김현이 출판사를 하자고 합디다. 누구보다도 출판사 사정을 잘 아는 저였기에, 처음에는 안 된다고 했지요. 그러니 김현이 두 가지 이유를 대더군요. 지금은 네가 당했지만 앞으로 누가 또 당할지 모른다. 만약의 사태를 대비하여 기댈 언덕을 마련해두어야 한다. 둘째는 일조각에서 나오는 『문학과지성』을 우리의 출판사에서 내야 진짜 우리 잡지가 되지 않겠냐는 것이었어요. 둘 다 명분 있는 얘기였기에 또 거절하지는 못했어요. 그렇게 해서 시작한 것이 출판사 문학과지성사입니다. 매우 초라하게 시작했지만, 기왕에 『문학과지성』이라는 잡지가 있었기에 서점이나 독자들이 출판사 '문학과지성사'를 낯선 신참자로 여기지 않았어요. 다행스러운 일이었지요. 홍성원의 『주말여행』, 조해일의 『겨울여자』, 황순원 선생의 『탈』과 같은 소설집을 비롯해 『문학이란 무엇인가』, 『역사란 무엇인가』의 기획 도서들이 초기 출판물들로 의외로 다 히트를 쳤어요. 그래서 처음부터 기반을 잘 잡을 수 있었지요.

세계 문학과 한국 문학, 장편소설의 길

우_ 이제 화제를 돌려보겠습니다. 그동안 외국에 나가셔서 한국 문학에 대해서 소개하시는 기회가 많았는데요, 세계 문학과의 관계 속에서 한국 문학의 특성이랄까, 한국 문학을 외국 독자들에게 알리면서 들었던 소회 같은 것을 정리해주십시오.

김_ 독일과 일본 쪽에 여러 차례 한국 문학을 소개하고, 그쪽 작가들과 한국 작가들이 교류하는 일을 맡아서 했었지요. 그 결과로 우리 문학이 그쪽으로 번역되는 성과도 적지 않았습니다. 처음에는 우리 문학이 상당한 수준에 올라 있는데 언어적인 장벽 때문에 세계적인 평가를 얻지 못한다는 불만도 많았지요. 그런데 외국에 가서 세계 문학과 구체적으로 접촉하면서, 반성도 하지 않을 수 없었습니다. 맨 처음 독일 가서 한국 문학을 발표할 때의 일인데요. 분단 상황이나 현실과 관련된 소설을 읽고 소개했는데 그 반응이 신통치 않았고 오히려 오규원이나 김혜순 같은 모더니즘적 서정시들에 더 큰 반응을 보이더군요. 왜 그런가 생각을 해보았지요. 저는 독일도 한국과 비슷하게 독재와 분단을 체험했고 전쟁 이후 빈곤을 경험했으니까, 공유할 수 있는 경험을 드러낸 작품이 공감받을 수 있겠다고 생각했던 것입니다. 그런데 그게 아니었어요. 그때가 1990년대 전반이었는데요, 우리는 아직 그 아픈 기억과 고통스러운 현실이 생생한 것이었지만,

그들에겐 이미 한 세대가 훌쩍 지나간 옛이야기였던 겁니다. 그러니 "아직도 그 얘기냐"는 반응이었지요. 비슷한 주제이지만 세대가 달라지니까, 우리에게는 실감 나는 이야기가 그들에게는 식상했던 겁니다. 주제적 측면뿐만 아니라 소설의 분량 면에서도 그래요. 이전까지는 몇몇 단편소설 중심으로 소개가 되었어요. 그러다가 박경리 선생의 『토지』가 번역되고 있었는데요. 이것도 부담스러울 것 같았어요. 한국의 현대사를 잘 모르는 독일 독자들이 그런 긴 대하소설을 제대로 받아들일 수 있을까 걱정했던 것이지요. 사실 『토지』를 비롯해 홍성원의 『남과 북』, 김주영의 『객주』, 황석영의 『장길산』 같은 큰 소설들로 한국의 문학은 대단히 풍성해지고 양과 질의 면에서 공히 향상되었다고 자부하던 때였는데, 외국 독자들과 소통하려니 그 길이가 부담스러웠어요. 소통 가능한 한 권 분량의 장편이 적당할 텐데, 그렇게 맞춤한 작품이 많지 않았지요. 그러면서 단편의 문학성이나 대하소설의 풍성함도 중요하지만, 적당한 길이의 장편문학이 활성화되어야 한다는 생각도 하게 되었습니다. 1990년대 이후, 특히 2000년대 이후에는 장편 창작이 예전과 달리 많이 활성화되는 것 같아요. 그에 따라 문학상 운영도 장편에 신경을 많이 쓰는 것이 효율적일 것으로 생각합니다.

우_ 벌써 시간이 많이 지났네요. 최근 문학을 보시는 선생님의 직관을 말씀해주십시오.

김_ 근래에 나온 하창수 씨와 이신조 씨의 작품에 감탄하고 놀랐어요. 개별적으로 뛰어난 작품도 많고 전반적으로 묘사의 테크닉과 자유로운 상상력이 우리 시대와는 많이 달라졌더군요. 요즘의 젊은 작가들 작품들이 가령 김승옥·이청준·이문구·홍성원 등의 1960년대 작가들이 경험과 주제의 형상화에 집중한 것과 달리 표현력이나 실험적인 태도가 훨씬 활발하게 개발되었다고 생각해요. 2008년에 공교롭게도 박경리·홍성원·이청준 세 작가가 작고하지 않습니까? 이것이 우리 문학의 한 징조가 아닌가 해요. 문학을 통해서 세계와 싸우고자 하는 장인 정신이 물러나고, 물론 앞으로도 여전히 문학은 지속되고, 더 좋은 작품이 나오며 베스트셀러, 인기 작가들도 더 높이 부상할 수 있겠지만, 세계와 혹은 존재와 싸우는 장인 정신의 작가는 거의 끝나가는 단계가 아닌가 하는 비애를 혼자서 토하기도 했습니다. 이문구·박경리·이청준 못지않게 나름대로 고뇌하면서 생각하고 언어를 찾아내며 문장을 쓰고 방법론을 개발해내겠지만 어쩐지 이전 세대와는 뭔가 다르지 않을까 합니다. 그 다른 것이 무얼까, 어쩌면 이전 세대의 작품보다 더 좋을 수 있는데도, 내가 느끼는 것이 무엇일까, 왜 이전 세대의 작가들을 더 존중할까, 내가 그들과 같은 세대라서 그럴 수도 있겠지만, 그것 말고도 작품상의 차이가 있지 않을까, 생각하다가 그래서 찾은 것이 있어요. 우 선생이 '접속의 시대'라고 했지만, 그 이전에는 소외의 시대였잖아요. 다시 말하면, 즉자의 문학, 현실을 직접 맞부닥치는 문학, 간접화하지 않고 맞닥치는 문학 말이에요. 내가 아프다고 했을 때, 앗! 하고 아프다고 직접 말하는 세대와 그것을 한두 바퀴 돌려서 달리 그 표현을 찾는, 그 차이가 아닐까. 그건 좋고 나쁨의 차이가 아니라, 다름의 차이, 다시 말하면 급변하는 세계 상황의 다름의 차이인 것 같아요. 그때는 인터넷이나 컴퓨터가 없던 시대의 문학이고, 지금은 이것들이 지배해가고 있는 시대의 문학이지요. 다시 말하면 전기나 철도가 태어나기 전의 고전 시대와 그 이후의 문학이 다르듯이, 이제는 리얼리티와 버츄얼리티의 차이라는 것이지요. 지금은 장인의 시대, 인문주의 시대가 아니라, 자본이나 과학 기술과 어쩔 수 없이 나란히 가야 하는 테크닉의 시대이지요. 이게 나쁘다기보다 시대의 변화 때문에 생긴 어쩔 수 없이 삶과 세계의 변화에 대응하는 문학의 변화가 아닌가 싶어요. 그 경계선에서 제가 양쪽을 바라볼 때, 이전에 대한 존중과 이후에 대한 걱정이 공존하는 거죠. 아니 걱정이라기보다 기대라는 말이 더 좋겠네요. 우리 문학뿐만 아니라 세계 문학 전반이 그런 변화의 도정에서 격동하고 있는 상황이니 말입니다.

깊은 문학의 바다에 그물을 드리우고

우_ 선생님의 글 제목이기도 하지만, 선생님의 비평에서 변한 것과 변하지 않은 것에 대해 여쭙고 싶습니다. 50년 동안 문학과 삶을 조망하는 태도 면이나 비평 정신 측면에서 변함없이 견지해오신 것과 세계와 문학의 변화에 탄력적으로 대응해오신 것들에 대해 정리해주셨으면 합니다. 좀 거북한 질문일 것 같아 송구스럽습니다만……

김_ 참으로 난처한 질문인데……

우_ 제가 좀 추임새를 넣어볼까요. 선생님께서 변하지 않은 것은 대상에 대한 가없는 애정이 아닐까 싶습니다. 그러니까 부정적인 대상이든 긍정적인 대상이든 가능하면 사려 깊게 애정을 가지고 대화하려고 노력하신 것, 직접 쓰지 않더라도 자신의 관심 밖으로 내치지 않고, 끊임없이 관찰하시면서, 선생님과 입장이 다른 작품이나 다른 사람들과도 끊임없이 대화하려고 모색했던 것, 이런 것들은 변함없이 지속되어온 것 같아요. 그리고 좀처럼 화내시지 않는 것도 그렇고요. 선생님의 이런 성정이 어디에서 비롯된 것인지 퍽 궁금합니다. 개인적으로요. (웃음) 가라타니 고진은 '내면 풍경'이란 말을 썼지만, 선생님께서는 '내면 정경'이란 말을 즐겨 쓰셨지요. 이 정경이라는 말이 참 가슴에 와 닿아요. 풍경이라는 말은 객관적인 대상을 드러내는 말인데, 정경이라는 말은 그 대상과 주관 사이의 상호주관적인 지평을 환기하거든요. 이런 모습이 선생님의 비평과 삶에서 변하지 않은 핵심이 아닐까, 저는 어렴풋이 짐작하고 있습니다. 그런가 하면 1970년대에 억압적 현실과 산업 세대와의 대화, 1980년대에 민중주의와의 대화, 1990년대 인터넷 세상이나 자본-과학 복합체 시대와의 대화 혹은 2000년대에 유전공학-과학 기술 시대와 인문주의와의 새로운 대화 등 결코 대화하기 쉽지 않은 상대들과 끊임없이 대화를 해오시면서 비평의 구체적 세목을 바꾸어오셨습니다. 그런 과정에서 늘 '전망을 위한 성찰'을 해오신 것도 변하지 않은 것이었지요.

김_ (웃음) 저보다 저를 더 좋게 이해해주시는데. 음…… 비평에 대한 기본적인 콘셉트가 떠오르네요. 제가 1960년대 신문사에 입사하여 형편이 넉넉하지 못할 때, 아르바이트로 시사영어사에서 간행할 미국 단편 전집들의 번역 원고를 검토한 적이 있어요. 그 소설들은 당시 서정인이나 이청준, 김승옥과 견주어 볼 때 그리 대단한 작품이 아니었어요. 그럼에도 왜 그 소설들은 세계적인 작품으로 떠올려졌을까, 따져보지 않을 수 없었지요. 이 작품을 놓고 얼마나 많은 미국의 문학자·비평가·기자들이 연구하며 의미화했을 것인가, 그래서 그 자체는 이만한 수준이지만 거기에 부가된 갖가지 평가와 해설, 의미 발견이 축적되어서 큰 작품으로 보이게 하지 않았을까, 하는 생각이 들었어요. 비평이란 작품에 대한 의미의 부가 작업, 작품을 분석하면서 해석하고 거기서 새로운 의미를 발견해내고 그것을 중요하게 키워내는 그런 작업이 아닐까, 그때 그걸 아주 깊이 생각했어요. 저 같은 사람을 보고 흔히 주례사 비평가라고도 하는데 주례사란 드러난 아름다움과 의미에 더하여 드러나지 않은 가능성까지 헤아리고 기대를 키워 주는 역할을 하는 존재입니다. 비평 역시 가능성을 열어나가는 작업이어야 하지 않을까요? 굳이 초등학교의 만능 교사처럼 창작자들 위에 군림하며 점수 매기고 야단치고 재단하고 하는 것이 문학에 도움이 될까요? 비평가는 결코 전능한 존재가 아니지요. 비평의 본령도 그런 데 있지 않고요. 예전에 채광석 씨가 비평가는 비난가라는 비아냥을 한 적이 있는데요, 정말 비평가는 비난가가 되기보다는, 메타 작업을 통해 이 세계(비평의 경우 작품과 작가들)에 새로운 의미와 질서를 부여하는 사람이 되어야 한다는 생각을 해요. 작품이 못마땅하면 안 쓰면 되지요. 그런 생각을 하면서 나는 기본적으로 작품의 의미를 탐색하고 가능성을 발견하고 또 함께 모색하고 그런 일을 하고 싶었어요. 비판할 것이 있다면 그것은 암시적으로 혹은 우정 있는 권고를 하면서요.

우_ 문학이란 바다 깊은 곳에 그물을 드리운 베드로 같은 모습인데요. 칠흑 같은 깊은 바다 안에 아무리 귀하고 큰 물고기가 있다고 하더라도 그것을 낚아 드러내 보이지 않는 한 그 존재를 알기 어렵지요. 저도 좋은 비평가상으로 늘 베드로를 떠올리는 편입니다.

김_ 우 선생도 대학에서 경제학 전공을 했죠? 아시겠지만 저도 대학 때에 사회과학을 전공했고, 그 후에도 저는 문학 개론이라든가 하는 문학 강의를 듣거나 읽어본 적이 없어요. 문학 독자이긴 했겠죠. 학생 시절에도 작품을 보고, 신문 기자 시절에도 한국 문단 반세기를 쓰면서, 우리 문학사를 통괄해 볼 기회를 가지게 되면서, 일제시대

때 친일 작가들이 다시 고통스럽게 이해되더군요. 그들을 비판할 것은 비판했지만, 역사의 희생자로 그들을 이해하며 싸안아야 한다는 쪽으로 마음이 움직였어요. 그러고 난 후에, 유신 시절이 끝나고 새로운 시대로 들어가면서, 정치적인 민주화보다 더 현실적으로 다가오는 것이 과학 문명이라든가 새로운 기술 개발이라든가 한국의 경제적인 풍요로움이라든가 하는 것들이었고 이런 환경의 변화 속에서 우리의 삶과 문학이 그 변화와 어떻게 조우하는가에 관심을 많이 가졌고요. 우리 사회가 이런 것들을 어떻게 수용하고 받아들일 것인가 하는 문제들을 고민했던 것이지요. 그것은 문학적인 관심이라기보다는 인문주의적인 관심이라고 해야겠지요. 그래서 과학이나 생명공학 분야의 책들도 많이 보고, 리프킨의 『노동의 종말』 같은 문명 비평서들도 많이 참조했어요. 새롭게 떠오르는 사회적인 과제, 이것이 하나의 추세로 다가올 때는 비난하거나 무시해서는 결코 정당한 대응을 할 수 없겠다는 생각이 들더라고요. 그것을 정면에서 바라보며 수용할 것은 수용하고 극복할 수 있는 것은 극복해야지, 없는 것으로 무시한다든가, 잘못된 것으로 비하한다든가 하면, 급변하는 시대에 제대로 적응하지 못할 것은 물론 새로운 전망을 열어가기 어렵겠다는 생각이 들었어요. 마르크스의 말대로 역사에 정직하며 교훈을 깨달아가는 것이 필요한 것이고 저 나름대로 그렇게 따라가보려고 노력해보았지요. 그런데 요즘 와서는 IT가 실제 생활에서 갖가지 형태로 들어오니까 여기서는 더 이상 따라가기 어렵겠다는 생각이 들어서 포기하기도 합니다.(웃음) 근래에 휴대전화로 문자 보내는 것을 익혔는데, 그것만으로도 자부심을 느낍니다.

우_ 머잖아 트위터도 하실 것 같은데요.

관용의 정서와 상대주의

김_ 트위터? 그건 자신이 없어요…… 어쨌든 관용이랄까 상대주의적인 의식 같은 것은 제게 매우 중요한 덕목으로 보였습니다. 아무래도 내 성격 때문인 것 같은데요. 제가 막내여서 집안일에 자유로울 수 있었고 그러면서 자신의 존재를 상대화하기 좋은 위치였지요. 그리고 청소년 시절에 교회를 다니면서 내면 성찰을 많이 했던 것이 제게는 귀중한 체험이었습니다. 구체적으로 행동하기보다는 내면을 응시하는 태도로 기운 것이 그 때문이었을 것입니다. 남 앞에 나서서 지휘하기보다는 뒤에서 관찰하고 조망하며 탐색하는 자세를 취하게 된 것이지요. 언젠가 쓴 적이 있습니다만, 근 30년 전 신수동의 문지 사무실에서 밖을 바라보는데, 문득 내가 그 창살 속에 갇혀 있다는 생각이 들었습니다. 창살 밖과 안의 보이지 않는 장벽 안에서 나와 저것과의 관계를 느꼈어요. 내가 안다고 의식하는 것은 사실은 그 이상의 것들에 대해서는 모른다는 것과 다름없는 일이지요. 내 시야에 들어온 것만 아는 거지 시야 밖은 내가 모르잖아요. 이런 자기반성의 기반 위에서, 『문지』를 하면서 『창비』를 의식하고, 참여하지 않고 사무실 안에 있으면서 운동권의 활동이라든가 수난을 바라보고, 그런 걸 보면서 마땅히 참여해야 할 때 참여하지 않는 나 자신, 참여를 선택하지 않는 나 자신에 대한 비난만도 아니고, 내 몫은 이거다, 내가 하지 못한 것을 저들은 하고 있다, 그래서 그들을 존중해야 한다고 자연스럽게 생각했어요. 그래서 『문지』에 있을 때에 『창비』의 활동을 상당히 높이 평가했고, 순수파 속에 있으면서도 저항 운동에 참여하는 사람들의 현실적인 효과를 존경하였습니다. 어떻게 보면 이런 타자에의 인식이 현실에서는 모순된 모습이 되기도 하겠죠. 해야 되면 해야 하는데, 안 하면서 한 사람에 대해 존경만 보인다는 게 말입니다.

우_ 가정에서 막내지만, 사회에서는 맏형 역할을 많이 하시지 않았습니까. 문학과지성사 사장도 하셨고, 기자협회장으로 활동도 하셨으며 한국문화예술위원회의 초대 위원장도 역임하셨는데, 또 요즘에는 여러 선생님들 돌아가신 다음에 장례위원장도 하시고, 추모사업회장도 하고 계십니다. 이제 두 가지 질문이 남았습니다. 문단의 원로로서 후배들에게 하고 싶으신 말씀과 함께, 향후 10년간 선생님의 비평 작업의 새로운 계획 같은 것을 말씀해주시면 감사하겠습니다.

개성적 성찰, 성찰적 개성

김_ 저는 특별히 후배들에게 하고 싶은 말은 없어요. 아까 말씀드린 것처럼 이청준·홍성원 등과 함께했던 문학 시대와 새로운 젊은 시대와는 기본적인 펀더멘털이 많이 다르기 때문입니다. 다만 어떤 경우에도 자기 식으로 살아가라는 말씀을 나누고 싶습니다. 꾸준히 자기 성찰을 하면서 말입니다. 적어도 지식인이고 문학인이고 인문주의자라면 자기 성찰은 꾸준히 해야 할 기본 덕목입니다. 그건 세대를 넘고 시대를 넘어서 인간이라면 언제나 필요한 작업이지요. 향후 10년 동안의 계획에 대해서도 특별히 할 말이 많지 않습니다. 세월을 겸허하게 받아들이면서 허허롭게 지내렵니다. 저는 참 요즘 평온하게 살고 있습니다. 서서히 다가오는 육체적 노화 현상은 다소 서글픈 일이지만 자연스럽고 온건하게 받아들입니다. 김현처럼 쉰도 안 돼서 가면 참으로 안타까운 일이지만…… 제 아내가 작년에 유방암 수술을 받았어요. 요즘 들어 몸이 예전 같지 않은 것 같다고. 수술 탓이 아니냐고, 자주 우울해해요. 그럴 때 저는 그래요. 그런 탓도 있겠지만 이제는 노화 과정으로 봐야 하지 않겠냐고, 이제는 나이의 몸이 지닌 한계를 알아가야 할 때가 되지 않았느냐고 말입니다. 사실 이러한 변화를 가장 잘 준비한 사람이 이청준입니다. 그는 노년문학을 가장 일찍 시작하기도 했고 늙어감에 대한, 늙음에 대한 생각을 문학적으로 가장 많이 표현했지요. 물론 그 친구는 젊어서도 애늙은이 같긴 했지만……그래서인지 이번 『문학과사회』 여름호에 실린 병상 일기는 참 감동적으로 다가옵디다. 자기한테 다가오는 운명을 응시하는 그윽한 시선은 일흔 이후부터 가능한 태도라는 생각이 들어요. 너무 음울한 이야기를 하나요?

우_ 아닙니다. 선생님, 저는 선생님의 『기억의 타작』을 보고 이런 생각을 했습니다. 제가 시골 출신이기 때문에 타작 무렵의 시골 풍경을 잘 아는데요. 농사짓는 사람들이 가장 평온하고 평화로울 때가 타작 이후의 시간대이지요. 타작하고 난 다음의 여유와 평온 속에서 가을 들녘을 거닐다 보면, 그 전에는 생각하지 못했던 새로운 성찰도 할 수 있습니다. 그런 풍경 속에서 선생님의 모습을 그려보았던 것입니다. 21세기 초에 선생님께서는 자신과 후배들에게 이런 과제를 부여하신 바 있습니다. 「21세기 한국 비평문학의 과제」라는 글이었지요. "문학비평가는 과학의 인문주의화, 기술의 인간화를 위한 지식과 통찰이 필요할 것이며 새로운 윤리의 구성과 새로운 밀레니엄적 삶과 사회에 정합성을 가질 세계관을 모색해야 할 것이다. 이때의 문학비평가는 단순한 문학 해석자가 아니라 문명사가이고, 사상가인 동시에 미학자이며, 과학적 이해력을 가짐과 동시에 그것의 존재에 대해서 비판을 가할 수 있는 철학자여야 할 것이다"라고 하셨지요. 다시 말해 문학비평가가 "작가와 작품을 분석하고 평가하며 문학사를 구성하고 문학 이론을 전개하는 전래의 기본 작업으로부터 세계를 통찰하고 인류의 미래를 예상하며 문화와 문명에 대해 비판하고 대안을 모색하는 일에 이르기까지 르네상스적 석학"이 되기를 소망한다고 하셨습니다. 50년 동안 많은 것을 이루시고 타작하셨지만, 여전히 비평 현장에서 저희와 함께 그 공동의 과제를 수행해주실 것을 믿고 미리 감사드립니다. 아마도 타작마당 이후 가을 들녘에서의 깊고도 부드러운 성찰이 그 새로운 과제를 경작하는 데 크게 도움이 될 것입니다. 오랜 시간 동안 좋은 말씀 고맙습니다.

김_ 수고 많았습니다.

〔2010. 여름〕

36년간의 수난이 있었기에 지금이 있다[1]
― 일본 문예비평가 신후네 씨와의 대담

2월 중순, 서울에서 김병익 씨를 만났다. 전날 밤부터 내린 눈이 거리를 뒤덮은 추운 날이었다.

김병익 씨는 한국을 대표하는 문학평론가다. 다수에 이르는 그의 저작은 유감스럽게도 일본어로 번역되지 않은 탓에 일본에는 거의 알려지지 않았다. 일본 식민지 시대인 1938년에 경상북도 상주에서 태어나 해방을 맞이한 1945년에 초등학교에 입학했다. 처음부터 공용어로 채택된 한글로 교육을 받아 한글로 생각하고 글을 쓴 최초의 세대, 소위 한글 세대다. 이 세대는 또한 '4·19 세대'라고도 불린다. 서울대학교에서 정치학을 전공한 김병익 씨는 4학년 당시 대통령 선거 부정을 규탄해 이승만 정권을 무너뜨린 '4·19 혁명'에 참여해 싸웠다.

---

1) 일본 문학평론가 신후네 가이사부로(新船海三郎)씨와 '한일합병 100년과 문학, 4·19 세대'란 주제로 한 대담. 『季論21』 제8호(2010. 4)에 수록되었는데 통역을 맡은 재일 비평가 안우식(安宇植) 선생이 중간에 설명과 해설을 보탰기에 나의 말이 잘못 전달될 수도 있었을 것이다.

식민지 시대, 해방, 남북 분단, 한국전쟁, 군사 독재, 경제 성장, 민주화 등 격동의 한국 현대사를 살아온 그는, 언론인으로 출발해 군사 독재 정권을 비판하는 기사로 문책을 받았으나 주장을 철회하는 대신 사직한 경력이 있다.

김병익 씨는 1970년에 동세대 문인들과 동인 『문학과지성』(현재는 『문학과사회』로 개제)을 결성하고 동명의 출판사를 창립했다. 좌익과는 다소 다른, 자유정신에 의해 뒷받침되는 그의 리버럴한 논설은 두터운 신뢰를 받는다. 1980년대 말부터 시작된 민주화 물결 속에 그가 한국문화예술위원회 위원장이라는 요직을 맡은 것도 강직함과 더불어 폭넓게 사람을 받아들이는 인품 때문일 것이다. 그러나 군사 독재 정권하에 불우한 시절을 보냈던 문화인들 중 일부가 시세에 편승해 덕을 보겠다고 몰려드는 모습에 실망해 사임했으리라고 이야기된다. 사람이 살아가는 인생의 마디를 소중히 여기고 청렴한 자세를 잃지 않음으로써 문장에 혼을 담아온 사람다운 결단이라 할 수 있을지도 모른다. 그러나 그를 '투사'라 하기에는, 작은 체구를 둘러싸는 공기가 온유하다. 태탕(駘蕩)한 봄바람 같은 포근함이 있다. 말투는 대체적으로 온건한데, 이따금 말이 빨라지면서 눈살을 찌푸리곤 한다.

인터뷰는 한일 합병 100년에 관한 이야기로 시작되었다. 한국에서는 어떤 식으로 역사를 돌아보고 검증하고 있는지를 물어보았다.

수난을 통해 얻은 독립 의식

김_ 지금은 제일선에서 물러났기 때문에 어떤 논의가 벌어지고 있는지 잘 모른다. 그러나 지난 100년을 돌아보면, 격동과 부침이 대단히 심했던 역사가 아니었을까 싶다. 우선 40년 가까이 이어진 식민지

지배가 있었다. 1919년의 3·1 독립운동은 탄압을 받아 가라앉고 말
았다. 태평양전쟁이 끝나고 해방되었지만(1945), 그것은 부상(浮上)
의 계기가 되지 못했다. 남북이 분단되고 그것이 고정화되더니, 한국
전쟁(1950)이 발발했다. 4·19 혁명(1960)에서 5·16 군사 쿠데타
(1961)를 거쳐 독재 정권의 세력이 강화되었다. 민주화를 요구하는
학생들의 투쟁이 계속되며 광주 사건(1980)과 6월 민주 항쟁(1987)
등으로 확대되었다. 대체로 10년마다 커다란 고비, 충격적인 사건을
맞았다. 그것이 올림픽까지 내내 이어졌다. 올림픽을 지나면서 상황
은 비로소 나아지기 시작했다. 노태우 대통령의 취임과 더불어 시작
된 제6공화국 시대는 김영삼, 김대중, 그리고 식민지 지배를 체험하
지 않은 노무현을 대통령으로 선택했다. 재작년 선거에서는 이명박의
보수 세력이 10년 만에 정권을 잡았다. 다양한 방면에서 국민의 권리
가 보장되고 남북 대화가 시작되었으며 경제적으로도 크게 성장했다.
이런 경험을 한 나라는 세계 어디에도 또 없지 않을까.

　일본에서는 시바 료타로의 『언덕 위의 구름』이 TV 드라마로 제작
되면서 청일 및 러일 전쟁과 한일 합병을 포함한 일본 근대사를 재조
명하는 논의가 왕성하다. 그러나 한국에게는 수난과 굴욕의 36년간
이다. 그렇기에 논의와 검증이 전혀 다른 각도에서 벌어지고 있다.
특히 김병익 씨는 이제껏 없었던 논의를 전개하고 있다.

　김_ 일본에서는 아닌게아니라 '한일 합병'이 근대화의 출발점이 될
지 몰라도, 한국에서는 그것을 근대화의 출발점으로 삼을 수 없다.
그것이 마이너스적인 사건이기 때문이다. 근대화의 출발점을 따지자

면 1894년의 동학운동(갑오농민전쟁)이 그것이었다 할 수 있다. 동학은 서학에 대한 안티테제였다. 한국에서는 지금도 동학을 중요하게 여긴다. 농민들은 빈곤과 압정에서 해방되고자 일어선 것이었으나, 그것을 탄압한 것이 일본이 조선을 식민지화하는 계기가 되었다. 일본에게 한국의 식민지화와 근대화는 결부되지만, 한국에서는 그렇지 않다. 해방 뒤에 남북이 분단되어, 그 상황은 지금도 계속되고 있다. 그것은 36년간의 식민지 지배의 연장 선상에 있다. 그때까지 한국인에게 일본은 자기들보다 뒤처진 나라, 자기들이 문화를 전수해준 나라였다 보니, 일본의 식민지가 된 것은 대단히 심리적으로 굴욕적인 사건이었다. 현실적으로 대단히 마이너스였다. 수난이었다. 그러나 동시에 그 수난을 통해 한국은 비로소 독립이라는 문제를 생각하고, 그를 위해 전력을 다한다는 의식을 갖게 되었으며, 그로부터 새로운 것에 대한 자신감을 갖기 시작했다. 그런 면에서는 식민지 지배도 전적으로 부정적으로 평가할 수만은 없다고 생각한다.

이야기를 듣다 말고 하마터면 탄성을 지를 뻔했다. 김병익 씨는 일본의 식민지 지배를 긍정적인 시각으로 평가하려는 것이다. 문득 남아프리카의 넬슨 만델라를 럭비 세계 선수권 대회를 무대로 그린 영화 「인빅터스」가 생각났다. 27년간의 옥중 생활을 경험하고도 그들을 원망하지 않고 그들과 더불어 이 나라를 만들어가겠다는 만델라의 강인함, 부드러움. 김병익 씨는 수난이 있었기에 지금이 있다고 한다. 이 말을 일본 사람이 했다가는 대단히 문제가 될 것이다.

김_ 일본의 식자라는 이들은 곧잘 일본이 통치한 덕택에 그 은혜로 한국이 근대화된 것이 아니냐고 한다. 설비가 새로워졌으며 제도가 정비되었다고 한다. 아닌게아니라 맞는 말이다. 그러나 그에는 그 나름의 목적이 있었다. 일본은 한국인을 종으로 삼기 위해, 부리기 쉽게 하기 위해 가르친 것이다. 은혜를 베풀었다고 하는데, 은혜가 아니다. 그들의 편의상 그러했을 뿐이다. 그런 부정적인 측면을 보지 않고 좋은 일도 했다고 한다면, 그 말은 옳지 않다. 전형적인 예가 학교 교육이다. 일본 문부성은 한반도에서 근대 교육을 실시했으나, 한글 교육은 전면적으로 말살했다. 민족 정체성을 허용치 않는 교육을 한 것이다.

식민지 시대의 문학, 해방 후의 문학

문학은 그때 어떠했는가. 김병익 씨가 말하는 빼앗긴 정체성을 되찾기 위해 문학은 어떤 역할을 했는가. 그리고 그것은 해방 후의 문학에 어떤 영향을 미쳤는가, 연결되었나. 그 부분을 질문해보았다.

김_ 한국의 근대문학을 말할 때 세 가지를 고려해야 한다고 생각한다. 하나는 계몽이라는 문제, 이어서 민족주의 문제, 그리고 프롤레타리아 문학. 이 세 가지다. 계몽주의는 당연히, 세계적인 동향을 알고 그 속에서 자기들이 처한 위치를 아는 데 중요했다. 동시에 한국은 이미 식민지 지배하에 있었으므로, 언어가, 어떤 언어로 쓰는지가 문제가 되었다. 그렇기에 문학은 그대로 민족 정체성과 직결되었다. 계몽과 민족주의는 결부되어 있었다. 그것이 근대의 출발점이었다. 프롤레타리아 문학은 한국의 경우 일본에서 유입되었다. 다만, 일본에서는 기업이 탄생하고 공장 노동자가 등장하면서 계급으로서의 프롤레타리아가 형성되었으나, 식민지였던 한국에는 그런 것이 거의 없다시피 했다는 점이 결정적인 차이다. 기계화가 이루어지지 않았으므로 농촌이 중심이었다. 프롤레타리아의 투쟁도 지주 계급과의 싸움이었다. 따라서 봉건제, 봉건적인 것과의 싸움이 프롤레타리아의 목표가 되었다. 식민지 지배가 만약 플러스로 작용한 것이 있다면, 일본이라는 다른 문화와 접촉함으로써 자기 것에 눈떴다는 점이 있다. 그것을 소중히 하려 하면서 민족 감정이 생기고, 자기 것에 대한 인식이 더욱 뚜렷해졌다. 그것이 없었다면 자의식을 갖지 못한 채로 일본 것에 휩쓸리지 않았을까. 식민지 지배가 40년이 채 안 된 것도 다행이었고, 식민지 지배를 체험했다는 것도 플러스로 작용하지 않았을까 생각한다. 식민지 지배를 경험한 나라 중에, 그 수난을 딛고 일어나 자기를 되찾은 나라는 세계에서도 유례를 찾아볼 수 없지 않을까. 한국이 유일한 예가 아닐까 싶다.

김병익 씨 같은 시각에서 식민지 지배를 플러스적인 측면에서 긍정적으로 평가하는 논의는 이제껏 들어본 적이 없다. 대체 언제부터 이런 생각을 했던 걸까. 그것이 몹시 궁금하다. 인터뷰 중에 다른 생각에 사로잡히면 위험하다. 의문은 그 자리에서 바로 해결하는 것이 철칙이다. 나중에 묻자고 생각했다가 잊어버렸다가는 돌이킬 수 없다. 그렇게 생각하면서도 이야기에 빨려들었다.

한국전쟁이 연 세계의 창문

김_ 나 개인적으로는, 일본인은 성실하고 부지런히 일한다고 생각한다. 나쁜 사람들이라 생각지는 않는다. 그러나 식민지 지배라는 제도 안에서는 역시 달라진다. 그런 사람들 틈에서 수난을 당했기에, 수난에 의해 자신을 극복하고 사고를 수정해 바뀔 수 있었다. 그것이 없었으면 더욱 게으른 민족이 되지 않았을까 싶다(웃음). 그러나 그런 관계도 일본과 한반도 간에만 존재하는 것이 아닐까. 다른 곳에서는 전쟁을 하고 서로 살상을 벌이는 등 상황이 더욱 심각하다. 그렇기에 수난을 플러스적인 측면에서 평가하는 일이 중요하지 않을까 싶다. 오랜 한일 역사를 보자면, 원만한 관계를 이룰 수 있을 터인데도 결국은 늘 역설적인 방향으로 꼬여 나쁜 것을 남겼다는 생각이 든다. 1945년에 해방을 맞이해 무엇보다도 다행이었던 것은 한글을 공용어로 선택한 일이다. 지금 와서 생각하면, 한글은 컴퓨터를 쓰는 경우에건 다른 경우에건 가장 편리한 문자다. 한글이 있었기에 민족 정체성을 회복할 수 있었다. 또 자본주의적 민주주의 체제를 선택한 것도 다행이었다. 해방 후, 특히 한국전쟁 이후를 보면 이승만의 독재가 있었고, 그것을 타도한 4·19 혁명이 있었고, 군사 쿠데타가 발생하는 등, 사회적·정치적으로 대단히 힘겨운 상황이었다. 그러나 그런 가운데 경제 성장을 이루어냈다. 양립될 수 없는 일이 양립되었다. 그런 점에서는 다른 나라와 비할 수 없는 독특한, 운 좋은 일이 해방 후에 벌어졌다고 생각한다. 더불어 한국전쟁 문제도 있다. 아닌게아니라 같은 민족, 부모 형제, 친척이 적과 아군으로 나뉘어 서로를 죽였다. 크나큰 비극이었다. 그러나 그뿐 아니라, 한국전쟁은 오래된 것, 전통적인 것을 전부 뒤바꿔놓고 말았다. 계급, 신분 할 것 없이 싹 쓸어 일신하는 계기가 되었다. 이 경험이 식민지 36년간의 콤플렉스를 밀어냈다. 한국전쟁은 이제 와서 생각하면 제로의 공간에 글로벌한 것을 넣는 기회였다 할 수 있다. 또 한국전쟁에서 북한 측으로 참전한 나라는 중국과 러시아뿐이었으나, 남한 측에는 16개국이 참전했다. 그로 인해 단번에 세계와 접촉할 수 있었다. 그때까지 존재했던 공백이 새로이 메워졌다. 그리고 전쟁이 끝나자, 이번에는 한국인이 전 세계로 흩어졌다. 특히 당시 건설 붐이었던 중근동에 나간 한국인이 많았다. 미국과 그 주변국에도 다수의 한국인이 건너가 다양한 것을 보고 배웠다. 무엇보다도 사람과 사람의 관계를 맺어나갔다. 베트남전쟁에서도 한국은 미국과 한편이 되어 침략하는 측에 섰으나, 민간 영역에서는 사업을 활발히 벌였다. 한국인은 게으르고 폐쇄적이며(웃음) 안에 틀어박히기 십상인 민족이지만, 그렇게 해서 전 세계로 퍼져나간 것이 매우 의미가 있을 것 같다.

그것은 역사의 우연이라 할 수는 없으리라. 도무지 자연사적인 흐름이 멋대로 만들어낸 것이라고는 생각되지 않는다.

근대화는 '4·19 혁명'에서 시작되었다

김_ 처음에는 그런 역사의 흐름이었는지도 모른다. 그러나 이승만을 타도한 뒤, 이 나라는 다른 나라가 되어갔다. 즉 4·19 혁명이 심리적으로 지지해주었다 할 수 있다. 학생 운동으로 오랜 독재 정권을 쓰러뜨린 것은 한국 역사상 처음 있는 일이었다. 4·19는 시민의 선택이기도 했으므로 많은 사람들에게 받아들여지고 인정되었다. 그런 경험을 그때 한 것이다. 4·19는 한국 근·현대사에서 처음이라 해도 좋을 긍정적인 사건이었다. 그때까지는 식민지가 되고, 탄압을 받고, 쿠데타가 일어나는 등, 모두 부정적인 일뿐이었다. 4·19가 처음으로 건설적인 의미를 가졌다. 그리고 그것을 자각했다. 이 의미는 매우 크다. 그리고 4·19 세대는 박정희 정권하에서도, 또 학교를 졸업하고 실제 사회에 나와서도 근대화를 추진해 경제 성장의 중심이 되었다. 한국의 근대화는 4·19에서 시작되었다는 생각이 우리 세대에게는 강하다. 우리 세대는 해방 세대이자, 한글 세대, 그리고 근대화 세대라 할 수 있다.

통역을 맡은 안우식 씨가 "나도 그 기분은 알겠다"고 했다(안우식 씨는 1932년생 재일교포다. 종전 후에 민족 교육으로서 한글을 배웠을 때 느꼈던 해방감을 잊을 수 없다고 한다). 어떤 것을 이루어낸 사람의 긍지인가, 강인함인가, 다정함인가. 나는 형용하기 힘든 감정에 사로잡혔다. 그런 내 기분과는 무관하게 김병익 씨의 이야기는 이어졌다.

김_ 저항권은 국민의 당연한 권리라는 생각이 그때 인정되었다. 본격적인 진보주의가 시작되었다. 4·19는 20년 뒤 '광주 사건(5·18)'으로 이어졌다. 광주 사건 이후로도 온갖 대립과 투쟁이 있었지만, 그러다 하나로 통합된 것이 올림픽이었다. 그제야 비로소 모순이 해결되었다. 그런 격동을 경험했으니 문학도 얌전할 리가 없다. 한국에 있고 일본에 없는 것은 3·1 독립운동이요, 4·19 혁명이요, 광주 혁명이다. 한국은 혁명이 사회를 변혁해왔고, 변혁할 계기를 만들어왔다. 일본에 그것이 없는 것은 천황제 문제가 있기 때문이라 생각한다.

김병익 씨는 그에 관해 하고 싶은 말이 아주 많다는 표정이었다.

김_ 일본 식민지 시대에 유일하게 발언이 가능했던 것은 문학이었다. 문학가는 각각 작가, 시인, 평론가인 동시에 사회를 이끌어나가는 견인차 역할도 맡았다. 계몽주의도, 사회주의도, 민족주의도 모두 작가들이 표현하고, 발언하고, 행동했으며, 그리고 희생되었다.

김병익 씨는 "역설적인 예이지만"이라며 말을 이었다.

김_ 시인 예순 명이 과거에 일본어로 시를 썼다는 이유로 지금도 친일파로 비판을 받고 있다. 그처럼 문학가는 사회와 밀접하게 연결되어 있었다. 해방 후에도 김지하처럼 문학가가 권력의 탄압을 받고 교도소에 갇히는 사태가 발생한 것은 식민지 시대에 문학가가 처해 있던 상황의 연장 선상에 위치한다. 그런 예는 다른 나라에서는 그리 찾아볼 수 없지 않을까.

김병익 씨는 문학가가 사회와 얼마나 가까운 거리에 있는지, 그 표현과 발언이 얼마나 큰 무게를 갖는지, 사람들에게 얼마나 두터운 신뢰를 받는지, 지배 권력과 대치하는 입장에 있는지를 이야기했다. 그러나 문학을 그런 범위 내에 가둬두지 않는 것이 김병익 씨답다 할 수 있다. 김병익 씨는 입가를 살짝 누그러뜨려 미소를 띠고 말했다.

김_ 그러나 한국 문학은 그런 사회적 의미뿐 아니라, 격동 가운데에서도 문학이 본래 지니는 구원이라든지 살아갈 희망, 그런 것 또한 잃지 않고 오늘에 이르렀다. 이는 자랑할 만한 일이라 생각한다. 그런데 90년대에 들어 다양한 사회적 긴장이 해소되고 생활 수준이 높아지고 미디어도 단숨에 발전되면서 상황이 일변했다. 그 이전의 문학이 지니고 있던 긴장감이 매우 약해졌다는 생각이 든다. 생활이 윤택해짐과 동시에 문학의 관심도 사랑이나 육체 같은 방향으로 이동해 온 것 같다. 그리고 이동할 때마다 긴장감이 약해졌다. 그것이 현재 상황이 아닐까. 일본이나 유럽도 아마 이와 유사한 상황에 있지 않을까. 다만, 한국의 경우는 그것이 너무 일렀다는 생각이 들어 그 점이 유감이다. 박경리(김지하의 장모)의 『토지』라든지, 한국전쟁을 그린 홍성원의 『남과 북』, 김원일의 『불의 제전』, 일본에도 번역, 출간되었으며 해방부터 남북 분단에 이르는 시기에 빨치산의 싸움을 그린 조정래의 『태백산맥』 등, 대하소설이라기보다 한국사의 한 단면을 뚝 떼어낸 스케일이 큰 작품은 10년, 20년 전에 나온 뒤로 맥이 끊기고 말았다. 그런 의미에서 너무 조숙했다고 생각한다.

문학을 이야기하는 김병익 씨의 어조는 열정적이다. 1990년대에 한국 및 일본 문학가들의 심포지엄이 여섯 차례 개최된 바 있는데, 역시 그 대표를 역임했던 사람답다. 심포지엄에는 일본에서 나카가미 겐지, 쓰시마 유코, 시마다 마사히코, 가와무라 미나토, 나카자와 게이, 가가 오토히코, 가라타니 고진 등 다수가 참가했다. 이야기가 잠시 중단되었기에, '4·19 혁명'에서 한국의 근대화가 시작되었다는 인식은 김병익 씨 세대에 공통된 것인지를 물었다.

김_ 그렇다. 공인된 것은 아니지만, 우리 한글 세대에는 공통된다. 바로 얼마 전에 『한국일보』(2월 4일자)에 그에 관해 쓴 바 있다.

김병익 씨는 신문 스크랩을 보여주고 복사해 주었다. 나는 다시 한

번, 36년간의 식민지 지배가 있었기에 민족 정체성을 획득할 수 있었다고 했는데 언제부터 그처럼 식민지 지배를 긍정적으로 생각하게 되었는지를 물었다.

김_ 1970년대부터 80년대까지 한국은 경제적으로 성장했다가 위축되는 경험을 반복했다. 그러는 사이에 부활이 빨라졌다는 느낌이 들었다. 10년쯤 전부터다. 지금까지 여러 비극적인 일을 겪으면서 콤플렉스를 갖고 있었으나, 차츰 역전이 가능하다고 생각하게 되었다. 수난의 역사였기에, 그 사실을 생각하면 도무지 출구가 없었다. 콤플렉스와 비관밖에 나오지 않았다. 그러나 점차 꼭 그렇지만도 않다고 생각하게 되었다. 경제 부활도 그렇고, 최근의 리먼 사태에서 회복된 것도 그렇다. 그러면서 자신감이 붙었다. 그런 견해는 우리 세대에 공통되는지도 모른다. 아니면 단순히 나이를 먹은 것인지도 모르지만. (웃음) 식민지 시대에 태어나 초등학교에 입학한 해에 해방을 맞이했으나, 그 직후에 전쟁이 시작되었다. 대학에 들어갔을 당시 국민 소득은 케냐와 같았다. 그렇건만 지금은 세계 제12위다. 이만큼 풍요로워졌다는 사실이 자신감을 뒷받침한다. 게다가 우리 세대는 그 주역으로 활동해왔다. 긍정적으로 보는 것은 그런 배경 가운데 생겨난 철학이며, 우리 세대에 공통된 철학이라 생각한다. 지진을 당한 아이티의 비참한 상황은 우리가 어렸을 때 보았던 광경과 똑같다. 최악의 상황을 겪었고, 지금 최고의 상황을 누리고 있다. 일생에 양쪽을 모두 목격할 수 있었는데 자신감이 생기지 않을 리 없다. 내 딸은 현재 40대인데, 그런 고생을 모르는 대신 불안을 짊어지고 있다. 아마 일본이건, 프랑스건, 어디건 다들 마찬가지가 아닐까. 그런 세대와 비하면 우리는 밑바닥을 경험했고, 오늘을 자력으로 구축해왔다.
우리에게는 그런 자신감이 있고, 불안은 없다. 그렇기에 수난을 어떻
게 살릴 것인가 하는 식으로 생각하게 되었다 할 수 있다.

홍성원의 장편 『그러나』에 관해

김병익 씨와 아주 친한 친구이며 재작년에 세상을 뜬 홍성원 씨의
『그러나』라는 장편소설이 안우식 씨 번역으로 출판될 예정이다. 한국
에서는 1996년에 김병익 씨의 출판사에서 발간되었다. 식민지하의
한국에서 항일 운동을 한 두 남자 중 한 명은 탄압을 피해 중국 동북
부로 거점을 옮겨 활동을 계속했고, 또 한 명은 국내에 남았다. 한쪽
은 항일 투사로 칭송을 받고, 다른 한쪽은 친일파로 비판을 받는다.
그러나 항일 투사는 말년에 '전향'했다는 숨은 사실이 있고, 친일파
남자는 그에게 아낌없이 자금을 원조했다는 사실이 점차 밝혀져간다.
항일 투사였던 남자는 한국뿐 아니라 일본, 중국에도 자식과 손자가
있다. 드라마는 한·중·일 세 나라의 새로운 화해 방향을 시사하는
한편, 역사의 진실이란 무엇인가를 묻는다.

김_ 홍성원 씨의 작품 전체로 보면『그러나』는 대표작이라 할 수는
없다. 발표된 것이 1990년대 중반인데, 한국의 사회 상황을 생각하
면 시기가 조금 일렀다. 지나치게 선구적이라 그리 주목을 받지 못했
다. 그 작품은 한국과 중국, 일본, 세 나라 관계의 건설적인 방향을
그린다. 그런 것이 일본에 있나? 작년에 한국이 중심이 되어 한·중·
일 문학 심포지엄을 개최했는데, 실은 이 소설이 그에 선구적인 역할
을 했다. 현재 중국에 대한 일본인의 감정은 소설 같을 수는 없겠으

나, 이 소설은 역사에 기록된 사실이 과연 참된 진실일 수 있는지가 테마인데, 이는 앞으로도 문제로 제기될 테마다. 소설은 또한 동아시아적인 시야에서 화해를 제시한다. 한·중·일, 또 북·중·일의 관계는 지금까지 양호하지 못했다. 그것을 화해해도 괜찮다는 방향으로 이끌어나가야 한다는 시점이 이제부터 가치를 갖게 되지 않을까. 『그러나』는 중국의 사회주의를 긍정적인 시각에서 바라보고, 한국 및 일본의 문화적 전통의 중요한 점도 심도 있게 다룬다. 이는 지금까지 없었던 것이다. 일본 독자가 이 소설을 통해 한일 문제에 관한 인식이나 중국에 대한 시각을 재고해주면 좋을 것 같다.

그래, 그렇겠다, 그럴지도 모른다, 그러나…… 그렇게 되물을 때 우리는 또 다른 새로운 진실을 발견할 수 있을지 모른다. 김병익 씨가 36년간의 식민지 시대를 긍정적인 유산으로 파악하려 하듯이. 『그러나』는 혼노이즈미샤에서 4월 말에 발매될 예정이다. 일본에서의 출판은 김병익 씨가 안우식 씨에게 의뢰한 것이라 한다. 40년간 가족들까지 포함해 친교를 이어온 홍성원 씨에게 김병익 씨가 주는 진심 어린 선물이기도 하다.

많이 팔리면 좋겠다고 하자, 김병익 씨는 "그러게 말입니다" 하며 웃었다.

인터뷰는 문학과지성사 살롱에서 했다. 매주 목요일 오후부터 저녁까지 동인과 작가, 시인 등이 모여 바둑을 두고 이야기를 나눈다고 한다. 이날도 한국 마르크스주의 연구의 선구자인 정문길 씨(전 고려대 교수)와 환담을 나눈 뒤 살롱을 들여다보니, 김병익 씨는 무서운 얼굴로 바둑판을 응시하고 있었다.

불리한 형세를 어떻게 타개할 것인가를 생각하는 표정이다. 문득, 흡사 한국 역사를 보듯 김병익 씨를 바라보는 자신을 깨닫고 어쩐지 웃음이 났다.

권영주 옮김